Führen wie Julius Cäsar?

Paul Vanderbroeck

Führen wie Julius Cäsar?

Zeitloses Lernen vom einflussreichsten Leader der Geschichte

Paul Vanderbroeck
Genf, Schweiz

ISBN 978-3-032-07445-4   ISBN 978-3-032-07446-1   (eBook)
https://doi.org/10.1007/978-3-032-07446-1

Die Deutsche Nationalbibliothek verzeichnet diese Publikation in der Deutschen Nationalbibliografie; detaillierte bibliografische Daten sind im Internet über https://portal.dnb.de abrufbar.

Übersetzung der englischen Ausgabe: „Lead Like Julius Caesar" von Paul Vanderbroeck, © The Editor(s) (if applicable) and The Author(s), under exclusive license to Springer Nature Switzerland AG 2025. Veröffentlicht durch Springer Nature Switzerland. Alle Rechte vorbehalten.

Dieses Buch ist eine Übersetzung des Originals in Englisch „Lead Like Julius Caesar" von Paul Vanderbroeck, publiziert durch Springer Nature Switzerland AG im Jahr 2025. Die Übersetzung erfolgte mit Hilfe von künstlicher Intelligenz (maschinelle Übersetzung). Eine anschließende Überarbeitung im Satzbetrieb erfolgte vor allem in inhaltlicher Hinsicht, so dass sich das Buch stilistisch anders lesen wird als eine herkömmliche Übersetzung. Springer Nature arbeitet kontinuierlich an der Weiterentwicklung von Werkzeugen für die Produktion von Büchern und an den damit verbundenen Technologien zur Unterstützung der Autoren.

© Der/die Herausgeber bzw. der/die Autor(en), exklusiv lizenziert an Springer Nature Switzerland AG 2026

Das Werk einschließlich aller seiner Teile ist urheberrechtlich geschützt. Jede Verwertung, die nicht ausdrücklich vom Urheberrechtsgesetz zugelassen ist, bedarf der vorherigen Zustimmung des Verlags. Das gilt insbesondere für Vervielfältigungen, Bearbeitungen, Übersetzungen, Mikroverfilmungen und die Einspeicherung und Verarbeitung in elektronischen Systemen.
Die Wiedergabe von allgemein beschreibenden Bezeichnungen, Marken, Unternehmensnamen etc. in diesem Werk bedeutet nicht, dass diese frei durch jede Person benutzt werden dürfen. Die Berechtigung zur Benutzung unterliegt, auch ohne gesonderten Hinweis hierzu, den Regeln des Markenrechts. Die Rechte des/der jeweiligen Zeicheninhaber*in sind zu beachten.
Der Verlag, die Autor*innen und die Herausgeber*innen gehen davon aus, dass die Angaben und Informationen in diesem Werk zum Zeitpunkt der Veröffentlichung vollständig und korrekt sind. Weder der Verlag noch die Autor*innen oder die Herausgeber*innen übernehmen, ausdrücklich oder implizit, Gewähr für den Inhalt des Werkes, etwaige Fehler oder Äußerungen. Der Verlag bleibt im Hinblick auf geografische Zuordnungen und Gebietsbezeichnungen in veröffentlichten Karten und Institutionsadressen neutral.

Springer ist ein Imprint der eingetragenen Gesellschaft Springer Nature Switzerland AG und ist ein Teil von Springer Nature.
Die Anschrift der Gesellschaft ist: Gewerbestrasse 11, 6330 Cham, Switzerland

Wenn Sie dieses Produkt entsorgen, geben Sie das Papier bitte zum Recycling.

Meiner Familie

Vorwort

Gemeinsam mit meinem Verleger, Dr. Prashanth Mahagaonkar, habe ich über den passenden Titel für dieses Buch nachgedacht. Insbesondere haben wir darüber diskutiert, ob Julius Cäsar als der „einflussreichste" oder als „einer der einflussreichsten" Führer der Geschichte bezeichnet werden sollte. Letztlich habe ich mich für Ersteres entschieden, und ich möchte Ihnen erklären, warum.

Zweifellos gab es Herrscher, die mehr Territorium eroberten oder einen Staat beziehungsweise eine Organisation gründeten, die länger Bestand hatte als das Römische Reich. Andere errichteten beeindruckendere Bauwerke und gründeten eine größere Zahl von Städten. Zudem ist Cäsar nicht der einzige Anführer, der Dramatiker und andere Künstler inspiriert hat. Wir kennen auch große Führer, die – anders als Cäsar – ein unspektakuläres Karriereende erlebten und einen reibungslosen Machtübergang an ihre Nachfolger ermöglichten. Doch was Julius Cäsar auszeichnet, ist die Summe seiner Errungenschaften und das Vermächtnis, das er hinterließ. Soweit ich sehe, ist er tatsächlich der Einzige, dessen Name zum Synonym für den Titel des obersten Herrschers wurde: Cäsar für den römischen Kaiser, Kaiser für den höchsten Monarchen im deutschsprachigen Raum und Zar in Russland (sowie die heutige, eigentümliche Verwendung von „Czar" in der US-Regierung). Durch Julius Cäsar erhielt der Begriff Diktator seine moderne, abwertende Bedeutung als illegitimer Autokrat, auch wenn dies nicht seine ursprüngliche Absicht war, wie später in diesem Buch noch deutlich werden wird. Cäsars Einfluss wird greifbar in den Archetypen, die er schuf, und den „Ersten", die ihm zugeschrieben werden. Den Rubikon zu überschreiten –

der Moment, in dem er den Bürgerkrieg begann, der ihn zum Alleinherrscher Roms machte – wurde zum Inbegriff aller Punkte ohne Wiederkehr. Cäsars Ausspruch bei diesem Ereignis – „Der Würfel ist gefallen" – ist der Archetyp der Risikobereitschaft. „Ich kam, sah und siegte" ist der Archetyp der Siegesrede. Cäsar und Kleopatra bildeten das archetypische Machtpaar. Cäsar initiierte das erste Triumvirat, die Mutter aller politischen Koalitionen. Schließlich hinterließ er uns an den Iden des März 44 v. Chr. die Mutter aller politischen Attentate und den Archetyp des hinterhältigen Verrats. Gewiss hat die Geschichte auch andere Herrscher hervorgebracht, die Briefe, Memos, Tagebücher und literarische Werke verfassten. Doch Cäsar schrieb seine *Kommentare zum Gallischen Krieg* im Sattel, während sich die Ereignisse abspielten, und war damit der erste, der sich als eingebetteter Reporter betätigte. Kurz gesagt: Julius Cäsar war ein Gigant.

Cäsar stand im Verlauf meiner Karriere mehrfach im Mittelpunkt meines Interesses. Er war eine der Persönlichkeiten, die ich im Rahmen meiner Promotion über die Interaktion zwischen Führungskräften und Gefolgsleuten zu Lebzeiten Cäsars erforscht habe. Im Zentrum meines Artikels von 2012, der die Krise der Römischen Republik mit der Finanzkrise von 2008 vergleicht, steht ebenfalls Cäsar. 2014 taucht er dann als Cleopatras Manager in *Leadership-Strategien für Frauen,* meinem Buch über vier historische Königinnen, auf. Außerdem hatte ich die Gelegenheit, ihn ausführlich mit Masterstudierenden im Rahmen meines Kurses „Leadership Made in Italy" an der LUISS Business School in Rom zu diskutieren. Mit zunehmender Beschäftigung mit dem Thema Führung hat sich meine Sichtweise auf ihn im Laufe der Zeit verändert, sodass ich ihn heute als eine weitaus facettenreichere Persönlichkeit sehe, als ich ursprünglich angenommen hatte – was eine eigene Studie verdient.

Mein Verlag und ich haben uns daher für *Führen wie Julius Cäsar?* als Titel entschieden, und dieses Buch vereint meine Kompetenzen sowohl als Historiker als auch als Führungsexperte. Als Historiker kann ich auf die uns zur Verfügung stehenden historischen Daten zugreifen und diese interpretieren. Als Führungsexperte kann ich Julius Cäsar so bewerten, wie ich es üblicherweise in meiner Führungsberatung und im Executive Coaching tue. Letztlich besteht die Motivation meiner Forschung darin, herauszufinden, was Führungskräfte tatsächlich erfolgreich macht – sowohl in ihrer Karriere als auch in der Ausübung ihrer Führungsrolle. Dies ist auch der Antrieb für meine berufliche Praxis als Führungsexperte und Dozent. Mich interessiert, was in der Praxis tatsächlich Ergebnisse bringt, und dieses Buch liefert genau darauf Antworten.

Dieses Buch wäre ohne die großzügige Unterstützung und Hilfe der hier genannten Personen nur schwer realisierbar gewesen. Zunächst gilt mein besonderer Dank Oriane Kets de Vries, Geschäftsführerin von KDVI, sowie Dr. Maria Brown, Leiterin für Forschung und Bildung bei MRG®, die mir freundlicherweise die experimentelle Nutzung ihrer jeweiligen Instrumente gestattet haben. Es ist jedoch wichtig zu betonen, dass dies keinesfalls als Befürwortung oder Empfehlung ihrerseits für die Nutzung der Instrumente von KDVI und MRG® in der von mir in diesem Buch gewählten Form verstanden werden darf.

Zahlreiche Coaching-Kolleginnen und -Kollegen, die Experten im Einsatz des GELM von KDVI sind, haben mir hilfreiches und großzügiges Feedback zur Anwendung dieses Instruments auf das Verhalten von Julius Cäsar gegeben, ohne sich dabei auf diesen Aspekt zu beschränken, wofür ich ihnen meinen aufrichtigen Dank schulde: Coen Aalders, Alicia Cheak, Peter Boback, Fabiana Diaz-Gufler, Claire Finch, Dr. Elizabeth Florent Treacy, Hanneke Frese, Margot Schumacher, Martine van den Poel und Christina von Wackerbath. Maria Brown hat mir freundlicherweise Zugang zu den Forschungsmaterialien von MRG® gewährt, und sie sowie ihre Kolleginnen und Kollegen bei MRG® haben wertvolles Feedback gegeben, wofür ich dankbar bin.

Ich fühle mich geehrt und bin Professor Robert Morstein-Marx von der University of California, Santa Barbara, zu großem Dank verpflichtet, dass er den Manuskriptentwurf gelesen hat. Als Historiker betrachte ich Professor Morstein-Marx als den bedeutendsten zeitgenössischen Biografen Julius Cäsars, und seine Anmerkungen, Rückmeldungen und Korrekturen haben mir das Vertrauen gegeben, dass zumindest der historische Aspekt dieses Buches fundiert ist. Vielen Dank, Bob, dein Beitrag war von unschätzbarem Wert. Mein Dank gilt auch Professor Martin Gutmann von der Hochschule Luzern, mit dem mich das Interesse an der Geschichte der Führung verbindet, für seine Ermutigung und dafür, dass er sein Wissen über die Theorie und Methodik der Verbindung von Geschichts- und Führungsforschung mit mir geteilt hat.

Vier Führungspersönlichkeiten aus unterschiedlichen Generationen und Berufen – Elizabeth Armstrong, Joëlle Comé, Jack Horsburgh und Arjan Overwater – haben das Manuskript mit großer Sorgfalt gelesen. Ihre Anmerkungen und Vorschläge waren von unschätzbarem Wert. Meine Frau Joëlle sowie meine Kinder Magdalena und Joseph haben mich stets und nachdrücklich ermutigt, dieses Projekt zu verfolgen, und ich bin ihnen dafür sehr dankbar. Josephs Rückmeldungen, insbesondere zur Verwendung von

Abbildungen, zeigen eindrucksvoll, dass sein Talent seinem Wunsch, Lehrer zu werden, in nichts nachsteht. Abschließend möchte ich auch den zahlreichen Mitgliedern meines Netzwerks danken, die mir bei der Auswahl des Titels und des Covers dieses Buches geholfen haben.

Zum Schluss möchte ich betonen, dass etwaige Fehler oder Ungenauigkeiten in diesem Buch ausschließlich mir zuzuschreiben sind und ich die volle Verantwortung dafür übernehme.

Genf, Schweiz
Rom, Italien   Paul Vanderbroeck
Dezember 2024

Interessenkonflikte Der Autor hat keine konkurrierenden Interessen im Zusammenhang mit dem Inhalt dieses Manuskripts zu erklären.

Empfehlungen

„Dieses Buch zeichnet sich dadurch aus, dass es Cäsars Verhalten, Karriere und Persönlichkeit systematisch durch die Brille moderner Führungstheorien analysiert. Dadurch sind die daraus gezogenen Schlussfolgerungen tiefgründiger und aufschlussreicher, als man es üblicherweise von einer Biografie über eine erfolgreiche Führungspersönlichkeit erwarten würde. Ein Muss für Nachwuchs- und erfahrene Führungskräfte, die auf der Suche nach einem inspirierenden Maßstab sind."

– Jean-François Manzoni,
Professor für Leadership & Organisationsentwicklung
und ehemaliger Präsident, IMD International,
Lausanne, Schweiz

„Dieses Buch über die Entstehung von Julius Cäsar ist eine aufschlussreiche Untersuchung der Führungskräfteentwicklung. Die Lehre für unsere Zeit ist, dass Führungspersönlichkeiten ebenso sehr aus ihren Tiefpunkten wie aus ihren ‚Höhen' geformt werden. Sie lernen ebenso viel aus Misserfolgen wie aus Erfolgen und nutzen diese Erkenntnisse, um die nächste Herausforderung zu meistern. Sie werden Geschichte nie wieder auf die gleiche Weise lesen …"

– Avivah Wittenberg-Cox,
CEO, 20-first,
London, UK

"Es ist eine brillante Idee, Führung anhand des Lebens wohl des berühmtesten Anführers der Geschichte – Julius Cäsar – zu lehren. Paul Vanderbroeck gelingt dies mit dem Scharfsinn eines Führungsexperten und dem Blick für Details eines Historikers."

– Alex Hungate,
Präsident & COO, Grab Holdings Inc.,
Singapur

‚Führen wie Julius Cäsar?: Zeitlose Führungslektionen vom einflussreichsten Anführer der Geschichte' schlägt meisterhaft eine Brücke zwischen Antike und Moderne und bietet eine frische Perspektive auf Cäsars legendäres Leben und seine Führungsqualitäten. Durch die Verbindung eines reichen historischen Kontexts mit zeitgenössischen Führungsmodellen und -rahmenwerken eröffnet dieses Buch eine seltene doppelte Perspektive, die Cäsars Verhaltenskomplexität lebendig werden lässt – jene Eigenschaften, die zu seinen außergewöhnlichen Triumphen führten und zugleich zu seinem endgültigen Scheitern beitrugen. Mit seiner fesselnden Erzählweise und praxisnahen Erkenntnissen ist dieses Werk ein Muss für alle, die aus der Vergangenheit lernen möchten, um heute kollaborativer und wirkungsvoller zu führen.'

– Rev. Dr. Susan Goldsworthy OLY,
Affiliate Professor, Leadership, Kommunikation &
organisatorischer Wandel, IMD International,
Lausanne, Schweiz

Paul Vanderbroecks umfassende Untersuchung von Julius Cäsars Führungsstil ist eine außergewöhnliche Verbindung von Geschichte und Führungstheorie. Indem er Cäsars bemerkenswerte Entwicklung – von seinen bewegten frühen Jahren bis zu seinem Höhepunkt als mächtiger Anführer – beleuchtet, bietet dieses Buch eine tiefgehende und praxisnahe Fallstudie für Führungskräfte in allen Karrierestufen. Durch die konsequente Anwendung bewährter Führungsmodelle analysiert Paul Cäsars Stärken, Schwächen und wegweisende Entscheidungen. Die Leserinnen und Leser werden eingeladen, nicht zu imitieren, sondern aus Cäsars Erfolgen und Fehltritten zu lernen und diese Erkenntnisse auf ihre eigenen Führungsherausforderungen zu übertragen. Besonders wertvoll ist das Buch durch seine differenzierte Betrachtung, wie sich Cäsars Führungsstil in verschiedenen Phasen entwickelte – vom ehrgeizigen jungen Strategen bis hin zum Anführer, der die Komplexität absoluter Macht bewältigt. Durch die Verbindung von wissenschaftlicher Tiefe mit praktischer Anwendbarkeit geht dieses Buch weit über eine bloße historische Erzählung hinaus. Es dient als strategischer Leitfaden für Führungskräfte und bietet Werkzeuge zur Reflexion, Anpassung und Weiterentwicklung. Ob erfahrene Führungskraft oder angehende Führungspersönlichkeit – diese fesselnde und erkenntnisreiche Lektüre verspricht, Ihr Verständnis für Führungsdynamiken zu schärfen und Ihre persönliche Entwicklung zu inspirieren.

Ein unverzichtbares Werk, um die Kunst der Führung zu meistern.

– Artur Umerkaev.
Director Life Sciences,
Capgemini, Schweiz

‚Der Vergleich des eigenen Selbst mit Prototypen ist ein wirkungsvolles Instrument, um zu entscheiden, ob man Führungskraft werden möchte oder welche Art von Führungskraft man sein will. Dieses Buch ist ein faszinierendes Instrument zur persönlichen Weiterentwicklung, das die Leserin und den Leser dazu einlädt, Cäsar nicht als Beispiel für effektive oder ineffektive Führung zu betrachten, sondern vielmehr als Gelegenheit, sich selbst als angehende, etablierte oder sich entwickelnde Führungspersönlichkeit zu reflektieren.'

– Prof. Konstantin Korotov, PhD,
Professor für Organisationsentwicklung,
Gründer der ESMT Coaching Colloquia,
ESMT Berlin, Deutschland.

Inhaltsverzeichnis

1 **Eine Führungsbiografie skizzieren: Aufbau und Herangehensweise**   1
   1.1 Warum dieses Buch und warum Julius Cäsar?   1
   1.2 Der Kontext einer Führungspersönlichkeit: Rom im ersten Jahrhundert v. Chr.   4
   1.3 Methoden und Theorien: Bewertung einer Führungspersönlichkeit und ihrer Karriere   12
       1.3.1 Führungsverhalten: Der Global Executive Leadership Mirror   13
       1.3.2 Führungskarriere: Die Leadership Pipeline   16
       1.3.3 Führungspersönlichkeit: Das Individual Directions Inventory™   18
       1.3.4 Geschichte, Führung und Organisationsverhalten   18
   1.4 Was dieses Buch enthält – und was nicht   21
   Literatur   22

2 **Die Entstehung eines Anführers: Cäsars Jugend und Ausbildung**   25
   2.1 Cäsars Jugend und frühe Lebenserfahrungen   26
   2.2 Karrierebeginn   34
   2.3 Erwartungen und erste Erfolge   37
   2.4 Führungsverhalten   42
       2.4.1 Führung der eigenen Person   43
       2.4.2 Führung von Stakeholdern und Netzwerken   45

2.5	Karriereentwicklung: Die Identifikation eines High Potentials	45
2.6	Was angehende Führungskräfte aus dem Beginn von Cäsars Karriere lernen können	49
Literatur		51

3 Der Aufstieg: Vom High Potential zum Leader … 53

3.1	Cäsars Leben und mittlere Karrierephase	54
3.2	Cäsars Erfolge in der mittleren Karrierephase	61
	3.2.1 Leistung in verschiedenen Rollen	61
	3.2.2 Aufbau einer Führungsorganisation zur Mobilisierung von Anhängern	65
3.3	Cäsars Führungsverhalten in der mittleren Karrierephase	70
	3.3.1 Führung der eigenen Person	70
	3.3.2 Führung von Teams	74
	3.3.3 Führung von Organisationen	74
	3.3.4 Führung von Stakeholdern und Netzwerken	76
3.4	Cäsars Karriereentwicklung	76
	3.4.1 Karrierewettbewerb	77
	3.4.2 Leadership-Marke und Reputation	85
	3.4.3 Leadership Pipeline	87
3.5	Was Führungskräfte aus der mittleren Phase von Cäsars Karriere lernen können	94
Literatur		96

4 Bewährungsprobe: Die Eroberung Galliens … 99

4.1	Leben im Ausland	100
4.2	Cäsars Erfolge in Gallien und in Rom	102
	4.2.1 Den Krieg gewinnen	102
	4.2.2 Den Frieden sichern	110
	4.2.3 Die Heimatfront sichern	113
4.3	Cäsars Führung während des Gallischen Krieges	117
	4.3.1 Führung der eigenen Person	117
	4.3.2 Führung von Teams	119
	4.3.3 Führung der Organisation	124
	4.3.4 Führung von Stakeholdern und Netzwerken	126
4.4	Cäsars Karriereentwicklung während des Gallischen Krieges	127

4.5	Was Führungskräfte aus Cäsars Einsatz in Gallien lernen können	132
Literatur		134

5 Kein Zurück mehr: Wie Gefolgsleute einen Anführer zum Überschreiten des Rubikon drängen können — 137

- 5.1 Cäsars Herausforderungen und Erfolge im Bürgerkrieg — 139
  - 5.1.1 Verhinderung eines Bürgerkriegs — 139
  - 5.1.2 Den Bürgerkrieg gewinnen — 145
- 5.2 Cäsars Führung während des Bürgerkriegs — 152
  - 5.2.1 Führung der eigenen Person — 152
  - 5.2.2 Führung von Teams — 154
  - 5.2.3 Führung von Organisationen — 157
  - 5.2.4 Führung von Stakeholdern und Netzwerken — 160
- 5.3 Cäsars Karriereentwicklung während des Bürgerkriegs — 161
- 5.4 Was Führungskräfte von Cäsar als militärischem Anführer im Bürgerkrieg lernen können — 162
- Literatur — 166

6 Allein an der Spitze: VAufsichtsrats- und Vorstandsvorsitzender — 169

- 6.1 Der letzte Aufstieg an die Spitze — 170
- 6.2 Cäsars Vision und Leistungen — 177
  - 6.2.1 Ordnung in Italien schaffen: Den Frieden gewinnen — 178
  - 6.2.2 Friedenssicherung in den Provinzen: Gewährleistung von Sicherheit und Stabilität des Imperiums — 185
  - 6.2.3 Wohlstand im Imperium schaffen: Eine nachhaltige Zukunft gestalten — 187
- 6.3 Cäsars Führungsverhalten an der Spitze — 188
  - 6.3.1 Führung der eigenen Person — 189
  - 6.3.2 Führung von Teams — 192
  - 6.3.3 Führung der Organisation — 201
  - 6.3.4 Führung von Stakeholdern und Netzwerken — 202
- 6.4 Das Ende einer Karriere — 203
- 6.5 Was Top-Führungskräfte aus dem letzten Kapitel von Cäsars Karriere lernen können — 208
- Literatur — 209

7 Zur Führungskraft werden: Cäsars Führungskräfteentwicklung — 213
- 7.1 Führung der eigenen Person — 213
  - 7.1.1 Emotionale Intelligenz — 213
  - 7.1.2 Vorbildlich sein — 215
  - 7.1.3 Beharrlichkeit und Mut — 215
- 7.2 Führung von Teams — 216
  - 7.2.1 Coaching & Feedback — 216
  - 7.2.2 Empowerment — 216
  - 7.2.3 Teamentwicklung — 217
- 7.3 Führung der Organisation — 217
  - 7.3.1 Umsetzungskompetenz — 217
  - 7.3.2 Veränderungsorientierung — 218
  - 7.3.3 Motivation — 218
  - 7.3.4 Vision — 219
- 7.4 Führen von Netzwerken — 219
  - 7.4.1 Kunden- und Stakeholderorientierung — 219
  - 7.4.2 Netzwerke und Allianzen — 220
- 7.5 Wie entwickelte sich Cäsars Führung im Laufe der Zeit? — 220
- Literatur — 222

8 Führungskraft sein: Cäsars Führungspersönlichkeit — 225
- 8.1 Kontakt — 227
  - 8.1.1 Geben — 227
  - 8.1.2 Nehmen — 227
  - 8.1.3 Zugehörigkeit — 229
  - 8.1.4 Ausdruckskraft — 229
- 8.2 Anziehungskraft — 229
  - 8.2.1 Anerkennung — 230
  - 8.2.2 Unterhaltung — 230
- 8.3 Wahrnehmung — 230
  - 8.3.1 Kreativität — 230
  - 8.3.2 Analyse — 231
- 8.4 Qualitätsanspruch — 231
  - 8.4.1 Anspruch — 231
  - 8.4.2 Ausdauer — 232
  - 8.4.3 Struktur — 232
- 8.5 Herausforderung — 232
  - 8.5.1 Taktik — 233
  - 8.5.2 Gewinnen — 233
  - 8.5.3 Kontrolle — 233

8.6	Kontinuität	234
	8.6.1 Stabilität	234
	8.6.2 Unabhängigkeit	234
	8.6.3 Mustergültigkeit	234
8.7	Cäsars Motivationsmuster	235
	Literatur	239
9	**Fazit**	**241**

Über den Autor

Paul Vanderbroeck, PhD ist ein schweizerisch-niederländischer Historiker, Führungsexperte und Executive Coach. Er hat zahlreiche Führungskräfte und Nachwuchstalente weltweit auf ihrem Karriereweg begleitet. Zu seinen Veröffentlichungen zählen zwei Wirtschaftsbücher: *Leadership Strategies for Women* (Springer, 2014) und *The International Career Couple Handbook* (2021). Er hat ein Theaterstück über Frauen in Führungspositionen mitentwickelt. Er ist verheiratet, Vater von zwei erwachsenen Kindern und lebt derzeit in Genf.
Mail: paul@pvdb.ch

1

Eine Führungsbiografie skizzieren: Aufbau und Herangehensweise

Als Leserin oder Leser haben Sie die Möglichkeit, gezielt einzelne Abschnitte dieses einleitenden Kapitels zu lesen. Wenn Sie sich zunächst für den historischen Kontext interessieren, bevor Sie in Cäsars Leben und Karriere eintauchen, ist Abschn. 1.2 Ihr Leitfaden. Abschn. 1.3 erläutert die Führungskonzepte, die zur Bewertung von Cäsars Laufbahn und Führungsstil herangezogen werden. Sie können sich jetzt damit vertraut machen oder später darauf zurückkommen, wenn Sie deren Anwendung in den folgenden Kapiteln sehen. Für alle, die sich besonders für die theoretischen Grundlagen dieses Buches interessieren, ist Abschn. 1.4 unverzichtbar. Für ein umfassendes Verständnis von Wesen und Aufbau dieses Buches empfiehlt sich die Lektüre des ersten und letzten Abschnitts.

1.1 Warum dieses Buch und warum Julius Cäsar?

Über Julius Cäar zu schreiben, eine der faszinierendsten Persönlichkeiten der Geschichte, ist zugleich Herausforderung und Chance. Schon sein Name ruft Bilder von militärischem Genie, politischem Geschick sowie von spektakulären Triumphen und tragischem Scheitern hervor. Doch warum ist Cäsar für ein modernes Publikum, insbesondere für Führungskräfte von heute, noch immer relevant? Warum verdient er eine weitere Biografie, vor allem eine, die auf Führungskräfteentwicklung abzielt? Diesen Fragen geht dieses Buch nach und sucht Antworten darauf.

Als Biografin oder Biograf ist es unvermeidlich, eine Beziehung zu seiner Hauptfigur aufzubauen. Ob es die Faszination für die rücksichtslose Ambition einer Gestalt wie Stalin ist oder die Bewunderung für Napoleons monumentale Leistungen – Biografen werden zwangsläufig in das Leben der von ihnen beschriebenen Personen hineingezogen. Meine Verbindung zu Cäsar ist da keine Ausnahme. Ich habe eine positive Sicht auf ihn: einen Mann, dessen Führungstalent ich sowohl fesselnd als auch lehrreich finde, da mich alle talentierten Führungspersönlichkeiten und ihr Umgang mit ihren Gefolgsleuten faszinieren. Doch dieses Buch ist nicht bloß Ausdruck meiner Bewunderung. Indem ich Cäsars Leben und Wirken aus moderner Perspektive betrachte, versuche ich, die Führung eines der erfolgreichsten und letztlich tragischsten Akteure der Geschichte zu verstehen.

Das Buch, das Sie in Händen halten, ist einzigartig, weil es Julius Cäsar porträtiert und ihn zugleich anhand der konsequenten Anwendung von drei anerkannten Modellen der Führung, Persönlichkeits- und Karriereentwicklung betrachtet. Der systematische Vergleich Cäsars mit den zahlreichen Führungspersönlichkeiten, die diesen Modellen zugrunde liegen, ermöglicht ein tieferes Verständnis seiner Stärken und Erfolge ebenso wie seiner Schwächen und Misserfolge. Darüber hinaus hilft dieser Ansatz, Erklärungen für Verhaltensweisen aus der Perspektive von Motivationsfaktoren zu finden und zu erkennen, wie diese Persönlichkeit sowohl durch Lebens- und Berufserfahrungen als auch durch gezielte Entwicklung geformt wurde. Schließlich können wir durch die Anwendung eines Modells zur Karriereentwicklung im organisatorischen Kontext den beruflichen Werdegang eines Menschen nachvollziehen, dessen Ziel es war, an die Spitze seiner Organisation zu gelangen.

Als jemand, der viele Jahre Führungskräfte bei der Entfaltung ihres Potenzials begleitet hat, habe ich festgestellt, dass der Schlüssel zu wirksamer Führung darin liegt, Stärken gezielt zu nutzen und Schwächen anzuerkennen. Mit all seinem Glanz und seinen Fehlern bietet Cäsar hierfür ein ideales Fallbeispiel. Sein Aufstieg zur Macht und letztlich seine Ermordung – durch die Hand von Vertrauten – zeigen, wie selbst die talentiertesten Führungspersönlichkeiten scheitern können, wenn sie sich ihrer eigenen Schwächen nicht bewusst werden.

Dieses Buch beschränkt sich zudem nicht auf Cäsars Führung in einer bestimmten Phase (z. B. „Gallischer Krieg") oder bei einem einzelnen Ereignis (z. B. „Schlacht von Pharsalos"), sondern betrachtet, wie sich sein Führungsstil im Laufe der Zeit wandelte. So bietet es eine umfassende Analyse von Cäsars Führung über seine gesamte Karriere hinweg und untersucht, wie persönliche Eigenschaften, Erfahrungen, Entscheidungen und der berufliche Kontext seinen Führungsansatz und letztlich sein Schicksal prägten. Wie Yuval Noah Harari feststellt, ist Geschichte die Wissenschaft des Wandels.

Dieser Ansatz ist für heutige Führungskräfte wertvoll, weil er das Lernen in den Mittelpunkt stellt. Indem wir Cäsars Verhalten und Entscheidungen beobachten und mit bewährten Führungsmodellen interpretieren, lassen sich praxisnahe Erkenntnisse ableiten. Es geht dabei nicht darum, Cäsar zu imitieren. es wäre riskant, aus einer einzelnen Fallstudie mit ihren einzigartigen Merkmalen, Rahmenbedingungen und Ereignissen allgemeingültige Schlüsse zu ziehen. Vielmehr lädt dieses Buch dazu ein, Cäsars Leben als Benchmark zu nutzen – als eine von vielen möglichen Fallstudien für die Komplexität von Führung. Indem wir analysieren, was seine Entscheidungen antrieb, welche Verhaltensweisen zu seinem Erfolg führten und welche Fehltritte seinen Untergang einleiteten, werden die Leserinnen und Leser angeregt, über ihren eigenen Führungsweg nachzudenken. In der Arbeit mit Führungsteams habe ich erlebt, wie wirkungsvoll der Vergleich mit den Erfolgen, Misserfolgen, Herausforderungen und Antrieben anderer Führungspersönlichkeiten für den Lernprozess sein kann. Ein Benchmarking mit Julius Cäsar ist dabei besonders wertvoll, weil seine Erfolgsgeschichte unvollkommen ist – und ihn so zu einem inspirierenden wie realistischen Fallbeispiel macht.

Die Methodik dieses Buches basiert auf einem praxisorientierten Ansatz zur Führungskräfteentwicklung. Die im Buch verwendeten Führungsmodelle sind nicht bloß theoretischer Natur, sondern wurden über Jahre hinweg in der modernen Führungskräfteentwicklung erprobt und haben sich bewährt. Indem wir Cäsars Karriere mit diesen Modellen analysieren, gehen wir über eine reine Biografie hinaus und schaffen eine überzeugende Fallstudie zu Führungsverhalten und Karriereentwicklung, die mit den Herausforderungen heutiger Führung korrespondiert.

Dieses Buch ermöglicht es daher sowohl angehenden als auch erfahrenen Führungskräften, persönliche Szenarien für ihre berufliche Zukunft zu entwickeln. Wer Cäsars Biografie als Fallstudie nutzt, um seine Karriere, Persönlichkeit und Führungskompetenzen zu analysieren, kann eigene Antriebskräfte erkennen und lernen, wie man eine wirksame Führungspersönlichkeit wird und eine erfolgreiche Laufbahn gestaltet. Fachleute in der Führungskräfteentwicklung können Cäsar als Benchmark für die von ihnen begleiteten Führungskräfte heranziehen, um besser einschätzen zu können, welche Folgen bestimmter Verhaltensweisen zu erwarten sind, wie Persönlichkeit Handlungen steuert und wie sich eine Karrierestrategie entwickeln lässt.

Diese Einführung bietet einen Überblick über den Kontext, in dem Cäsar lebte und wirkte; eine Erläuterung der zur Bewertung von Cäsars Verhalten, Karriere und Persönlichkeit verwendeten Modelle; eine Einordnung dieser Studie in die wissenschaftliche Forschung und abschließend einige Hinweise zur Lektüre des Buches.

1.2 Der Kontext einer Führungspersönlichkeit: Rom im ersten Jahrhundert v. Chr.

Der Kontext, in dem sich eine Führungspersönlichkeit entwickelt und agiert, bietet sowohl Herausforderungen als auch Chancen. Allerdings sollte der Kontext nicht als unveränderlich betrachtet werden. Meine Arbeit mit zahlreichen Führungskräften hat den Wert der Theorie der situativen Führung, wie sie von Hershey und Blanchard vertreten wird, bestätigt. Diese Theorie zeigt, dass der Führungserfolg davon abhängt, das eigene Verhalten an die jeweilige Situation – also den Kontext – anzupassen. Ebenso wichtig ist jedoch die umgekehrte Beobachtung: Einige außergewöhnlich talentierte Führungspersönlichkeiten sind in der Lage, den Kontext an ihr Verhalten anzupassen und so einen völlig neuen Rahmen zu schaffen. Genau das geschah bei Julius Cäsar gegen Ende seiner Laufbahn, auch wenn ihm dies möglicherweise nicht vollends bewusst war.

Die verschiedenen Teilkontexte, in denen Cäsar seine Führung entwickelte und ausübte, sowie die bedeutenden Veränderungen innerhalb dieser Teilkontexte werden erläutert. Von all diesen ist der organisationale Kontext am relevantesten, um das Zusammenspiel zwischen Führungskraft und Mitarbeiter sowie zwischen Führungskraft und Stakeholdern zu untersuchen; dies gilt auch für die Führungskräfteentwicklung im organisatorischen Umfeld. Dieses Buch analysiert die Karriereentwicklung einer Person, deren berufliches Ziel es war, eine formale Führungslaufbahn auf höchster Ebene zu verfolgen – was definitionsgemäß eine Organisationsstruktur voraussetzt. Im Fall Cäsars war dies die Römische Republik.

Räumlicher Kontext: Der Aufstieg Roms zur einzigen Supermacht an beiden Ufern des Mittelmeers im Jahrhundert vor Cäsars Geburt (100 v. Chr.), nachdem Karthago als Hauptkonkurrent ausgeschaltet worden war, stellte eine bedeutende kontextuelle Entwicklung dar. In dieser Zeit verdreifachte sich das römische Territorium. während Cäsars Lebenszeit verdoppelte sich das Imperium erneut und beherrschte damit faktisch das gesamte Mittelmeerbecken und einen erheblichen Teil Westeuropas. Schon lange vor

Cäsars Geburt war das Mittelmeer ein belebter Verkehrsraum, und die Handelsrouten florierten. Die Römer bauten ein Straßennetz durch Italien (lat. Italia), das Truppen, Waren und Menschen rasch über die Halbinsel und zu den Häfen transportierte. Auch in den Provinzen begann der Ausbau dieses Netzes.

Laut Dionysios, einem griechischen Autor, der im ersten Jahrhundert v. Chr. von Halikarnassos in Kleinasien nach Rom übersiedelte, zeigte sich die außergewöhnliche Größe des römischen Imperiums vor allem in drei Dingen: seinen Aquädukten, gepflasterten Straßen und dem Entwässerungs- bzw. Kanalsystem. Die Hauptstadt der Römischen Republik war tatsächlich auf dem Weg, das größte urbane Zentrum der Mittelmeerwelt zu werden: ihr Wachstum wurde durch die Expansion des Imperiums ermöglicht. Der Tiber und die von Rom gebauten Straßen verbanden die Hauptstadt mit dem Meer und dem übrigen Italien. Bemerkenswert ist, dass die Stadt, in der Cäsar aufwuchs, keine schützende Stadtmauer besaß, da die Römer auf ihre Streitkräfte als Schutz setzten. Rom hatte etwa 750.000 Einwohner, die meisten lebten dicht gedrängt in mehrstöckigen Mietshäusern an belebten Straßen mit Läden und Garküchen. Die Häuser der Reichen lagen auf den kühleren Hügeln, während das Forum Romanum das Zentrum der Stadt bildete. Im Forum fanden sich offene Plätze, Tempel und Regierungsgebäude wie das Senatsgebäude. Provisorische Theater und Arenen boten Aufführungen und Gladiatorenkämpfe. Das einzige dauerhafte Unterhaltungsgebäude war der riesige Circus Maximus, der für Wagenrennen und Tierhetzen genutzt wurde.

Wirtschaftlicher Kontext: Die römische Wirtschaft basierte in hohem Maße auf der Landwirtschaft, die auf manueller Arbeit beruhte. Als vorindustrielle Wirtschaft bot sie wenig Möglichkeiten zur Steigerung der Produktivität. Dennoch bildeten Rom, Italien und die eroberten Gebiete einen einheitlichen Markt, der das Wachstum durch Handel, Töpfereiproduktion sowie Öl-, Wein- und Wollherstellung förderte. Rohstoffe und Waren – aber auch Kunstgegenstände – wurden über das Mittelmeer transportiert. Grundbesitz war die wichtigste Quelle des Wohlstands.

Im zweiten und ersten Jahrhundert v. Chr. veränderte sich die Wirtschaft jedoch grundlegend – Eroberungen brachten Rom großen Reichtum in Form von Beute, ausländischen Steuern, beschlagnahmtem Land und Sklaven. Die Bürger profitierten in hohem Maße, direkt und indirekt, vom Imperium, vor allem in dreierlei Hinsicht. Erstens flossen annektiertes Land und Steuern in die Staatskasse und wurden als Landzuteilungen für Veteranen, Lebensmittelzuschüsse und Steuererleichterungen für das römische

Volk umverteilt. Zweitens schufen viele Privatunternehmen Arbeitsplätze, indem sie die römische Regierung und das Militär mit Gütern und Dienstleistungen versorgten und durch das Wachstum infolge gestiegener Handelsmöglichkeiten expandierten. Drittens investierten Feldherren und Provinzstatthalter ihre Einnahmen in das Militär, in Bauprojekte und in die Ausrichtung öffentlicher Spiele oder Spektakel, wodurch sie den „Aktionären" Dividenden in Form von Arbeitsplätzen, Stadtentwicklung und Unterhaltung verschafften. Die römischen Bürger, die aktiv an politischen Entscheidungen beteiligt waren, waren sich ihrer Macht sehr bewusst und hatten ein ausgeprägtes Besitzgefühl gegenüber dem römischen Imperium. Sie waren stolz darauf, einer erfolgreichen Organisation, dem „Nummer Eins"-Imperium, anzugehören.

Institutioneller Kontext: Die Römische Republik wurde von einer Hierarchie gewählter Amtsträger (Magistrate), einem beratenden Gremium (Senat) und Volksversammlungen regiert. Nur männliche Bürger konnten öffentliche Ämter bekleiden, Senator werden oder in den Volksversammlungen abstimmen. Zu den Magistraten zählten Konsuln, Prätoren, Ädilen, Quästoren und Volkstribunen. Die Konsuln bekleideten das höchste Amt und waren für die allgemeine Verwaltung des Staates und den Oberbefehl über das Militär verantwortlich. Im Gegensatz dazu hatten die Volkstribunen, deren Aufgabe es war, die Machtverteilung durch die Vertretung der Interessen der unteren Schichten auszugleichen, durch ihr Vetorecht erheblichen Einfluss. Alle römischen Magistrate unterlagen dem Prinzip der Annuität (einjährige Amtszeit) und der Kollegialität (Machtausübung gemeinsam mit mindestens einem Kollegen). So kontrollierte einer den anderen; niemand konnte zu lange die gleiche Macht ausüben. Die Magistrate, einschließlich der Volkstribunen, waren Mitglieder des Senats. Magistrate erhielten kein Gehalt. Sie wurden jedoch mit einem kleinen Stab von Verwaltungsbeamten ausgestattet und mussten bei der Ausübung ihres Amtes häufig aus eigenen Mitteln beitragen.

Der Senat war die mächtigste Institution, mit lebenslanger Mitgliedschaft, die jenen vorbehalten war, die ein öffentliches Amt bekleidet hatten. Die Republik war in der Praxis oligarchisch, wobei der Senat die Außenpolitik und Finanzen kontrollierte und bei der Gesetzgebung beratend tätig war. Dennoch hatte das Volk bei Wahlen und Gesetzgebung ein bedeutendes Mitspracherecht; daher wurden Entscheidungen formal im Namen des Senats und des Volkes von Rom (SPQR) getroffen. Das römische Wahlsystem in den Volksversammlungen war stark geschichtet und zugunsten der Wohlhabenden verzerrt. Die *comitia centuriata*, die hierarchisch nach Vermögen und Besitz organisiert war, wählte die höchsten Amtsträger, wobei die

Stimmen die besitzenden Klassen bevorzugten. Die *comitia tributa* hingegen war repräsentativer für die Bürgerschaft und befasste sich mit dem Großteil der Gesetzgebung. Abb. 1.1 gibt einen Überblick über die wichtigsten Institutionen der römischen Republik.

Eine weitere bedeutende Veränderung, die Cäsars Umfeld prägte, war der gestiegene Wettbewerb um die beiden höchsten Ämter der römischen Regierung (Konsul und Prätor). Kürzlich war der Kreis der Bürger – und damit der potenziellen Kandidaten – durch die Verleihung des Bürgerrechts an die meisten Einwohner Italiens erweitert worden. Diese Entwicklung war besonders für jene relevant, die über die Zeit und die finanziellen Mittel verfügten, nach Rom zu reisen und sich politisch zu engagieren. Einige dieser Männer profitierten davon, dass die Zahl der Senatoren von 300 auf 600 verdoppelt und die Zahl der nachgeordneten – wenn auch nicht der höchsten – Ämter erhöht wurde. Infolgedessen stiegen die Chancen eines einzelnen Senators, das Konsulat, das höchste Amt, zu erringen, von 1:150 pro Jahr auf 1:300. Dieser Anstieg des Wettbewerbs führte zu einer dynamischeren politischen Landschaft, in der mehr Stimmen und Perspektiven in der Regierung vertreten waren.

Trotz all dieser Entwicklungen blieben die Abläufe und Verfahren auf dem Niveau eines Stadtstaates. Die Grenzen zwischen Rollen und Zuständigkeiten waren mitunter unscharf und hätten klarer sein können. Dies funktionierte gut, solange es möglich war, die Organisation zu überblicken und die wichtigsten Akteure sich treffen und austauschen konnten. Die

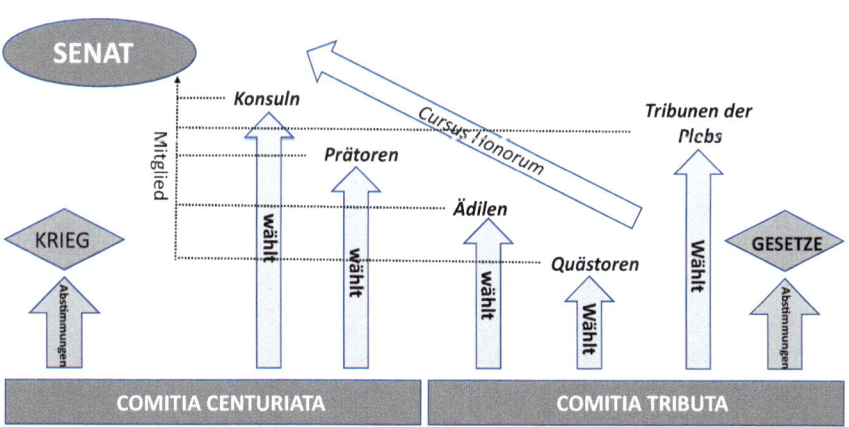

Abb. 1.1 Zentrale Institutionen der römischen Republik 100 v. Chr. Eigene Darstellung des Autors

rasche territoriale Expansion Roms brachte jedoch erhebliche administrative und logistische Herausforderungen mit sich. Trotz der immensen Ressourcen des Imperiums blieben die internen Systeme unterentwickelt, was zu Ineffizienzen in Verwaltung und Kontrolle führte. So wurden Rom und die Provinzen im Jahr 50 v. Chr. von etwa 60 Magistraten verwaltet. Unklare Zuständigkeiten konnten den Wettbewerb nicht eindämmen oder Interessenkonflikte lösen; diese Schwäche wurde von Einzelnen ausgenutzt, die ihre eigenen wirtschaftlichen oder politischen Interessen durchsetzen wollten. Dieser Mangel an Kontrolle erstreckte sich auch auf das städtische Umfeld Roms selbst, wo die Bürger unter schlechten Lebensbedingungen, Kriminalität und wirtschaftlicher Ungleichheit litten. Aufgrund mangelhafter Verwaltung fiel es dem Staat schwer, eine unterbrechungsfreie Lebensmittelversorgung sicherzustellen oder bezahlbaren Wohnraum in der wachsenden Stadt Rom bereitzustellen. Einige Politiker, beginnend mit den Brüdern Gracchus in den 120er Jahren v. Chr., verstanden es, die Unzufriedenheit der Bürger zu mobilisieren, Proteste zu fördern und die Volksversammlung für ihre Anliegen zu gewinnen.

Sozialer Kontext: Die römische Oberschicht bestand aus zwei Gruppen – Senatoren und *equites* –, die im Wesentlichen einer Statusgruppe angehörten. Die Aufnahme in den Ritterstand setzte ein Mindestvermögen voraus. Der Zugang zum Senat stand Mitgliedern des Ritterstandes offen, die ein Amt des *cursus honorum* bekleidet hatten. Unter den Senatoren bildeten die *nobiles* die oberste Elite, den eigentlichen oligarchischen Kern. Die Nobiles stammten aus Familien, die den Großteil der höheren Magistrate stellten. Bemerkenswert und wichtig ist, dass der soziale Status und das Prestige der Senatoren nicht durch Erbfolge verliehen wurden. Um Teil der senatorischen Elite zu bleiben, mussten sich die Familien der römischen Oberschicht daher ständig durch die Wahl in die höchsten Ämter, militärische Kommandos und erfolgreiche Dienste für die Republik bewähren. Dies führte zu einem permanenten Wettbewerb um die Ämter, der durch die lukrativen Möglichkeiten eines Provinzauftrags nach einer Amtszeit in Rom noch verstärkt wurde.

Das politische Leben in Rom war daher nicht nur von Programmen und Ideologien geprägt, sondern eng mit persönlichen Netzwerken und Freundschaften verflochten. Diese Netzwerke, gestärkt durch gegenseitige Gefälligkeiten, gesellschaftliche Veranstaltungen, Heiraten und Verwandtschaftsbeziehungen, bildeten das Rückgrat politischer Allianzen. Die Nobiles, die aufgrund ihres Prestiges und ihrer Fähigkeit, Ressourcen zu mobilisieren, bei Wahlen im Vorteil waren, schlossen Bündnisse meist auf Basis persönlicher

Beziehungen und nicht aufgrund gemeinsamer Überzeugungen. Zudem führte der Wettbewerb zu Neid auf den sozialen Status, sodass die Nobiles versuchten, Neulinge fernzuhalten. Der Zugang zur Elite wurde für Außenstehende zunehmend erschwert.

Am unteren Ende der Gesellschaft standen die freien Bürger, von denen nur die Männer das Wahlrecht und das Recht zur Teilnahme an den Volksversammlungen besaßen. Diese Bevölkerungsgruppe war wirtschaftlich stark differenziert und reichte von wohlhabenden Bauern, Handwerkern und Ladenbesitzern bis zu Tagelöhnern. Ganz am unteren Ende und ohne jegliche Rechte standen die Sklaven. Nach ihrer Freilassung erhielten sie jedoch das Bürgerrecht.

Zu Cäsars Lebzeiten bildeten die römischen Legionäre eine eigene soziale Gruppe. Cäsars Onkel Marius hatte die römischen Streitkräfte in eine Freiwilligenarmee umgewandelt, was letztlich zu einem Berufsheer führte. Arme Bürger traten ein, um ihren Lebensunterhalt zu verdienen. Mit der Zeit hing das Einkommen der Soldaten zunehmend von ihrem Anteil an der Beute ab, die sie von ihrem Feldherrn erhielten, sowie von einem Landstück nach der Entlassung. Agrargesetze zur Landverteilung an Veteranen waren ein häufiger Streitpunkt zwischen Feldherren und ihren politischen Gegnern. Offiziere wurden oft aus der italienischen Oberschicht rekrutiert, die zwar kürzlich das Bürgerrecht erhalten hatte, aber nur schwer in die römische Elite integriert wurde. Daher begnügten sich die Offiziere mit der jeweils besten verfügbaren Karriere. Allmählich verschob sich dadurch die Loyalität der Streitkräfte vom römischen Staat auf den jeweiligen Befehlshaber. Militärführer konnten daher ihre Armeen nutzen, um politische Macht zu erlangen, was mehrfach in Bürgerkriegen mündete.

Politischer Kontext: Politische Parteien im Sinne einer organisierten Gruppe von Individuen, deren gemeinsames Handeln unabhängig von den diskutierten Themen ist, existierten nicht. Für bestimmte politische Probleme bildeten sich ad hoc Koalitionen zwischen Familien und ihren Anhängern oder zwischen Politikern und Interessengruppen wie Veteranen, Steuerpächtern oder Stadtbewohnern. Dennoch gab es eine gewisse Kontinuität hinsichtlich der Mitgliedschaft in politischen Fraktionen und ihrer Anführer, die ihren Einfluss auf bestimmte Wählergruppen durch unterschiedliche politische Methoden aufbauten. In der späten Republik waren zwei Gruppierungen aktiv. Die erste waren die *populares*, die – wie der Name andeutet – die Unterstützung des Volkes durch die Volksversammlung suchten, indem sie deren Interessen vertraten. Dies geschah häufig durch Initiativen wie Landverteilung, Getreidesubventionen oder Schuldenerlass. Die andere

Gruppe waren die *optimates*, die an die Vorherrschaft der Oligarchie glaubten und den politischen Prozess über den Senat beeinflussten. Der Konflikt zwischen diesen beiden Fraktionen, der auch als Vehikel für Konkurrenz innerhalb der Elite diente, eskalierte zunehmend in Gewalt und Bürgerkrieg.

Die Mitglieder der römischen Elite waren mit Konflikten vertraut und griffen häufig auf Gerichtsverfahren zurück, um politische Differenzen und Fehden auszutragen. Die wettbewerbsorientierte Natur der römischen Politik, verbunden mit den hohen finanziellen Einsätzen von Wahlkämpfen, förderte eine Kultur der Korruption. Politiker suchten finanzielle Unterstützung bei privaten Interessengruppen wie Kaufleuten und Staatslieferanten im Austausch für politische Gefälligkeiten. Nach dem Amtsantritt waren diese Politiker oft gezwungen, ihre Schulden durch die Vergabe von Aufträgen und Ressourcen an ihre Unterstützer zu begleichen, was die öffentliche Verwaltung weiter mit privaten Interessen verknüpfte.

Organisatorischer Kontext: Die römische Republik kannte ein formales Karrieresystem: den *cursus honorum* vom Quästor bis zum Konsul, unterbrochen von Einsätzen in den Provinzen und im Heer. Ursprünglich war dieses System meritokratisch; die Leistung war entscheidend für die Wahl in das nächsthöhere Amt der Hierarchie. Das System war darauf ausgelegt, Generalisten für die Staatsführung hervorzubringen, und hatte der Republik gute Dienste geleistet. Diese Struktur war ein wesentlicher Grund dafür, dass Rom in den ersten 500 Jahren Bestand hatte und wuchs.

Dieser traditionelle generalistische Karriereweg, der zwischen wachsender politischer Verantwortung im *cursus honorum* und Provinzeinsätzen pendelte, blieb der angesehenste. Auch Julius Cäsar schlug diesen Weg ein. Doch in der späten Republik führte der Wettbewerb um öffentliche Ämter zu explodierenden Wahlkampfkosten, die selbst die Einnahmen der wohlhabendsten Senatoren überstiegen. Die wachsenden Gewinnmöglichkeiten aus Roms Feldzügen und ressourcenreichen Provinzen veranlassten die Kandidaten zu hohen Ausgaben, in der Hoffnung, ihre Verluste später auszugleichen. Dies führte zu einem Kreislauf von Rivalität und imperialer Expansion. Viele Senatoren und ihre Familienangehörigen investierten in Unternehmen, die den Staat und das Heer mit Dienstleistungen versorgten, und schufen sich so ein eigenes Interesse an Roms Eroberungen und Provinzen.

Die zunehmende Größe und Komplexität des römischen Staates eröffnete auch Möglichkeiten für berufliche Spezialisierung, insbesondere für jene, denen der traditionelle Karriereweg verschlossen blieb oder weniger attraktiv erschien. So entwickelten sich neue Laufbahnen. Beispielsweise spezialisierten sich junge Mitglieder der Oberschicht und gesellschaftliche Aufsteiger von außerhalb der Stadt als Offiziere oder im juristischen Bereich. An der Spitze standen Persönlichkeiten, die eine militärische Laufbahn wählten und gelegentlich politisch aktiv waren, um weitere militärische Kommandos zu erhalten (z. B. Pompeius, Cäsars Verbündeter und späterer Gegner). Andere konzentrierten sich auf politische Karrieren, indem sie Gesetzesinitiativen und Reformen vorantrieben und gelegentlich ein militärisches Kommando übernahmen, um ihre Chancen auf das nächsthöhere Amt zu verbessern: etwa Cato, Cäsars Gegenspieler; Cicero, der Vordenker und Redner; und Clodius, der populäre Anführer. Oder man denke an Crassus, den Geschäftsmagnaten, der gelegentlich ein politisches Amt übernahm, um seine eigenen Geschäftsinteressen zu fördern.

Die soziale Differenzierung ermöglichte es Führungspersönlichkeiten, verschiedene Anhänger zu mobilisieren: die städtischen Armen, die städtische Mittelschicht, Landbürger, Soldaten, Veteranen, Unternehmer, sozial aufstiegsorientierte Neulinge, Senatoren und Mitglieder der Oberschicht. Diese Männer verfolgten oft individuelle Interessen und konkurrierten daher um Ressourcen. Diese Realität machte die Ausübung von Führung, wenn überhaupt, noch komplexer.

Ideologischer Kontext: Über weite Strecken der Republik funktionierte das Machtgleichgewicht zwischen Magistraten, Senat und Volksversammlungen für alle Beteiligten gut. Es herrschte Konsens, dass dies das beste System sei. Doch Expansion, Wohlstandszuwachs und eine unterentwickelte öffentliche Verwaltung setzten dieses Gleichgewicht zunehmend unter Druck. Immer deutlicher wurde, dass die Vielzahl an Problemen – verursacht durch Konkurrenz in der Elite, politische Konflikte, soziale Differenzierung und Wirtschaftskrisen – nur durch eine Reform des gesamten Systems gelöst werden konnte. Infolgedessen zerbrach der Konsens, und die Bindung an die traditionellen Normen und Werte der Elite nahm ab. Die römische Oberschicht wurde daher zunehmend individualistisch. Die herkömmlichen Solidaritätsbindungen zwischen Elite und Unterschicht schwächten sich ab, und die sozialen Gruppen begannen, ihre eigenen Interessen zu verfolgen und sich an jene politischen Führer zu wenden, die ihnen Unterstützung boten.

Trotz dieser Entwicklungen wurden Reformideen geäußert und einige sogar umgesetzt. Aufsteiger wie Cicero und der Autor Sallust plädierten – wenig überraschend – für mehr soziale Durchlässigkeit in der Elite, um es Außenseitern oder erfolgreichen Freigelassenen in Rom zu erleichtern, in den Senat einzuziehen und öffentliche Ämter zu erlangen. Clodius war auf dem besten Weg, die Volksversammlung zum mächtigsten Organ im institutionellen Dreieck aus Versammlung, Senat und Magistraten zu machen. Seine politische Karriere und sein Leben wurden jedoch von einem politischen Gegner beendet. Andere, konservativere Denker wie Cato der Jüngere befürworteten eine Stärkung der traditionellen Oligarchie durch eine Aufwertung der Rolle des Senats. Wie wir sehen werden, setzte Cäsar auf eine Machtkonzentration in der Exekutive, also bei den Magistraten, um eine effektivere Entscheidungsfindung und Umsetzung zu erreichen.

Cäsar überschritt im Jahr 49 v. Chr. den Rubikon und löste damit eine Reihe von Bürgerkriegen aus, die das Imperium erschütterten, bis sein Adoptivsohn Octavian, später bekannt als Augustus, sich 27 v. Chr. zum ersten römischen Kaiser ernannte. Augustus brachte Frieden und Stabilität, indem er die Alleinherrschaft einführte. Er etablierte das Prinzipat, ein Regierungssystem, das die äußeren Formen der Republik bewahrte, die tatsächliche Macht jedoch in den Händen eines einzelnen Herrschers konzentrierte. Dieses neue System beendete ein Jahrhundert voller Chaos und Bürgerkriege, das Rom geplagt hatte, und leitete die Pax Romana sowie die lange Herrschaft des römischen Imperiums ein.

1.3 Methoden und Theorien: Bewertung einer Führungspersönlichkeit und ihrer Karriere

Um von Julius Cäsar zu lernen, müssen wir ihn zunächst kennen und verstehen. Deshalb behandelt *Führen wie Julius Cäsar?* die drei zentralen Fragen der Führungskräfteentwicklung:

1. Was hat Cäsar getan? Inwiefern war dieses Verhalten hilfreich oder weniger hilfreich für seine Führungseffektivität? Wie haben sich seine Führungskompetenzen im Laufe der Zeit entwickelt?
2. Wie hat Cäsar seine Karriere als Führungspersönlichkeit vorangetrieben?
3. Warum hat Cäsar so gehandelt, wie er es tat? Was waren seine Motive und wie beeinflusste seine Persönlichkeit sein Verhalten?

Anschließend muss Cäsar mit anderen Führungspersönlichkeiten verglichen werden, um seine Persönlichkeit, sein Verhalten und seine Karriere bewerten zu können. Zu diesem Zweck greift dieses Buch auf drei Instrumente zurück, die allesamt auf fundierter Forschung basieren und sich in meiner eigenen Praxis als Experte für Führungskräfteentwicklung bewährt haben: Der Global Executive Leadership Mirror (GELM®), die Leadership Pipeline und das Individual Directions Inventory™ (IDI™). Die folgenden Abschnitte erläutern diese Instrumente, ihren Inhalt und wie sie in diesem Buch angewendet werden.

1.3.1 Führungsverhalten: Der Global Executive Leadership Mirror

Der GELM® ist ein Instrument, das von dem Wirtschaftswissenschaftler Manfred Kets de Vries und dem Kets De Vries Institute Ltd. (KDVI), einer britischen Beratungsfirma für Führungskräfteentwicklung, konzipiert wurde. Der GELM wird für 360°-Feedbacks eingesetzt und misst zwölf spezifische Führungsverhaltensweisen auf vier zentralen Ebenen: Selbst, Team, Organisation und Netzwerke. Die Forschung des KDVI hat gezeigt, dass diese Verhaltensweisen besonders relevant für wirksame Führung sind.

360°-Feedbacks gibt es im Wesentlichen in zwei Formen: als Fragebogen (mitunter ergänzt durch Kommentare der Befragten) wie beim GELM oder in Form von Interviews. In beiden Fällen werden sowohl die zu bewertende Führungskraft als auch deren Mitarbeitende oder Kolleginnen und Kollegen zu ihrer Wahrnehmung des Führungsverhaltens im Arbeitsalltag befragt. Überraschenderweise liegen uns tatsächlich zahlreiche Daten zu Julius Cäsar von Personen vor, die mit ihm zusammenarbeiteten, darunter der Redner und Politiker Cicero sowie der Historiker Sallust, der zudem als Provinzstatthalter für Cäsar tätig war. Darüber hinaus existieren Berichte von Zeitgenossen wie Nikolaos von Damaskus. Was die Selbstwahrnehmung betrifft, so haben Cäsar selbst und sein Ghostwriter Aulus Hirtius ganze Bücher über sein Verhalten verfasst. Umfang und Qualität der Daten ähneln somit durchaus dem, was man aus einem 360°-Feedback gewinnen könnte. Dennoch ist zu beachten, dass die Daten nicht systematisch anhand eines abgestimmten Fragenkatalogs bei einer gezielten Gruppe erhoben wurden, sodass eine nachträgliche 360°-Bewertung das Experiment zu weit treiben würde.

Daher werden die zwölf Führungsverhaltensweisen des GELM in diesem Buch als Referenzrahmen genutzt, anhand dessen Cäsars Verhalten eingeordnet und bewertet wird. Anstelle der siebenstufigen Skala des 360°-Fragebogens wird eine dreistufige Skala verwendet: *Stärke*, wenn das Verhalten die Anforderungen übertrifft; *Kompetent*, wenn das Verhalten den Anforderungen entspricht; *Entwicklungsbedarf*, wenn das Verhalten die Anforderungen nicht erfüllt. Diese qualitative Analyse liefert Einblicke in Cäsars Stärken und Entwicklungsfelder sowie deren Entwicklung im Verlauf seiner Karriere.

Die folgenden Definitionen der Führungsverhaltensweisen entsprechen dem Global Executive Leadership Mirror™-Bericht, wurden jedoch zur besseren Verständlichkeit teilweise angepasst. Abb. 1.2 gibt einen Überblick über die zwölf Führungsverhaltensweisen und die vier Organisationsebenen, auf die sie sich beziehen.

1.3.1.1 Führung der eigenen Person

Emotionale Intelligenz: Die Fähigkeit, Emotionen sowohl bei sich selbst als auch – in gewissem Maße – bei anderen zu erkennen, zu steuern und zu verstehen. Führungskräfte mit hoher emotionaler Intelligenz verfügen über ein ausgeprägtes Selbstbewusstsein und können ihre eigenen Emotionen erkennen, verstehen und regulieren. Zudem sind sie geschickt darin, emotionale Reaktionen anderer zu interpretieren.

Vorbildlich sein: Dies bedeutet, den eigenen Werten treu zu bleiben und entsprechend zu handeln. Führungskräfte mit hoher Integrität sind offen und fair im Umgang mit anderen. Anders ausgedrückt: Ihr Handeln stimmt mit ihren Worten überein. Sie übernehmen Verantwortung für ihr Handeln und werden von anderen als vertrauenswürdig angesehen.

Beharrlichkeit & Mut: Beharrlichkeit bezeichnet die Fähigkeit, trotz Rückschlägen konsequent auf ein Ziel hinzuarbeiten. Mut bedeutet, die eigenen Ängste und Unsicherheiten zu überwinden, um dieses Ziel zu

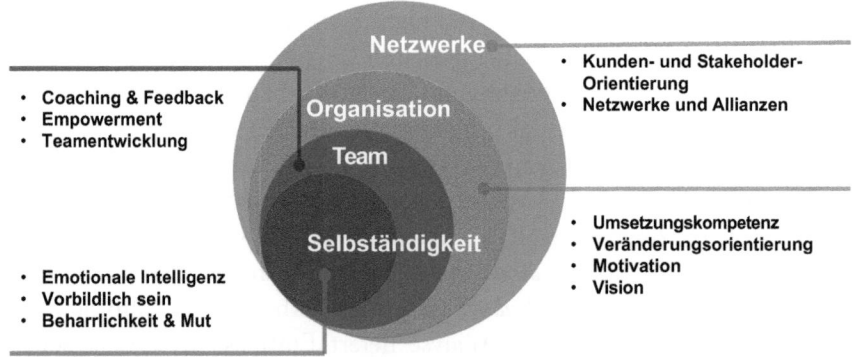

Abb. 1.2 Die zwölf zentralen Führungsverhaltensweisen. © KDVI. Nachdruck mit Genehmigung von KDVI

erreichen. Führungskräfte benötigen beides, um herausfordernde Aufgaben erfolgreich abzuschließen.

1.3.1.2 Führung von Teams

Coaching & Feedback: Coaching ist die gezielte Förderung des kontinuierlichen Lernens und Wachstums anderer. Feedback bedeutet, einen Dialog über die eigene und die Leistung anderer zu führen. Beides beinhaltet die Anerkennung von Leistungen und Beiträgen anderer.

Empowerment: Die Fähigkeit einer Führungskraft, Verantwortung zu delegieren, befähigt andere. Empowernde Führungskräfte beziehen andere in Entscheidungsprozesse ein und zeigen damit ihr großes Vertrauen und ihre hohen Erwartungen an die Mitarbeitenden. Solche Führungskräfte minimieren Geheimhaltung und schaffen ein offenes, transparentes Umfeld. Sie tolerieren Fehler und Misserfolge als Teil des Lernprozesses.

Teamentwicklung: Teamentwicklung bedeutet, die richtigen Personen mit den erforderlichen Kompetenzen zusammenzubringen, um Engagement und Zusammenarbeit für die Zielerreichung sicherzustellen. Dazu gehört auch, Unterschiede in Persönlichkeit und Fähigkeiten innerhalb einer vielfältigen Gruppe konstruktiv zu managen und Konflikte zu lösen.

1.3.1.3 Führung der Organisation

Umsetzungskompetenz: Starke Führungskräfte setzen alles daran, ihre Vision zu verwirklichen. Sie wissen, dass eine Vision ohne Umsetzung nur eine Illusion ist. Sie sind ergebnisorientiert und verstehen es, Dinge voranzutreiben. Darüber hinaus schaffen sie Strukturen und Prozesse, die sicherstellen, dass ihr Team fokussiert bleibt, Termine einhält und Ziele erreicht.

Veränderungsorientierung: Dies bedeutet, sich selbst und andere wirksam durch geplante oder ungeplante, diskontinuierliche Veränderungen in der Organisation zu führen. Veränderungsorientierte Führungskräfte nehmen Veränderungen nicht nur an, sondern initiieren und treiben sie aktiv voran. Sie suchen stets nach neuen, besseren Wegen und wissen, wie sie mit schwierigen und unklaren Situationen umgehen können.

Motivation: Wirksame Führung beinhaltet die Fähigkeit, die Energie anderer kreativ auf gemeinsame Ziele zu lenken. Solche Führungskräfte begeistern, inspirieren und motivieren andere, ihr Bestes zu geben, um die Vision der Organisation zu verwirklichen. Sie sind selbst begeistert von ihrer Aufgabe und können diese Begeisterung auf andere übertragen.

Vision: Vision bedeutet, vorausschauend neue Chancen für das Unternehmen zu erkennen und eine Strategie zu entwickeln, um diese zu nutzen. Dieses Verhalten erfordert einen offenen, unternehmerischen Geist und die Bereitschaft, den Status quo in Frage zu stellen und innovative Ansätze zur Zielerreichung zu suchen.

1.3.1.4 Führung von Netzwerken

Kunden- & Stakeholderorientierung: Diese Verhaltensweise beschreibt die Fähigkeit, mit Kunden und anderen Anspruchsgruppen eine vertrauensvolle und respektvolle Beziehung aufzubauen und deren Bedürfnisse wirksam zu erfüllen.

Netzwerke & Allianzen: Netzwerke – sowohl formelle als auch informelle – werden strategisch aufgebaut und genutzt, um organisatorische und persönliche Ziele zu erreichen. Führungskräfte, die im Networking effektiv sind, können Zusammenhänge besser erkennen und dadurch gezielter die beste Handlungsoption wählen.

1.3.2 Führungskarriere: Die Leadership Pipeline

Ram Charan, Stephen Drotter und James Noel haben ein Modell entwickelt, das sie *Leadership Pipeline* nennen, und das Führungskarrieren in großen Organisationen beschreibt. Das Modell unterscheidet sieben Führungsebenen mit sechs Übergängen dazwischen. Um die nächste Karrierestufe zu erreichen, müssen Führungskräfte diese Passagen erfolgreich meistern, indem sie auf dem Weg neue Fähigkeiten und Werte erlernen. Die *Leadership Pipeline* beschreibt somit sowohl einen Idealtypus eines unternehmensinternen Karrieresystems als auch einen Idealtypus des Karriereverlaufs einer Führungskraft. Im Gegensatz zum GELM und dem IDI™, die experimentell angewendet werden, wird die *Leadership Pipeline* in diesem Buch für einen ihrer vorgesehenen Zwecke genutzt: zur Klassifizierung und Bewertung des beruflichen Werdegangs einer Führungspersönlichkeit – Julius Cäsars – anhand der sechs Karrierestufen des Modells. Die folgenden Erläuterungen dieser sechs Passagen fassen die Definitionen aus dem Buch von Charan, Drotter und Noel zusammen. Abb. 1.3 zeigt die Hierarchie der sechs entscheidenden Karrierepassagen in einer Organisation, die die Leadership Pipeline ausmachen.

Von Selbstführung zu Führung anderer: Der Übergang vom individuellen Beitragenden zur Führungskraft, die andere für sich arbeiten lässt,

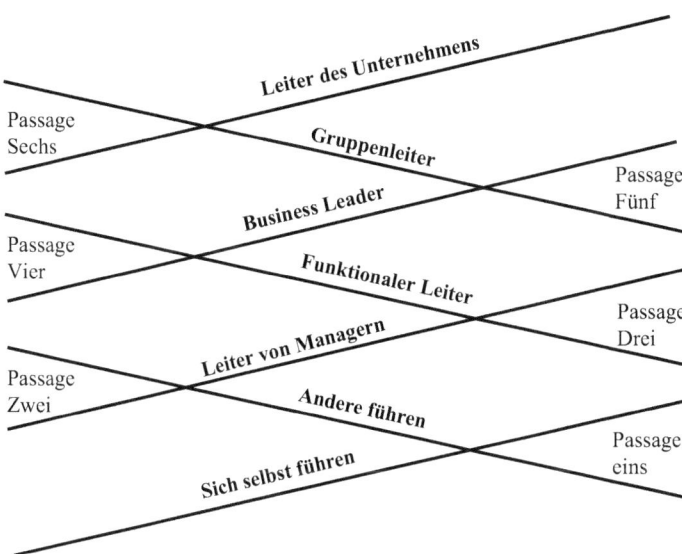

Abb. 1.3 Kritische Karrierepassagen in der Leadership Pipeline. Anpassung des Autors nach Charan et al. (2001)

erfordert das Erlernen von Planung, Delegation und Leistungsbeurteilung anderer. Führungskräfte, die diesen Übergang meistern, erkennen den Mehrwert dieser Managementaufgaben an und verabschieden sich von der Vorstellung, allein am effektivsten zu sein.

Von Führung anderer zu Führung von Führungskräften: Um ein effektives Team von Führungskräften aufzubauen, ist es notwendig, die Stärken anderer zu erkennen, die sich von den eigenen unterscheiden. Die Entwicklung von Führungskräften und die Ressourcenallokation sind daher zentrale Kompetenzen, die es zu erwerben gilt. Erfolgreiche Führungskräfte auf dieser Ebene erkennen, dass Management nun ihre Hauptaufgabe ist.

Von Führung von Führungskräften zur Funktionsleitung: Die Fähigkeit, mit anderen Funktionsleitern zu kooperieren und um Ressourcen zu konkurrieren, führt dazu, dass Führungskräfte sich von ihrer eigenen Fachexpertise lösen. Diese Passage erfordert die Entwicklung strategischen Denkens, um den Beitrag der eigenen Funktion mit der Gesamtstrategie der Organisation in Einklang zu bringen.

Von Funktionsleitung zur Geschäftsleitung: Dies bedeutet, Wissen darüber zu erwerben, wie Entscheidungen auf Basis von Finanzdaten getroffen werden. Die Leitung eines Geschäftsbereichs geht in der Regel mit größerer Autonomie einher, bringt aber gleichzeitig mehr Ergebnisverantwortung mit sich. Führungskräfte müssen daher den Übergang von einer Produkt- oder Dienstleistungsorientierung zu einer Ergebnisorientierung vollziehen. Zudem gilt es, den Umgang mit externen Akteuren wie Regierungen, Kunden und Märkten zu erlernen.

Von Geschäftsleitung zur Bereichsleitung: Die Führung eines Portfolios von Geschäftsbereichen erfordert einen Wechsel hin zum Coaching und zur Entwicklung der Geschäftsleiter, die an die Bereichsleitung berichten. Während zuvor die effektive Führung des eigenen Geschäfts im Mittelpunkt stand, schätzen erfolgreiche Bereichsleiter nun die Leistungen ihrer direkten Unterstellten, also anderer Geschäftsleiter.

Von Bereichsleitung zur Unternehmensleitung: Der letzte Übergang zur höchsten Position verlangt, ein gesamtes Unternehmen zu führen und Aktionäre, Aufsichtsrat sowie Medien zu managen. Die Führung der Organisation als Ganzes bedeutet, eine Vision zu entwickeln, die Richtung vorzugeben und die Belegschaft zur erfolgreichen Umsetzung zu führen.

1.3.3 Führungspersönlichkeit: Das Individual Directions Inventory™

Das IDI™, entwickelt von der Management Research Group® (MRG®), einem US-amerikanischen Anbieter psychometrischer Assessments, wird genutzt, um Cäsars Motivationsmuster zu verstehen. Da Cäsars Persönlichkeitsmerkmale im abschließenden Kapitel ausführlich behandelt werden, erscheint es sinnvoll, das Instrument in diesem Abschnitt des Buches zu erläutern.

1.3.4 Geschichte, Führung und Organisationsverhalten

Führung ist äußerst vielfältig; sie hängt von den beteiligten Individuen – der Führungskraft und den Geführten – sowie von den unterschiedlichen Kontexten ab, in denen sie stattfindet. In diesem Sinne argumentiert der Historiker Martin Gutmann, dass Führung am besten in der Praxis betrachtet wird, etwa anhand einer Fallstudie, wenn man den Wert der historischen Perspektive für die Führungsforschung reflektiert. Tatsächlich ist die Vermittlung von Führung in Business Schools ohne Fallstudien undenkbar. Eine Fallstudie ist per Definition ein Stück Geschichte. Selbst Fälle, die aktuelle Situationen beschreiben, kommen nicht ohne die Erläuterung des bisherigen Geschehens aus.

Ich teile die Auffassung der Managementwissenschaftler Eisenhardt und Graebner, dass die Generalisierung aus mehreren Fällen zu einer robusteren Theorie führt als die Untersuchung eines Einzelfalls. Das gilt auch für Fallstudien, die weiter in die Vergangenheit zurückreichen. Gutmanns *Unseen Leader* und mein eigenes Werk *Leadership Strategies for Women* sind Beispiele für Theoriebildung auf Basis mehrerer historischer Fallstudien. Aus diesem Grund verzichtet dieses Buch als Einzelfallstudie auf Generalisierungen.

Ist es dennoch möglich, aus nur einer Fallstudie über eine einzelne Person sinnvoll zu lernen? In diesem Zusammenhang stimme ich dem Wirtschaftswissenschaftler Albert Madansky zu, der vor den Fallstricken warnt, sich ausschließlich mit einem einzigen Fall zu beschäftigen. Tatsächlich ist es schwierig zu beurteilen, ob das Geschehen in einer Einzelfallstudie auf Zufall, Kontext oder bewusste Entscheidung und Handlung zurückzuführen ist – nur Letzteres wäre für Lernende in anderen Situationen nachahmenswert. Dennoch gibt es zwei hilfreiche Wege, wie Führungskräfte oder Verantwortliche für Führungskräfteentwicklung aus einer Fallstudie wie der von Cäsar lernen können. Der erste besteht darin, sich inspirieren zu lassen – was sich vom bloßen Nachahmen eines Verhaltens oder von Generalisierungen unterscheidet. Eine Fallstudie kann tatsächlich neue Denkanstöße geben, wie der Managementforscher Nicolaj Siggelkow betont. Inspiration durch eine Fallstudie kann bedeuten, einen Aspekt erstmals zu berücksichtigen oder dessen Bedeutung neu zu bewerten. Die Wirtschaftshistorikerin Nancy Koehn berichtet, wie mehrere CEOs sich von ihrer Führungsbiografie über Abraham Lincoln inspiriert fühlten. So könnte die Lektüre der Cäsar-Fallstudie eine Führungskraft dazu anregen, sich für Feedback zu öffnen. Ein weiterer Weg ist das Benchmarking der Führungskraft mit anderen Beispielen, bevor entschieden wird, welches Verhalten nachahmenswert ist, welches nicht und unter welchen Umständen. Diese Studie vergleicht Cäsar daher mit zahlreichen Führungspersönlichkeiten aus unterschiedlichen, aber vergleichbaren Kontexten – und zwar anhand von drei Verhaltens-, Karriere- und Persönlichkeitsmodellen, die alle auf dem Vergleich mehrerer Beispiele beruhen.

Wie weit sollte man zurückgehen, um historische Beispiele für das Lernen über Führung relevant und hilfreich zu machen? Die ferne Vergangenheit bietet eine einzigartige alternative Perspektive. Einerseits sind diese Beispiele nah genug, um wiedererkennbar zu sein: Cäsars Biografie liefert Einblicke in eine Führungspersönlichkeit in einer Marktwirtschaft und einer Gesellschaft mit vielen Parallelen zu Kultur, Denkweise und Werten der entwickelten Welt. Zudem waren Wirtschaft und Organisation der Römischen Republik weniger komplex und veränderten sich langsamer als heute, sodass Ursache und Wirkung leichter zu erkennen sind. Andererseits erlaubt die zeitliche Distanz, aus solchen Beispielen ohne aktuelle politische Voreingenommenheit und Kontextgeräusche zu lernen. So kann das Studium der Geschichte helfen, die Auswirkungen von Entscheidungen und Handlungen heutiger und zukünftiger Führungskräfte umfassender zu verstehen.

Die Daten, die wir über Julius Cäsar haben, sind wie bei vielen historischen Persönlichkeiten unvollständig und zumindest teilweise subjektiv. Das ist jedoch nicht einzigartig für historische Figuren; auch zeitgenössische Führungskräfte, die etwa durch Interviews untersucht werden, liefern ein subjektives Bild. Um zu verstehen, was zu Cäsars Zeiten geschah, ist ein Ansatz erforderlich, den die Politikwissenschaft als „interpretativ" bezeichnet. Diese Methode, wie sie Mark Bevir und Rod Rhodes definieren, konzentriert sich auf die Bedeutungen, die Handlungen und Institutionen prägen, und darauf, wie sie dies tun. Ich teile ihre Ansicht, dass wir Handlungen nur dann angemessen verstehen und erklären können, wenn wir auf die Überzeugungen und Wünsche der relevanten Akteure Bezug nehmen. Im Kontext des Organisationsverhaltens werden „Überzeugungen und Wünsche" meist unter dem Begriff „Motivation" zusammengefasst. Deshalb widmet *Führen wie Julius Cäsar?* dem Motivationsmuster Cäsars und dessen Bestimmung durch seine Persönlichkeit besondere Aufmerksamkeit. Das Buch versucht zudem zu erklären, wie diese Persönlichkeit durch sein Leben, seine beruflichen Erfahrungen und seine Entwicklung geprägt wurde. Das Verständnis der Motivation einer Führungskraft aus der Vergangenheit kann heutigen und zukünftigen Führungskräften helfen, ihre eigenen Motive und deren Einfluss auf ihr Führungsverhalten besser zu verstehen.

Hüseyin Leblebici, Professor an einer Business School, hat einen wichtigen Beitrag dazu geleistet, wie Geschichte und Sozialwissenschaften trotz unterschiedlicher Forschungsansätze produktiver zusammenarbeiten können. Leblebici stellte die grundlegende Frage:

> Verfügen wir als Sozialwissenschaftler und Historiker über die richtigen methodischen Werkzeuge, um historische Ereignisse genau wiederzugeben, die Motivationen und Rechtfertigungen der historischen Akteure im Handeln zu verstehen, sowohl das Verhalten der Akteure als auch die Ereignisse, an denen sie beteiligt sind, theoretisch zu erklären und schließlich eine Bewertung dieser Handlungen auf Basis der moralischen oder politischen Sensibilitäten vorzunehmen, die die Forscher bei der Interpretation der Rationalisierungen der betreffenden Akteure einbringen?

Die von Leblebici vorgeschlagene Lösung ist, transdisziplinäre statt interdisziplinäre Forschung zu betreiben. Bei Ersterer bringen beide Disziplinen ihre jeweils eigenen Beiträge und Ansätze ein, um Fragen zu beantworten, die sonst schwer zu lösen wären. Solche Forschung ist besonders relevant für Management- und Organisationsfragen, die zeitgemäße Lösungen erfordern und durch historische Analysen bereichert werden. Dieses Buch folgt Leblebicis Aufruf zu transdisziplinärer Forschung, indem es Modelle aus dem organisationalen Verhalten und der Organisationspsychologie nutzt, um die Karriere und Führung einer historischen Persönlichkeit zu verstehen und so heutige Führungskräfte und Verantwortliche für Führungskräfteentwicklung zu inspirieren und zu unterstützen.

1.4 Was dieses Buch enthält – und was nicht

Über Julius Cäsar ist eine ganze Bibliothek geschrieben worden, darunter Werke von Shakespeare und Napoleon. Dieses Buch enthält keine neuen historischen Fakten. Stattdessen habe ich mich an den Konsens der Historiker in den am Ende zitierten Publikationen oder in allgemeinen Nachschlagewerken gehalten. So wissen wir beispielsweise mit Sicherheit, dass Julius Cäsar 49 v. Chr. den Rubikon überschritt, an den Iden des März 44 v. Chr. ermordet wurde und von wem. Warum er den Rubikon überschritt, ist jedoch weiterhin Gegenstand von Debatten. In solchen Fällen der Interpretation und Schlussfolgerung folge ich manchmal einer bestimmten Sichtweise und nenne dann, wessen Interpretation ich unterstütze (z. B. Morstein-Marx' Ansicht, dass das Risiko einer Strafverfolgung für Cäsar 49 gering war). In anderen Fällen entwickle ich meine eigene Sichtweise (z. B. zur Rolle von Cäsars Gefolgsleuten bei der Entscheidung, den Rubikon zu überschreiten). Im Interesse der Lesbarkeit habe ich im Text oder in Fußnoten weitgehend auf Verweise und Selbstzitate verzichtet, außer wenn das Argument auf einer bestimmten Quelle oder wissenschaftlichen Arbeit beruht.

Das Buch ist chronologisch aufgebaut. Die folgenden fünf Kapitel beschreiben und analysieren jeweils eine wichtige Phase in Cäsars Karriere. Jedes Kapitel beginnt mit einem chronologischen Überblick in Form einer *Leadership Timeline*, die die wichtigsten Wendepunkte, also Höhen und Tiefen, in Cäsars Leben und Karriere darstellt. Dieses Instrument habe ich in meiner Executive-Coaching-Praxis als hilfreich erlebt, um bedeutende Ereignisse und Entwicklungen, die den Reifungsprozess einer Führungskraft beeinflusst haben, zu visualisieren. Das Buch schließt mit zwei Kapiteln: eines bewertet Cäsars Führungskräfteentwicklung im Verlauf seiner Karriere, das andere analysiert Cäsars Persönlichkeit und zieht Rückschlüsse auf seine Motivation. Die Datumsangaben im Buch beziehen sich, sofern nicht anders angegeben, auf die Zeit vor Christus.

Schließlich kann die Erforschung, das Schreiben über und die Darstellung von Geschichte mitunter frustrierend sein, weil man nie das vollständige Bild erfasst. Es fällt mir zum Beispiel schwer, Lücken nicht mit meiner Fantasie zu füllen und mich stattdessen zu disziplinieren, bei den bekannten Fakten zu bleiben. Am Anfang jedes Kapitels habe ich mir jedoch eine kleine Ausnahme erlaubt: eine Szene, die meiner Vorstellungskraft entspringt und stets durch Kursivschrift gekennzeichnet ist. Der Rest, das verspreche ich, ist mit wissenschaftlicher Sorgfalt entstanden.

Literatur

Griechische und römische Quellen

Cicero, M.T., *Über den Staat*.
Dionysios von Halikarnassos, *Römische Altertümer*.
Polybios, *Die Historien*, Buch VI.

Moderne Werke

Arena, V., & Prag, J. (Eds.). (2022). *A companion to the political culture of the Roman Republic*. Wiley.
Badian, E. (1983). *Publicans and sinners: Private Enterprise in the Service of the Roman Republic*. Cornell University Press.
Bevir, M., & Rhodes, R. A. W. (2003). *Interpreting British governance*. Routledge.
Bleicken, J. (2004). *Geschichte der römischen Republik*. R. Oldenbourg Verlag.
de Blois, L. (1987). *The Roman Army and politics in the first century B.C.* J.C. Gieben.
Charan, R., Drotter, S., & Noel, J. (2001). *The leadership pipeline. How to build the leadership powered company*. Jossey-Bass.
Crook, J. A., Lintott, A., & Rawson, E. (Eds.). (1994). *The Cambridge ancient history* (The last age of the Roman Republic, 146–43 B.C.) (Vol. IX, 2nd ed.). Cambridge University Press.

Eisenhardt, K. M., & Graebner, M. E. (2007). Theory building from cases: Opportunities and challenges. *Academy of Management Journal, 50*(1), 25–32.

Guillén, L., & Florent-Treacy, E. (2011). Emotional intelligence and leadership effectiveness: The mediating influence of collaborative behaviors. *INSEAD Working Papers Collection, 23*, 1–28.

Gutmann, M. (2020). Introduction: The value of the historical perspective for leadership studies. In M. Gutmann (Ed.), *Historians on leadership and strategy. Case studies from antiquity to modernity* (pp. 1–12). Springer Nature.

Gutmann, M. (2023). *The Unseen Leader.* How History Can Help Us Rethink Leadership. Cham: Springer Nature.

Harari, Y. N. (2024, March 11). *Disruption, democracy & the global order, panel discussion at the University of Cambridge.* Accessed October 18, 2024, from https://youtu.be/XmhLmZwc2es?si=ns8rlngFlmQgPf9k

Hersey, P., & Blanchard, K. H. (1977). *The Management of Organizational Behavior.* Prentice-Hall.

Hölkeskamp, K.-J. (Ed.). (2009). *Eine politische Kultur (in) der Krise? Die "letzte Generation" der römischen Republik.* De Gruyter.

Hölkeskamp, K.-J. (2010). *Reconstructing the Roman Republic: An ancient political culture and modern research.* Princeton University Press.

KDVI. (n.d.). https://kdvi.com/tools/

Kets de Vries, M. F. R., Vrignaud, P., & Florent-Treacy, E. (2004). The global leadership life inventory: Development and psychometric properties of a 360-degree feedback instrument. *International Journal of Human Resource Management, 15*, 475–492.

Koehn, N. (2018). The leadership journey of Abraham Lincoln. *McKinsey Quarterly, 2*, 77–87.

Leblebici, H. (2014). History and organization theory: Potential for a transdisciplinary convergence. In M. Bucheli & R. D. Wadhwani (Eds.), *Organizations in time: History, theory, methods.* Oxford University Press.

Madansky, A. (2008). Teaching history in business schools: An Outsider's view. *Academy of Management Learning & Education, 7*(4), 553–562.

Morstein-Marx, R. (2021). *Julius Caesar and the Roman People.* Cambridge: Cambridge University Press.

Nicolet, C. (Ed.). (1978). *Rome et la conquête du monde méditerranéen. 264–27 avant J.-C.* Presses Universitaires de France.

Siggelkow, N. (2007). Persuasion with case studies. *Academy of Management Journal, 50*(1), 20–24.

Rosenstein, N., & Morstein-Marx, R. (Eds.). (2006). *A companion to the Roman Republic.* Blackwell.

Vanderbroeck, P. (1988). *Antieke Beschaving. Cursusdl. 1: Leereenheden 1–10.* Kok; Stichting Open Theologisch Onderwijs.

Vanderbroeck, P. J. J. (1987). *Popular leadership and collective behavior ca. 80–50 BC*. J.C. Gieben.

Vanderbroeck, P. (2010, March). When in Rome…Lessons on executive pay from Ancient Rome. *Financial World*. pp. 33–34.

Vanderbroeck, P. (2012). Crises: Ancient and modern. Understanding an ancient Roman crisis can help us move beyond our own. *Management & Organizational History, 7*(2), 113–131.

Vanderbroeck, P. (2014). *Leadership Strategies for Women. Lessons from Four Queens on Leadership and Career Development*. Berlin/Heidelberg: Springer.

2

Die Entstehung eines Anführers: Cäsars Jugend und Ausbildung

…Als sie das Schiff stürmten, schreiend und mit schwingenden Schwertern, Speeren und Stöcken, sprang er plötzlich nach vorne—den Dolch in der Hand—und drängte sich durch die kleine Gruppe persönlicher Sklaven, die einen schwachen Schutzring um ihren Herrn gebildet hatten. ‚Wag es ja nicht!', zischte der Kapitän des Schiffes, als er das Feuer in den Augen des jungen Mannes sah. Denn er wusste, dass die Piraten seinem edlen Passagier nichts antun würden. Lebendig war er viel mehr wert…

(Dieses Zitat ist fiktiv und wurde vom Autor zu Illustrationszwecken erstellt.)

Erziehung, frühe Lebenserfahrungen und prägende Begegnungen beeinflussen maßgeblich die Entwicklung einer Führungskarriere. Sie wirken sowohl als Hindernisse als auch als Sprungbretter für Führungserfolg. Um diese Entwicklung zu verstehen, beginnt Executive Coaching häufig damit, die Führungskraft dazu aufzufordern, die eigene Biografie zu analysieren und zu reflektieren. In diesem ersten Kapitel untersuchen wir daher Cäsars Leben, Karriere und Herkunft und gehen dabei Fragen nach wie: Welchen Einfluss hatten seine Familie, seine Erziehung, seine Ausbildung und das Umfeld, in dem er aufwuchs, auf die Entwicklung seiner Persönlichkeit und Laufbahn? Welche Schlüsselerlebnisse und Personen prägten seinen Charakter und formten seinen Ehrgeiz, seine Werte und seine Weltsicht? Wie bereiteten ihn seine prägenden Jahre auf eine Führungskarriere vor? Welche sozialen und psychologischen Voraussetzungen bildeten das Fundament für seinen beruflichen Aufstieg? Welche Hindernisse hätten seinen späteren Erfolg möglicherweise verhindern können?

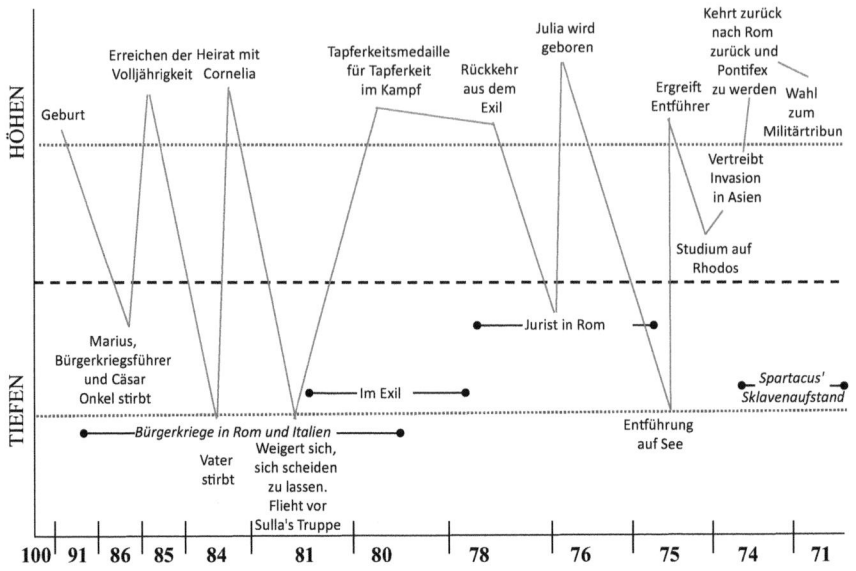

Abb. 2.1 Zeitleiste von Cäsars Herrschaft: Höhen und Tiefen 100–71 v. Chr. Eigene Darstellung des Autors

Dieses Kapitel bietet zunächst eine historische Perspektive durch einen faktenbasierten Überblick über Cäsars Leben, Karriere und Errungenschaften in den Jahren 100 bis 70 v. Chr., bevor seine Führungskompetenzen und Karriereentwicklung aus moderner Sicht betrachtet werden. Abb. 2.1 fasst die Höhen und Tiefen von Cäsars Leben und Karriere in diesem Zeitraum zusammen.

2.1 Cäsars Jugend und frühe Lebenserfahrungen

Gaius Julius Cäsar Jr. wurde im Juli 100 v. Chr. geboren. Sein Vater, Gaius Sr., entstammte der patrizischen (aristokratischen) Familie der Julier, die ihre Ursprünge auf die Gründung Roms zurückführte. Es gab nur wenige patrizische Familien, während alle anderen – ob reich oder arm – zur plebejischen Klasse gehörten. Unter diesen befanden sich die Nobiles, eine größere Gruppe von Familien als die Patrizier. Die Nobiles sicherten sich die höchsten Ämter der Römischen Republik durch Leistung (politische und militärische Karrieren). Für eine solche Laufbahn war jedoch auch ein gewisser

Wohlstand erforderlich, um Mitglied des Senats zu werden und diese unbezahlten Ämter zu finanzieren. Viele andere wohlhabende Familien strebten jedoch kein politisches Amt an oder erreichten es nicht. Diese Personen, wie etwa Atticus, der beste Freund von Marcus Tullius Cicero (dem Politiker und Redner), waren die *Equites*, deren Vermögen häufig aus geschäftlichen Aktivitäten stammte. Leistung in Regierungsämtern oder im Militär war entscheidend, um den eigenen Status zu wahren, da das gesellschaftliche Ansehen nicht erblich war. Die Mitgliedschaft im Senat erforderte die Wahl in mindestens ein öffentliches Amt, während die Anerkennung als Nobilis voraussetzte, dass es in der Familie kürzlich Konsuln gegeben hatte.

Da Cäsars patrizische Familie im Wettbewerb um öffentliche Ämter unterlegen war, hatte sie im Laufe der Jahre im Vergleich zu den Nobiles erheblich an Wohlstand und gesellschaftlichem Ansehen verloren. Dennoch hatten die beruflichen Erfolge von Gaius Sr. und Cäsars Onkel Sextus das Ansehen der Familie zuletzt wiederbelebt. Hinzu kamen ein starkes Netzwerk und Vermögen durch die Heirat von Gaius Sr. mit Aurelia, die aus einer einflussreichen Familie stammte. Cäsars Tante war mit Gaius Marius verheiratet, einem militärischen Helden und politischen Führer.

Die ersten zwanzig Lebensjahre Cäsars waren von Gewalt und Unruhen geprägt. Zwischen seinem neunten und dreizehnten Lebensjahr erlebte er den Krieg Roms gegen seine Verbündeten in Italien. Das Prinzip „Teile und herrsche", das den Römern die Herrschaft über Italien ermöglicht hatte, war erschöpft. Die italischen Völker schlossen sich zusammen und rebellierten, um die Gleichberechtigung einzufordern, die ihnen nach jahrhundertelanger loyaler Allianz mit Rom zustand. Dieser Aufstand zwang das römische Heer, gegen ehemalige Waffenbrüder zu kämpfen, die über dieselbe Ausrüstung und Ausbildung verfügten. Der Konflikt war blutig, beide Seiten begingen Gräueltaten wie das Aushungern von Kriegsgefangenen und die Belagerung ganzer Städte. Sowohl die Römer als auch ihre Gegner entschieden, ihre Toten auf dem Schlachtfeld zu begraben, anstatt sie nach Hause zu bringen, um die enormen Verluste zu verbergen, die die Rekrutierung neuer Soldaten zunehmend erschwerten. Die Römer mussten all ihre Ressourcen mobilisieren, um nicht vom Feind überwältigt zu werden. Der Aufstand begann in Asculum, einer wohlhabenden Stadt etwas über 200 Kilometer von Rom entfernt an der Via Salaria, der antiken Salzstraße. Die Einwohner töteten alle Römer in der Stadt – Männer, Frauen, sogar Kinder – und plünderten deren Besitz. Zwei Jahre später kehrten die Römer mit einer Belagerung zurück, bei der lokale Befehlshaber Stadtbewohner töteten, die kapitulieren wollten. Cäsars Onkel Sextus, ein General, fiel bei der Rückeroberung der

Stadt. Die Römer gewannen den Krieg, und ihre Verbündeten erhielten das römische Bürgerrecht, doch das gesamte Geschehen hätte ohne Blutvergießen gelöst werden können.

Als Cäsar elf Jahre alt war, wurde das Römische Reich im Osten angegriffen, doch als er fünfzehn war, gelang es dem Heer, die Invasion abzuwehren. Zwischen seinem zwölften und achtzehnten Lebensjahr erlebte Cäsar aus nächster Nähe den Bürgerkrieg, den sein Onkel Gaius Marius und L. Cornelius Cinna gegen L. Cornelius Sulla führten – mit Kämpfen und Hinrichtungen in unmittelbarer Nähe seines Zuhauses. Tagelang herrschten Anarchie und Aufruhr auf den Straßen, bis eine Partei die Oberhand gewann. Menschen wurden im Stadtzentrum erstochen, die Köpfe enthaupteter Senatoren auf dem Forum zur Schau gestellt, die Häuser von Gegnern aufgebrochen und geplündert – deren Besitzer wurden gejagt oder von Spitzeln verraten, andere begingen Selbstmord.

Sulla begann den Bürgerkrieg im Jahr 88 v. Chr., indem er sein Heer einsetzte, um die Hauptstadt anzugreifen – ein Ereignis, das seit Jahrhunderten nicht mehr vorgekommen war. Die Stadt wechselte mehrfach den Besitzer, bis Sulla, genannt *Felix* („der Glückliche"), 82 v. Chr. die Oberhand gewann. Anschließend festigte er seine Macht systematisch durch eine Schreckensherrschaft. Er veröffentlichte Feindeslisten und setzte Kopfgelder aus, was eine regelrechte Jagd und Tötungswelle in Rom und ganz Italien auslöste. Viele wurden in ihren Häusern, Verstecken oder Betten getötet. Tausende fielen zum Opfer, viele davon standen gar nicht auf Sullas Listen, sondern wurden aus Habgier ermordet. Vermögen wurden konfisziert und die Kinder der Verfolgten verloren ihre Bürgerrechte. M. Licinius Crassus, Cäsars späterer Verbündeter, wurde in dieser Zeit durch die Aneignung des Besitzes der Proskribierten reich.

Cäsar und seine gesamte Generation erlebten in den ersten Jahrzehnten ihres Lebens praktisch keine friedliche Zeit. Die Bruderkriege der Bundesgenossen- und Bürgerkriege, die wie ein Tornado über Rom und Italien hinwegfegten, waren traumatische Erfahrungen. Sie verursachten nicht nur Gewalt und Zerstörung, sondern zerrissen auch Familien, Freundschaften, Allianzen und Geschäftsbeziehungen. Die daraus resultierenden Spannungen sollten die römische Politik und Gesellschaft noch jahrelang prägen. Solche Erfahrungen, wie die Psychologie lehrt, dringen ins kollektive Bewusstsein ein. Ein Teil von Cäsars Generation wird Bürgerkrieg unbewusst als Normalzustand betrachtet haben. Andere wiederum wurden angetrieben, alles zu tun, um ihn künftig zu verhindern.

Als junger Mann der Oberschicht aufzuwachsen bedeutete eine private Ausbildung, meist durch Sklaven und Freigelassene als Lehrer. Hausunterricht, teils gemeinsam mit Kindern von Freunden und Verwandten, war die Regel. Die Fächer waren Latein und Griechisch, Rhetorik und Recht. Auch körperliche Betätigung kam nicht zu kurz. Aus Cäsars späterem Leben wissen wir, dass er sowohl geistig als auch körperlich hervorragend ausgebildet war. Schon als Junge ritt er sein Pferd im vollen Galopp ohne die Hände zu benutzen. In seinen frühen Jahren lebte Cäsar mit seinen älteren Schwestern Julia Maior und Julia Minor zusammen, bis diese etwa im Alter von vierzehn Jahren heirateten und das Elternhaus verließen. Zu dieser Zeit war Rom eine pulsierende, überfüllte Hauptstadt mit etwa 750.000 Einwohnern und weiterem Wachstum. Sie war die Hauptstadt eines expandierenden Imperiums, nur übertroffen von Ägyptens Metropole Alexandria. Der junge Gaius Jr. erlebte eine Vielfalt von Händlern und ausländischen Gesandten aus allen Teilen des Reiches und darüber hinaus, die in die Stadt kamen. Bei Besuchen im Hafen von Ostia sah er Schiffe, die Getreide und Waren aus Übersee brachten, um die Stadtbevölkerung zu versorgen.

Die Stadt, in der Cäsar aufwuchs (Abb. 2.2), war Heimat leidenschaftlicher Bürger, die in Volksversammlungen ihre Regierung wählten und Gesetze verabschiedeten. Diese Bürger waren sich ihrer Macht als Aktionäre dieses mächtigen Imperiums sehr bewusst. Ihr Stolz war jedoch stets mit dem Wissen verbunden, dass ihr Wohlstand von den Erträgen des Reiches abhing. Sie hielten ihre Elite – darunter auch den jungen Cäsar, der im Schatten künftiger Größe geboren wurde – für die Führung der Stadt und des Imperiums verantwortlich. Darüber hinaus war Politik in Rom eine öffentliche Angelegenheit. Volksversammlungen, oft lautstark und emotional, fanden unter freiem Himmel statt. Häufig hielten Redner spontane Ansprachen, die für alle hörbar waren. Diese Entwicklungen und Prozesse erlebte Cäsar aus nächster Nähe und sollte sie später gut kennen. Als er acht Jahre alt war, war Gaius Sr. Prätor, das zweithöchste Amt der Republik – ein anspruchsvoller Posten, der zahlreiche Aktivitäten und Besucher ins Haus der Julier brachte. Im darauffolgenden Jahr verbrachte Cäsars Vater ein Jahr im Ausland als Statthalter der reichen Provinz Asia (im heutigen Kleinasien). Bei seiner Rückkehr wird er seinem Sohn Geschenke und Geschichten mitgebracht haben.

Die Julier Cäsares waren zwar nicht besonders wohlhabend, lebten aber dennoch komfortabel, wenn auch nicht in einem vornehmen Viertel. Cäsars Mutter Aurelia, die aus einer deutlich wohlhabenderen und einflussreicheren Familie stammte, musste sich nach dem Einzug bei Gaius Sr. an einen bescheideneren Lebensstil gewöhnen. Von seinem Zuhause in der Suburra aus erlebte Cäsar die Lebensbedingungen der weniger Privilegierten aus nächster Nähe: ein rund um die Uhr belebtes Viertel voller Läden, Handwerker,

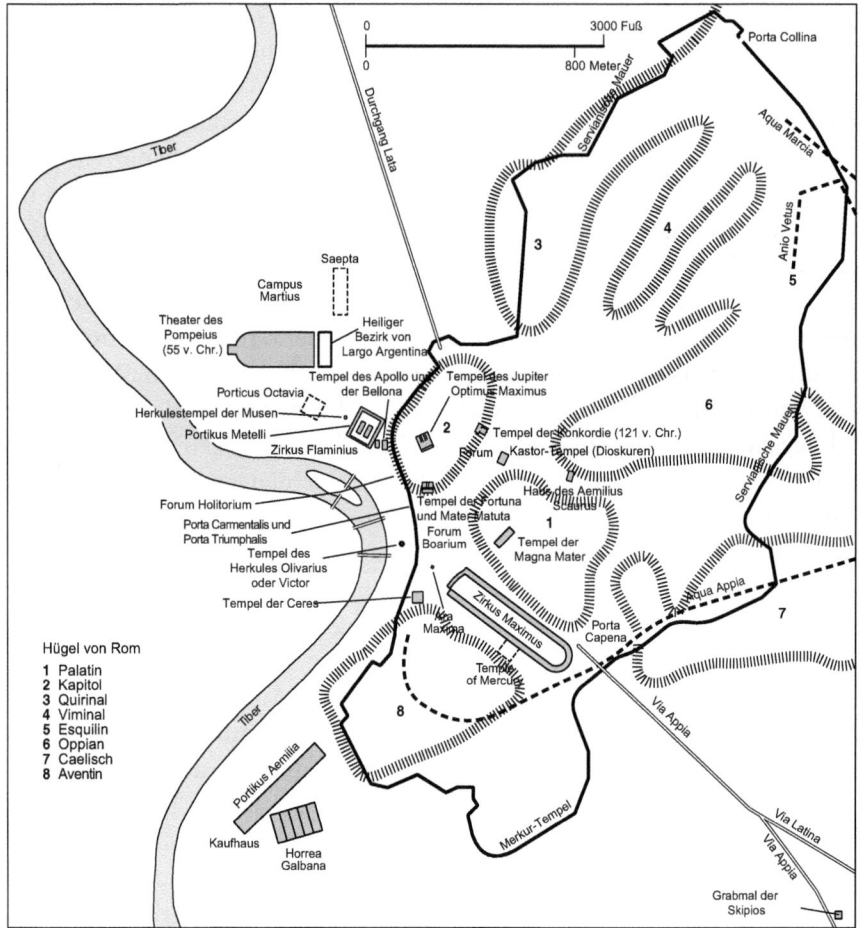

Abb. 2.2 Die Stadt Rom zur Zeit von Julius Cäsar. Aus: *A Companion to the Roman Republic* © John Wiley & Sons 2007. Nachdruck mit Genehmigung

Tavernen und Straßenimbisse; Straßen, in denen freie Bürger, ehemalige Sklaven und Sklaven miteinander verkehrten. Ein Ort, der nachts auch gefährlich sein konnte. Gaius Jr. wird miterlebt haben, wie sein Vater jeden Morgen seine Klienten empfing – eine bunte Schar von Menschen, die sich im Innenhof versammelte, um ihre Aufwartung zu machen und um Unterstützung zu bitten. Das römische Patronat bedeutete, dass Mitglieder der Elite, selbst die weniger wohlhabenden, einen Kreis von Klienten unterhielten. Diese Bürger, nicht unbedingt die Ärmsten, unterstützten den Patron in politischen Angelegenheiten und erhöhten dessen Ansehen. Im Gegenzug kümmerte sich der Patron um die Interessen seiner Klienten. Das Patronat füllte die Lücke, die durch die begrenzten öffentlichen Dienstleistungen Roms entstand.

Im Alter von fünfzehn Jahren galt ein römischer Jugendlicher als erwachsen. Nun durfte Cäsar zum ersten Mal eine Toga tragen: die *toga virilis*, eine schlichte weiße Toga, die das Erwachsensein symbolisierte. Die Toga war die traditionelle Kleidung römischer Männer und soll derjenigen geähnelt haben, die Romulus, der Gründer Roms, getragen hatte. Sie bestand aus einem einzigen, mehrere Meter langen Wolltuch. Sie wurde über einer Tunika getragen und um den Körper sowie über die Schultern drapiert. In der Regel bedeckte sie den linken Arm, nicht aber den rechten. Das Anlegen einer Toga war nicht einfach und erforderte meist die Hilfe eines Sklaven, um sie korrekt zu tragen. Auch das Gehen in einer Toga bedurfte einiger Übung. Cäsar legte Wert auf seine Kleidung, die er meist locker trug, entgegen dem klassischen, engen Sitz. Er war groß und hielt sich in Form. Er pflegte sich und achtete besonders auf seine Frisur. Es schien ihm zu missfallen, dass er wenig Haare hatte und die meiste Zeit seines Lebens nahezu kahl war.

Inzwischen hatte die römische Oberschicht durch Eroberungen, Geschäfte und die Verwaltung von Provinzen beträchtlichen Wohlstand angehäuft. Sie entwickelten neue Vorlieben, inspiriert von dem, was sie im reichen Osten gesehen und importiert hatten. Die Jugend begann, diesen Reichtum für Luxusgüter, Feste und Unterhaltung auszugeben. Einige der Älteren beklagten, dass ihre Nachkommen von den traditionellen römischen Werten der Zurückhaltung und Disziplin abwichen. Etwa zu dieser Zeit entwickelte die römische Elite eine Vorliebe für Orgien. Cäsar teilte diesen Lebensstil in seinen Zwanzigern, jedoch ohne dabei öffentlich aufzufallen oder Gerüchte zu provozieren. Außerdem konnte er, im Gegensatz zu anderen, bereits mehrere militärische Erfolge gegen ausländische Feinde vorweisen (dazu später mehr) – nichts ist römischer als das.

Das Erreichen der vollen Mündigkeit dauerte in Rom jedoch länger. Männer mit ausreichenden Mitteln konnten ab dem 30. Lebensjahr eine Laufbahn als Magistrat einschlagen. Zuvor erwartete der Staat von ihnen, dass sie studierten, ein Praktikum absolvierten und Berufserfahrung sammelten. Als Erwachsener wird Cäsar ein Jahr lang einen Politiker begleitet haben und durfte auch Senatssitzungen beiwohnen. Und natürlich nahm er an Volksversammlungen und Wahlen teil. Politisch stand Cäsars Familie auf der Seite der *populares,* jener politischen Fraktion, die das Volk und nicht den Senat als Machtbasis nutzte. Sein Onkel Marius und sein Schwiegervater

Cinna waren deren Anführer. Sie hatten den Bürgerkrieg gegen Sulla verloren.

Im Jahr 82 v. Chr. ernannte der Senat Sulla nach dem Ende des Bürgerkriegs zum Diktator. Der Diktator, eine römische Erfindung, war ein Krisenmanager. Es war die römische Form des Ausnahmezustands. Dabei wurde das verfassungsmäßige Prinzip, die Macht stets mit mindestens einem Kollegen zu teilen, vorübergehend aufgehoben. Diktatoren wurden üblicherweise für eine erneuerbare Amtszeit von sechs Monaten zusammen mit einem Stellvertreter (*magister equitum*) eingesetzt. Sie verfügten über uneingeschränkte Entscheidungsgewalt, ohne Bestätigung durch Senat oder Volk, und waren nach ihrer Amtszeit vor Strafverfolgung für ihre Amtshandlungen geschützt. Sullas Diktatur setzte zwei Präzedenzfälle. Bislang waren Diktatoren zur Bewältigung äußerer Bedrohungen eingesetzt worden. Nun erhielt der Diktator erstmals das Mandat, innere Angelegenheiten zu regeln: Ordnung wiederherzustellen und den Staat zu reformieren. Sulla war der erste Diktator, der die übliche Amtszeit überschritt. Er wurde auf unbestimmte Zeit ernannt. Er blieb zwei Jahre an der Macht, bis er sich zurückzog.

Sulla war überzeugt, dass die römische Verfassung zu viel Konflikt und Spannungen erzeugte. Er setzte Reformen durch, um die Oligarchie zu stärken. Die Rechte des Volkes wurden zugunsten des Senats eingeschränkt, dessen Mitgliederzahl sich von 300 auf 600 verdoppelte. Er stärkte die Regierung, indem er die Zahl der Prätoren und Quästoren erhöhte. Fortan war eine Mindestdauer von zehn Jahren erforderlich, bevor man ein zweites oder drittes Konsulat bekleiden durfte. Schließlich reformierte er das Recht und die Justiz.

Sullas Herrschaft wirkte sich während Cäsars Jugend direkt auf ihn aus. Kurz nach dem Tod von Gaius senior wurde der sechzehnjährige Cäsar mit Cornelia, der Tochter Cinnas, verheiratet. Die Ehe mit der Tochter eines der zwei Hauptgegner Sullas und die Verwandtschaft mit dem anderen (Marius) stellte ihn ins Zentrum des politischen Konflikts. Nach seiner Machtergreifung begann Sulla eine blutige Säuberung unter den Anhängern von Marius und Cinna. Weder Cäsar noch sein Vater waren direkt am Krieg beteiligt, sodass beide von der Verfolgung verschont blieben. Dennoch forderte Sulla von Cäsar, seine Loyalität zu beweisen, indem er sich von der Tochter seines besiegten Gegners scheiden ließ. Cäsar weigerte sich und musste aus Rom fliehen, um Sullas Zorn zu entgehen. Sulla beschlagnahmte Cornelias beträchtliche Mitgift und das Erbe seines Vaters, sodass Cäsar mittellos war. Er war gezwungen, wie ein Gesetzloser in der Wildnis zu leben, ständig auf der

Flucht vor Sullas Häschern. Später gelang es Cäsar, auf ein Schiff in die östlichen Provinzen zu gelangen, wo er Zuflucht fand. Dort sammelte er erste Erfahrungen in Verwaltung und Militär. Er zeichnete sich durch Tapferkeit aus. Schließlich setzten sich seine Mutter und deren Familie für ihn ein und überzeugten Sulla, ihm zu verzeihen. Dennoch blieb Cäsar mehrere Jahre freiwillig im Exil, bis Sulla starb. 78 v. Chr. kehrte Cäsar zurück, um seine berufliche Laufbahn zu beginnen.

Privat war Cäsar von Jugend an ein Lebemann. In seinen späten Zwanzigern gab er große Summen für seine Leidenschaften und für Gastmähler aus. Bekannt war er vor allem für seine intimen Beziehungen zu Frauen aus den oberen Gesellschaftsschichten, auch während seiner Ehe. Wie bereits erwähnt, waren formale Ehen in erster Linie politische und wirtschaftliche Bündnisse zwischen Familien. Freundschaften und Liebesbeziehungen fanden außerhalb dieser Grenzen statt und wurden sowohl von Frauen als auch von Männern initiiert. Es gab zahlreiche Gelegenheiten, sich kennenzulernen. Die römische Oberschicht vergnügte sich bei privaten Abendessen, Festen und kulturellen Veranstaltungen in Stadtvillen und Landgütern. In seinen frühen Zwanzigern begegnete Cäsar Nicomedes, dem König von Bithynien und Verbündeten Roms. Zeit seines Lebens gab es Gerüchte, sie seien Liebhaber gewesen. Während seiner Ausbildung betrieb er regelmäßig Sport. Auf der Flucht vor Sulla erkrankte er schwer, vermutlich an Malaria, erholte sich jedoch wieder. Die verschiedenen Herausforderungen, die er in dieser Zeit überwand, zeigen, dass es ihm weder an körperlicher noch an geistiger Energie mangelte. Als Cäsar zur Welt kam, beherrschte Rom die nördliche Hälfte des Mittelmeerraums (Abb. 2.3).

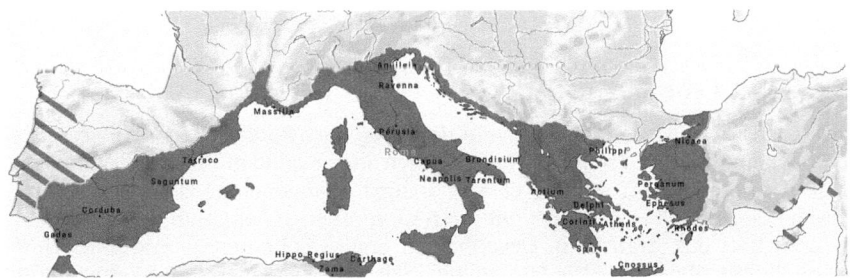

Abb. 2.3 Rom und sein Reich zur Zeit von Cäsars Geburt im Jahr 100 v. Chr. Von Portasa Cristian – Eigenes Werk, CC0 1.0 Universal – Creative Commons. https://commons.wikimedia.org/w/index.php?curid=148278853

2.2 Karrierebeginn

Für junge Adelige und Patrizier lagen die angesehensten und prestigeträchtigsten Karrieren im Staatsdienst, der sowohl den Dienst in den Provinzen als auch im Heer umfasste. Eine Laufbahn in der Wirtschaft war nicht ausgeschlossen, genoss jedoch ein geringeres Ansehen. Auch eine juristische Karriere war möglich, wurde aber am besten nach einer ersten Magistratur zur Aufnahme in den Senat eingeschlagen. Im Jahr 78 v. Chr. kehrte Cäsar nach Rom zurück, um als Anwalt zu arbeiten. Sullas Herrschaft war äußerst unbeliebt gewesen, und die Folgejahre waren von politischen Konflikten über die Abschaffung seiner Reformen geprägt. Als junger Anwalt verklagte Cäsar im Namen der Griechen zwei ranghohe Senatoren. Die beiden Männer, beide Anhänger Sullas, wurden der Erpressung während ihrer Tätigkeit als Regierungsbeamte in der Provinz Griechenland beschuldigt. Cäsar verlor beide Prozesse gegen einige der besten Anwälte Roms, wobei im Hintergrund verdeckte Machenschaften wirkten. Dennoch boten sie ihm die Gelegenheit, sich einen Ruf als ausgezeichneter Redner zu erarbeiten. Mit diesen beiden Klagen hatte er das nachsullanische Establishment gegen sich aufgebracht. Möglicherweise auf Anraten seiner Familie hielt er es für besser, Rom erneut für eine Weile zu verlassen und begab sich zum Studium auf die Insel Rhodos. Es schien, als sei er begierig, aufzubrechen, denn er stach bereits im frühen Winter in See, obwohl die widrigen Wetterbedingungen den Schiffsverkehr weitgehend zum Erliegen brachten. Die Reise von Rom nach Rhodos über Griechenland dauerte etwa zwei Wochen.

Während seines zweiten Auslandsaufenthalts unternahm Cäsar zwei weitere militärische Abenteuer, die er mit Schnelligkeit und Unerschrockenheit meisterte – Erfahrungen, die als Grundlagen für seine Karriere dienten (Kasten 2.1).

Kasten 2.1 Entführt

Das erste Ereignis ereignete sich auf dem Weg nach Rhodos. Beim Passieren der Dodekanes-Inseln, der Inselkette zwischen den Kykladen und der Westküste der heutigen Türkei, machte er eine äußerst unangenehme Erfahrung. In der Nähe der Insel Pharmakousa, mit ihren sandfarbenen Felsen und einer grünen Landschaft aus Sträuchern, Olivenhainen und Weinbergen, wurde sein Schiff von Piraten überfallen. Die Piraten, die in den dunkelblauen Gewässern auf der Lauer lagen, hatten Cäsars Schiff vermutlich von einem Ausguck auf der Insel erspäht. Mit ihren kleinen, schnellen Küstenbooten holten sie rasch auf und umzingelten ihre wehrlose Beute. Auf der Route von Rom nach Rhodos führte das Handelsschiff vermutlich nur wenig Fracht mit sich, abgesehen von einigen

Passagieren wie Cäsar und seinem kleinen Gefolge. Es transportierte wohl Post, Dokumente und Münzen, um in Rhodos, einem bedeutenden Umschlaghafen, Waren zu erwerben. Spät in der Schifffahrtssaison bot das Schiff den Räubern die Gelegenheit, ihre diesjährigen Gewinne einzufahren. Ihr Hauptgeschäft war der Sklavenhandel und die Entführung von Personen. Die Besatzung von Cäsars Schiff, meist selbst Sklaven, wurde auf dem Sklavenmarkt der Insel Delos an neue Herren verkauft. Einen Römer an Bord zu finden, war ein besonderer Glücksfall. Cäsar und seine Begleiter wurden zur Basis der Piraten an der Küste gebracht und dort gegen Lösegeld festgehalten.

Als die Piraten ihm die Höhe des Lösegelds nannten, rief der 25-jährige Cäsar aus: „Das muss wohl ein Scherz sein! Wisst ihr nicht, wer ich bin? Ihr müsst die Summe mindestens verdoppeln." (Da Griechisch im östlichen Mittelmeer die Verkehrssprache war, konnten sie sich verständigen.) Die Entführer gingen lachend darauf ein und schickten einige seiner Gefährten los, um das Geld in den nahegelegenen Städten der römischen Provinzen zu beschaffen. Es dauerte fast 40 Tage, bis das Lösegeld zusammengetragen und den Entführern übergeben werden konnte. Obwohl verärgert, machte Cäsar das Beste aus der Situation. Er kommandierte die Piraten herum, befahl ihnen, während seines Mittagsschlafs Ruhe zu geben, und nutzte sie als Publikum, um seine Redekunst und Dichtkunst zu üben. Er tadelte sie, wenn sie die besonderen Qualitäten seiner Werke nicht zu würdigen wussten, und nannte sie ungebildete Barbaren, trieb aber auch mit ihnen Sport und nahm an ihren Übungen teil. Die Piraten fanden all das recht amüsant und lachten über Cäsars Ankündigung, nach seiner Freilassung zurückzukehren und mit ihnen abzurechnen. Doch Cäsar sollte das letzte Wort behalten.

Das Lösegeld wurde bezahlt und Cäsar im Hafen von Milet freigelassen. Spontan überzeugte er die Einheimischen, Schiffe zu bemannen, um die Räuber zu verfolgen. Nach Einbruch der Dunkelheit erreichten Cäsar und sein Geschwader deren Stützpunkt, wo die Piraten vor Anker lagen. Überrascht leisteten die Räuber kaum Widerstand. Mehrere Schiffe wurden versenkt, die meisten Piraten gefangen genommen. Die Gefangenen und ihre Beute wurden nach Milet zurückgebracht und in Gewahrsam genommen. Anschließend reiste Cäsar ins Landesinnere zur Provinzhauptstadt, um den römischen Statthalter Marcus Juncus aufzusuchen und ihn zu bitten, das Urteil über die Verbrecher zu sprechen. Juncus jedoch verweigerte eine klare Antwort. Offenbar erwog er, selbst Profit zu machen, indem er die Piraten als Sklaven verkaufte oder sie gegen Lösegeld freiließ. Cäsar ließ sich darauf nicht ein. Er kehrte an die Küste zurück und ließ, seinem Versprechen treu, die Entführer kreuzigen. Aus Gnade ließ er sie vorher töten, um ihnen einen qualvollen Tod zu ersparen. Die Beute der Piraten nahm er an sich und setzte seine Reise nach Rhodos fort.

Ein weiteres bemerkenswertes Ereignis prägte Cäsars Studienzeit. Als König Mithridates in Kleinasien in das römische Reich einfiel, unterbrach Cäsar seine akademischen Studien, um auf das Festland südlich von Rhodos zu reisen. Ohne offizielles Mandat stellte er aus verschiedenen Städten lokale Truppen zusammen und verhinderte, dass der Feind nach Süden vorrückte, bevor er schließlich zu seiner Schule zurückkehrte.

Der weitere Verlauf von Cäsars Karriere ist dem Netzwerk seiner Mutter zu verdanken, das ihm die Aufnahme ins Priesterkollegium der Pontifices ermöglichte. *Pontifices*, deren Zahl fünfzehn betrug, bekleideten ein altes und angesehenes Amt. Unter anderem regulierten sie den römischen Kalender. Cäsar beendete seine Studien und kehrte 73 v. Chr. nach Hause zurück. Die Lektion gelernt, reiste er diesmal in einem kleinen Fischerboot inkognito, um nicht erneut Opfer von Piraten zu werden.

Das Rom und Reich, das ihn erwartete, befand sich in einer schweren Krise: Im Osten wurde es angegriffen, das Mittelmeer war durch Piraterie unsicher, Spanien wurde immer noch von Sullas Gegnern besetzt, der Sklavenaufstand des Spartacus bedrohte Rom und die Lebensmittelversorgung der Stadt war gefährdet. Zudem waren viele erfahrene Senatoren den Säuberungen zum Opfer gefallen. Infolgedessen flammten politische Konflikte und Konkurrenz um Ämter wieder auf. Einige Politiker, insbesondere Pompeius und Crassus, die unter Sulla Ehre, Ruhm und Reichtum erworben hatten, wollten ihre Karriere nicht von der durch den Diktator eingesetzten Elite abhängig machen. Sie begannen, die sullanischen Reformen zurückzudrängen, die den Einfluss des Volkes auf die Gesetzgebung eingeschränkt hatten. Diese Bestrebungen wurden offen von Cäsar unterstützt, der sich zudem für eine Begnadigung der Gegner Sullas einsetzte. Politisch vertrat er somit die Anliegen und ursprünglichen Ideen seines Onkels Marius und seines Schwiegervaters Cinna.

Zwei Jahre später, im Alter von 29 Jahren, wurde er Militärtribun. Es handelte sich um einen Offiziersrang im Heer, der keine politische oder staatliche Funktion umfasste, jedoch durch Wahl in der Volksversammlung in Rom vergeben wurde. Es war das erste Amt, das Cäsar auf diese Weise erlangte, und markierte den Beginn seiner politischen Mündigkeit sowie den Einstieg in eine politische Laufbahn, die er im folgenden Jahr als Dreißigjähriger beginnen konnte. Als Militärtribun im Jahr 71 v. Chr. könnte er an Kämpfen gegen Spartacus und dessen Sklavenheer teilgenommen haben. Seit seiner Rückkehr nach Rom lebte Cäsar weit über seine Verhältnisse. Er gab großzügige Feste und Bankette, um sich ein Netzwerk aufzubauen. Er machte sich bei seinen Nachbarn, die in bescheidenen Verhältnissen lebten, beliebt. Außerhalb der Stadt hatte er sich ein vornehmes Landhaus zugelegt. Sein ausschweifender Lebensstil machte ihn zu einer bekannten öffentlichen Figur.

So verlief Cäsars Karriere anfangs holprig. Mit 29 Jahren trotz alledem als erfolgreich dazustehen, muss ihn davon überzeugt haben, dass ihm das Glück hold war. In jedem Fall zeigte er bemerkenswertes Selbstvertrauen. Er hatte auch gelernt, dass Mut, Schnelligkeit und Wagemut sich auszahlen. Wie das Schicksal es wollte, hatte er zu diesem Zeitpunkt bereits mehr als die Hälfte seiner Lebenszeit hinter sich.

2.3 Erwartungen und erste Erfolge

Cäsars erste berufliche Erfolge und insbesondere seine Erziehung legten das Fundament für seine Führungsqualitäten. Seine bemerkenswerten militärischen Leistungen, sowohl im offiziellen Auftrag als auch aus eigener Initiative, wurden bereits dargestellt. Als Anwalt waren seine ersten Bestrebungen zwar erfolglos, aber dennoch anerkennenswert. Sein wichtigster Erfolg in Jugend und frühem Erwachsenenalter bestand darin, die Erwartungen seiner Familie zu erfüllen – ein Ziel, das ihn durch seine gesamte Laufbahn begleitete.

Die (erweiterte) Familie der römischen Oberschicht war mehr als eine Gruppe von Personen, die durch Blutsverwandtschaft oder Heirat verbunden waren. Sie war zugleich ein Unternehmen, das den Wohlstand und das gesellschaftliche Ansehen ihrer Mitglieder sichern und vermehren sollte. Ehen wurden häufig arrangiert, um geschäftliche oder politische Allianzen zu schmieden. Dies schloss enge emotionale Bindungen zwischen Ehepartnern, Geschwistern, Eltern und Kindern nicht aus. Abstammung und Tradition wurden hoch geschätzt.

Obwohl sie über eine hervorragende aristokratische Abstammung verfügte, war die Familie Cäsars im gesellschaftlichen Ansehen gesunken, da es im vergangenen Jahrhundert an hochrangigen Magistraten in der Familie gefehlt hatte. Auch in Bezug auf den Wohlstand konnten sie mit dem übrigen Adel nicht mithalten. Dennoch war den Juliern die Legende vergönnt, dass der Gründer der Familie der Enkel der Göttin Venus gewesen sei. Bei Cäsars Geburt war Gaius Senior Quaestor und hatte damit gerade seine Laufbahn als Staatsbeamter begonnen. Gaius Senior hatte einen Bruder, Sextus, Cäsars Onkel, der es bis zum Konsul gebracht hatte. Gaius Senior starb, nachdem er das Prätorat erreicht hatte und gute Chancen auf das Konsulat besaß. Das zeigt, dass die Brüder auf dem besten Weg waren, den alten Glanz ihrer patrizischen Familie wiederherzustellen.

Die klugen Heiratsallianzen der Julier verbesserten die Karrierechancen der Familienmitglieder und halfen, den Niedergang der Familie umzukehren. Julia, Cäsars Tante und Schwester von Gaius Senior und Sextus, heiratete Gaius Marius, einen politischen Aufsteiger. Marius, ein siegreicher Feldherr, bekleidete mehrfach das Konsulat und rettete Italien vor einer Invasion germanischer Stämme, bevor er im Bürgerkrieg eine Führungsrolle übernahm. Die Ehe war für beide Seiten ein Gewinn: Marius gewann durch die Verbindung mit einer patrizischen Familie an Ansehen, und die Julier erhielten Zugang zu Reichtum und Prestige.

Gaius Senior heiratete Aurelia Cotta, die spätere Mutter Cäsars. Aurelia stammte aus einer plebejischen, aber angesehenen Familie, den Aurelii Cotta. Ihr Vater wurde Konsul, als Aurelia noch ein Kleinkind war, und drei ihrer Brüder erreichten ebenfalls das Konsulat. Die Familie Aurelia gehörte seit 150 Jahren zur Nobilitas. Aurelia dürfte bei der Hochzeit etwa vierzehn Jahre alt gewesen sein, ihr Mann war Anfang dreißig. Gaius Senior hatte seine Laufbahn als römischer Magistrat gerade erst begonnen, und Aurelia war eine begehrte Partie, denn sie brachte ein wertvolles politisches Netzwerk und eine beträchtliche Mitgift mit. Obwohl ihr Mann keineswegs wohlhabend war, verfügte er über eine solide Abstammung. Um der Ehe ihrer Tochter zuzustimmen, mussten die Aurelii Cotta Potenzial in Gaius Senior gesehen haben, der gemeinsam mit seinem Bruder Sextus begann, das Ansehen der Familie Julius zurückzuerlangen.

Die Töchter von Aurelia und Gaius Senior, Cäsars zwei Schwestern, verfolgten dieselbe Strategie: Ihr aristokratischer Name wurde mit Mitgliedern wohlhabender, aber noch nicht senatorischer Familien verbunden. Eine der Julias wurde die Großmutter von Octavianus, Cäsars Neffe, Nachfolger und erster Kaiser Roms. Schließlich heiratete Cäsar selbst Cornelia, die Tochter von Cinna, dem politischen Weggefährten des Marius aus einer sehr vermögenden Familie. Auch diese Ehe war ein zentrales Bindeglied, das die Julier mit den Gegnern Sullas verband.

Es ist an der Zeit, den Blick auf Cäsars Mutter zu richten. Aurelia, die in einer wohlhabenden Familie aufgewachsen war, musste nun in das Haus von Gaius Senior ziehen, das zwar komfortabel war, aber in einem einfachen Viertel lag. Das schien sie nicht zu stören, da sie diskret war und keinen Wert auf Luxus legte. In dieser patriarchalischen Gesellschaft oblagen Aurelia die häuslichen Pflichten. Sie leitete den Haushalt, das Personal und die Familienfinanzen, während ihr Mann außerhalb des Hauses seine Karriere verfolgte. Aurelia war eine gesunde Frau, die 64 Jahre alt wurde. In dieser vorindustriellen Gesellschaft starben viele Kinder früh, so erreichten von ihren Kindern nur drei das Erwachsenenalter: zwei Töchter, Julia Maior und Minor, sowie ihr jüngstes Kind, Gaius Junior, unser Protagonist. Aurelia nahm ihre Rolle als Matrona ernst und arbeitete mit ihrem Mann daran, das Ansehen der Julier zurückzugewinnen. Sie fand für ihre Kinder vielversprechende Ehepartner.

Aurelia (Abb. 2.4) war 20 Jahre alt, als sie Cäsar zur Welt brachte. Trotz gelegentlicher beruflicher Abwesenheit von Gaius Sr. war die Familie meist vollständig. Als Kind und Jugendlicher profitierte Cäsar von der Aufmerksamkeit beider Elternteile. Aurelia und ihr Ehemann hegten große Pläne für ihren Sohn. Als Frau verfügte sie zwar über keine formale Autorität, doch

Abb. 2.4 Eine Darstellung Aurelias aus der Renaissance. Herausgegeben von Guillaume Rouille (1518?-1589) – 'Promptuarii Iconum Insigniorum', Public Domain, https://commons.wikimedia.org/w/index.php?curid=8799553

verstand sie es, im Hintergrund mit ihrem Vermögen und ihrem Netzwerk Einfluss zu nehmen. Sie übernahm die Verantwortung für Cäsars Ausbildung und sorgte für ausgezeichnete Lehrer – meist Sklaven oder Freigelassene aus dem griechischen Kulturraum. Der römische Historiker Tacitus betrachtete sie später als Beispiel einer Mutter, die ihrem Kind die bestmöglichen Bildungschancen bot. Gaius Sr. starb 85 v. Chr. Aurelia, damals 35 Jahre alt, musste ihren Sohn nun allein großziehen. Sie heiratete nie wieder und widmete ihr Leben der Unterstützung ihres Sohnes. Als sein Vater starb, war Cäsar etwa 15 Jahre alt, formal erwachsen und nun das Familienoberhaupt. Dies geschah mitten im Bürgerkrieg. Im darauffolgenden Jahr heiratete er Cornelia – eine Verbindung, die sicherlich von Aurelia arrangiert und unterstützt wurde.

Nachdem Cäsars Schwestern ausgezogen waren, lebten Aurelia, Cornelia und Gaius Jr. gemeinsam im elterlichen Haus im selben Stadtviertel. Ihr Sohn bereitete Aurelia jedoch auch Sorgen. Der Bürgerkrieg machte die Stadt unsicher; dennoch genoss der junge Cäsar das gesellschaftliche Leben mit seinen standesgemäßen Freunden. Nach dem Ende des Bürgerkriegs, den Sulla für sich entschied, folgten Säuberungen, Hinrichtungen und Enteignungen in Rom. Cäsar und seine Familie hatten die unterlegene Seite unterstützt. Wie bereits erwähnt, verweigerte Cäsar Sullas Aufforderung, sich von seiner Frau scheiden zu lassen, und musste aus der Stadt fliehen. Aurelia war um ihren Sohn besorgt, erkannte aber zugleich ihre eigene Prinzipienfestigkeit in ihm wieder. Sie ließ sich von ihren Bedenken jedoch nicht entmutigen und aktivierte ihr Netzwerk, während Cäsar sich auf dem Land versteckte. Mit Hilfe ihrer Familie gelang es Aurelia, Cäsar in den östlichen Mittelmeerraum zu bringen, wo er im Stab eines Provinzstatthalters und Familienfreundes diente. Zwei Jahre lang lebten Aurelia und Cäsars junge

Ehefrau allein in Rom und bestritten ihren Lebensunterhalt aus Aurelias Mitgift, die sie zu schützen wusste. Während seiner Abwesenheit bereitete Cäsar seiner Mutter sowohl Sorgen als auch Stolz. Er sammelte erste militärische Erfahrungen, und sein Hang zum Risiko brachte ihm eine Auszeichnung für Tapferkeit ein.

Unermüdlich im Hintergrund tätig, erwirkte Aurelia nach Sullas Tod die Begnadigung ihres Sohnes. Wie bereits erwähnt, kehrte Cäsar nach Rom zurück, um als Anwalt zu arbeiten. Mit 22 Jahren war er mit einem ausgeprägten Sinn für Zielstrebigkeit, Anspruch und der Verpflichtung aufgewachsen, das Ansehen seiner Familie zu mehren – Pflichten und Prinzipien, die er mit seinen Eltern teilte. Er setzte alles auf eine Karte, im Wissen, dass seine Mutter stets hinter ihm stand. Über ihre Familie gelang es Aurelia, ihren Sohn in den angesehenen Priesterorden der *pontifices* aufnehmen zu lassen. Aurelia lebte weiterhin mit ihrem Sohn, seiner Frau und deren Tochter Julia, geboren 76 v. Chr., im elterlichen Haus. Nach Cornelias Tod im Jahr 69 v. Chr. kümmerte sich Aurelia um Julia, bis diese das Haus zur Heirat verließ. Die enge Bindung zwischen Mutter und Sohn zeigte sich auch an Tagen wie dem Morgen von Cäsars Wahl zum Oberhaupt des Priesterkollegiums (*pontifex maximus*). Cäsar investierte viel Geld in seine Kandidatur, die Aurelia nachdrücklich unterstützte und möglicherweise selbst initiiert hatte. Um genügend Mittel aufzubringen, machte er hohe Schulden. Am Wahltag begleitete ihn Aurelia unter Tränen bis zur Haustür. Cäsar verabschiedete sich mit einem Kuss auf der Schwelle der Haustür. Laut Plutarch und Sueton – zwei Biografen – sagte er: „Mutter, heute komme ich entweder als pontifex maximus zurück oder gehe ins Exil." Sigmund Freud hatte vielleicht Cäsar und nicht Ödipus im Sinn, als er sagte, *wenn man der unbestrittene Liebling der Mutter gewesen ist, so behält man fürs Leben jenes Eroberergefühl, jene Zuversicht des Erfolges, welche nicht selten wirklich den Erfolg nach sich zieht*. Cäsar triumphierte bei der Wahl. Kasten 2.2 beschreibt ein weiteres Beispiel für Aurelias Einfluss auf die Karriere ihres Sohnes.

Kasten 2.2 Aurelia nimmt das Heft in die Hand

Ein Jahr später, 62 v. Chr., griff Aurelia erneut aktiv ein, um ihren Sohn zu unterstützen. Aus gutem Grund, wie wir gleich sehen werden, behielt Aurelia Pompeia, Cäsars zweite Ehefrau, genau im Auge. Pompeia veranstaltete ein religiöses Frauenfest, an dem ihre Schwägerinnen und die Schwiegermutter teilnahmen. Was dann geschah, erinnerte an *Mission Impossible*. Publius Clodius, ein 30-jähriger adliger Playboy und späterer politischer Verbündeter Cäsars, verkleidete sich als eine der Musikantinnen des Festes. So wollte er sich nach Einbruch der Dunkelheit unbemerkt ins Haus schleichen. Sein Ziel war

> Pompeia, die damals etwa 20 Jahre alt gewesen sein dürfte. Gerüchten zufolge hatten die beiden ein Verhältnis. Ihre Dienerin ließ ihn herein. Doch im Dunkel der Nacht verirrte sich Clodius in der großen Villa, die nun als Residenz des Pontifex diente. Eine von Aurelia strategisch im Haus platzierte Dienerin entdeckte Clodius, wie er umherirrte. Die Dienerin fragte, wer „sie" sei. Clodius nannte einen Frauennamen und gab an, nach Abra, einer von Pompeias Dienerinnen, zu suchen. Doch seine Stimme verriet ihn als Mann, woraufhin die Dienerin erschrocken aufschrie. Sie rief sofort alle Frauen zusammen, während Clodius die Flucht ergriff. Aurelia übernahm nun das Kommando. Sie ließ alle Tore und Türen schließen und verriegeln, organisierte die Frauen in Suchtrupps und schickte sie mit Fackeln aus, um den Eindringling zu finden. Da Clodius keinen Ausweg fand, versteckte er sich in einem der Zimmer der Dienerinnen. Dort wurde er entdeckt und schließlich beschämt aus dem Haus gejagt. Für dieses Sakrileg wurde Clodius angeklagt. Aurelia und eine ihrer Töchter sagten bei seinem Prozess aus. Cäsar ließ sich umgehend von Pompeia scheiden und erklärte, die Familie eines Pontifex müsse über jeden Verdacht erhaben sein. Aurelia, die maßgeblich dazu beigetragen hatte, ihren Sohn ins Priesteramt und zum Pontifex Maximus zu bringen, tat alles, um seinen Ruf zu schützen. Es dürfte ihre Idee gewesen sein, Pompeia zu opfern. „Die sind wir los", wird Aurelia wohl gedacht haben.

Um die Geschichte seiner Mutter abzuschließen: Drei Jahre nach der Scheidung heiratete Cäsar seine dritte Frau Calpurnia. Sie war 17 Jahre alt, Cäsar 41. Es ist anzunehmen, dass Aurelia als engagierte Mutter bei der Auswahl Calpurnias mitwirkte und darauf achtete, die Schwierigkeiten mit Pompeia nicht zu wiederholen. Calpurnia stammte aus einer ebenso angesehenen Familie wie Aurelia. Sie galt als schüchtern. Als Aurelia 54 v. Chr. starb, war Calpurnia 22 Jahre alt – alt genug, dass ihre Schwiegermutter sicher sein konnte, ihren Sohn in guten Händen zu wissen und auf einen Erben hoffen zu dürfen. Calpurnia blieb bis zu Cäsars Tod an seiner Seite. Wie Aurelia war sie eine wichtige Stütze seiner Karriere, doch die Ehe blieb kinderlos. Sie schien Cäsars Untreue mit stoischer Gelassenheit zu ertragen. Ähnlich wie Aurelia heiratete sie nach ihrer Verwitwung nie wieder. Die beiden Frauen waren sich sehr ähnlich.

Die Beziehung zwischen Cäsar und seiner Mutter wirft die Frage auf, welche familiären Erwartungen auf seinen Schultern lasteten. Diese Erwartungen waren beträchtlich. Für Mitglieder der Elite war die Kontinuität von Name, Ansehen und Vermögen der Familie von zentraler Bedeutung. Im Fall Cäsars erwartete die Familie, dass er das Erbe seines Vaters und seiner Onkel antrat, um die Julier aus der Bedeutungslosigkeit zu führen, in die sie geraten waren. Aurelia hatte sich dieser Aufgabe gemeinsam mit ihrem Ehemann verschrieben. Nach dem Tod von Gaius Sr., der die Mission nicht mehr vollenden konnte, übernahm sie es, ihren einzigen Sohn während seiner Laufbahn zu unterstützen und zu motivieren. Aurelia wollte, dass Cäsar nicht weniger erfolgreich war als ihre Brüder, ihr Vater und ihr Ehemann. Sie investierte ihre Energie, ihr Vermögen und ihr Netzwerk in dieses Ziel. Als Cäsar ins Jugendalter kam, hatte er die männlichen Bezugspersonen verloren, die ihn bis dahin begleitet hatten: seinen Onkel Marius, seinen Schwiegervater Cinna und seinen Vater Gaius Sr. Finanziell und politisch war er auf seine Mutter und deren Familie angewiesen, insbesondere nachdem er das väterliche Erbe und die Mitgift seiner Frau verloren hatte. Auf der Seite seiner Mutter gab es Verwandte mit Vermögen und erfolgreichen Karrieren. Sie und ihre Familie arbeiteten aktiv im Hintergrund, zunächst um ihn vor Sullas Zorn zu schützen und anschließend, um ihm die bestmöglichen Startbedingungen für seine Karriere zu verschaffen.

Als Familienoberhaupt war Cäsar dafür verantwortlich, die Zukunft und den Fortbestand der alten Familie der Julier zu sichern. Seine Schwestern hatten ihren Beitrag geleistet, indem sie in wohlhabende Familien einheirateten. Cäsar gelang es, Reichtum und Ansehen zu mehren, doch für das Überleben von Name und Tradition der Familie war ein männlicher Erbe unerlässlich. Dieses Ziel erreichte Cäsar erst, als er später Cleopatra begegnete. Allerdings kam es nicht in Frage, einen unehelich geborenen Sohn als Erben anzuerkennen. Letztlich griff Cäsar auf die Adoption zurück, eine unter Römern gängige Praxis.

2.4 Führungsverhalten

Wenden wir uns nun der Analyse von Cäsars Verhalten und Karriere aus moderner Perspektive zu. Über welche Kompetenzen verfügte Cäsar, um Führungsherausforderungen zu meistern? Wie setzte er diese ein? Jedes Kapitel dieses Buches, das eine Phase in Cäsars Laufbahn beschreibt, dient als Grundlage, um seine Führungskompetenzen anhand seines Verhaltens zu untersuchen. Als Analyse-Rahmen dient der Global Executive Leadership Mirror (GELM®). In der ersten Phase von Cäsars Karriere, im Alter zwischen 16 und 30 Jahren, hatte Cäsar nur begrenzte Möglichkeiten, andere zu führen. Als Familienoberhaupt leitete er das Hauspersonal in Rom. Mindestens zweimal mobilisierte er Truppen für militärische Einsätze im östlichen Mittelmeerraum. Über sein konkretes Verhalten liegen jedoch keine Details vor. Üblicherweise würde sich die Analyse dieser frühen Karrierephase auf die im GELM identifizierte erste Hauptkompetenz beschränken: *Führung der eigenen Person*. Da Cäsar jedoch Außergewöhnliches leistete, werden wir sein Verhalten auch im Hinblick auf *Führung von*

Stakeholdern und Netzwerken bewerten. Die wichtigsten Beispiele werden in diesem Abschnitt behandelt. Abb. 2.5 fasst die Bewertung von Cäsars Führungsverhalten in dieser Zeit zusammen.

2.4.1 Führung der eigenen Person

Im Hinblick auf emotionale Intelligenz geben zwei Situationen Aufschluss über Cäsars Umgang mit eigenen und fremden Emotionen. Die erste ist seine Weigerung, Cornelia auf Sullas Drängen hin zu verstoßen. Die beiden Männer trafen sich persönlich, um die Angelegenheit zu besprechen, doch es gibt keine Aufzeichnungen über ihr Gespräch. Angesichts der Eile, mit der Cäsar aus der Stadt fliehen musste, unterschätzte er Sullas Zorn über seine Weigerung. Die zweite Situation betrifft die Zeit, in der er von Piraten gefangen gehalten wurde. Cäsars herausfordernde Haltung, sei es bei Sport und Spielen oder gegenüber der Verhandlungsstrategie der Piraten, schien die Stimmung der Piraten zu heben. Cäsar verbrachte seine Gefangenschaft in relativem Komfort, bis das Lösegeld gezahlt wurde.

Auch Cäsars Beharrlichkeit, also seine Fähigkeit, Rückschläge zu überwinden und auf ein Ziel hinzuarbeiten, wird deutlich. Kehren wir noch einmal zu seiner Entführung zurück. Nach seiner unversehrten Freilassung hätte er einfach nach Rhodos weiterreisen können. Das Lösegeld hatte ihn keinen Cent gekostet. Warum also machte er sich die Mühe, seine Entführer zu verfolgen? War es der Glaube, dass niemand mit einem Verbrechen davonkommen sollte? Es hätte genügt, die Städte, die das Lösegeld aufgebracht hatten, zu ermutigen, ihr Geld zurückzufordern und Maßnahmen zum Schutz

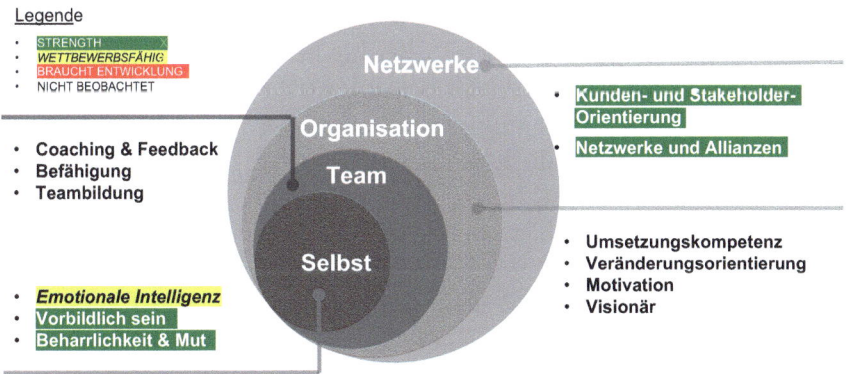

Abb. 2.5 Bewertung von Cäsars Führungsverhalten in der frühen Phase seiner Karriere gemäß GELM. Anpassung des Autors basierend auf dem GELM von KDVI

der für ihre Wirtschaft so wichtigen Seewege zu ergreifen. Oder war es eine Reaktion nach dem Motto „Mit Cäsar legt sich niemand an"? Diese Seite war sicherlich Teil von Cäsars Charakter – sie zeigte sich bereits in seiner Auflehnung gegen Sulla. Ein weiterer möglicher Beweggrund ergibt sich aus dem größeren Zusammenhang der Ereignisse. Cäsar verließ Rom nach Rhodos mit nur mäßigem Erfolg. Er nutzte die erste Gelegenheit, um mit einer außergewöhnlichen Tat seine mittelmäßige Leistung als Anwalt vergessen zu machen und sein Erfolgsimage zu wahren. Aus diesem ersten Mal sollte sich ein Muster entwickeln.

Bereits in dieser frühen Phase zeigte Cäsar Loyalität gegenüber seinen Werten. Er war nicht nur bereit, entsprechend zu handeln, sondern auch, die Konsequenzen zu tragen. Das eindrucksvollste Beispiel für sein vorbildliches Verhalten ist erneut seine Weigerung, Cornelia zu verstoßen. Diese Entscheidung war nicht nur Ausdruck seiner Verbundenheit zu seiner Frau und deren Familie, sondern stand auch im Einklang mit seiner frühen politischen Haltung. Obwohl Aristokrat, war Cäsar ein Gegner Sullas. Er unterstützte die Sache der *Populares*, für die sein Vater, sein Onkel Marius und sein Schwiegervater Cinna eintraten. Auch seine Mutter und deren drei Brüder teilten das Ziel, ein inklusiveres politisches System zu schaffen, das nicht-senatorischen Gruppen mehr Einfluss auf die Regierung der Republik einräumte. Als Anwalt verklagte Cäsar zwei Anhänger Sullas. Nach seiner Rückkehr nach Rom als Pontifex begann er, für die Rücknahme von Sullas Reformen zu werben. Seine Weigerung, Sullas Forderung nachzugeben, war möglicherweise auch ein Zeichen von Unabhängigkeit. Cäsar, damals neunzehn Jahre alt, war bereits seit einigen Jahren das Oberhaupt der Julier, mit einer starken Mutter im Hintergrund. Vielleicht wollte Cäsar die Machtverhältnisse innerhalb der Familie neu ordnen. Wie dem auch sei, sich mit neunzehn Jahren dem Diktator zu widersetzen, zeugte von großem Mut – ebenso wie sein Einsatz auf dem Schlachtfeld bei Mytilene ein Jahr später. Beide Situationen hätten Cäsar beinahe das Leben gekostet. Kurz darauf zeigte sich Cäsar erneut mutig, wenn auch mit geringerem Risiko: Als Statthalter Juncus zögerte, die Entführer zu bestrafen, nahm Cäsar das Recht selbst in die Hand und ließ sie auf seine Anordnung hin hinrichten. Diese Beispiele für Entschlossenheit, wenn Werte bedroht sind, sagen viel über Cäsars Charakter aus. Der Rubikon zeichnete sich bereits am Horizont ab.

Ein weiteres Beispiel für Wertebeständigkeit zeigt sich in Cäsars Auseinandersetzung mit den Piraten. Die Kreuzigung, eine grausame Hinrichtungsmethode, war die übliche Strafe für Piraterie und sollte abschrecken. Cäsar verhängte dieses Urteil über seine Entführer, ersparte ihnen jedoch das schlimmste Leid: Er ließ sie vor der Kreuzigung erdrosseln. Dies war seine

Gegenleistung für die faire Behandlung während seiner Gefangenschaft. Barmherzigkeit war ein zentraler Wert für Cäsar.

2.4.2 Führung von Stakeholdern und Netzwerken

Nach seiner Rückkehr nach Rom als Pontifex diente Cäsars Auftreten als erfolgreicher Anführer auch dazu, positive Beziehungen zu Stakeholdern aufzubauen. Zu letzteren zählten die Bewohner des einfachen Viertels, das Cäsar sein Zuhause nannte. Sullas Reformen hatten ihren Einfluss und Schutz verringert. Diese Bürger versammelten sich in der Volksversammlung, die die niederen Magistrate wählte – ein Amt, für das Cäsar bald kandidieren würde. Dazu gehörten auch die *Equites*, oft wohlhabende Geschäftsleute, die gesellschaftlich unter den Senatoren standen und daran interessiert waren, den durch die Reformen des Diktators verlorenen Einfluss zurückzugewinnen – Anliegen, für die Cäsar sich aktiv einsetzte. Dies legte den Grundstein für die Beziehungen zu Crassus und Pompeius, die im nächsten Kapitel behandelt werden. Cäsar unterstützte auch seine Onkel mütterlicherseits, die in den siebziger Jahren als Konsuln Gesetze zur Rücknahme einiger von Sullas Verordnungen verabschieden konnten. In dieser Zeit profitierte Cäsar von seinem familiären Netzwerk. Es schützte ihn vor den Folgen des Bürgerkriegs und verhalf ihm zur Rückkehr in die Elite. Wie aktiv er dieses Netzwerk selbst nutzte, ist unklar, doch seine Mutter hielt sicherlich die Fäden in der Hand. Cäsars aufwendige Empfänge boten Gelegenheit, mit den Mächtigen der Gegenwart und Zukunft in Kontakt zu treten.

2.5 Karriereentwicklung: Die Identifikation eines High Potentials

Mehrere Persönlichkeiten prägten die ersten 20 Lebensjahre Cäsars als Vorbilder und Leitfiguren. Im Hinblick auf formale Führungsbeispiele standen vor allem die drei Anführer des Bürgerkriegs im Vordergrund. Deren Erfolge und Misserfolge beeinflussten Cäsars Entwicklung maßgeblich. Interessanterweise war von den drei Anführern Sulla, der Diktator, derjenige, mit dem sich Cäsar am meisten identifizieren konnte. Wie Cäsar begann Sulla seine Laufbahn mit guter Herkunft, wenig Geld und verlorenem Familienstatus. Sulla musste zeitweise sogar in einer Mietwohnung leben. Dank seiner militärischen Erfolge als Offizier unter Marius und durch seine Heirat konnte

Sulla eine politische Karriere finanzieren und das Konsulat erreichen. Für Cäsar war Sulla sowohl Vorbild als auch Gegenbild. Sulla war ein mutiger und erfolgreicher Feldherr, von seinen Soldaten verehrt. Gegenüber seinen Gegnern zeigte er keine Gnade. Er versuchte, die Ordnung wiederherzustellen, indem er die Uhr zurückdrehte und dem Senat politische Macht verlieh. Innovationen schreckten ihn nicht ab, etwa indem er die Zahl der Senatoren und Magistrate erhöhte, um die Regierung der Republik zu stärken. Allerdings war es ihm gleichgültig, ob er von der breiten Öffentlichkeit geschätzt wurde. Sulla ergriff die Macht durch einen Militärputsch und tat wenig, um eine nachhaltige Zukunft für sein Land zu schaffen.

Der zweite Anführer war Marius, Cäsars Onkel. Während Cäsars Kindheit war Marius ein militärischer Held, der Rom vor einer barbarischen Invasion gerettet hatte. Dank seiner militärischen Leistungen erreichte er trotz seines sozialen Außenseiterstatus mehrfach das Konsulat. Die Heirat mit Cäsars Tante war sein Eintrittsticket in die höchsten Kreise. Marius empfand Konkurrenz durch den jüngeren Sulla, seinen talentiertesten Offizier. Er versuchte, Sullas Marsch auf Rom zu verhindern, doch die Armee des angehenden Diktators war zu stark, sodass Marius aus der Stadt fliehen musste. Als Sulla nach Asien aufbrach, kehrte Marius zurück und übernahm gemeinsam mit Cinna, Cäsars Schwiegervater, und dem dritten Bürgerkriegsanführer die Macht in Rom. Zusammen begannen sie eine blutige Säuberung unter aktuellen und ehemaligen Gegnern. Marius starb kurz darauf. Cinna versuchte, die Lage zu beruhigen, indem er sich mit dem Senat und Sulla versöhnte. Er bemühte sich auch, die Wirtschaft anzukurbeln – zwei Initiativen, die Cäsar im Gedächtnis behielt. Als Sulla sich weigerte, Frieden zu schließen, stellte Cinna ein Heer auf. Er wurde von meuternden Truppen getötet, was Sulla ein Machtvakuum hinterließ.

Von seinem Vater erbte Cäsar ein Pflichtbewusstsein, der Republik durch die formale Führungsstruktur des *cursus honorum* zu dienen. Gaius Senior prägte seinem Sohn zudem das Bewusstsein für die Verantwortung gegenüber der Familie und deren langfristigen Erfolg und Bestand ein. Informelle Führung lernte Cäsar von den Frauen seiner Familie, seinen Schwestern und insbesondere seiner Mutter. Ihre weibliche Macht schützte und förderte ihn in seiner frühen Laufbahn. Diese Macht war im Patriarchat der Republik definitionsgemäß informell. Sie wurde durch familiäre Beziehungen, Netzwerke sowie den Austausch von Informationen und Geld ausgeübt. Cäsar nahm dies aufmerksam zur Kenntnis.

In seinen Zwanzigern hatte Cäsar die Gelegenheit, verschiedene Unternehmungen auszuprobieren – teils aus eigenem Antrieb, teils durch Zufall. Er suchte Gelegenheiten, durch Handeln und Lernen Erfahrungen zu sammeln. Im Alter von 20 bis 22 Jahren, als die politische Lage in Rom nach seinem Widerstand gegen Sulla zu brisant für ihn wurde, verschaffte ihm sein Exil im Osten seine erste Berufserfahrung. Er diente im Stab des Statthalters der Provinz Asia. Dies entsprach einem Praktikum sowohl im zivilen als auch im militärischen Dienst und war ein üblicher Schritt in der Karriereentwicklung eines jungen Mitglieds der Elite. Cäsar hätte es vermeiden können, sich an militärischen Aktionen zu beteiligen, tat es aber nicht. Während seiner Dienstzeit nahm Cäsar an zwei Feldzügen teil: einem auf der Insel Lesbos und einem gegen Piraten (nicht jene, die ihn später entführten) im heutigen Süden der Türkei. Auf Lesbos rettete er, wie ein griechischer Held vor den Mauern Trojas, bei der Erstürmung von Mytilene einen Kameraden. Dafür wurde ihm das römische Äquivalent zum Ehrenkreuz verliehen (die *corona civica*), ein Eichenlaubkranz, der öffentlich getragen werden durfte. Diese Kopfbedeckung wird bis heute mit Cäsar assoziiert. Es war seine erste Führungserfahrung jenseits der Leitung des Hauspersonals. Dabei gewann er Erfahrungen, die ihm später auf dem Schlachtfeld zugutekamen.

Nach seiner Rückkehr aus dem Exil versuchte er sich mit wechselndem Erfolg als Anwalt. Nach zwei verlorenen Prozessen kam er zu dem Schluss, dass er noch mehr lernen müsse. Er reiste nach Rhodos, um seine rhetorischen Fähigkeiten zu verbessern. Auf dem Weg dorthin und während seines Aufenthalts ergriff er zweimal die Initiative für militärische Einsätze: gegen seine Entführer sowie gegen einem Angriff im benachbarten Kilikien. Cäsar verließ Rhodos, um in Rom das Amt des Pontifex zu übernehmen, was ihm die Möglichkeit bot, sich politisch zu engagieren und Netzwerke zu knüpfen. Dies tat er mit großer Begeisterung und gab dabei beträchtliche Summen geliehenen Geldes aus.

Aus seiner Erfahrung als Anwalt erkannte er jedoch nicht, was sein eigentlicher Entwicklungsbedarf war. Möglicherweise hatte er nicht das Feedback erhalten, dass es hilfreicher gewesen wäre, zu lernen, wie man Einfluss auf Stakeholder nimmt, als seine Redekunst in Rhodos zu perfektionieren. Nach seiner Rückkehr nach Rom als Pontifex konnte er vier militärische Erfolge vorweisen. Zu diesem Zeitpunkt erkannte er, dass eine juristische Laufbahn nicht das Richtige für ihn war und dass er besser dem *cursus honorum* folgen sollte, indem er zwischen militärischen und zivilen Aufgaben wechselte. In seinem familiären Umfeld, sowohl väterlicher- als auch mütterlicherseits, gab es mehrere solcher Vorbilder. Die Römer glaubten, dass ein guter Staatsmann auch ein fähiger Feldherr sein könne – und umgekehrt. Die Anführer des Bürgerkriegs hatten jedoch gerade gezeigt, dass dies nicht zwangsläufig zutrifft. Letztlich wissen wir nicht, ob Cäsar bei irgendeiner seiner Tätigkeiten und Aufgaben Gelegenheit hatte, Teamarbeit zu erlernen.

Das ausschweifende Leben in Rom, das Cäsar in seinen späten Zwanzigern führte, entspricht dem „die Rolle spielen", wie es Managementautor Jo Owen beschreibt. Es lohnt sich, von den Ritualen, Werten, Verhaltensweisen und Dresscodes ranghöherer Personen in einer Hierarchie zu lernen und sie zu imitieren. In Rom bedeutete dies, einen erfolgreichen Anführer nachzuahmen. Mit einer Tapferkeitsauszeichnung und militärischen Erfolgen begann er, einem Aspekt des idealen römischen Führers – dem siegreichen Feldherrn – zu entsprechen. Indem er sich als „wohlhabender Senator, der großzügig demonstrativen Konsum pflegte" etablierte, verkörperte Cäsar die andere Seite – den erfolgreichen politischen Führer.

Mit fast 30 Jahren war Cäsar formell bereit, den *cursus honorum*, die Führungslaufbahn der römischen Republik, zu beginnen. Wie gut war er auf den ersten Karriereschritt vorbereitet, also vom „Führen der eigenen Person" zum „Führen anderer"? Nach dem Konzept der *Leadership Pipeline* ist der entscheidende Wandel in dieser Phase ein Wertewandel: Die Arbeit anderer für sich wertzuschätzen und in der Folge konstruktive horizontale und vertikale Beziehungen zu Kollegen, Stakeholdern und Vorgesetzten zu pflegen. In seinen frühen Zwanzigern sammelte Cäsar erste Erfahrungen als Kommandant von Truppen und Schiffen in militärischen Einsätzen. Das Wenige, was wir über sein Verhalten wissen, deutet auf einen Top-down-Führungsstil hin. In Rom investierte Cäsar viel Zeit und Energie in den Aufbau von Beziehungen zu Stakeholdern. Seine bisherige Bilanz – Unbesiegbarkeit im Kampf und herausragende Leistungen, aber Verwundbarkeit im öffentlichen Bereich (z. B. sein Ausflug in die Juristerei) – sollte sich durch seine gesamte Karriere ziehen.

Nach dem Wahlsieg zum Militärtribun fühlte sich Cäsar vermutlich bereit für den nächsten Schritt. Sein Ziel war es, den traditionellen Weg römischer Führung zu beschreiten. Bis dahin hatte er beträchtliche Widrigkeiten erfolgreich überwunden. Er setzte sich mehrfach Gefahren aus, sowohl auf dem Schlachtfeld als auch durch seine Weigerung, seine Werte zu kompromittieren. Authentisch zu bleiben und seinen Überzeugungen treu zu sein, wurde Teil seiner Karrierevision. Cäsar (Abb. 2.6) ging jedes Mal als Sieger hervor – dank seines Handelns sowie der Unterstützung seiner Mutter und ihres Netzwerks. Er investierte mehr, als er sich leisten konnte, um ein starkes Unterstützernetzwerk zu schaffen und seinen Ruf zu stärken. Er nahm Kredite auf, die er ohne einträgliches Provinz- oder Militäramt niemals hätte zurückzahlen können. Bislang hatte er nur gelernt, dass sich Risiken lohnen.

Abb. 2.6 Marble head of Julius Cäsar, eighteenth century. © The Trustees of the British Museum. Reprinted under license

2.6 Was angehende Führungskräfte aus dem Beginn von Cäsars Karriere lernen können

Cäsars Verhalten und Leistungen in seiner frühen Laufbahn zeigten ein beträchtliches Führungspotenzial. Einige seiner Erfolge und Handlungen waren außergewöhnlich und brachten ihn schon früh ins öffentliche Rampenlicht. Er erwarb sich den Ruf, ein wertvolles Teammitglied zu sein, weil er Ergebnisse liefern konnte. Besonders bemerkenswert in dieser Phase war Cäsars Bewusstsein für die Bedeutung von Sichtbarkeit und Beziehungsaufbau zu Führungskräften einer Organisation, noch bevor er die erste Führungsebene durchschritt. Dies verschaffte ihm Zugang zu strategischen Informationen und half ihm, die beste Vorgehensweise zu wählen. Durch Networking und das geschickte Verkörpern der gewünschten Rolle gewann er die Unterstützung, die ihm den Karrierestart ermöglichte.

Cäsar war ehrgeizig und von den Erwartungen seiner Familie angetrieben. Er wollte hoch hinaus, ohne bereits ein konkretes Karriereziel zu haben. Die Nutzung von Gelegenheiten für frühe operative (militärische) Erfahrungen war entscheidend für seinen Karrierestart und gab ihm Orientierung. Er probierte verschiedene Tätigkeiten aus und entschied sich mit Ende zwanzig, den traditionellen Karriereweg des *cursus honorum* einzuschlagen. In seinen Entscheidungen war er eigenständig, war aber auch bereit, Ratschläge anzunehmen, etwa von seiner Mutter, die ihm das Pontifex-Amt vermittelte. Er ging Risiken ein – oft nicht unerhebliche – und stand zu seinen Werten, was sich in seiner Entwicklung als Führungskraft und im Karrierefortschritt auszahlte.

Die Zerstörung, das Blutvergießen und das Chaos, die Cäsar in seiner Jugend erlebte und die den Zeitgeist prägten, beeinflussten auch die Entwicklung seiner Persönlichkeit. Gleichzeitig erwiesen sich sowohl der Krieg gegen die italischen Bundesgenossen als auch der Bürgerkrieg als Nullsummenspiel. Cäsar war überzeugt, dass Grausamkeit und Rache nicht zu dauerhaftem Frieden führen. Uns sind aus dieser Zeit keine engen Freundschaften bekannt, abgesehen von Servilia, seiner Jugendliebe. Sie blieben ein Leben lang Geliebte. Der Verrat, den Cäsar im Bürgerkrieg erlebte, könnte eine gewisse Vorsicht gegenüber engen männlichen Freundschaften begründet haben. Als junger Erwachsener, als er durch seinen Widerstand gegen Sulla in Schwierigkeiten geriet, profitierte er vom Schutz seiner Mutter. Durch militärische Erfahrungen lernte er bald, dass er Gewalt effektiv einsetzen konnte.

Cäsar begegnete mehreren Führungspersönlichkeiten, deren Qualitäten und Fehler er aufmerksam beobachtete. Später, wenn wir Cäsars Entwicklung über sein ganzes Leben hinweg betrachten, werden wir im Schlusskapitel sehen, wie diese frühen Erfahrungen und Begegnungen seine Führungspersönlichkeit geprägt haben. Am Beispiel Cäsars können Führungskräfte lernen, dass es hilfreich ist, sich mit den eigenen Werten und deren Ursprung auseinanderzusetzen, um das Selbstbewusstsein zu schärfen. Ebenso lohnt es sich, auf die eigene Geschichte zurückzublicken, um herauszufinden, ob der eigene Ehrgeiz tatsächlich von einem selbst stammt. Cäsar folgte – zumindest in erheblichem Maße – dem Ehrgeiz anderer, nämlich dem seiner Familie. Ist das der Fall, sollte sich eine Führungskraft fragen, ob sie damit einverstanden ist oder lieber ihre eigenen Ziele entdecken und verfolgen möchte. In diesem Buch werden wir sehen, dass Cäsars unablässiger Ehrgeiz und sein Streben, immer der Beste zu sein, ihn zu außergewöhnlichen Leistungen trieben, aber nicht immer zu klugem Handeln.

Zu Beginn seiner Führungslaufbahn machte Cäsar seine Mutter stolz, bereitete ihr aber zugleich große Sorgen durch seine furchtlosen

Unternehmungen. Die Vorbilder in seiner Familie und der direkte Einfluss seiner Verwandten erfüllten Cäsar mit Stolz auf seine Herkunft, vielleicht auch mit dem Gefühl, dass ihm Größe von Natur aus zustehe. Nun war er bereit, sich über den politischen Alltag zu erheben, denn er fühlte sich zu Höherem berufen.

Literatur

Griechische und römische Quellen

Appian, *Römische Geschichte. Die Bürgerkriege*, Buch I–II.
Plutarch, Biographie von *Cäsar, Crassus, Pompeius*.
Suetonius Tranquillus, G., *Biographie des Julius Cäsars*.

Moderne Werke

Bleicken, J. (2004). *Geschichte der römischen Republik*. R. Oldenbourg Verlag.
Casson, L. (1991). *The ancient mariners. Seafarers and sea fighters of the Mediterranean in ancient times* (2. Hrsg.). Princeton University Press.
Charan, R., Drotter, S., & Noel, J. (2001). *The leadership pipeline. How to build the leadership powered company*. Jossey-Bass.
Crook, J. A., Lintott, A., & Rawson, E. (Hrsg.). (1994). *The Cambridge ancient history* (The last age of the Roman Republic, 146–43 B.C.) (Bd. IX, 2. Hrsg.). Cambridge University Press.
Freud, S. (1940–1952). *Gesammelte Werke. Chronologisch geordnet*. Imago.
Gelzer, M. (2008). *Cäsar. Der Politiker und Staatsmann*. Franz Steiner Verlag.
Griffin, M. (Ed.). (2009). *A companion to Julius Caesar*. Wiley-Blackwell.
Gruen, E. S. (1995). *The last generation of the Roman Republic*. University of California Press.
KDVI. https://kdvi.com/tools/
Meier, C. (1997). *Cäsar*. DTV.
Morstein-Marx, R. (2021). *Julius Caesar and the Roman people*. Cambridge University Press.
Owen, J. (2009). *How to Lead. What you actually need to do to manage, lead and succeed* (2. Hrsg). Pearson Education.
Vanderbroeck, P. J. J. (1987). *Popular leadership and collective behavior ca. 80–50 BC*. J.C. Gieben.
Vanderbroeck, P. (2012). Crises: Ancient and modern. Understanding an ancient Roman crisis can help us move beyond our own. *Management & Organizational History, 7*(2), 113–131.

3

Der Aufstieg: Vom High Potential zum Leader

…Schwitzend unter dem Gewicht ihrer weißen wollenen Kandidatentogen stand das Trio der Anwärter auf der erhöhten Plattform. Ein Baldachin spendete etwas Schatten vor der sengenden Sonne an diesem Sommertag. Sie beobachteten ein weites Meer toga-begkleideter Bürger, die sich langsam Reihe für Reihe über das Feld bewegten und die Brücken hinaufstiegen, um ihre Stimmen in die Urnen zu werfen. Plötzlich gebot der Senator, der den Wahlvorgang überwachte, Einhalt. Er verkündete den ersten Kandidaten, der die Stimmenmehrheit erreicht hatte und zum Konsul der Römischen Republik gewählt worden war. Der neue Konsul hob den Arm und trat vor, um den donnernden Applaus der Versammlung entgegenzunehmen, während sein Blick nach seiner Mutter suchte. Er entdeckte sie am anderen Ende des Feldes, seine Tochter in ihren Armen, wie sie das Geschehen verfolgte, das ihren Sohn an die Macht gebracht hatte…

(Dieses Zitat ist fiktiv und wurde vom Autor zu Illustrationszwecken erstellt.)

Als Cäsar 30 Jahre alt war und das Mindestalter erreicht hatte, um den *cursus honorum*, die Laufbahnstruktur des römischen Staates, zu beginnen, war er bereits im Vorteil. Er hatte die bestmögliche Ausbildung genossen. Er hatte Tapferkeit im Kampf und ausgeprägte politische Prinzipien bewiesen. Er hatte seinen ersten Wahlsieg errungen und ein angesehenes Priesteramt erhalten. Von seinem Vater hatte er eine aristokratische Abstammung geerbt; zudem boten seine Mutter und deren einflussreiche Familie ein Unterstützungsnetzwerk, das Cäsar durch seine gesellschaftlichen Kontakte weiter ausbaute. Er war dafür bekannt, dass er unter den einfachen Bürgern lebte und zugleich das Auftreten eines römischen Anführers verkörperte. Was ihm jedoch fehlte, war ausreichende finanzielle Ausstattung für seine Wahlkampagnen.

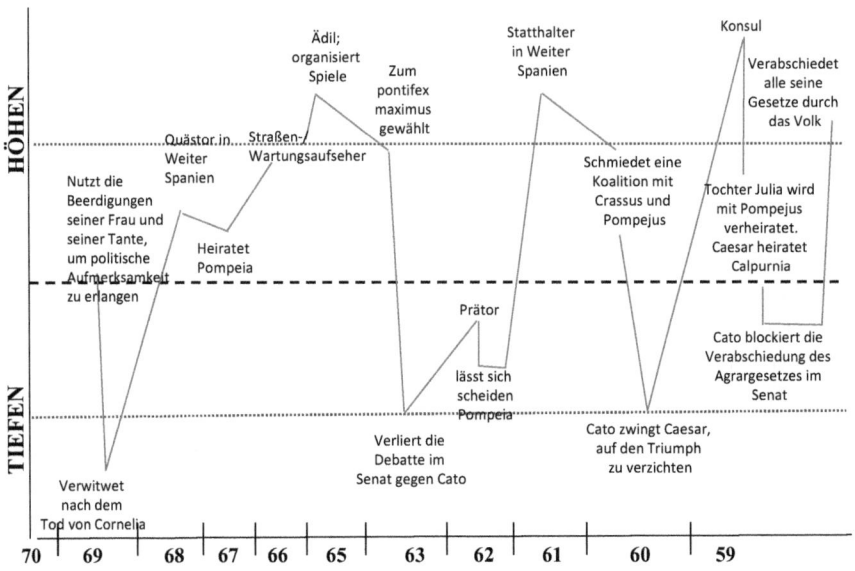

Abb. 3.1 Cäsars Führungslaufbahn: Höhepunkte und Tiefpunkte 70–59 v. Chr. Eigene Darstellung des Autors

Da er über seine Verhältnisse lebte, drohte ihm das Geld auszugehen, bevor er seine Karriere überhaupt in Gang bringen konnte.

In diesem Kapitel betrachten wir die nächsten zehn Jahre von Cäsars Laufbahn als Führungspersönlichkeit im Dienst der Republik (Abb. 3.1). Diese Phase, in der Cäsar alle Stufen der römischen Ämterlaufbahn durchlief, ist besonders im Hinblick auf seine Karriereentwicklung von Bedeutung. Wir werden Antworten auf folgende Fragen finden: Wie nutzte Cäsar seine Stärken und minimierte Schwächen, um eine Karriere und Leistung zu erreichen, die seinem Potenzial entsprach? Was waren die Schlüsselfaktoren für seinen beruflichen Aufstieg? Wie passte er sich an sein Umfeld an? Welche Konkurrenz begegnete ihm durch seine Mitbewerber, und wie ging er damit um? Wie etablierte er seine Marke als Führungspersönlichkeit? Wie übte er Führung aus?

3.1 Cäsars Leben und mittlere Karrierephase

Der Bürgerkrieg sowie die Herrschaft Sullas und seiner Anhänger prägten Cäars erste 30 Lebensjahre und seine frühe Laufbahn maßgeblich. Im Jahr 70 v. Chr. trugen Pompeius und Crassus als Konsuln wesentlich dazu bei, das Machtgleichgewicht zwischen Volk und Senat wiederherzustellen, insbesondere durch die Rückgabe der Befugnisse an die Volkstribunen. Doch der Wettstreit zwischen den beiden großen Fraktionen – den Anhängern von Sullas konservativen Reformen (*optimates*) und deren Gegnern (*populares*) – sollte die römische Politik in den nächsten zehn Jahren bestimmen. Cäsar stellte sich nun offen auf die Seite der Anti-Sulla-Fraktion. Im Jahr 69 hielt Cäsar als Oberhaupt der Familie der Julier die Grabrede für seine Tante Julia, Witwe des Marius. Innovativ zeigte er beim Trauerzug Porträts seines Onkels Marius und ließ so dessen Andenken in einer nachsullanischen Welt, in der dessen Bildnis verboten war, wieder aufleben. Diese Herausforderung gegenüber dem sullanischen Establishment verschaffte Cäsar große Popularität beim Volk, das Marius als seinen Patron und Retter Roms verehrte.

Kurz darauf verlor Cäsar seine Frau Cornelia, und Aurelia nahm ihre gemeinsame Tochter Julia unter ihre Obhut. Auch diesmal hielt er eine Grabrede auf dem gut besuchten Forum. Offenbar verstand es Cäsar, seine rhetorischen Fähigkeiten geschickt einzusetzen und seine Rede mit Emotion und Leidenschaft zu füllen, sodass er seine Zuhörer nachhaltig beeindruckte. Bemerkenswert ist, dass eine Grabrede für eine so junge Frau (Cornelia war erst 28 Jahre alt, als Cäsar verwitwete) beispiellos war und somit eine weitere Innovation Cäsars darstellte.

Im selben Jahr wurde Cäsar vom Volk zum Quästor für das Jahr 69 gewählt. Er war 31 Jahre alt, als er das Amt antrat. Insgesamt gab es zwanzig Quästoren, die die erste Stufe auf der Karriereleiter des römischen Staatsdienstes bildeten. Obwohl es sich um eine Einstiegsposition im Verwaltungsmanagement handelte, brachte sie besondere Herausforderungen mit sich: Für die meisten Quästoren war es das erste Mal, dass sie Personal beaufsichtigten, das weder aus Sklaven bestand noch auf ihre eigene Gehaltsliste gehörte oder Teil der streng organisierten hierarchischen Organisation der Armee war. Die Amtszeit betrug ein Jahr. Cäsar gehörte zu den Quästoren, die ins Ausland entsandt wurden. Er wurde nach Hispania ulterior (das heutige Andalusien) geschickt. Dort war er in der Provinzverwaltung tätig, leitete Gerichtsverfahren und kümmerte sich um Finanzangelegenheiten.

Die Quästur war zugleich das Eintrittstor in den Senat. Als Senator durfte Cäsar nun einen breiten purpurnen Streifen an seiner *tunica* tragen; unter der Toga, aber dennoch so gut sichtbar, dass jeder erkennen konnte, wer Senator war. Purpur war die Farbe der Könige. Am Gewand eines Senators symbolisierte Purpur die Autorität, die der Senat den Königen nach der Revolution entzogen hatte, durch die vor fast fünf Jahrhunderten die Republik begründet worden war. Cäsar trug seine Kleidung weiterhin in seinem charakteristischen Stil: locker sitzend, was ihm eine jugendliche Lässigkeit verlieh. Zudem wurde er für seine geschickten Reden bekannt, die er nun auch vor dem Senat halten konnte. Sein rhetorischer Stil war elegant, aber unkompliziert. Als junger Senator verschaffte sich Cäsar Gehör, indem er sich aktiv an den Debatten dieses ehrwürdigen Gremiums beteiligte.

Im Jahr 67 heiratete Cäsar erneut. Überraschenderweise nahm er Pompeia, eine Enkelin Sullas, zur Frau. Anhänger von Cäsars Onkel Marius hatten Pompeias Vater während des Bürgerkriegs getötet. Eine solche Verbindung könnte als Versuch der Versöhnung mit den Sulla-Anhängern gedeutet werden. Dennoch verklagte Cäsar zwei Jahre später zwei Männer, die im Auftrag Sullas Verbrechen begangen hatten.

Zu dieser Zeit bedrohten Piraten den Handel im Mittelmeer und damit die Getreideversorgung Roms. Einige Senatoren schlugen vor, Pompeius außergewöhnliche Vollmachten und Ressourcen zu übertragen, um dieses Problem zu lösen. Gnaeus Pompeius war zu jener Zeit Roms erfolgreichster Feldherr und trug daher den Beinamen „der Große" (Magnus). Der Vorschlag war umstritten, da Pompeius damit weit mehr Macht erhalten hätte als ein gewöhnlicher Feldherr oder Provinzstatthalter. Mit dem Bürgerkrieg noch in frischer Erinnerung hielt die Senatsmehrheit es für zu riskant, so viele Ressourcen in die Hände eines Einzelnen zu legen. Doch die Einwohner und Kaufleute Roms, die auf eine verlässliche Getreideversorgung und sichere Handelswege angewiesen waren, benötigten eine sofortige Lösung. Cäsar blieb seiner Linie treu und stellte sich im Senat auf die Seite der Minderheit. Zudem wusste er aus eigener Erfahrung, wie gefährlich die Schifffahrtswege geworden waren. Obwohl er noch ein junger Senator war, setzte er sich lautstark für die Meinung des Volkes ein. Pompeius erhielt den Auftrag durch Volksabstimmung und befreite das Mittelmeer innerhalb weniger Monate von Piraten. Im Jahr 66 erhielt Pompeius einen weiteren außergewöhnlichen Auftrag: Mit Cäsars Unterstützung sollte er die Bedrohung durch König Mithridates im östlichen Mittelmeer und am Schwarzen Meer endgültig beseitigen. Pompeius, einst ein Unterstützer Sullas, leitete nun die „Entsullanisierung" des römischen Staates. Cäsar stand jetzt fest auf der Seite der Volkspartei, der *populares*. Dieser Wandel markierte den Beginn der Koalition zwischen Cäsar und Pompeius.

Im Jahr 66 gewann Cäsar die nächste Wahl, nämlich zum Kurator der Via Appia, einer der ältesten Straßen Roms, die die Stadt mit dem Hafen von Brindisi an der Adria verband. Die Aufgabe des Kurators war es, diese wichtige Verkehrsader und ihre Infrastruktur, einschließlich Brücken und Raststätten, instand zu halten. Dies bot Cäsar die Gelegenheit, sich einen Namen zu machen. Römische Verwaltungsämter waren in der Regel mit zu wenig Personal und Budget ausgestattet. Cäsar nahm hohe Kredite auf, um sowohl seine Aufgaben zu erfüllen als auch sicherzustellen, dass seine Leistungen nicht in Vergessenheit gerieten. Wie für Kuratoren üblich, brachte er seinen Namen an den von ihm errichteten oder restaurierten Bauwerken an. In Rom finanzierte er weiterhin einen luxuriösen Lebensstil auf Kredit und ließ sich eine Villa in den umliegenden Hügeln bauen.

Im darauffolgenden Jahr, 65, wurde er zum Ädil gewählt – die nächste Stufe auf der Karriereleiter. Ädilen oblag die Verantwortung für öffentliche Ordnung, städtische Infrastruktur, Märkte sowie Wasser- und Lebensmittelversorgung in der Stadt. Darüber hinaus – und besonders wichtig für den Aufbau des eigenen Images – organisierten sie die Spiele. Cäsar nutzte die Gelegenheit, um aufwendige Spiele zu veranstalten, und sorgte dafür, dass die Öffentlichkeit wusste, dass er diese persönlich finanziert hatte, als Beweis seiner Großzügigkeit. Im Rahmen seiner Zuständigkeit für die städtische Infrastruktur ließ Cäsar zudem die Denkmäler zu Ehren der Siege seines Onkels Marius über ausländische Feinde, die im Zuge von Sullas Säuberungen entfernt worden waren, wiederherstellen. Auch ließ er Kopien der zerstörten Denkmäler anfertigen. Allerdings geschah dies heimlich: In einer Nacht ließ er die Denkmäler an ihren ursprünglichen Plätzen auf dem Forum und dem Kapitol wieder aufstellen. Als die Sonne aufging, erzielte die Überraschung die gewünschte Wirkung beim Volk, das in Scharen ins Stadtzentrum strömte, um das Schauspiel zu bewundern und zu bejubeln. Diese Aktion rief den Unmut vieler Senatoren hervor, die das Andenken an Marius lieber vergessen machen wollten.

Diese Ämter trugen zweifellos zu seinem erfolgreichen Wahlsieg zum *pontifex maximus* im Jahr 63 bei, womit er das Oberhaupt des Priesterkollegiums wurde, dem er bereits angehörte. Obwohl das Amt des pontifex maximus auf Lebenszeit vergeben und außerhalb der staatlichen Laufbahn angesiedelt war, verlieh es seinem Inhaber erhebliches Prestige. Die Priester wurden kooptiert, doch ihr Vorsitzender wurde von der Volksversammlung gewählt. Nach dem Tod des pontifex maximus nutzte Cäsar die Gelegenheit, sich zur Wahl zu stellen. Cäsars Popularität sicherte ihm den Sieg, auch wenn das Amt traditionell den ältesten Pontifices vorbehalten war. Mit dem Prestige des Amtes ging eine Residenz in der Nähe des Forums an der Via Sacra einher, mitten im Zentrum des politischen Geschehens Roms. Mit 37 Jahren verließ Cäsar mit seiner Familie das angestammte Wohnviertel und zog in das neue, prestigeträchtige Haus.

Im selben Jahr kam es zu einer weiteren politischen Krise in Rom, in der die Republik beinahe in einen Bürgerkrieg gestürzt wäre. Der Senator Catilina, nach einer weiteren verlorenen Konsulwahl hoch verschuldet, organisierte einen verzweifelten Aufstand. Sein Versprechen von Schuldenerlass begeisterte viele Angehörige der Mittel- und Oberschicht, sowohl in der Stadt als auch auf dem Land. Ferner suchte er Unterstützung bei der städtischen Unterschicht. Doch Cicero (Abb. 3.2), der gewählte Konsul, vereitelte den Versuch, und der Senat rief den Notstand aus. Cicero schlug vor, die festgenommenen Verschwörer rasch und entschlossen durch Hinrichtung zu bestrafen – eine Haltung, die auch Cato der Jüngere, ein weiterer Meinungsführer im Senat, teilte. Cäsar hingegen plädierte in der anschließenden Debatte für eine alternative Bestrafung. Zwar gelang es Cäsar zunächst, den Senat von seinem Vorschlag der Inhaftierung zu überzeugen, letztlich setzte sich jedoch Ciceros Antrag auf Todesstrafe durch. Von da an waren Cato und Cäsar politische Rivalen.

Cäsar wurde für das Jahr 62 zum Prätor gewählt. Während dieser Zeit unterstützte er Gesetzesinitiativen, die Pompeius' Interessen dienten, blieb damit jedoch erfolglos. Am Nach dem im vorherigen Kapitel beschriebenen

Abb. 3.2 Impression aus dem 19. Jahrhundert von Ciceros Rede gegen Catilina im Senat. Fresko von Cesare Maccari (Ausschnitt), Palazzo Madama, Rom. Public Domain; Wikimedia Commons. https://commons.wikimedia.org/w/index.php?curid=132651272

Skandal in seinem Haus ließ sich Cäsar noch im selben Jahr von Pompeia scheiden. Kurz darauf stand seine Abreise aus Rom zu seinem nächsten Posten als Statthalter der Provinz Hispania ulterior im Jahr 61 bevor. Nach ihrer Amtszeit in Rom wurden Prätoren üblicherweise ins Ausland entsandt, um eine Provinz zu verwalten – ein Amt, das keiner Wahl bedurfte. Dieses System war in Cäsars Fall vermutlich von Vorteil, wenn man bedenkt, wie er das Prätorat geführt hatte. Die Finanzierung einer weiteren Wahl hätte seine ohnehin schon enormen Schulden nur vergrößert und die Mittelbeschaffung erschwert. Cäsar wurde für die Verwaltung der Provinz Hispania ulterior am westlichen Rand des Imperiums nominiert, derselben Provinz, in der er acht Jahre zuvor als Quästor im Stab des Statthalters gedient hatte. Doch es gab ein Hindernis: Aus Sorge, er könne im Ausland sterben, verhinderten Cäsars Gläubiger seine Abreise, bis er seine Schulden beglichen hatte. Zudem erschien Cäsar nach seinem wenig erfolgreichen Prätorat nicht mehr wie die lohnende Investition, die man zunächst in ihm gesehen hatte.

Cäsar wandte sich an Marcus Licinius Crassus, der zu dieser Zeit der reichste Mann Roms war. Crassus war ein Immobilienmagnat, der sein Vermögen durch den An- und Verkauf jener Grundstücke gemacht hatte, die Sulla während der Säuberungen nach dem Bürgerkrieg konfisziert hatte. Crassus war der inoffizielle Anführer der römischen Geschäftswelt. (Man könnte ihn mit Silvio Berlusconi vergleichen, dem ehemaligen italienischen Emporkömmling und Politiker.) Crassus erkannte das Potenzial Cäsars und sah in dessen Unterstützung eine Möglichkeit, mit Pompeius in Macht und Einfluss mitzuhalten. Daher übernahm Crassus eine Bürgschaft für Cäsars Schulden, die ihm die Abreise ermöglichte. Während seiner Zeit in Spanien wurde Cäsar ein effektiver Statthalter und Feldherr. Er reformierte das Steuersystem und verbesserte die Verwaltung im Sinne einer nachhaltigen Provinzführung. Als Feldherr führte er Krieg gegen die iberischen Stämme im heutigen Portugal, die Rom bislang nicht unterworfen hatte, um die Grenzen der Provinz zu sichern. Er siegte, und die daraus resultierende Beute reichte aus, um seine Schulden in Rom zu begleichen. Nach dem gewonnenen Krieg kehrte Cäsar nach Rom zurück und hatte Anspruch auf einen Triumphzug – die römische Siegesparade.

Zurück in Rom etablierte Cäsar im Jahr 60 eine wirkungsvolle politische Koalition mit Pompeius und Crassus, das sogenannte Erste Triumvirat. Im folgenden Jahr gelang es Cäsar als Konsul, eine Reihe von Gesetzen durchzubringen, die sowohl seinen eigenen als auch den Interessen seiner Partner dienten und drängende Probleme lösten. Nachdem er mit ihrer Unterstützung seine Wahl als Konsul gewonnen hatte, konnte Cäsar Gesetze verabschieden, die seinen Verbündeten zugutekamen, nachdem diese in den Vorjahren keine Mehrheit hatten erringen können. Cäsars Konsulat war geprägt von zahlreichen Gesetzen und oft heftigen Debatten. Er festigte das Bündnis, indem er seine einzige Tochter Julia mit Pompeius verheiratete. Diese Ehe war eine Kopie der Verbindung zwischen Marius und Cäsars Tante: Ein erfolgreicher Feldherr und gesellschaftlicher Aufsteiger heiratet die Tochter einer aristokratischen Familie. Julia heiratete in den Reichtum, Pompeius in den gesellschaftlichen Rang.

Mit 41 Jahren hatte Cäsar bereits die höchste Stufe der politischen Laufbahn, das Konsulat, erreicht. Damit hatte er seinen Vater Gaius Sr. endgültig übertroffen. Aurelia dürfte äußerst stolz auf ihren Sohn gewesen sein. Während seiner Amtszeit sicherte sich Cäsar die vielversprechende Aufgabe, nach dem Konsulat die gallischen Provinzen zu verwalten. Er initiierte soziale und wirtschaftliche Reformen und prägte die Verwaltung des Imperiums. Er positionierte sich klar und konsequent auf der Seite der *Populares* im politischen Spektrum. Er pflegte ein enges Bündnis mit Pompeius und Crassus, den mächtigsten Politikern Roms. Es fehlten ihm nur noch bedeutende militärische Erfolge und beträchtlicher Reichtum, um ein gleichberechtigter Partner im Triumvirat zu werden.

In diesem Kapitel werden zahlreiche Wahlen und Gesetzgebungsaktivitäten erwähnt. Daher ist es hilfreich, sich anhand von Abb. 3.3 noch einmal in Erinnerung zu rufen, wie die verschiedenen Institutionen der römischen Republik funktionierten.

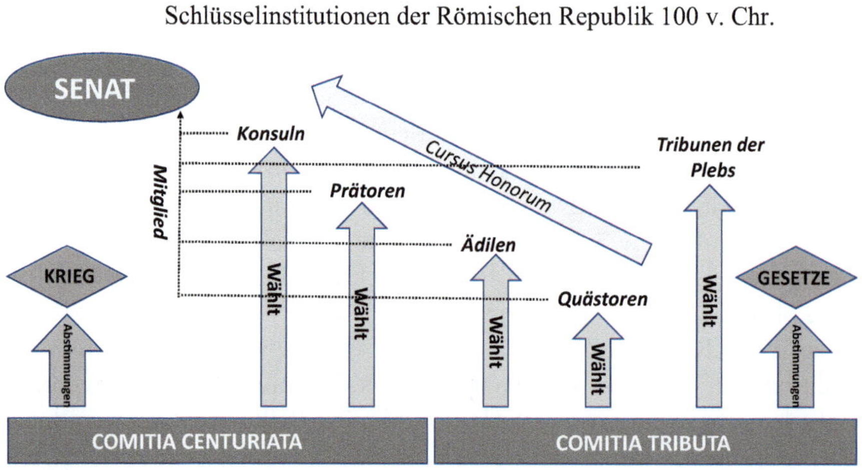

Schlüsselinstitutionen der Römischen Republik 100 v. Chr.

Abb. 3.3 Zentrale Institutionen der römischen Republik 100 v. Chr. Eigene Darstellung des Autors

3.2 Cäsars Erfolge in der mittleren Karrierephase

Nach dem Überblick über Cäsars Laufbahn in den 60er Jahren v. Chr. wollen wir nun im Detail betrachten, was Cäsar auf seinem weiteren Karriereweg erreichte und was nicht – und wie er dies bewerkstelligte.

3.2.1 Leistung in verschiedenen Rollen

Von Anfang an nahm Cäsar seine Rolle als Senator ernst. Er beteiligte sich aktiv an den Debatten über die Übertragung der Befugnisse an Pompeius zur Bekämpfung der Piraten und der Truppen des Mithridates sowie an der Behandlung von Catilina und dessen Verschwörern. Als Cäsar für öffentliche Aufgaben in Rom und Italien verantwortlich war – zunächst als Kurator der Via Appia und dann als Ädil – erzielte er herausragende Ergebnisse bei der Verbesserung der Infrastruktur der Stadt und der Förderung von Freizeitaktivitäten. Dann steigerte er seinen Einsatz: Als Ädil nutzte er die Gelegenheit, zu Ehren seines Vaters Gaius, der 20 Jahre zuvor gestorben war, Gladiatorenkämpfe zu veranstalten. Doch seine Arbeit beschränkte sich nicht nur auf die Kämpfe. Cäsar übertraf frühere Veranstaltungen sowohl in ihrem Ausmaß (er ließ 320 Gladiatorenpaare in blutigen Kämpfen gegeneinander antreten) als auch in ihrer Spektakularität (jeder Gladiator trat in silberner Rüstung auf). Der Kauf der Gladiatoren war kostspielig, sodass er für die Finanzierung dieser Spiele erhebliche Ausgaben tätigte.

Auch bei seinen beiden Auslandseinsätzen in Spanien – als Quästor und später als Statthalter – zeigte er starke Leistung, insbesondere während seiner Statthalterschaft, in der seine Erfolge besonders hervorstachen. Aufgrund seiner militärischen Erfolge wurde ihm sogar ein Triumph gewährt – eine Auszeichnung für außergewöhnliche Leistungen. Letztlich reichten die Erträge seiner Unternehmungen im Ausland aus, um seine Schulden zu tilgen. Cäsars Amtszeit in Spanien war ein Vorgeschmack auf das, was er später in Gallien in noch größerem Maßstab umsetzen sollte. In Spanien zeigte Cäsar früh Interesse am Aufbau eines Imperiums: Er befreite lokale Städte von einer ausbeuterischen Steuerlast und gewährte gleichzeitig Garantien für die privaten römischen Steuerpachtgesellschaften. Zudem verbesserte er die Verwaltung der Städte. Er reformierte Gesetze, die – es sei erwähnt – die Praxis der Menschenopfer dort beendeten, wo sie noch durchgeführt wurde.

Cäsars Leistung als Prätor (im Jahr vor seinem zweiten Spanienaufenthalt) war hingegen weniger glänzend. Cäsar teilte sich das Amt mit sieben

Kollegen. Hinsichtlich seiner Hauptaufgabe, der Überwachung des Justizsystems, schien er lediglich seine Ziele zu erfüllen, indem er die Leitung der Geschworenengerichte ohne nennenswerte Kritik oder Lob übernahm. Bei seinen legislativen Aufgaben hingegen blieb er hinter seinen Zielen zurück. Wie später in diesem Kapitel noch erläutert wird, war der Widerstand von Cato und anderen zu groß. Glücklicherweise konnte er, als er unmittelbar nach der Prätur Statthalter in Spanien wurde, die Situation wieder zu seinen Gunsten wenden.

Während des Wahlkampfs zum Konsul brachte Cäsar Pompeius und Crassus zusammen, um die Koalition zu schmieden, die als Erstes Triumvirat in die Geschichte einging. Die ausgehandelte Lösung sah vor, dass sie sich gegenseitig unterstützen würden, um während Cäsars Amtszeit folgende Ziele zu erreichen: Nach Ablauf seines Konsulats sollte Cäsar ein bedeutendes Provinzkommando übernehmen, Pompeius die Verwaltung des Ostens sowie Land für seine Veteranen bekommen, während Crassus deutlich bessere Bedingungen für die Steuerpachtgesellschaften erhielt, die einen einflussreichen Teil seiner Anhängerschaft bildeten.

Zu Beginn ihrer Amtszeit beriefen die neu gewählten Konsuln eine Senatssitzung ein, um ihre Sicht auf den Zustand der Republik darzulegen und ihre Pläne für das Jahr vorzustellen. Nach der Präsentation ihrer Vision baten sie einzelne Senatoren um Stellungnahme. Zu diesem Anlass trug Cäsar seine Amtstoga, die sich durch einen auffälligen breiten Purpurstreifen am Rand auszeichnete. Begleitet von zwölf festlich gekleideten Liktoren – Beamten, die als Leibwächter und Begleiter fungierten – schritt er im feierlichen Zug den kurzen Weg von seiner neuen Residenz an der Via Sacra zum Senatsgebäude. Das Stadtzentrum war meist überfüllt. Menschenmengen aus Bürgern und Besuchern wurden Zeugen dieses Schauspiels von Macht und Ansehen. Nach seiner Ansprache vor dem Senat hielten die Konsuln eine Rede vor dem Volk. Konsul Cäsars erste Entscheidung war eine Innovation im politischen Leben Roms. Sie sah vor, dass fortan Schreiber ein Protokoll jeder Sitzung des Senats und der Volksversammlung anfertigen und veröffentlichen sollten. Dies wurde *acta diurna* oder Tagesnachrichten genannt. Nach öffentlichem Aushang wurden sie in einem *album* archiviert. Private Unternehmen machten daraus ein Geschäft, indem sie Kopien in Italien und den Provinzen verbreiteten. Diese Maßnahme der Transparenz und Dokumentation war Cäsars Antwort auf politische Obstruktion und Falschaussagen, da die Senatsdebatten selbst nicht öffentlich waren. Sie war zudem ein frühes Beispiel dafür, wie Cäsar die römischen Bürger in seine Regierung einbinden wollte.

Cäsar hatte sein Konsulat vorbereitet. Bereits wenige Tage nach Amtsantritt brachte er seinen Agrargesetzentwurf im Senat ein. Der Vorschlag sah vor, Pompeius' Veteranen und Mitgliedern der städtischen Unterschicht Land zuzuweisen, um einige der sozioökonomischen Spannungen Roms zu mildern. Solche Gesetze waren schon zuvor vorgeschlagen worden, hatten aber nicht immer Erfolg gehabt. Mit der Professionalisierung und Demobilisierung des Heeres wurden solche Vorschläge alltäglich. Cäsars Gesetz sah die Verteilung verfügbaren öffentlichen Bodens und zusätzlich den Ankauf von Privatland vor, finanziert aus den Erträgen von Pompeius' Feldzügen im Osten. Es war ein ausgewogener Vorschlag, da er keine Enteignung von Landbesitzern oder zusätzliche Steuern vorsah. Wie später in diesem Kapitel noch zu sehen sein wird, verhinderte jedoch der Widerstand von Cato und anderen die Verabschiedung des Gesetzes im Senat. Daraufhin setzte Cäsar seinen Alternativplan um: Er brachte das Gesetz ohne Zustimmung des Senats direkt vor das Volk.

Anschließend bestätigte die Volksversammlung die von Pompeius im Osten geschaffene Neuordnung sowie die Steuererleichterung für die Steuerpächter, was Crassus' Wunsch entsprach. Auf eigene Initiative mahnte Cäsar die Steuerpächter, bei der Vergabe der Verträge nicht zu hoch zu bieten. Schließlich wurde Cäsar zum Statthalter von Gallia Cisalpina gewählt, ein Amt, das er nach dem Konsulat antreten sollte. Innerhalb weniger Monate hatte Cäsar bereits die Ziele aller drei Triumvirn verwirklicht. Doch damit gab er sich nicht zufrieden. Im Mai brachte er ein weiteres Agrargesetz durch. Diesmal sollte fruchtbarer öffentlicher Grund an kinderreiche Familien in der Stadt verteilt werden. Zudem wurde Cäsar die Verwaltung zweier weiterer Provinzen übertragen – Gallia Transalpina und Illyrien. Vorausschauend versuchte er, sich erneut an den Rand des Imperiums zu positionieren, was ihm in den Vorjahren in Spanien die Gelegenheit zu militärischem Ruhm und finanziellem Gewinn verschafft hatte. In Gallien stellten Vorstöße von jenseits des Rheins eine potenzielle Bedrohung für die römischen Gebiete dar. Genau diese Gelegenheit brauchte Cäsar.

Im August verabschiedete er ein Gesetz über die Provinzverwaltung – ein vorausschauendes und weitreichendes Gesetz, das bis zum Ende des Römischen Reiches in Kraft bleiben sollte. In Absicht und Aufbau ähnelte es dem heutigen Sarbanes–Oxley Act. Dieses Gesetz war eine Reaktion auf eine Reihe großer Unternehmens- und Bilanzskandale. Es enthält Vorschriften zur Einhaltung der Buchführung und Berichterstattung für börsennotierte Unternehmen in den USA. Cäsar war dreimal Teil einer Provinzverwaltung gewesen, einmal in Kleinasien und zweimal in Spanien, wo er aus erster Hand den richtigen und den falschen Weg der Verwaltung kennengelernt hatte. Anklagen wegen Erpressung beschäftigten regelmäßig die römischen Gerichte. Sowohl Statthalter als auch Steuerpächter nutzten die Provinzen häufig zum eigenen Vorteil aus. Der Fall des Verres, der zehn Jahre zuvor von Cicero im Namen der empörten sizilianischen Bevölkerung verklagt worden war, ist als Extrembeispiel in die Geschichte eingegangen. Als Statthalter Siziliens war Gaius Verres für die Steuereintreibung und den Getreideeinkauf zur Versorgung Roms verantwortlich. Er manipulierte Finanzdaten und leitete Steuern und Staatsgelder, die für den Getreidekauf bestimmt waren, auf sein eigenes Konto um. Dieses Geld verlieh er dann zu hohen Zinsen an Bedürftige. Seine Steuer- und Getreideziele erreichte er, indem er die Sizilianer zu höheren Steuern und niedrigen Getreidepreisen zwang. In Spanien erkannte Cäsar, dass eine solche Praxis keine nachhaltige Einnahmequelle für den Staat war. Als Konsul warnte er die Steuerpächter davor, bei den Verträgen zu hoch zu bieten, da dies zu Ausbeutung führte.

Darüber hinaus hatten die Erfahrungen in Spanien gezeigt, dass unzufriedene Provinzen zu Aufständen führen und eine Basis für Bürgerkriegsrebellen bieten konnten. Daher regelte Cäsars Gesetz, wie römische Amtsträger im Ausland die Provinzen zu verwalten hatten, und setzte strenge Grenzen für die Erstattungen, die Provinzstatthalter aus der Staatskasse und von den Provinzbewohnern beanspruchen konnten. Es verlangte zudem eine strikte Buchführung, einschließlich doppelter Aufzeichnungen, um eine Prüfspur zu schaffen. Das Gesetz bildete den Abschluss eines Jahres intensiver politischer Gestaltung und war ein Vorbote für die Zeit, in der Cäsar nach dem Ende des Bürgerkriegs die volle Kontrolle über Stadt und Reich innehatte.

Mit Ausnahme seiner Zeit als Prätor erwies sich Cäsar in allen seinen Ämtern zwischen 70 und 59 als herausragender Leistungsträger. Seine Erfolge in diesen Rollen wurden als weit überdurchschnittlich anerkannt. Jedes Mal verhalfen ihm seine Leistungen zum nächsten Karriereschritt – und zu den Wahlsiegen, die dafür nötig waren. Besonders glänzte er, wenn er in einer Position mit klaren Zuständigkeiten und Autonomie agieren konnte. In den Führungspositionen als Statthalter und Konsul erreichte seine Leistung eine strategische Dimension: Er führte durchdachte Reformen und Gesetze ein, die langfristig positive Auswirkungen auf die Stadt Rom und das Reich hatten.

Wenn er jedoch mit unscharfen Zuständigkeiten konfrontiert und allein auf seine Einflussnahme angewiesen war, konnte Cäsar nicht auf demselben Niveau agieren. Diese Hürden hatten ihn bereits zuvor beschäftigt, sowohl als Anwalt als auch während der Debatte um die Catilinarische Verschwörung. Cäsar tat sich schwer damit, hinter den Kulissen Kompromisse mit den Beteiligten zu erzielen. Als Konsul kompensierte seine Führungsorganisation, die im Folgenden behandelt wird, das Fehlen von Einflusskompetenz. Diesen entscheidenden Vorteil nutzte Cäsar, um weiterhin überdurchschnittliche Leistungen in seiner Rolle zu erbringen. Dennoch sollte ihn sein Entwicklungsbedarf im Bereich Einflussnahme im weiteren Verlauf seiner Karriere mehrfach einholen, wie wir in den folgenden Kapiteln sehen werden.

3.2.2 Aufbau einer Führungsorganisation zur Mobilisierung von Anhängern

Zu Cäsars Zeiten konnten Führungspersönlichkeiten auf zwei Arten Vereinbarungen sichern und damit Veränderungen anstoßen. Der traditionelle und harmonischste Weg war es, im Senat eine Mehrheitsentscheidung zu erzielen – ein Ansatz, der auch die Zustimmung der oberen Gesellschaftsschichten garantierte. So sollte die Oligarchie funktionieren, und diejenigen, die diesen Weg verfolgten, wurden als *Optimaten* bezeichnet. Die Alternative, die die Brüder Gracchus etwa 30 Jahre vor Cäsars Geburt eingeführt hatten, bestand darin, den Senat zu umgehen oder dessen Rat zu ignorieren und einen Gesetzesantrag direkt an die Volksversammlung zu richten. Wer vor allem auf das Volk setzte, um Dinge durchzusetzen, gehörte zu den *Populares*.

Den Sieg bei der Abstimmung (Abb. 3.4) in der Volksversammlung zu erringen, war eine Frage der Beeinflussung der öffentlichen Meinung und der Mobilisierung der Wähler. Die erfolgreichsten Führungspersönlichkeiten setzten eine „Führungsorganisation" ein – eine informelle Organisation mit einer dreistufigen Führungsstruktur: oberste, mittlere und erste Ebene. Da es römischen Staatsmännern nicht gestattet war, Gesetze zu ihrem eigenen Vorteil einzubringen, engagierte ein oberster Anführer, etwa Pompeius, informell

Abb. 3.4 Münze aus dem Jahr 63 v. Chr., die einen römischen Bürger bei der Stimmabgabe an der Urne zeigt. © Museum of Cultural History, Oslo, M214023. Nachdruck mit Genehmigung

Führungskräfte der mittleren Ebene, um seine Pläne umzusetzen. Auf der mittleren Ebene der Führungsstruktur standen die niederen Magistrate, insbesondere die Volkstribunen, deren legitime formale Autorität es ihnen erlaubte, öffentliche Debatten und Volksversammlungen einzuberufen, diese zu leiten, Gesetzesanträge einzubringen und Abstimmungen durchzuführen. Darüber hinaus war das Vetorecht der Tribunen gegenüber den Entscheidungen aller anderen Magistrate und in der Versammlung ein wirksames Mittel, um Beschlüsse zu blockieren, die die Agenda ihres Patrons gefährdeten. Den Angehörigen der unteren Ebenen war durchaus bewusst, dass der ursprüngliche Zweck der Tribunen darin bestand, die Interessen des Volkes zu vertreten, was den Tribunen einen Vorteil bei der Mobilisierung von Anhängern im Namen ihres Patrons verschaffte. Diese Führungskräfte der mittleren Ebene wurden wiederum von Führungskräften der ersten Ebene unterstützt, die direkt mit der Wählerschaft in Kontakt standen. Führungskräfte der ersten Ebene wurden aus den Reihen der Plebejer rekrutiert. Obwohl sie keine formale Autorität besaßen, konnten sie aufgrund ihres erhöhten sozialen Status (in der Regel waren sie Vorsteher einer Berufs-, Nachbarschafts- oder religiösen Vereinigung) und ihres Netzwerks Anhänger mobilisieren.

Der Organisation einer Spitzenführungskraft anzugehören, brachte Vorteile mit sich; wer nicht zur römischen Elite gehörte, hatte bessere Chancen, die soziale Leiter zu erklimmen und Militärtribun oder höherer Magistrat zu werden, wenn er sich einem Anführer der *populares* anschloss. Die Tätigkeit als Führer auf der ersten Ebene konnte der erste Karriereschritt zum Eintritt in eine höhere soziale Schicht oder ein Magistratsamt für sich selbst oder die Nachkommen sein. Allerdings gab es Herausforderungen, diesen Plan umzusetzen. Pompeius selbst erzielte gemischte Ergebnisse. Im Jahr 67 gelang es dem Volkstribunen Gabinius, ein Gesetz durch die Volksversammlung zu bringen, das Pompeius ein Sonderkommando zur Bekämpfung der Piraten übertrug. Trotz dieses Erfolgs scheiterten 62 der Tribun Metellus Nepos und Cäsar als Prätor daran, ein Gesetz durchzusetzen, das Pompeius ein ähnliches Kommando gegen Catilina verschafft hätte. Aus dieser Erfahrung lernend – und nachdem er in Spanien entdeckt hatte, wozu er fähig war, wenn er volle Exekutivautonomie erhielt – investierte Cäsar viel Mühe in den Ausbau seiner Führungsorganisation, bevor er 59 sein Konsulat antrat.

Publius Vatinius ist ein Beispiel dafür, wie Cäsar seine Führungsorganisation entwickelte und einsetzte. Vatinius gewann 63 die Wahl zum Quästor und wurde Senator. 62 wurde Vatinius als Quästor in die Provinz Hispania ulterior entsandt, um im Stab des Statthalters zu dienen – genau die Position, die Cäsar 69 innehatte. Auf dem Weg nach Spanien machte er jedoch einen Umweg über Afrika, um im Auftrag Cäsars, der als Prätor in einen Gerichtsprozess um das afrikanische Königreich Juba verwickelt war, Ermittlungen anzustellen. Da Cäsar 61 Statthalter von Hispania ulterior wurde, begegneten die beiden sich während der Amtsübergabe zwischen Cäsar und Vatinius' Vorgesetztem, Statthalter Gaius Cosconius. Cäsar und Cosconius pflegten ein gutes Verhältnis. Später, als Konsul, berief Cäsar ihn in die Kommission zur Landverteilung an Veteranen, und vielleicht empfahl Vatinius sogar seinen früheren Vorgesetzten für diese Aufgabe. Mit Unterstützung Cäsars und der beiden anderen Triumvirn wurde Vatinius 59 zum Volkstribunen gewählt. Während Cäsars Konsulatsjahr war Vatinius dessen wichtigste mittlere Führungskraft.

Vatinius stammte aus einer Familie außerhalb Roms. Als erster seiner Familie, der in den Senat einzog, war er ein *homo novus* („Neuling"), also ein sozialer Aufsteiger. In einer Gesellschaft, in der sozialer Status viel zählte, war es eher ungewöhnlich, dass jemand wie Cäsar eine Person mit bescheidener Herkunft für eine bedeutende Position auswählte. Vatinius war sehr ehrgeizig und ließ erkennen, dass sein langfristiges Karriereziel das Konsulat war. Später folgte er Cäsar als Offizier nach Gallien, wo er ein Vermögen machte. Seinem Versprechen, Vatinius' Karriere zu fördern, kam Cäsar nach, indem er ihn beurlaubte, damit er nach Rom zurückkehren und sich zur Wahl stellen konnte: Vatinius wurde 55 Prätor. Anschließend kehrte er zu Cäsars Armee in Gallien zurück und errang mehrere militärische Erfolge. Während des gesamten Bürgerkriegs blieb er Cäsar treu. Im Jahr 47 erfüllte sich sein Traum, Konsul zu werden; anschließend übernahm er die Statthalterschaft in Illyrien.

Als Quästor in Spanien begegnete Cäsar einem seiner wichtigsten und loyalsten Mitarbeiter: Lucius Cornelius Balbus. Acht Jahre später, 61, rekrutierte Cäsar, nun Statthalter, Balbus als seinen *praefectus fabrum*, also als Chefingenieur und Leiter der Heereslogistik. Balbus leistete Cäsar während des Spanien-Feldzugs herausragende Dienste. Auch im Gallischen Krieg setzte Cäsar ihn in derselben Funktion ein. Von Spanien aus folgte Balbus Cäsar nach Rom, um während Cäsars Konsulat gemeinsam mit Vatinius in dessen Stab zu arbeiten. Balbus hatte dabei weniger eine formale Funktion, sondern agierte eher als Mittelsmann. So schickte Cäsar Balbus beispielsweise zu Cicero, um ihn – wenn auch erfolglos – zur Teilnahme an der Koalition mit Crassus und Pompeius einzuladen. Als Vatinius 62 aus Afrika in die Provinz Hispania ulterior kam, wo Balbus eine wichtige Rolle spielte, waren beide bereits Teil von Cäsars Netzwerk. Gemeinsam legten sie den Grundstein für Cäsars Statthalterschaft ein Jahr später.

Das Leben in der Suburra und später im Stadtzentrum (Abb. 3.5) in seiner offiziellen Residenz erwies sich als Vorteil. Die Bürger, die den Großteil der Volksversammlung stellten, tummelten sich direkt vor Cäsars Haustür.

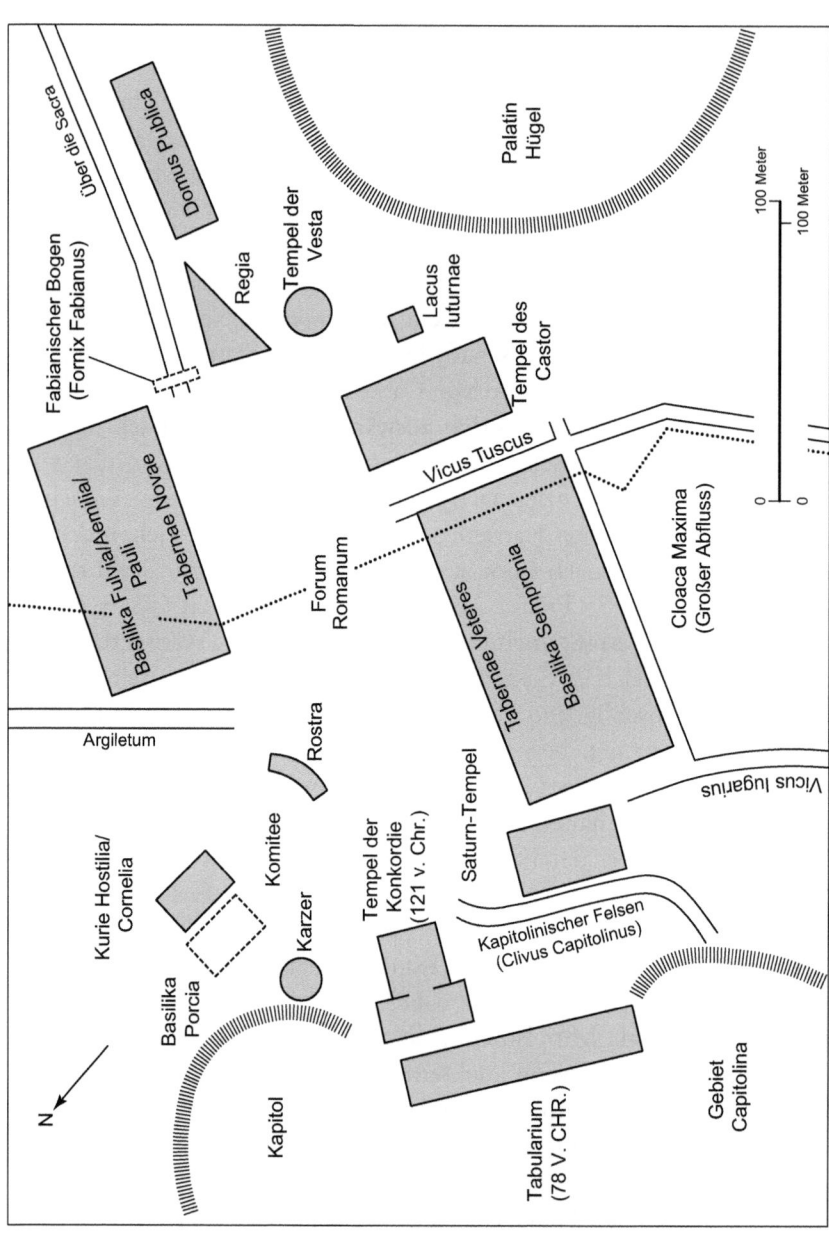

Abb. 3.5 Das Forum Romanum zur Zeit Julius Cäsars. Aus: *A Companion to the Roman Republic* © John Wiley & Sons 2007. Nachdruck mit Genehmigung

Dort konnte er Handwerker, Ladenbesitzer und Wirte beobachten und mit ihnen in Kontakt treten. So konnte er beispielsweise denjenigen kennenlernen, der die religiösen Zeremonien im kleinen Tempel die Straße hinunter leitete. Er konnte Beziehungen zu den Vorsitzenden der Metzger- oder Händlervereinigungen aufbauen, die als potenzielle erste Führungsebene zur Mobilisierung von Wählern für die Volksversammlung infrage kamen. Andere beschäftige er bei der Finanzierung öffentlicher Bauprojekte und der Organisation von Spielen, etwa Vorarbeiter, Kleinunternehmer und Gladiatorentrainer. Aus seiner Militärzeit wissen wir, dass Cäsar leicht Zugang zu Menschen mit weniger privilegiertem Hintergrund fand. Dies erleichterte die Rekrutierung von Talenten zur Vervollständigung seiner Organisation. Kasten 3.1 gibt ein Beispiel dafür, wie Cäsar Anhänger mobilisierte.

> **Kasten 3.1 Mobilisierung von Anhängern**
>
> Wie sah das in der Praxis aus? Cäsar begann sein Konsulat Anfang 59 damit, im Senat ein Gesetz zur Landverteilung an Pompeius' Veteranen vorzuschlagen. Cato sabotierte dieses Vorhaben. Daraufhin setzte Cäsar seine Führungsorganisation ein, um Plan B umzusetzen: das Gesetz direkt dem Volk zur Entscheidung vorzulegen. Es war üblich, vor der Abstimmung eine öffentliche Debatte abzuhalten, eine Art Bürgerversammlung. Cäsar berief eine solche *contio* ein, und Vatinius half ihm, Teilnehmer zu mobilisieren. Er bat seinen Mitkonsul und Catos Verbündeten, Marcus Calpurnius Bibulus, seine Meinung zum Gesetz zu äußern. Bibulus, ein überzeugter Konservativer, erklärte lediglich, dass er in diesem Jahr keine weiteren Neuerungen dulden werde. Cäsar kündigte an, das Gesetz werde nur verabschiedet, wenn Bibulus zustimme. Er forderte die Menge auf, ihn dabei zu unterstützen, seinen Kollegen zum Einlenken zu bewegen. Bibulus, sichtlich verärgert, rief schroff, es werde kein Gesetz geben, selbst wenn das Volk es wolle, und verließ abrupt die Versammlung. Indem Cäsar Bibulus dazu brachte, öffentlich seine Absicht zu erklären, den Volkswillen zu ignorieren, hatte er seinem Kollegen eine raffinierte Falle gestellt, in die Bibulus prompt tappte. Darüber hinaus konnten die Interessierten dank Cäsars Neuerung nun die Protokolle der Senatssitzungen einsehen und sich selbst ein Bild davon machen, wie der Senat mit Cäsars Vorschlag umgegangen war. Manche kamen bereits mit einer festen Meinung zur *contio*, wer der „Gute" und wer der „Böse" war.
>
> Anschließend rief Cäsar die ranghohen Führer Crassus und Pompeius auf das Podium, um ihre Meinung anzuhören. Pompeius sprach sich für das Gesetz aus und erläuterte dessen Bestimmungen. Er stellte auch klar, dass die Finanzierung des Gesetzes kein Problem sei, da seine Eroberungen den Staatskassen großen Reichtum eingebracht hätten. Es sei nur gerecht, dass Veteranen und andere Bürger von diesen Erfolgen profitierten. Das Publikum reagierte zustimmend. Cäsar bat die Menge daraufhin, sich ihm anzuschließen und Pompeius zu fragen, ob er bereit sei, den Widerstand gegen das Gesetz zu überwinden. Sichtlich geschmeichelt von der ihm entgegengebrachten Wertschätzung versprach Pompeius, er werde alles Notwendige tun, worin Crassus sihm beistimmte.

> In den folgenden Tagen versuchte Bibulus vergeblich, durch Verfahrensverzögerungen die Abstimmung zu verhindern. Cäsar setzte den Tag fest, an dem das Gesetz dem Volk vorgelegt werden sollte. Viele Wähler, darunter Veteranen, versammelten sich bereits am Vorabend auf dem Forum. Am nächsten Tag, nachdem Cäsar die Versammlung eröffnet und mit der Verlesung des Gesetzes begonnen hatte, drängte sich Bibulus durch die Menge. Er bestieg das Podium und unterbrach Cäsars Rede, um seinen Widerstand zu bekunden. Unter der Leitung von Vatinius und Fibulus, einer Führungskraft der ersten Ebene, protestierten die über diese Störaktion empörten Bürger und drängten Bibulus und sein Gefolge zurück. Sie zerbrachen auch seine Fasces, das Symbol seiner konsularischen Autorität. Dies war kein Akt der Rebellion, sondern die Zurechtweisung eines Konsuls durch das Volk, der durch die Verweigerung der Volkssouveränität seine Legitimität verloren hatte. Um die Demütigung noch zu vollenden, schüttete jemand einen Eimer Mist über seinen Kopf. Das Gesetz wurde verabschiedet. Cäsars Organisation behielt das ganze Jahr über die Kontrolle über die Versammlung und ermöglichte ihm die Umsetzung seines politischen Programms.

Um sein Programm als Konsul umzusetzen, baute Cäsar eine Führungsorganisation auf, die es ihm ermöglichte, die öffentliche Meinung zu beeinflussen und Mehrheiten für seine Gesetzesvorlagen in der Volksversammlung zu gewinnen. Die Organisation war in ihren Zielen äußerst erfolgreich und erlaubte es Cäsar, die Unterstützung des Volkes während der gesamten Legislaturperiode zu sichern – was eine Ausnahmeerscheinung war. Die meisten Anführer schafften es nicht, diese Unterstützung über ein einzelnes Gesetz oder eine Versammlung hinaus aufrechtzuerhalten.

3.3 Cäsars Führungsverhalten in der mittleren Karrierephase

Zurückkehrend zum Rahmen des Global Executive Leadership Mirror (GELM®), analysieren wir Cäsars Führungskompetenzen anhand seines Verhaltens und beleuchten die wichtigsten Beispiele. Abb. 3.6 fasst die Bewertung von Cäsars Führungsverhalten in dieser Phase zusammen.

3.3.1 Führung der eigenen Person

Ein aufschlussreiches Beispiel für Cäsars Bereitschaft und Fähigkeit, aus seinen Fehlern zu lernen, ist der Aufbau einer Führungsorganisation. Sein begrenzter Erfolg als Prätor lehrte ihn, wie wichtig es ist, seine Strategie

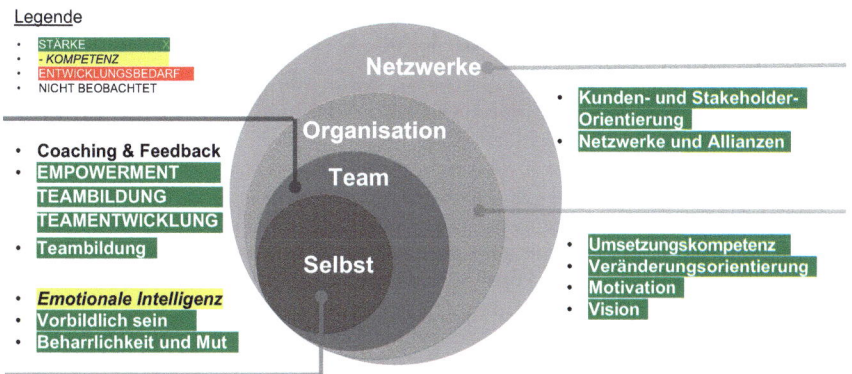

Abb. 3.6 Bewertung von Cäsars Führungsverhalten in der mittleren Karrierephase nach dem GELM. Anpassung des Autors basierend auf dem GELM von KDVI

anzupassen, um die Abstimmung zu seinen Gunsten zu beeinflussen, vor allem über die Volksversammlung. Seine emotionale Intelligenz war dabei gemischt ausgeprägt, insbesondere wenn es darum ging, große Gruppen von Menschen zu überzeugen. Erfolg hatte er, wenn er hierarchische Macht nutzen konnte, etwa als Statthalter oder Feldherr. Musste er hingegen ohne formale Autorität führen – also durch Einflussnahme –, war er weniger erfolgreich. Doch gerade das Führen ohne Autorität war eine Fähigkeit, die ein Politiker brauchte, um gewählt zu werden, Gesetze in der Volksversammlung durchzubringen und den Senat für sich zu gewinnen. Obwohl der Widerstand durch konkurrierende Führungspersönlichkeiten Cäsar als Prätor daran hinderte, Gesetze in der Volksversammlung zu verabschieden, fand er als Konsul einen Weg, dies zu umgehen: er setzte eine Organisation ein, mit der er seine Anhänger direkt beeinflussen und mobilisieren konnte. Dennoch scheiterte er bei jedem Versuch, eine Mehrheit der Senatoren auf seine Seite zu ziehen. Das Agrargesetz von 59 ist ein treffendes Beispiel: Der Senat verweigerte die Zustimmung zum Gesetz, obwohl er daran inhaltlich nichts auszusetzen hatte.

Wie lässt sich der Unterschied zwischen Cäsars Fähigkeit, mit und ohne Autorität zu führen, erklären? Zunächst einmal erschien Cäsar als Führer, der die Interessen des Volkes verteidigte und sich dem sullanischen Establishment widersetzte, in den Augen der konservativen Mehrheit weniger glaubwürdig. Kasten 3.2 liefert ein erstes Beispiel für Cäsars Bemühungen, den Senat auf seine Seite zu ziehen.

Kasten 3.2 Machtkampf mit Cato, 1. Akt

Doch die Angelegenheit geht noch tiefer. Dafür lohnt es sich, die Konfrontation zwischen Cato dem Jüngeren und Cäsar im Jahr 63, als es um den Umgang mit den gefangenen Catilinariern ging (bereits im ersten Abschnitt zu Cäsars Leben und Karriere erwähnt), genauer zu betrachten. Cicero, damals Konsul, lud den Senat in den Tempel der Eintracht auf dem Forum ein, in der Hoffnung, die Göttin möge den Senatoren Harmonie schenken. Die Senatoren betraten durch die Kolonnade das ummauerte Innere, das ihnen Privatsphäre gewährte. Viele Senatoren erschienen. Rund 500 Männer in Toga drängten sich in einen Raum, der nicht größer als zwei Tennisplätze war, allesamt wütend und besorgt angesichts der Lage. Denn sowohl das Schicksal der Republik als auch ihre eigene Stellung standen auf dem Spiel. Cicero schlug vor, die Täter hinzurichten. Cäsar und Cato, zwei ehrgeizige junge Senatoren, lieferten sich in der folgenden Debatte im Senatssaal ein Wortgefecht. Auf der einen Seite stand Cäsar, modisch gekleidet, der seine Eloquenz mit Eleganz unterstrich. Ihm gegenüber Cato, ungepflegt in einer alten Toga, der seine Worte in schlichter Manier hervorbrachte.

Cäsar sprach zuerst und plädierte für unbefristete Haft statt summarischer Hinrichtung. Seine Position untermauerte er mit drei Hauptargumenten: der Gefahr, das Volk zu erzürnen; dem Risiko, einen Präzedenzfall für unrechtmäßige Gewalt zu schaffen; und der Gefahr, das Gesetz zu verletzen, das die Hinrichtung eines römischen Bürgers ohne Gerichtsverfahren verbietet. Als Cato bemerkte, dass sich der Senat von Cäsars Argumenten beeindruckt zeigte, erhob er sich und trug seinen Standpunkt vor. Der Senat habe die Pflicht, die Ordnung wiederherzustellen, mahnte er seine Kollegen mit Nachdruck. Er warnte vor Nachsicht angesichts der akuten Gefahr eines fortdauernden Aufstands, zumal sich Catilina und seine Anhänger noch frei auf dem Land bewegten. Am wichtigsten aber war das Versprechen Catos, durch seinen Vorschlag den Besitz der Senatoren zu schützen – ein entscheidender Unterschied zu Cäsars Argumentation. Cato brachte es auf den Punkt:

Aber, im Namen der unsterblichen Götter, rufe ich euch an, die ihr eure Häuser und Villen, eure Statuen und Gemälde stets höher geschätzt habt als das Wohl eures Vaterlandes: Wenn ihr diese Besitztümer, welcher Art sie auch sein mögen, an denen ihr hängt, bewahren wollt; wenn ihr Ruhe für den Genuss eurer Vergnügungen sichern wollt, dann rafft euch auf und handelt zum Schutz eures Vaterlandes. (Sallust, *Verschwörung des Catilina*, 52 (Übers. Watson 1899))

Der Senat entschied sich letztlich für den persönlichen Vorteil statt für Prinzipien. Cato gewann die Unterstützung der Senatoren, weil er in der Lage war, ihre größte Angst zu erkennen und anzusprechen. Erfolgreiche Überzeugungsarbeit erfordert Empathie, um die Interessen, Wünsche und Gefühle der anderen Partei zu verstehen. Cäsar schien für den Senat als Kollektiv nicht über ausreichend emotionale Intelligenz zu verfügen.

Die Debatten um das Agrargesetzzu Cäsars Zeiten als Konsul offenbaren seine emotionale Intelligenz im Umgang mit Einzelpersonen. Im Senat fiel es Cäsar schwer, seine eigenen Emotionen zu verstehen und zu kontrollieren. So gelang es ihm beispielsweise nicht, nach seiner Ungeduld über Catos Obstruktion konstruktiv zu handeln – ein Beispiel für Konkurrenz im Karriereverlauf, das später noch ausführlich behandelt wird. Cato schaffte es, bei Cäsar eine negative Reaktion auszulösen, woraufhin Cäsar ihn aus dem Senat entfernen ließ. Cäsar hatte jedoch nicht vorausgesehen, dass die anderen Senatoren seine Ungeduld missbilligen würden, was ihn zum Rückzug zwang. Erst später gelang es ihm, die Emotionen anderer zu erkennen und entsprechend zu handeln. Diese Fähigkeiten nutzte er, um eine Reaktion bei Bibulus hervorzurufen, der ebenso konservativ und unbeugsam war wie Cato, und um die Meinung der Teilnehmer der Volksversammlung zu beeinflussen. In derselben Situation spielte Cäsar auf Pompeius' Bedürfnis nach Anerkennung an, was ihm die volle und öffentliche Unterstützung des ranghöchsten Führers einbrachte.

Das deutlichste Beispiel für Cäsars Selbstführung war die konsequente Übereinstimmung von Reden und Handeln mit seinen Werten – etwas, das zu einer Säule seiner Führungsmarke werden sollte. Er äußerte den Wunsch, im Namen des Volkes und durch das Volk zu handeln (im Wesentlichen seine *popularis*-Haltung), was sich in großzügigem Engagement für öffentliche Bauprojekte, Unterstützung für Pompeius und Crassus und deren Pläne, Berücksichtigung der Volksinteressen nach der Catilinarischen Verschwörung, der Einführung öffentlicher Protokolle der Senatssitzungen und der Verabschiedung der Agrargesetze zeigte. Darüber hinaus machte Cäsars Eintreten für ein rechtsstaatliches Verfahren gegen die Catilinarier und für ein Gesetz zur Förderung von Transparenz und Kontrolle in der Verwaltung des Reiches deutlich, wie sehr ihm Integrität am Herzen lag. Auch zeigte er Milde gegenüber den Tätern, indem er für lebenslange Haft statt Todesstrafe für die Verschwörer plädierte. (Im vorigen Kapitel haben wir gesehen, wie Cäsar seine diesbezüglichen Wertvorstellungen unter Beweis stellte, als er die Piraten vor einer grausamen Strafe verschonte.) Zweifellos dienten diese Verhaltensweisen auch Cäsars eigenen Interessen. Gleichzeitig stießen diese Entscheidungen jedoch auf erheblichen Widerstand und gefährdeten seine Karriere. Der Wert, den er der Transparenz beimaß (zweifellos gepaart mit übergroßem Vertrauen in seine Überzeugungskraft), hinderte ihn daran, im Senat und vor Gericht einen Deal hinter den Kulissen auszuhandeln. Dennoch blieb er hartnäckig. Schließlich verwandelte Cäsar nach seiner mittelmäßigen Leistung als Prätor im Jahr 61 seine Frustration in Motivation und übertraf sich selbst in seinem nächsten Amt als Statthalter in Spanien. Das erinnert an die Beharrlichkeit, mit der er sechs Jahre zuvor seine Entführer verfolgte, um seinen Misserfolg als Anwalt auszugleichen.

3.3.2 Führung von Teams

Zwischen 69 und 59 bekleidete Cäsar mehrere Positionen mit stark operativem Charakter, die die Führung von direkten Teams, Zulieferern und später auch Organisationen umfassten. Diese Kompetenz zeigte sich besonders deutlich während seiner Zeit als Konsul. Er bewies ein gutes Gespür dafür, die richtigen Personen mit den passenden Fähigkeiten für verschiedene Rollen in einer Organisation zusammenzubringen. Ein entscheidender Aspekt war dabei, Teammitglieder wie Vatinius und Fibulus zu befähigen, eigenständig zu agieren; andernfalls wären sie nicht in der Lage gewesen, im Namen ihres Anführers Anhänger zu mobilisieren. Cäsar bewies einen besonderen Blick und Wertschätzung für Vielfalt. Die Rekrutierung von Vatinius, einem Emporkömmling aus der Provinz mit wenigen Verbindungen zur Elite, erwies sich langfristig als Erfolg. Gleiches gilt für Balbus, den spanischen Ausländer, der zum Immigranten wurde. In seiner Jugend hatte Cäsar miterlebt, wie das Bürgerrecht auf alle Völker Italiens ausgeweitet wurde. Es dauerte einige Jahre, bis alle neuen Bürger eingetragen waren, doch danach hatte sich die Zahl der römischen Bürger verdoppelt. Das war ein bedeutender politischer Wandel. Die neuen Bürger boten römischen Führungspersönlichkeiten die Möglichkeit, ihre Anhängerschaft zu vergrößern. Für Pompeius beispielsweise waren die Italiener eine Rekrutierungsquelle vfür seine Armeen, die auch Unterstützung bei Wahlen sowie in den gesetzgebenden Versammlungen boten. Nur Cäsar erkannte das enorme Talentpotenzial, das dadurch verfügbar wurde. Dieses Potenzial für seine Organisation und die Republik zu erschließen, wurde zu einem Markenzeichen seiner Führung.

3.3.3 Führung von Organisationen

Ein früher Einblick in Cäsars Fähigkeit zur Vision zeigte sich in der Debatte über den Umgang mit den Verschwörern. Er wusste, dass eine summarische Hinrichtung weitreichende Folgen haben würde, etwa die Schaffung rechtlicher Präzedenzfälle und eine negative Reaktion der breiten Öffentlichkeit, die über die bloße Wiederherstellung von Recht und Ordnung hinausgingen. Nachdem Cäsar eine General-Management-Position erreicht hatte, wurde sein strategischer Weitblick noch deutlicher. Seine Maßnahmen zur nachhaltigen Verwaltung der Provinz Hispania ulterior und später aller Provinzen durch sein Gesetz gegen Erpressung waren Beispiele für eine Governance mit langfristiger Perspektive. Die von ihm als Konsul eingeführten Gesetze zu Landverteilung, Besteuerung und Neuordnung im Osten griffen strategisch wichtige Themen für die Republik auf. Zudem waren die Landverteilungen mit einem soliden Finanzplan und einer eigenen Organisation von Landkommissaren zur effizienten Umsetzung verbunden. Auch in Bezug auf seine Karriereplanung traf Cäsar die richtigen Entscheidungen, selbst wenn der Erfolg nicht garantiert war. Bemerkenswert ist, dass er bereit war, auf den Triumph, den er sich durch seine militärischen Leistungen verdient hatte, zugunsten der unsicheren Chance auf die Wahl zum Konsul zu verzichten (Details im nächsten Abschnitt).

Was die Motivation von Anhängern betrifft, gewann Cäsar jede Wahl, zu der er antrat. Mit dem Aufstieg in der Hierarchie musste er unterschiedliche Wählergruppen für sich gewinnen: zunächst die breite Bürgerschaft, dann – bei seinen Kandidaturen für das Amt des Prätors und des Konsuls – die wohlhabenderen Mitglieder der Wählerschaft. Eine erfolgreiche Kampagne und die effektive Ansprache der Unterstützer, von denen manche eigens nach Rom reisen mussten, waren entscheidend. Wahlkampf bedeutete auch, sich die öffentliche Unterstützung ranghoher Mitglieder der Elite zu sichern. Darüber hinaus wollten die Wähler vergangene, gegenwärtige und versprochene Vorteile für sich und den Staat sehen und unterstützten denjenigen, der diese Vorteile bot. Im Fall Cäsars hatten seine bisherigen Leistungen sowohl dem Volk als auch bestimmten Interessengruppen genutzt (Vorteile wie öffentliche Bauprojekte, Spiele, militärische Erfolge und Maßnahmen gegen Piraterie). Als Kandidat waren Cäsars Versprechen attraktiv (z. B. Agrargesetz und Steuerreform). Während der Wahlkämpfe investierte er massiv in die Bereitstellung aktueller Vorteile, indem er Großzügigkeit zeigte – meist in Form von Geschenken und finanzieller Unterstützung –, was ihn stark verschuldete. Das war gängige Praxis; von Privilegierten wurde erwartet, der Gemeinschaft etwas zurückzugeben. Cäsar gelang es, durch das Angebot greifbarer Vorteile, die auf konkrete Bedürfnisse eingingen, eine Anhängerschaft unter den Wählern zu schaffen.

Cäsar war innovativ in seiner Kommunikation. Er nutzte Bilder und Reden bei den Begräbnissen seiner Tante und seiner Frau, um eine politische Botschaft zu vermitteln und seine Führungsmarke zu stärken. Ebenso stellte er die Denkmäler des Marius wieder her. Die von ihm organisierten Spiele waren nicht nur spektakulär, sondern er schürte die Vorfreude – und sicherte sich die volle Anerkennung –, indem er im Vorfeld Abbildungen der Veranstaltungen im Stadtzentrum ausstellte. Die Einführung öffentlicher Protokolle der

Senatsdebatten war innovativ und ein Akt politischer Transparenz. Schließlich ist erwähnenswert, dass Cäsar als Erster Briefe an Freunde und Bekannte innerhalb der Stadt Rom verschickte. Während Korrespondenz mit Personen außerhalb oder im Ausland üblich war, war Cäsar der Erste, der sich an das Wachstum der Metropole und die damit verbundene Herausforderung, sich persönlich zu treffen, anpasste. Er begann damit, um schneller und effizienter zu kommunizieren. Wie wir später im Vorfeld des berühmten Rubikon-Übergangs – der den Bürgerkrieg auslöste – sehen werden, unterschätzte er jedoch, wie sich der Verzicht auf persönliche Begegnungen negativ auf die Einflussnahme auswirkt.

3.3.4 Führung von Stakeholdern und Netzwerken

Im Verlauf der zehn Jahre, die in diesem Kapitel behandelt werden, wurde Cäsar immer effektiver in der Führung von Stakeholdern. Diese Fähigkeit machte seine Konsulatszeit besonders erfolgreich. In dieser Zeit betrafen seine politischen Maßnahmen vor allem Grundbesitzer, die Geschäftswelt, Veteranen und die ärmeren Stadtbewohner. So entwickelte er ein politisches Netzwerk, das Triumvirat, mit zwei Anführern wichtiger Stakeholder-Gruppen. Er versprach, die Interessen der Stakeholder zu berücksichtigen, und hielt dieses Versprechen ein. Sowohl das Agrargesetz als auch das Gesetz über die Provinzverwaltung waren so ausgewogen und durchdacht, dass kein Stakeholder, auch nicht der Senat, daran Anstoß nehmen konnte.

3.4 Cäsars Karriereentwicklung

Das Entwicklungssystem für Führungskräfte der Römischen Republik war darauf ausgelegt, Generalisten hervorzubringen, die sowohl in Friedens- als auch in Kriegszeiten führen konnten. Nach dem Aufstieg durch die Ränge und der Ausübung von drei spezialisierten Ämtern mit jeweils wachsender Verantwortung konnte ein Anführer die Spitze als Konsul erreichen. Der Weg dorthin erforderte eine Kombination aus Leistung, Ansehen, Förderung, Netzwerken und erfolgreichen Wahlkampagnen. Diese Karriereschritte wurden durch Aufgaben in den Provinzen und andere Positionen im Staatsdienst ergänzt, in denen ein Anführer weitere Erfahrungen in Verwaltungs- und Militärangelegenheiten sammeln konnte. Heftiger Wettbewerb und eine geringe Lebenserwartung führten dazu, dass nur wenige die Spitze der römischen Karriereleiter erreichten. Dennoch gelang Cäsar in dieser Zeit ein rasanter Aufstieg zur Macht: Innerhalb nur eines Jahrzehnts stieg er vom niederen Magistrat zur höchsten Position der Römischen Republik auf. Cäsar trat in jede Karrierestufe im jeweils vorgeschriebenen Mindestalter ein und verlor nie eine Wahl. Zwischen 69 und 59 unternahm Cäsar mehr Karriereschritte als in jedem anderen Jahrzehnt seines Lebens, was diese Phase besonders ergiebig für die Analyse seiner Karriereentwicklung macht.

3.4.1 Karrierewettbewerb

Die ersten Ämter wurden durch Wahlen in der Volksversammlung vergeben, in der die Stimmen aller Bürger gleich zählten. Für den Aufstieg zum Prätor und Konsul musste jedoch eine andere wahlrechtliche Hürde überwunden werden, da diese beiden höchsten Ämter von einer separaten Volksversammlung gewählt wurden. In diesen Wahlen hatten die Stimmen der Wohlhabenden, einschließlich der vermögenden Bürger außerhalb des Senats, ein deutlich höheres Gewicht. Daher musste Cäsar die Unterstützung der Oberschicht gewinnen, um erfolgreich zu sein. Zudem war nach Sullas Erweiterung des Senats der Wettbewerb um die Spitzenämter deutlich härter geworden, da es nun mehr potenzielle Kandidaten gab. Was die Unterstützung durch die Eliten betraf, konnte Cäsar auf die Familie seiner Mutter und die wohlhabenden Familien, in die seine beiden Schwestern eingeheiratet hatten, zählen. Außerdem war er noch mit Sullas Enkelin verheiratet, was ihm die Unterstützung jener sicherte, die zuvor seine politischen Gegner gewesen waren. Darüber hinaus hatte sich Cäsar einige Jahre zuvor in der Geschäftswelt beliebt gemacht, indem er Pompeius' Kampf gegen die Piraten nachdrücklich propagierte. Bemerkenswerterweise hatte er sich die Unterstützung der beiden mächtigsten Männer Roms, Pompeius und Crassus, gesichert. Diese Faktoren, zusammen mit seinem Netzwerk und seiner Großzügigkeit, ermöglichten es Cäsar, sich genügend Rückhalt zu sichern, um die Wahl zum Prätor und Konsul zu gewinnen.

3.4.1.1 Wettstreit mit Cato: Catilina und Cäsars Prätur

Cäsar war nun mit einem stärkeren Wettbewerb unter Gleichrangigen konfrtoniert, sowohl was Ämter als auch Anhänger anbelangte. Auf seinem Karriereweg traf Cäsar insbesondere auf Cato den Jüngeren und dessen Gefolgsmann Bibulus. Letzterer verfolgte eine parallele Laufbahn zu Cäsar. Nur zwei Jahre älter, stammte Bibulus aus einer Adelsfamilie. Beide waren im selben Jahr Ädile und investierten beträchtliche Mittel in ihr Amt. Cäsar jedoch verstand es, durch die Inszenierung der von ihm veranstalteten Spiele die gesamte Anerkennung für die Ausgaben auf sich zu ziehen. Auch als Prätoren und Konsuln sollten die beiden wieder als Kontrahenten auftreten. Was Cato und Cäsar betrifft, so setzte sich ihr Wettstreit sogar über ihren Tod hinaus fort – in der anhaltenden Debatte unter Cicero und anderen darüber, wer der bessere Führer gewesen sei. Cato war einige Jahre jünger als Cäsar, gehörte aber derselben Generation an. Er begann seine Laufbahn wie Cäsar: Militärdienst, gefolgt von der Wahl zum Quästor. Er argumentierte wortgewandt für Entscheidungen, die die traditionelle Oligarchie stärkten, und widersetzte sich als Senator konsequent jeglichen Ausnahmen von diesen Regeln. Als Quästor ging Cato entschlossen gegen Steuerhinterziehung und Korruption vor, was seine Popularität steigerte und seinen Ruf als uneigennützigen Vertreter der Interessen der Republik festigte. Cato stand im Gegensatz zu Cäsar, dessen pragmatischer Ansatz Innovation und Grenzverschiebungen begünstigte. Selbst im äußeren Erscheinungsbild unterschieden sie sich: Cato bevorzugte Schlichtheit bis hin zum Barfußgehen und einem ungepflegten Äußeren, während Cäsar großen Wert auf ein stilvolles und modisches Auftreten legte.

Die Debatte im Jahr 63 über das Strafmaß für die Verschwörer war die erste direkte Konfrontation zwischen Cäsar und Cato und endete mit einer politischen Niederlage für Cäsar. Wie so oft im Karrierewettbewerb ging es bei dem Konflikt zwischen Cato und Cäsar jedoch um mehr als nur rationale Meinungsverschiedenheiten. Cäsar war eng mit Servilia, Catos Halbschwester, verbunden. Servilia, obwohl verheiratet, war über weite Strecken von Cäsars Leben seine Geliebte. Dies war ein Streitpunkt zwischen den beiden Kontrahenten. Servilias Verhalten entsprach nicht dem tugendhaften Bild von Catos Familie. So erhielt Cäsar während derselben Debatte einen handschriftlichen Zettel. Cato, misstrauisch, dass dieser mit der Verschwörung zu tun haben könnte, forderte Cäsar auf, den Zettel laut vorzulesen. Stattdessen reichte Cäsar den Zettel an Cato weiter; es handelte sich um eine anzügliche Nachricht von Servilia. Wütend und frustriert warf Cato den Zettel zurück. Ein Jahr später ließ sich Cäsar, um seinen Ruf als frisch gewählter Pontifex Maximus zu schützen, von seiner Frau Pompeia scheiden, nachdem ihr eine außereheliche Affäre vorgeworfen worden war. Cato dürfte über Cäsars Doppelmoral empört gewesen sein. In jedem Fall ging die erste Runde an Cato. Anschließend gelang ihm ein kluger Schachzug, der Cäsar eine Lektion im Stakeholder-Management erteilte. Cato erkannte, dass Catilinas Aufstand nicht aus dem Nichts kam, sondern auf realen wirtschaftlichen Nöten bestimmter Bevölkerungsgruppen beruhte. Strenge Polizeimaßnahmen allein reichten nicht aus, um dauerhafte Ordnung zu schaffen. Da Cäsar zu Recht vor der Reaktion des Volkes warnte, überzeugte Cato den Senat, eine großzügige neue Getreidesubvention für die ärmeren Bürger Roms zu beschließen. Cato stellte sich weiterhin Cäsar in den Weg (Box 3.3).

> **Kasten 3.3 Machtkampf mit Cato, 2. Akt**
>
> Im folgenden Jahr, 62, wurde Cäsar gemeinsam mit Bibulus zum Prätor ernannt, während Cato Volkstribun wurde. Aus Loyalität und Überzeugung unterstützte Cäsar die Interessen Pompeius' von Anfang an. Er verbündete sich mit dem Tribun Metellus Nepos, ehemals Offizier unter Pompeius und nun Catos Kollege. Nepos brachte einen Gesetzesantrag ein, der Pompeius und dessen Armee aus dem Osten zurückrufen sollte, um den immer noch andauernden catilinarischen Aufstand auf dem italienischen Land zu beenden. Angesichts von Catos heftigem Widerstand scheiterte Nepos im Senat.
>
> Mit Cäsars Unterstützung brachte Nepos den Antrag vor die Volksversammlung. Als die Versammlung begann, wollte Cato das Vorhaben verhindern, ganz im Sinne seiner Skepsis gegenüber der Machtkonzentration in den Händen eines Einzelnen. Er drängte sich mit einem Kollegen durch die Menge zum Rednerpult. Cato setzte sich dann zwischen Nepos und Cäsar und unterbrach den Herold beim Verlesen des Gesetzestextes. Als Nepos den Vortrag übernahm, griff Cato selbst nach dem Text. Nepos trug ihn daraufhin aus dem Gedächtnis vor, woraufhin Catos Kollege Nepos den Mund zuhielt. Frustriert brach Nepos die Versammlung ab. Viele der Anwesenden waren wütend auf Cato und bewarfen ihn mit Stöcken und Steinen. Als Nepos versuchte, die Versammlung erneut einzuberufen, kehrten Cato und seine Anhänger zurück. Obwohl es ihnen schließlich gelang, Nepos und seine Unterstützer zu vertreiben, konnte Cato die Stimmung zugunsten eines Abbruchs der Abstimmung wenden. Dabei half ihm zweifellos sein Ruf als Unbestechlicher und das Ansehen, das er sich durch die Einführung der Getreidesubvention erworben hatte.
>
> Für den Rest von Cäsars Amtszeit als Prätor hatte Cato, der im Senat einflussreich war, maßgeblichen Einfluss auf die politischen Entscheidungen in Rom. Cäsar und Nepos setzten sich dafür ein, dass Pompeius in Abwesenheit für das Konsulat kandidieren und seinen militärischen Rang innerhalb der Stadt behalten dürfte, um einen Triumphzug abhalten zu können. Cato vereitelte diese Vorhaben, indem er den Senat davon überzeugte, dagegenzustimmen, und erneut die Abstimmung in der Volksversammlung blockierte. Pompeius entschied sich daraufhin für den Triumph und verzichtete auf ein zweites Konsulat. Auch Cäsars Mitprätor Bibulus tat sein Möglichstes, um Cäsars Handeln zu behindern. Wegen seiner Rolle bei den Tumulten zwischen Nepos und Cato wurde Cäsar zeitweise seines Amtes enthoben, bis die Volksmeinung seine Wiedereinsetzung forderte. Die Prätur wurde somit das Amt, in dem Cäsar am wenigsten erreichte. Nach der Debatte um die gefangenen Verschwörer ging auch die zweite Runde an Cato.

Während Cäsar 61 in Spanien weilte, versuchten die beiden Schwergewichte Pompeius und Crassus die Dinge zugunsten ihrer jeweiligen Interessengruppen zu regeln. Cato vereitelte diese Pläne erneut durch seinen anhaltenden Einfluss im Senat, zumal er die Vorstellung ablehnte, dass Einzelpersonen übermäßigen Einfluss auf eine Republik ausüben; seiner Ansicht nach beruhte diese auf der kollektiven Herrschaft der Elite.. Dann trat Cäsar wieder auf den Plan, als er von seinem sehr erfolgreichen Auslandseinsatz zurückkehrte. Da er Anspruch auf einen Triumph hatte und gleichzeitig für das Konsulat kandidieren wollte, beantragte er eine Ausnahme von den üblichen Verfahren, um beides zu ermöglichen, zumal die Angst vor Militärputschen in Rom normalerweise verhinderte, dass Feldherren die Stadt betraten. Für die Kandidatur war jedoch persönliche Anwesenheit erforderlich. Zudem musste man bis zum Tag des Triumphs den militärischen Rang behalten. D.h. Cäsar konnte nicht als General kandidieren, nach dem Ausscheiden aus dem Militär aber auch keinen Triumph mehr abhalten. Auch der Zeitplan ließ beides nacheinander nicht zu. Cäsars Forderung kam nicht zum ersten Mal: Zwei Jahre zuvor, 62, hatte er sich dafür eingesetzt, Pompeius dieselbe Ausnahme zu gewähren. Doch damals wie heute war Cato kein Freund von Ausnahmen. Durch ein Filibuster (ununterbrochenes Reden bis zum Sitzungsende) im Senat verhinderte Cato eine Entscheidung über Cäsars Antrag und zwang ihn zur Wahl zwischen den Optionen. Cäsar entschied sich, zur Überraschung aller, für die unsichere Wahl und gegen den sicheren Triumph. Ein Triumph brachte Prestige, das Konsulat jedoch echte Macht. Denn er hatte gesehen, wie Pompeius die entgegengesetzte Wahl getroffen hatte und trotz des Prestiges seine Ziele nicht hatte durchsetzen können.

Zu diesem Zeitpunkt hatte Cäsar bereits eine beachtliche Erfolgsbilanz und einen bekannten Namen. Er hatte bedeutende militärische Erfolge erzielt. Die Wirkung seiner bisherigen Ämter, etwa durch Spiele und Infrastrukturmaßnahmen, war sichtbar und wurde sehr geschätzt. Er hatte Initiativen unterstützt, die den Interessen des Volkes und der Geschäftswelt dienten. Es war ihm gelungen, sich die Unterstützung der beiden mächtigsten Männer der römischen Gesellschaft, Pompeius und Crassus, zu sichern. Nun ergriff Cäsar die Initiative, Ressourcen und Interessen zu bündeln – es entstand das, was in der Geschichte als Erstes Triumvirat bekannt wurde. Obwohl Pompeius im Krieg erfolgreich gewesen war, hatte er nach seiner Rückkehr seine Ziele nicht erreicht. Seine Vorschläge zur Neuordnung und Befriedung der östlichen Provinzen warteten noch immer auf die Bestätigung durch den Senat. Auch die Landverteilung für die Versorgung seiner Veteranen war noch nicht geregelt. Crassus hingegen hoffte auf bessere Bedingungen für die von ihm vertretenen Steuerpächter. Indem Cäsar auf die Sicherheit des Triumphs zugunsten der Unsicherheit eines Wahlsiegs verzichtete, entschied er sich für eine riskante Investition in seine Zukunft. Er hatte vor, dieses Amt zu nutzen, um während und nach seiner Amtszeit Außergewöhnliches zu erreichen.

3.4.1.2 Im Wettstreit mit Cato: Cäsar als Konsul

Nachdem Cato eine von Cäsars Optionen – den Triumph – vereitelt hatte, versuchte er nun, auch die andere zu sabotieren. In der Zeit vor den Wahlen tat er alles, um Cäsars Handlungsspielraum im Falle eines Wahlsiegs einzuschränken. Nachdem er gesehen hatte, wozu Cäsar als Statthalter einer Provinz fähig war, setzte Cato alles daran, Cäsars Chancen auf einen weiteren Erfolg zu zerstören und den Aufstieg eines dritten Machtträgers neben Pompeius und Crassus zu verhindern. Daher überzeugte er den Senat, den Konsuln nach Ablauf ihrer Amtszeit lediglich die „Wälder und Wege Italiens" zur Beaufsichtigung zuzuweisen. Im Vergleich zur Verwaltung einer bedeutenden Provinz war mit einer solchen Aufgabe kaum Ruhm zu gewinnen. Cato erwartete zu Recht, dass Cäsar als Konsul das von Crassus und Pompeius entworfene Programm verfolgen würde. Deshalb legte er Cäsar Steine in den Weg, indem er die Wahl von Bibulus, mittlerweile Catos Schwiegersohn, zum zweiten Konsul förderte. Mit der finanziellen Unterstützung von Crassus und weiteren Anhängern griff Cäsar schließlich zum Mittel des Stimmenkaufs. Als Reaktion darauf zogen Cato und seine Verbündeten durch die Stadt und überboten jedes Angebot Cäsars. Cato gab zu, dass diese Taktik zwar seinen Prinzipien widersprach, Cäsars Macht aber um jeden Preis eingedämmt werden müsse (Kasten 3.4).

> **Kasten 3.4 Machtkampf mit Cato, 3. Akt**
>
> Die Konsulatswahlen fanden im Juli statt. Sie zogen Tausende aus ganz Italien nach Rom – ein Umstand, für den die Kandidaten und ihre Unterstützer gezielt geworben hatten. Um Cäsar zu unterstützen, mobilisierte Crassus wohlhabende Geschäftsleute, die von den Plänen des Triumvirats profitieren würden. Dies war entscheidend, da bei den Konsulatswahlen die Stimmen nach sozialem und wirtschaftlichem Status gewichtet wurden. Der Wahltag war ein festlicher und zeremonieller Anlass. Priester vollzogen heilige Riten, um den Segen der Götter zu erbitten. Alle männlichen Bürger, die zur Wahl erschienen waren, versammelten sich auf dem Campus Martius, dem Exerzierplatz vor der Stadt; Ordner halfen den Bürgern, sich entsprechend ihrer sozialen Klasse in Gruppen, den sogenannten Zenturien, aufzustellen – ein Begriff, der an die Organisation des römischen Heeres erinnerte. Sowohl der Ort als auch die Formationen riefen allen ins Gedächtnis, dass sie einst Bürger-Soldaten gewesen

waren. Die Gruppen waren voneinander abgegrenzt. Nach dem Betreten ihrer entsprechenden Zenturie und dem Nachweis ihrer Identität erhielten die Wahlberechtigten jeweils zwei Stimmzettel – einen für jeden zu wählenden Konsul. Anschließend traten die Kandidaten auf das Podium und wurden vom Vorsitzenden der Versammlung dem Volk vorgestellt. Die Kandidaten trugen eine strahlend weiße Toga, die die Redlichkeit ihrer Absichten symbolisierte. (Von dieser *toga candida* leitet sich das Wort „Kandidat" ab.) Die Zenturien traten nacheinander an die Wahlurnen, um ihre Stimmen abzugeben. Der Prozess dauerte mehrere Stunden. Cäsars Stimmen erreichten als erste das Ziel, Bibulus folgte auf dem zweiten Platz. Beide hatten nun das höchste gewählte Amt und den höchsten Rang in der römischen Führungshierarchie erreicht. Zum dritten Mal wurden Bibulus und Cäsar Amtskollegen, und der Machtkampf zwischen Cato und Cäsar endete unentschieden.

In den Vorjahren hatte Cäsar beobachtet, wie geschickt Cato die Meinung des Senats beeinflusste, die institutionellen Spielregeln zu seinem Vorteil nutzte und als Volkstribun die Volksversammlung leitete. Diesmal war Cäsar mit einem Plan B gerüstet. Nun, da er an der Spitze stand, konnte er die von ihm aufgebaute Führungsorganisation nutzen, um Anhänger zu gewinnen und zu mobilisieren. Er schmiedete das lockere Bündnis mit Pompeius und Crassus zu einer Dreierkoalition. Doch gegen einen so entschlossenen Gegner wie Cato den Jüngeren war die Umsetzung seiner Pläne alles andere als ein Kinderspiel (Kasten 3.5). Angesichts seines ehrgeizigen Programms und der auf nur ein Jahr beschränkten Regierungszeit handelte Cäsar sofort nach seinem Amtsantritt; als Erstes ließ er die Protokolle der Senats- und Volksversammlungen veröffentlichen.

Kasten 3.5 Machtkampf mit Cato, 4. Akt

Der nächste Punkt auf Cäsars Agenda war das Agrargesetz, eines der langjährigen Ziele von Pompeius. Während Cäsar große Mühe darauf verwendete, das Gesetz gegen Kritik abzusichern, wählte er zunächst den Weg der Eintracht. Er kündigte an, den Gesetzentwurf zuerst dem Senat vorzulegen, damit dieser ihn vor der Volksabstimmung ändern könne. Dennoch konnten Cäsars Überzeugungsversuche Catos Widerstand nicht überwinden. Nachdem er das Gesetz im Senat verlesen hatte, bat Cäsar jeden Senator, seine Meinung zu äußern und Änderungswünsche vorzubringen. Cäsars Entwurf hatte alle Eventualitäten und Interessen berücksichtigt. In der anschließenden Debatte meldeten sich Befürworter und Gegner zu Wort, doch keine Seite brachte konkrete Einwände oder Vorschläge vor. Nach fast einem ganzen Tag der Diskussion ergriff Cato das Wort. Er argumentierte, selbst wenn er am Vorschlag nichts auszusetzen hätte, bestehe dennoch kein Bedarf für ein neues Gesetz. Er begann ein Filibuster, um die Abstimmung im Senat zu verhindern. Cäsar, der als Konsul die Sitzung leitete und zunehmend ungeduldig wurde, warf ihm Obstruktion vor und befahl einem Ordner, Cato festzunehmen. Cato leistete keinen Widerstand. Als

> eine große Gruppe von Senatoren aus Protest aufstand, um Cato ins Gefängnis zu folgen, lenkte Cäsar ein und vertagte die Sitzung. Bevor er ging, teilte ein frustrierter Cäsar dem Senat mit, dass er das Volk entscheiden lassen werde, da der Senat sich geweigert hatte, Stellung zum Gesetz zu nehmen. Dank des Einflusses seiner Führungsorganisation gelang es Cäsar, das Gesetz in der Volksversammlung gegen erheblichen Widerstand durchzusetzen, wie oben in Kasten 3.1 ausführlich beschrieben.
>
> Anschließend protestierte Catos Verbündeter Bibulus im Senat – jedoch erfolglos. Cato und die übrigen Gegner Cäsars boykottierten daraufhin den politischen Prozess in der Hoffnung auf einen Stillstand der Regierung. Cato sprach mehrfach öffentlich gegen Cäsars Vorhaben, konnte die Abstimmung jedoch nicht beeinflussen. Bibulus zog sich zunehmend in sein Haus zurück und verkündete regelmäßig, er habe „ungünstige Vorzeichen" gesehen, um die Beschlüsse für ungültig zu erklären. Viele Senatoren, darunter Cato, blieben den Senatssitzungen fern. All dies blieb wirkungslos. Cäsar war fest entschlossen, sein ehrgeiziges Programm vom Volk absegnen zu lassen, einschließlich einer vielversprechenderen Provinzzuweisung nach seiner Amtszeit. Diesmal ging der Sieg an Cäsar.

Das Erreichen des höchsten Amtes bedeutete nicht zwangsläufig das Ende einer Karriere. In der Regel folgte eine zweijährige Statthalterschaft über eine größere oder mehrere kleinere Provinzen. Während seiner Konsulatszeit sicherte sich Cäsar die Verwaltung von Gallia Cisalpina und Illyrien für fünf statt der üblichen zwei Jahre und ersetzte damit die von Cato für ihn vorgesehene unbedeutende Aufgabe in Italien. Zudem sollte er das Kommando über drei Legionen übernehmen. Zusammen ergab sich daraus ein attraktives Paket mit weiteren Möglichkeiten für Ansehen und Einkommen. Noch vor seinem Ausscheiden aus dem Amt gelang es Cäsar, Gallia Transalpina und eine weitere Legion hinzuzufügen. Als er dem Triumvirat beitrat, war Cäsar lediglich Juniorpartner. Ende 59, nach Ablauf seines Konsulats, hatte er sich jedoch als so effektiv in seinem Handeln erwiesen, dass er als gleichberechtigter Partner im Bündnis galt. Allerdings hatte er weder Pompeius' militärische Erfolge noch Crassus' Reichtum erreicht. Er stand nun am Beginn eines Weges, der ihm beides ermöglichen sollte.

3.4.1.3 Zwei Regierungsmodelle

Cäsar würde das nächste Jahrzehnt fern von Rom verbringen. Der Wettstreit zwischen ihm und Cato sollte weitergehen, nun jedoch über Stellvertreter. Die beiden sollten sich nie wieder persönlich begegnen. Ihre Rivalität war ebenso von Prinzipien und Macht wie von persönlicher Feindschaft geprägt. In einem Punkt waren sie sich jedoch einig: der Bedeutung einer effektiven

Verwaltung. Als Magistrate und Statthalter ergriffen beide Maßnahmen, um die Ausbeutung der Provinzen zu verhindern und eine verantwortungsvolle Buchführung, Berichterstattung und Kontrolle zu fördern.

Dennoch verfolgte jeder von ihnen unterschiedliche Organisationskonzepte, um eine wirksame Verwaltung zu erreichen. Für Cato (Abb. 3.7) war der Senat die zentrale Institution der Republik, und dessen Führungspersonal hatte lediglich den Willen des Senats auszuführen. Daher ging er die römische Ämterlaufbahn wenig fokussiert an. Im Gegensatz zu Cäsar, der nie eine Wahl verlor, scheiterte Cato zweimal. Seine Karriere reichte nicht über das Amt des Prätors hinaus. Für Cato waren die Magistrate Mittel zum Zweck; seine eigentliche Verantwortung sah er im Senat. Dennoch bewies er großes Talent und leistete sowohl als Quästor der Staatskasse als auch als Statthalter des neu erworbenen Zypern Außergewöhnliches. Für Cäsar hingegen war die exekutive Führung die zentrale Institution der Republik. Die

Abb. 3.7 Büste von Cato dem Jüngeren. Aus dem Musée de l'Histoire et des Civilisations in Rabat, Marokko. Foto von Ángel M. Felicísimo während der Sonderausstellung „Rund um die Säulen des Herkules" im Museo Arqueológico Nacional de España 2022. CC BY 2.0. https://flickr.com/photos/8146925@N08/52340687524

Aufgabe von Senat und Volksversammlung bestand darin, diese Führung zu bestätigen und zu kontrollieren. Das Aufsteigen auf der Ämterleiter war in dieser Sichtweise ein Ziel an sich.

3.4.2 Leadership-Marke und Reputation

Objektive Faktoren, also Leistung und Kompetenzen, waren im antiken Rom ebenso wichtig für die Karriereentwicklung wie heute. Dasselbe gilt jedoch auch für subjektive Faktoren. Als Personalmanager und Executive Coach habe ich zahlreiche Führungs- und Karriereentwicklungsprozesse begleitet. Aus diesen Erfahrungen habe ich gelernt, dass Führungskräfte die Bedeutung subjektiver Faktoren bei Beförderungsentscheidungen häufig unterschätzen. Natürlich bemühen sich Organisationen heute, solche Entscheidungen so objektiv wie möglich zu treffen – mit wissenschaftlich entwickelten Auswahlverfahren, klaren Kriterien, Faktenüberprüfung und transparenten Prozessen. Doch wenn es darauf ankommt und die Wahl zwischen zwei oder drei verbliebenen Kandidaten getroffen werden muss, spielen Subjektivität und Voreingenommenheit eine Rolle – heute genauso wie zu Cäsars Zeiten. Für jede ambitionierte Führungskraft ist es essenziell, dieses Spiel zu verstehen – und zu wissen, wie man es beeinflussen kann. Angesichts des Fehlens systematischer Auswahlprozesse ist Cäsars Karriereverlauf ein ideales Beispiel, um zu beobachten, wie subjektive Entscheidungsfindung in der Praxis funktioniert.

Betrachten wir zwei Phänomene, die die subjektiven Bewertungen von Gefolgsleuten und Entscheidungsträgern beeinflussen und widerspiegeln: Marke und Reputation. Beide tragen auch dazu bei, den Ruf einer Führungskraft aufzubauen. Eine persönliche Marke spiegelt die emotionale Bindung an eine Führungspersönlichkeit wider, die den Gefolgsleuten Sicherheit gibt, die richtige Person gewählt zu haben, oder Entscheidungsträger dazu veranlasst, diese Person einem anderen Kandidaten vorzuziehen. Diese Marke wird durch die Werte und Visionen der Führungskraft sowie durch die Erfahrungen geprägt, die die Organisation oder die Gefolgsleute im Laufe der Zeit mit ihr gemacht haben. Gelingt dies, entsteht ein positives Etikett, das oft über die gesamte Laufbahn hinweg Bestand hat. Die Reputation hingegen ist kurzlebiger und verändert sich von einer Position zur nächsten. Reputation ist der bewertende Konsens, den Gefolgsleute und Stakeholder auf Basis der jüngsten Handlungen einer Führungskraft bilden. Marke und Reputation beeinflussen sich gegenseitig. Das Kapital einer starken persönlichen Marke erleichtert es, einen Kratzer im Ruf zu reparieren. Umgekehrt stärkt eine dauerhaft positive Reputation die

Marke. Beide werden selbstverständlich durch die Leistungen und das Verhalten einer Führungskraft geprägt.

Einige der mächtigsten Familien Roms entwickelten im Laufe der Zeit eine kollektive Marke, die ihnen bei der Erlangung von Ämtern und Macht half. Die Familie der Scipionen war beispielsweise seit dem Krieg gegen Hannibal für ihre siegreichen Feldherren berühmt. Mettelus Scipio kämpfte während des Bürgerkriegs mehrfach gegen Cäsars Truppen. Die entscheidende Schlacht zwischen beiden fand in Afrika an jenem Ort statt, an dem Scipios Vorfahr durch den Sieg über Hannibal den Ruhm der Familie begründet hatte. Hier, im Gedenken an Roms gefährlichsten Gegner, setzte Scipio Elefanten gegen Cäsar ein. Pompeius wiederum baute sich eine individuelle Marke als Roms oberster Krisenmanager auf, indem er Probleme wie Aufstände, Rebellionen, Piraterie und die Organisation der Getreideversorgung löste. Das kompensierte seinen fehlenden Stammbaum und ermöglichte ihm eine unkonventionelle und beschleunigte Karriere. Seit Cato dem Älteren, der unermüdlich die Zerstörung Karthagos forderte, war die einflussreiche und angesehene Familie Cato dafür bekannt, konsequent traditionelle Werte zu vertreten. Cato der Jüngere führte den tugendhaften Konservatismus der Familienmarke in seinen politischen Positionen fort.

Der römische Historiker Sallust berichtet, dass Cäsar in Bezug auf seine persönliche Marke für Großzügigkeit und Milde bekannt war, Cato hingegen für Strenge und Unnachgiebigkeit. Cäsars Ziel war es, seine Talente durch Führung unter Beweis zu stellen. Cato hingegen war von dem Wunsch getrieben, tugendhaft und kompromisslos zu sein. Während Cäsar verschiedene Seiten einer Sache sehen konnte, war Cato – wie man in Deutschland sagen würde – ein *Prinzipienreiter*, ein Pedant in Sachen Prinzipien. Sallust deutet zudem an, dass Cäsar die angenehmere Gesellschaft war. Doch Cäsars Marke umfasste noch mehr. Als er die mittlere Führungsebene erreichte und sich um das Amt des Prätors bewarb, hatte er sich bereits als *popularis* etabliert. Cicero äußerte dies während der berüchtigten Senatsdebatte über den Umgang mit den Catilinarischen Verschwörern, in der er zwischen verantwortungslosen Demagogen und einem echten *popularis* wie Cäsar unterschied, der sowohl der Republik treu als auch am Wohl des Volkes interessiert war. Cato und Cäsar bauten jeweils eine erfolgreiche persönliche Marke zur Unterstützung ihrer Karrieren auf. Zudem halfen ihnen ihre gegensätzlichen Marken, Unterstützung zu gewinnen. Catos unbeugsamer Konservatismus erleichterte es Cäsar, sich als Führer von Fortschritt und Reformen zu positionieren. Cäsars konsequente Förderung der Interessen des Volkes wiederum ließ Cato als Stimme der Vernunft erscheinen. Insofern waren sie aufeinander angewiesen, auch wenn sie sich nicht mochten.

Reputation entsteht dadurch, dass Gefolgsleute und Stakeholder beurteilen, wie „gut" oder „geeignet" eine Führungskraft ist. Das GELM, das wir zur Bewertung von Verhaltensweisen herangezogen haben, misst Reputation auch über die *wahrgenommene Führungsleistung*. Dieser Ansatz umfasst eine Reihe von Fragen zur Zielerreichung (Erfüllung der Erwartungen und Ziele der Organisation, Entscheidungsfindung, Beitrag zum Erfolg der Organisation und Erreichen von Karrierezielen) sowie zur Entwicklung anderer (das Beste aus Menschen herausholen und sie zu Höchstleistungen führen, Stärken fördern und Beiträge wertschätzen). Am Arbeitsplatz kann Klatsch und Tratsch den Ruf einer Führungskraft stark beeinflussen. Klatsch ist im Grunde die informelle Bewertung einer Führungskraft in deren Abwesenheit – also das Gespräch über Kollegen oder Vorgesetzte an der Kaffeemaschine. Klatsch über Führungspersönlichkeiten war in allen Schichten der römischen Gesellschaft weit verbreitet. So sind Ciceros Briefe an Freunde und Familie voll davon. Cicero schrieb seinem Freund Atticus einmal, Cato sei zu prinzipientreu. Anstatt die Realität der römischen Politik anzuerkennen, verhalte er sich wie eine fiktive Figur aus Platons Philosophie. In seiner Korrespondenz beschuldigte Cicero andere Senatoren mit privilegiertem Hintergrund gehässig, sich mehr um ihre teuren Fischteiche als um den Zustand der Republik zu kümmern. Cäsars angebliche Affäre mit einem ausländischen König war unter seinen Soldaten ein ständiger Scherz.

3.4.3 Leadership Pipeline

3.4.3.1 Vom Führen der eigenen Person zum Führen anderer und zur Funktionsleitung

Betrachtet man diese Zeit durch die Linse der *Leadership Pipeline* (Abb. 3.8), musste Cäsar auf seinem Weg an die Spitze mehrere Führungspassagen meistern. Zunächst wechselte er vom Einzelbeitragenden zur Führungskraft, als er zum Quästor gewählt wurde. Ähnliche Positionen mit wachsender Verantwortung hatte er als Straßenkurator, Ädil und Prätor inne. In diesen Ämtern leitete er eine kleine Gruppe spezialisierter Beamter, die durch aus eigener Tasche bezahltes Personal ergänzt wurde. Die Aufgaben der unteren Magistrate waren stark auf die Umsetzung ausgerichtet. Nach dem Modell der *Leadership Pipeline* ist in dieser Passage vor allem ein Wertewandel erforderlich: hin zur Wertschätzung der Arbeit, die andere für einen leisten, und in der Folge zur Wertschätzung konstruktiver horizontaler und vertikaler Beziehungen zu Kollegen, Kunden, Lieferanten und Vorgesetzten. Die Wertschätzung der Arbeit

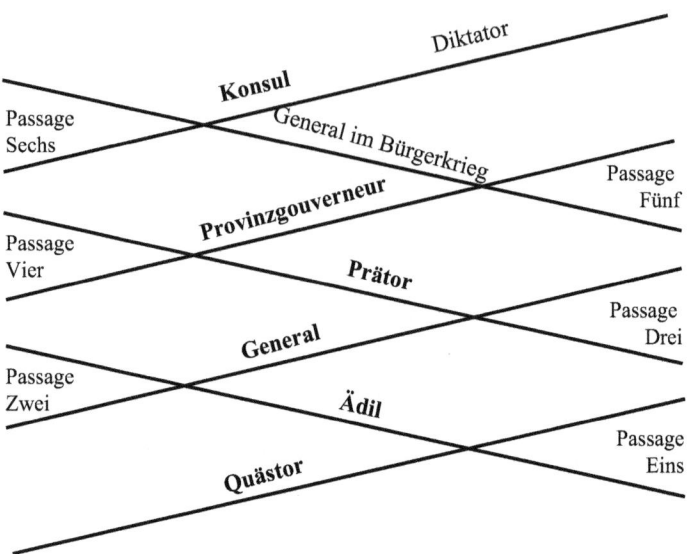

Abb. 3.8 Julius Cäsars mittlere Karrierestufen im römischen Karrieresystem. Adaption des Autors: nach Charan et al. (2001)

von Mitarbeitenden bedeutet die Bereitschaft zu delegieren, die Arbeit einer Gruppe zu planen und Personal zu entwickeln. Auch aus heutiger Sicht waren diese ersten Karriereschritte entscheidend – insbesondere angesichts der Tatsache, dass relativ unerfahrene Fachkräfte in einer großen Stadt beträchtliche Verantwortung trugen und Entscheidungen treffen mussten, die Auswirkungen auf das gesamte Reich hatten.

Magistrate erhielten zur Ausübung ihrer Aufgaben eine kleine Gruppe staatlicher Mitarbeiter. Einige dieser Mitarbeiter waren hochspezialisiert, etwa die Finanzexperten der Staatskasse, die den Quästoren zur Verwaltung der Finanzen unterstellt waren. Die unerfahrenen Magistrate hatten oft Schwierigkeiten, eine Gruppe erfahrener Beamter zu führen. Cato der Jüngere, stets gewissenhaft, verschob seine Übernahme des Quästoramts, bis er alle Details der Funktion sowie deren Regeln und Vorschriften gelernt hatte. Als er das Amt 64 antrat, nutzte er dieses Wissen, um Veränderungen einzuführen, die die Leistungsfähigkeit des Amtes steigerten und Korruption beseitigten. Er bereinigte die Konten, indem er überfällige Schulden eintreiben und Kredite zurückzahlen ließ. Trotz seines Erfolgs musste er erheblichen Widerstand in der Belegschaft überwinden und mehrere unfähige und widerspenstige Mitarbeiter entlassen. Catos verantwortungsvolle Amtsführung brachte ihm große Anerkennung in der römischen Öffentlichkeit ein.

Als Quästor wurde Cäsar einer Provinzverwaltung zugeteilt. Effektives Personalmanagement war in dieser Rolle weniger entscheidend. Den eigentlichen Übergang zur Führung anderer vollzog er als Straßenkurator. Neben Sichtbarkeit bot dieses Amt eine Entwicklungschance. Da der Kurator ein rein optionaler Karriereschritt war, war diese Entscheidung von Cäsar schlichtweg klug gewählt. Sie bereitete ihn gut auf die nächste Aufgabe als Ädil vor, bei der er die Organisation von Spielen überwachte. Dieses Amt verlangte echtes operatives und organisatorisches Geschick. Angesichts von Cäsars beachtlicher Leistung als Kurator und Ädil schätzte er die Arbeit anderer und meisterte diese Übergänge daher gut. Darüber hinaus zeigte sich Cäsars erfolgreiche horizontale Beziehungsgestaltung in der Beschaffung privater Mittel für seine Spiele und öffentlichen Bauprojekte. Schließlich verstand es Cäsar, konstruktive vertikale Beziehungen – insbesondere nach oben – zu pflegen, indem er sich zunehmend mit den Interessen von Pompeius und Crassus arrangierte.

Für Cäsar war der Übergang zum Prätor die größte Herausforderung. In seinen vorherigen Ämtern hatte er sich durch Leistungen hervorgetan, die sowohl dem Staat als auch seinem eigenen Ruf zugutekamen. Nun nahm er erstmals als hoher Magistrat und nicht mehr als Senator an der Parteipolitik teil. Entsprechend heftiger fiel der Gegenwind aus – so sehr, dass seine Handlungen beinahe nach hinten losgingen und zu seiner Suspendierung führten. Was machte diesen Übergang für Cäsar so schwierig? Das Prätorenamt war eine komplexe Rolle, insbesondere wenn man sich nicht auf die Kernaufgaben (also die Rechtsprechung) beschränkte, sondern in die allgemeine Politik einmischte. In der Politik sind Koalitionsbildung und starke horizontale sowie vertikale Beziehungen entscheidend. Wie Cäsar bereits im Vorjahr während der Catilinarischen Verschwörung erfahren hatte, war der Widerstand der konservativen Mehrheit unter Führung von Cato zu groß, um ihn zu überwinden. Er arbeitete im Auftrag des abwesenden Pompeius, dessen Unterstützernetzwerk in Rom zu unorganisiert war, um einer entschlossenen Senatsmehrheit entgegenzutreten. Auch der alternative Weg über das Volk wurde durch Cato blockiert.

Cäsar fiel es schwer, Grenzen zu managen. In modernen Matrix- oder Netzwerkorganisationen ist dieser Aspekt besonders relevant. Zuvor, als Quästor und Ädil, waren Cäsars Zuständigkeiten relativ klar abgegrenzt. Verantwortlichkeiten und Ressourcen waren eindeutig definiert und auf die Umsetzung ausgerichtet. Unabhängig davon, ob sie viel oder wenig erreichten, konnten die Amtsinhaber ihre Aufgaben weitgehend eigenständig erledigen. Die Schnittstellen zu anderen Institutionen waren begrenzt. Für die unteren Magistrate griff die Rolle des Senators kaum in ihre Magistratsfunktion ein.

Prätoren, die direkt unter den Konsuln die höchsten Regierungsämter bekleideten, waren in gewissem Maße von externen Entwicklungen abhängig. Als Vorsitzender der Geschworenengerichte konnte ein Prätor zwar eigenständig Verfahren anstoßen, ansonsten aber nicht vorhersehen oder beeinflussen, welche Klagen vorgebracht wurden. Diese Rolle entspricht der Funktionsleitung in der Leadership Pipeline und war klar umrissen. Bei der Gesetzgebung hingegen stießen Prätoren häufig auf verschwimmende Grenzen zwischen ihrer Rolle als Magistrat und der als Senator. Um erfolgreich zu sein, musste ein Prätor daher mit anderen Magistraten (Konsuln und Volkstribunen) mit überlappenden Gesetzgebungskompetenzen, mit der Volksversammlung und mit dem Senat umgehen. Hinzu kamen die verschiedenen Interessengruppen, die mit diesen Personen und Institutionen verbunden waren. Cäsar tat sich schwer damit, diese Grenzen zu managen. Als Jurist und Senator musste er feststellen, dass seine ausgezeichneten rhetorischen Fähigkeiten nicht ausreichten, um größere Gruppen für seine Anliegen zu gewinnen. Es waren vor allem seine Leistungen, sein Charisma, seine Transparenz und sein Netzwerk, die ihm bei Wahlen den Vorzug vor anderen verschafften. Bei der Überzeugung der Senatoren, seine Vorschläge zu unterstützen, war er jedoch weniger erfolgreich. Cäsars Überzeugungskraft fehlte hier ein entscheidendes Element. Cäsar fühlte sich in einer Position mit klaren Zuständigkeiten und direkter Autorität wohler als in einer mit unklaren Grenzen und indirekter Einflussnahme.

3.4.3.2 Vom Führen anderer zur Führung von Führungskräften und zum General Manager

Die Statthalterschaft in der Provinz Hispania ulterior im Jahr 61 war Cäsars erste Position als General Manager – oder Unternehmensleiter, wie es im *Leadership-Pipeline*-Modell bezeichnet wird; er war damals 39 Jare alt. In Cäsars Fall beinhaltete dies mehrere gleichzeitige Entwicklungsschritte. Zunächst musste Cäsar den Übergang vom Führen anderer zur Führung von Führungskräften in Verwaltung und Armee meistern. Jeder Statthalter hatte eine kleine Verwaltung zu leiten, zudem erstatteten Stadträte und lokale Stammesfürsten Bericht an ihn. Ein General wiederum befehligte mehrere Offiziere. Um diesen Übergang erfolgreich zu gestalten, muss ein Manager zu einer Führungskraft in Vollzeit werden, mit wenig Raum für eigene Beiträge. Darüber hinaus gehört nun auch die Strategieentwicklung zu den Aufgaben des Leiters. Cäsar erwies sich als äußerst geschickt in diesen Übergängen. Als General führte er nicht nur Schlachten, sondern leitete eine gesamte Feldzugsoperation nach Lusitanien (dem heutigen Portugal) – ein unmögliches Unterfangen ohne eine wasserdichte Strategie.

Der zweite Entwicklungsschritt war Cäsars offizieller Wechsel zum Unternehmensleiter, konkret zum Statthalter einer Provinz, was eine vorausschauende, ergebnisorientierte Denkweise erfordert. Cäsar meisterte diesen Schritt durch Steuerpolitik und Verwaltungsreformen in seiner Provinz. Die Position des Unternehmensleiters ist in der Regel mit erheblicher Autonomie verbunden, was für Cäsar als Statthalter besonders zutraf, zumal die Provinz geografisch weit von Rom entfernt lag. Die Rolle entsprach Cäsars Vorliebe für klare Zuständigkeiten und direkte Autorität. Ein erfolgreicher Übergang zum Unternehmensleiter hängt zudem davon ab, dass der Manager den Wert spezialisierter Unterstützungskräfte erkennt. In Spanien fand Cäsar einen seiner besten Mitarbeiter, Balbus, der ihn während des Feldzugs logistisch unterstützte. Als romanisierter Einheimischer beriet Balbus Cäsar zudem bei der Verbesserung der lokalen Verwaltung. Von diesem Zeitpunkt an blieb Balbus an Cäsars Seite.

3.4.3.3 Vom Führen von Führungskräften zum Bereichs- und Unternehmensleiter

Der letzte Entwicklungsschritt im römischen Karrieresystem war der Wechsel vom Statthalter zum Konsul. Dieser Schritt lässt sich nur schwer in das *Leadership-Pipeline*-Modell einordnen, da die Führungsstruktur der Römischen Republik besondere Merkmale aufwies. Die Position des Konsuls vereint Elemente sowohl des Bereichsleiters als auch des Unternehmensleiters. Als höchste Magistrate der republikanischen Hierarchie regierten die Konsuln den Staat. Die Tatsache, dass es zwei Konsuln gab, schmälerte ihre individuelle Autorität nicht. In Kriegszeiten, wenn das Schicksal der Nation auf dem Spiel stand, führten sie das Heer. All dies spricht dafür, den Konsul mit dem Unternehmensleiter oder CEO im *Leadership-Pipeline*-Modell zu vergleichen. Allerdings berichtete das Imperium, also die Statthalter der Provinzen, an den Senat. Mit der Expansion gewann die Verwaltung des Imperiums in der Republik zunehmend an Bedeutung. Bis zur Zeit Cäsars war die Autorität der Konsuln im Vergleich zu Senat und mächtigen Statthaltern relativ geschrumpft. Auch die Staatsfinanzen wurden vom Senat bestimmt. Daher erfüllt der Konsul nicht vollständig die Kriterien eines Unternehmensleiters und ist eher mit einem Bereichsleiter vergleichbar. Bereichsleiter gibt es in großen Unternehmen, um mehrere Geschäftsleiter zu führen und so die Kontrollspanne des CEO zu verringern. In Rom berichteten alle anderen Magistrate an die beiden Konsuln, die die einzige generalistische Position innehatten. Da die Konsuln jedoch das Recht hatten, Gesetze vorzuschlagen und den Senat zu leiten, waren sie ranghöher als Bereichsleiter in modernen Unternehmen. Das Fazit ist daher, dass der Konsul zwischen Bereichsleiter und Unternehmensleiter steht. Um Cäsars Karriereentwicklung zu verstehen, ist es sinnvoll, beide Entwicklungsschritte zu betrachten.

Die Beherrschung des Übergangs vom Geschäftsleiter zum Bereichsleiter erfordert eine ganzheitliche Perspektive und den Erwerb von vier entscheidenden Kompetenzen: Strategieentwicklung, Führungskräfteentwicklung, Management einer Portfoliostrategie und den Aufbau von Fähigkeiten zum Erfolg. Cäsar erfüllte all diese Anforderungen. Seine Gesetzgebung verfolgte einen ganzheitlichen Ansatz, indem sie sich während seiner einjährigen Amtszeit mit sozioökonomischen Fragen, Steuern, Verwaltung, Organisationsstruktur und Verteidigung befasste. Seine strategischen Fähigkeiten zeigte er, indem er die Landverteilung durch Einnahmen aus Pompeius' Eroberungen im Osten finanzierte. Darüber hinaus bewies er Kompetenz in der Führungskräfteentwicklung, indem er seine Führungsorganisation darauf vorbereitete, die Pläne effektiv umzusetzen. Cäsars Geschick im Management einer Portfoliostrategie zur Sicherung einer nachhaltigen Organisation zeigte sich in seinen Gesetzen zu Steuerpacht, Provinzverwaltung und Landverteilung. Schließlich demonstrierte er seine Fähigkeit und seinen Willen zum Erfolg, indem er seinen Fokus vom Senat auf die Volksversammlung verlagerte und eine Organisation aufbaute, die die Anhängerschaft mobilisierte, um seine Gesetzesvorlagen zu verabschieden. Der Wechsel vom Geschäftsleiter zum Bereichsleiter bedeutet oft, eine Position aufzugeben, die dem Inhaber durch unmittelbare und greifbare Ergebnisse viel Befriedigung verschafft hat. Das war bei Cäsar der Fall, als er die Statthalterschaft gegen das Konsulat eintauschte. Doch Cäsar gelang es, die Dinge rasch so zu ordnen, dass er weiterhin direkten Einfluss auf das Geschehen nehmen konnte.

Der Schritt zum Unternehmensleiter erfordert einen Wandel in Werten und Perspektive. Unternehmensleiter betrachten das Unternehmen und die Organisation als Ganzes und treffen Entscheidungen im Sinne einer langfristigen Strategie. Ihr Erfolg hängt von wenigen, aber wirkungsvollen Entscheidungen und deren effektiver Umsetzung ab. Es gilt, ein leistungsstarkes Team zusammenzustellen, das sich um die einzelnen Bereiche kümmert, damit sich der Unternehmensleiter auf das Gesamte konzentrieren kann. Cäsars wenige Gesetze reichten über Rom und Italien hinaus und wirkten sich auf das gesamte Imperium aus. Sein Gesetz zur Provinzverwaltung blieb jahrhundertelang in Kraft. Die Agrargesetze wurden dank einer eigens eingesetzten Kommission und einer geschickten Finanzierung nahezu widerstandslos umgesetzt. Die von Cäsar aufgebaute Führungsorganisation sorgte dafür, dass während seines Konsulatsjahres eine enorme Arbeitsleistung erbracht wurde. Zusammenfassend lässt sich sagen, dass Cäsar die beiden parallelen Entwicklungsschritte – vom Geschäftsleiter zum Bereichsleiter und zum Unternehmensleiter – erfolgreich bewältigte. Diese zweite Erfahrung als General Manager zeigte ihm, dass er dieser Aufgabe gewachsen war.

Als Konsul wurde Cäsar erneut mit Grenzen konfrontiert. Zudem brachte das Konsulat Cäsar in eine Position geteilter Führung. Auch andere Magistrate hatten Kollegen, doch dort waren die Zuständigkeiten klar definiert und verteilt. Der Konsul war der Einzige, für den solche klaren Abgrenzungen nicht existierten. Die beiden Konsuln teilten sich die Verantwortung für die Führung von Militär und Verwaltung des Imperiums. Dies war eine Einladung, Ziele im Team zu erreichen, was gelegentlich auch gelang. So waren Pompeius und Crassus zweimal gemeinsam Konsuln und arbeiteten bei der Verabschiedung von Gesetzen zusammen. In anderen Fällen wurde eine Aufgabenteilung vereinbart, etwa zur Führung zweier getrennter Heere im Kriegsfall. Das Leadership-Pipeline-Konzept berücksichtigt geteilte Führung kaum, doch sie wird im 21. Jahrhundert sowohl in der öffentlichen Verwaltung als auch in Unternehmen immer häufiger. Für Cäsar war die durch die Verfassung erzwungene geteilte Führung mit einem Kollegen eine Herausforderung. Bibulus stammte aus dem gegnerischen politischen Lager, und schon als Ädile und Prätoren hatten Cäsar und er Schwierigkeiten gehabt, als Kollegen zu kooperieren. Bibulus, der an bestehenden Verhältnissen festhalten wollte, war das Gegenteil des tatkräftigen Cäsar. Wiederum scheiterte die Zusammenarbeit, und zehn Jahre später standen sie sich im Bürgerkrieg zwangsläufig als Gegner gegenüber.

In Bezug auf seine weiteren beruflichen Beziehungen versuchte Cäsar, den Senat durch geschickte Argumentation zu überzeugen. Er investierte viel Mühe in die Ausarbeitung eines Agrargesetzes, das alle Interessen abdecken sollte, aber wenig in die informelle Überzeugung einzelner Senatoren. Wieder einmal reichte sein Einfluss nicht aus, und der Senat lehnte das Gesetz ab. Aus früheren Erfahrungen hatte Cäsar gelernt; deshalb hatte er vor Amtsantritt das Bündnis mit zwei mächtigen Männern geschmiedet. Doch selbst die Netzwerke von Pompeius und Crassus reichten nicht aus, um die Meinung im Senat zu drehen. Statt seine indirekte Führung zu verbessern, kompensierte Cäsar dies, indem er seine Stärke in der direkten Führung einsetzte. Anders als als Prätor hatte er als Konsul gelernt, die Strategie zu wechseln. Seine Führungsorganisation war bereit, ihn bei der Umsetzung seines ehrgeizigen Gesetzgebungsprogramms zu unterstützen. Währenddessen boykottierte sein Kollege Bibulus sämtliche Sitzungen, sodass Cäsar faktisch alleinverantwortlich war – ganz in seinem Element. Damals scherzte man, das Jahr 59 sei das Konsulatsjahr von Julius und Cäsar statt von Bibulus und Cäsar gewesen. Am Ende des Jahres war Cäsar in seine nächste Führungsposition gewechselt.

3.5 Was Führungskräfte aus der mittleren Phase von Cäsars Karriere lernen können

Cäsar ist vor allem für die Eroberung Galliens und seine Zeit als Diktator bekannt. Doch im Hinblick auf seine Karriere und seinen Führungserfolg waren zwei in diesem Kapitel behandelte Phasen am einflussreichsten: seine Statthalterschaft in Hispania ulterior im Jahr 61 und seine Amtszeit als Konsul im Jahr 59. Von Anfang an nutzte Cäsar die Unabhängigkeit und den Handlungsspielraum dieser Rollen, um sich mit Energie und Innovationskraft einzubringen. In relativ kurzer Zeit traf er zahlreiche wichtige Entscheidungen, erließ Maßnahmen und Gesetze, die strategisch durchdacht waren und reale Probleme in Gesellschaft, Wirtschaft und Verwaltung adressierten, initiierte Veränderungen, die die Interessen verschiedener Anspruchsgruppen berücksichtigten, ergriff die Initiative zum Aufbau einer effektiven Führungsorganisation, nutzte die Gelegenheit zur Expansion des Imperiums und war Vorreiter neuer Kommunikationsformen. Um all dies zu erreichen, nutzte Cäsar die im System gewährte Autonomie. Dabei blieb er im Rahmen der Verfassung und setzte die Macht des Volkes gegen die senatorische Mehrheit ein, die seine Pläne blockierte.

Cäsar zeigt beispielhaft, wie eine Führungskraft eine Schwäche durch die gezielte Nutzung ihrer Stärken ausgleichen kann. Da es ihm nicht gelang, die senatorische Mehrheit von seinen Vorschlägen zu überzeugen, kompensierte er dies durch die Bildung des Ersten Triumvirats und einer Führungsorganisation, die es ihm ermöglichte, die nötigen Anhänger für die Zustimmung der Volksversammlung zu mobilisieren. Zu seinen Stärken zählte die Führung sowohl nach oben (Pompeius und Crassus) als auch nach unten (Vatinius, Balbus und andere). Wie wir später bei der Überschreitung des Rubikon und Cäsars gewaltsamem Tod sehen werden, gibt es jedoch Grenzen für das, was eine kompensierende Strategie leisten kann. Trotz der beträchtlichen Ressourcen, die das Triumvirat bündelte, waren alle drei Mitglieder in gewisser Weise Außenseiter, da es ihnen an Einflussnahme fehlte.

Die Strategie funktionierte eine Zeit lang, doch am Horizont zogen dunkle Wolken auf.

Hinsichtlich der Zielerreichung und des Aufbaus einer effektiven Organisation erzielte Cäsar in dieser Zeit in allen Bereichen hohe Werte. Es gab jedoch eine Ausnahme: Nach dem Ende der Prätur war sein Ruf angeschlagen, da er die Erwartungen nicht erfüllt hatte. Seine Gläubiger zweifelten sogar daran, dass er seine Ziele je erreichen würde, und versuchten, ihn an der Übernahme des Provinzkommandos zu hindern. Doch Cäsars herausragende Leistungen in Spanien wendeten das Blatt, und kurz darauf wurde er zum Konsul gewählt. Vor der Konsulwahl hatte Cato versucht, Cäsar das Kommando über eine unbedeutende Provinz zuzuweisen, um ihm die Möglichkeit zu nehmen, sich durch außergewöhnliche Leistungen hervorzutun. Als Konsul festigte Cäsar seinen Ruf so sehr, dass niemand mehr daran zweifelte, dass er eine bedeutendere Aufgabe verdiente. Die Entscheidung wurde revidiert, und Cäsar erhielt das Kommando über die gallischen Provinzen. Angesichts des Andrangs, Cäsar nach Gallien als Offizier, Lieferant oder Unternehmer zu begleiten, war sein Ruf als Führungskraft für Menschen deutlich gewachsen. Cäsar arbeitete in dieser Zeit aktiv daran, seine Sichtbarkeit zu erhöhen. Er verstand es, eine positive Marke und Reputation zu schaffen, indem er seine Ideen und Erfolge kommunizierte und sich dafür Anerkennung verschaffte.

Cäsar hatte die Tendenz, die Erinnerung an eine enttäuschende Leistung rasch durch eine Übererfüllung bei der nächsten Gelegenheit verblassen zu lassen. Diese Neigung zeigte sich bereits in seiner frühen Karriere, als er nach seiner Zeit als Anwalt Gelegenheiten suchte, um Außergewöhnliches zu leisten. Dies war sinnvoll, um einen guten Ruf zu wahren, und steigerte zweifellos seine Karrierechancen in der römischen Meritokratie. Die Aktualität zählt: Je frischer ein Erfolg oder Misserfolg, desto höher sein Gewicht bei Leistungs- und Potenzialbewertungen. Es scheint jedoch, dass Cäsar vor allem von Frustration und dem Streben nach Exzellenz angetrieben wurde. Das hinderte ihn daran, innezuhalten, um aus dem Erlebten für die Entwicklung seiner Führungskompetenzen zu lernen.

Cäsars Beispiel zeigt, dass Führungskräfte rasch durch die Hierarchie aufsteigen können, wenn sie das bestehende Karrieresystem nutzen und jede Position zu ihrem Vorteil einsetzen. Mit einer Ausnahme suchte Cäsar proaktiv nach Möglichkeiten, in jeder Rolle mehr zu leisten, als erwartet wurde. Gleichzeitig sorgte er dafür, dass seine Erfolge sichtbar und bekannt waren.

Sobald die Luft dünner wurde, sah sich Cäsar starker Konkurrenz und sogar einem Machtkampf gegenüber. Sein Mut, seine Beharrlichkeit und der feste Glaube an seine Regierungsvision hielten ihn trotz Rückschlägen auf Kurs. Er probierte verschiedene Wege aus, um die Oberhand zu gewinnen, bis er als Konsul die für ihn passende Kombination fand: durchdachte Vorschläge, ein Bündnis mit mächtigen Unterstützern und eine eigene Organisation zur Mobilisierung von Anhängern. Im langjährigen Wettbewerb zwischen Cato und Cäsar verschob sich das Kräfteverhältnis endgültig zugunsten Cäsars, als er nach Gallien aufbrach. Dort erneuerte Cäsar das Triumvirat in einer ähnlichen Interessenallianz. Diesmal gelang es Cato trotz aller Bemühungen nicht, die Pläne zu durchkreuzen, sodass Cäsar seine Ziele in Gallien frei verfolgen konnte. Seine Organisation von Anhängern, das Bündnis mit zwei einflussreichen Persönlichkeiten, die ihm Ressourcen verschaffen konnten, und die kontinuierliche Veröffentlichung seiner Erfolge in Gallien verschafften Cäsar schließlich den entscheidenden Vorteil gegenüber Cato, obwohl er nicht in Rom war. Cato verfügte zwar weiterhin über erheblichen Einfluss auf die Mehrheit im Senat, doch seiner Anhängerschaft fehlte die Organisation von Cäsars Gefolgsleuten und der Kitt gemeinsamer Interessen des Triumvirats. Zudem reichten moralische Argumente allein nicht aus in einem Umfeld, das entschlossenes Handeln verlangte. Als der Bürgerkrieg ausbrach, entflammte der Wettbewerb zwischen Cäsar und Cato erneut. Es war keine Überraschung, dass beide schließlich auf entgegengesetzten Seiten standen.

Literatur

Griechische und römische Quellen

Appian, *Römische Geschichte. Die Bürgerkriege* Buch I–II.
Cicero, M. T., *Briefe an Atticus; Briefe an Familienmiglieder und Freunde; Reden*.
Dio, L. C., *Römische Geschichte*. Buch 36–38.
Plutarch, *Biographien von Cato dem Jüngeren, Cäsar, Crassus, Pompeius*.
Sallust, *Über die Verschwörung des Catilina*.
Suetonius Tranquillus, G., *Biographie von Julius Cäsar*.

Moderne Werke

Badian, E. (1983). *Publicans and sinners: Private Enterprise in the Service of the Roman Republic*. Cornell University Press.
Benferhat, Y. (2017). Des hommes à tout faire dans l'entourage de César. *Dialogues d'histoire ancienne. Supplément, 17.*, Conseillers et ambassadeurs dans l'Antiquité, 373–385.

Broughton, T.R.S. 1952, The magistrates of the Roman Republic. Vol. II (99 B.C.–31 B.C.),: American Philological Association.

Charan, R., Drotter, S., & Noel, J. (2001). *The leadership pipeline. How to build the leadership powered company.* Jossey-Bass.

Connelly, B. S., & McAbee, S. T. (2024). Reputations at work: Origins and outcomes of shared person perceptions. *Annual Review of Organizational Psychology and Organizational Behavior, 11*(1), 251–278.

Crook, J. A., Lintott, A., & Rawson, E. (Hrsg.). (1994). *The Cambridge ancient history* (The last age of the Roman Republic, 146–43 B.C.) (Bd. IX, 2. Hrsg.). Cambridge University Press.

Drogula, F. K. (2019). *Cato the younger. Life and death at the end of the Roman Republic.* Oxford University Press.

Gelzer, M. (2008). *Cäsar. Der Politiker und Staatsmann.* Franz Steiner Verlag.

Griffin, M. (Ed.). (2009). *A companion to Julius Caesar.* Wiley-Blackwell.

Gruen, E. S. (1995). *The last generation of the Roman Republic.* University of California Press.

Hölkeskamp, K.-J. (Hrsg.). (2009). *Eine politische Kultur (in) der Krise? Die "letzte Generation" der römischen Republik.* De Gruyter.

Hölkeskamp, K.-J. (2010). *Reconstructing the Roman Republic: An ancient political culture and modern research.* Princeton University Press.

KDVI. https://kdvi.com/tools/.

Meier, C. (1997). *Cäsar.* DTV.

Morstein-Marx, R. (2021). *Julius Caesar and the Roman people.* Cambridge University Press.

Richardson, J. S. (1996). *The romans in Spain.* Blackwell.

Syme, R. (1964). *Sallust.* University of California Press.

Vanderbroeck, P. J. J. (1987). *Popular leadership and collective behavior ca. 80–50 BC.* J.C. Gieben.

Vanderbroeck, P. (2010, March). When in Rome…Lessons on executive pay from Ancient Rome. *Financial World*, S. 33–34.

Vanderbroeck, P. (2012). Crises: Ancient and modern. Understanding an ancient Roman crisis can help us move beyond our own. *Management & Organizational History, 7*(2), 113–131.

4

Bewährungsprobe: Die Eroberung Galliens

…. Allein vor dem Zelt des Kommandanten stehend, tadellos gekleidet in seiner Uniform, beobachtete er, wie die Würdenträger einer nach dem anderen eintrafen – einige zu Pferd, einige in einer Sänfte, andere in einer Kutsche. Während der Zug weiter voranschritt, hing eine Staubwolke in der Luft, aufgewirbelt durch das unaufhörliche Kommen so vieler Gäste. Es war eine gemischte Schar aus Freunden und Verbündeten, ehemaligen Gegnern und verschuldeten Senatoren, die um Gunst baten. Auf manche Gespräche freute er sich, denn er schätzte Großzügigkeit und Vergebung. Andere versprachen, alte Freundschaften neu zu beleben. Wieder andere jedoch würden ihn sicherlich die einfachen Gespräche mit seinen Männern vermissen lassen…

(Dieses Zitat ist fiktiv und wurde vom Autor zu Illustrationszwecken erstellt.)

Nachdem er sein Konsulatsjahr beendet hatte und über vier Legionen das Kommando führte, verließ Cäsar 58 Rom und begab sich auf den Weg zu seinem größten Erfolg. Kein Römer vor oder nach ihm hatte je in so kurzer Zeit so viel Land zum Imperium hinzugefügt. Er beabsichtigte, sowohl Größe als auch Reichtum zu erlangen. Zudem wollte er seinen neu erworbenen Status als ebenbürtig mit Pompeius und Crassus im Triumvirat bewahren. Doch selbst Cäsar konnte das Ausmaß dessen, was er erreichen würde, nicht vorhersehen. Er war 42 Jahre alt und hatte zwar die höchste Stufe der römischen Karriereleiter erklommen, aber an Ruhestand dachte er keineswegs. Wie jeder heutige Expatriate-Manager musste auch Cäsar den Kontakt nach Rom halten, wo über seine Zukunft nach der Rückkehr entschieden wurde.

Dieses Kapitel beleuchtet die Jahre 58–50 v. Chr., eine Zeit, in der Cäsar als Feldherr Gallien eroberte und einen Großteil seiner Zeit im Sattel verbrachte

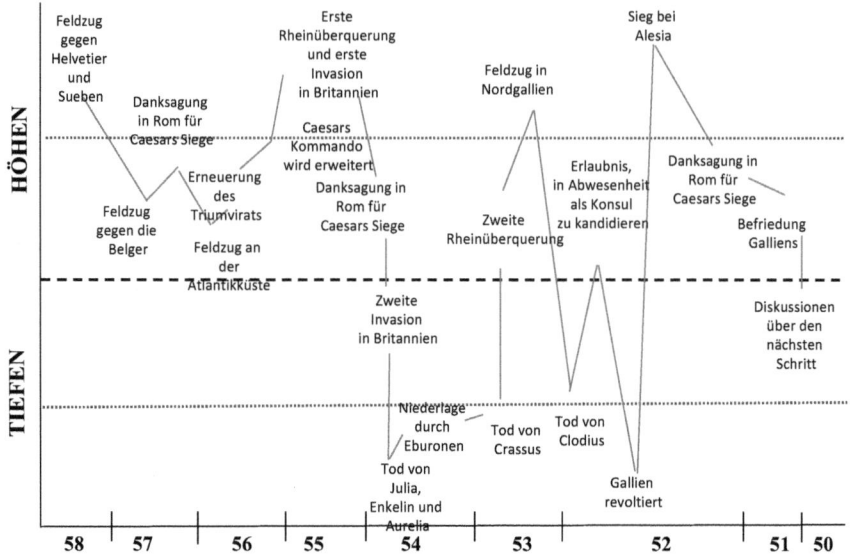

Abb. 4.1 Cäsars Führungslaufbahn: Höhepunkte und Tiefpunkte 58–50 v. Chr. Eigene Darstellung des Autors

(Abb. 4.1). Anstatt die Einzelheiten des Krieges zu analysieren, konzentriert sich diese Darstellung auf die Ereignisse und Verhaltensweisen, die Cäsars Karriere und Führungsstil prägten. Zentrale Fragen an diesem Punkt sind: Welche Schlüsselfaktoren führten zu Cäsars Erfolgen? Wie ging er mit Rückschlägen um und überwand sie? Wie übte er Einfluss auf die Ereignisse und Meinungen in Rom aus, selbst während seiner Abwesenheit? Und wie entwickelten sich sein Image und sein Ruf während seiner Zeit fern der Heimat?

4.1 Leben im Ausland

Neun Jahre lang war Cäsar von Rom abwesend und erfüllte seine Aufgaben als Statthalter von drei Provinzen: Gallia cisalpina (Norditalien), Gallia transalpina (das heutige Provence in Südfrankreich) und Illyricum (das heutige Kroatien). Obwohl er die Wintermonate oft in Norditalien verbrachte, reiste er nicht nach Rom. Rechtlich durfte er die Stadt nicht betreten, ohne sein militärisches Kommando niederzulegen. Während dieser Wintermonate, in denen die Kämpfe ruhten, konnten ihn jedoch enge Angehörige besuchen: seine neue Ehefrau Calpurnia; seine Tochter Julia, die kürzlich

Pompeius geheiratet hatte; seine enge Freundin und Geliebte Servilia sowie seine Mutter Aurelia. Zudem pflegte er einen regen Briefwechsel mit Kollegen, Freunden und Familie.

Politisch und persönlich war das Jahr 54 für Cäsar ein annus horribilis. Neben den enttäuschenden Ergebnissen der zweiten Britannien-Expedition starb seine geliebte Tochter Julia, die ihm über die Jahre zu einer treuen Verbündeten geworden war und zu der er ein enges Verhältnis hatte, bei der Geburt von Cäsars erstem und einzigem Enkelkind. Julia war 22 Jahre alt, als sie starb; das Kind verstarb wenige Tage später. Sie war fünf Jahre mit Pompeius verheiratet gewesen und hatte maßgeblich dazu beigetragen, das Verhältnis zwischen ihrem Vater und ihrem Ehemann, zwei ehrgeizigen und einflussreichen Persönlichkeiten, zu entspannen. Cäsar, der gerade in Britannien im Feldzug war, konnte der Beerdigung nicht beiwohnen. Seine Frau Calpurnia musste ihn vertreten. Dennoch gelang es ihm, aus der Ferne präsent zu sein. Er versprach, zu Ehren seiner Tochter nach seiner Rückkehr Gladiatorenspiele und ein Fest auszurichten. Auch das war eine Neuerung. Kämpfe (oft) bis zum Tod in der Arena waren eine traditionelle Ehrung für verstorbene Männer, doch Cösar organisierte sie erstmals für eine Frau. Wie schon bei einer früheren Innovation – einer Trauerrede auf seine junge Frau Cornelia – nutzte er die Gelegenheit zur Imagepflege. Doch Cäsars Wunsch, den bedeutenden Frauen in seinem Leben zu gedenken, war aufrichtig. Im selben Jahr verlor Cäsar auch seine Mutter Aurelia, eine weitere wichtige weibliche Stütze. Über seine Trauer sprach oder schrieb Cäsar nicht; vielmehr schien er solche Gefühle zu verinnerlichen. So weit entfernt musste er sich sehr einsam gefühlt haben. Hinzu kam die Niederlage seiner Armee gegen die Eburonen im Winter 54 in Nordgallien.

In dieser Zeit wuchs Cäsars Vermögen beträchtlich. Er verkaufte ganze Stämme in die Sklaverei und seine Armee plünderte mehrere eroberte Städte. Auch beschlagnahmte er die reichen Opfergaben aus gallischen Tempeln, was in Rom teilweise auf Kritik stieß. Zudem war er Anteilseigner an einigen Handels- und Versorgungsgesellschaften, die seine Armeen auf ihren Feldzügen begleiteten – ein zu jener Zeit unter römischen Feldherren übliches Geschäftsmodell. Bemerkenswert ist, dass der Wert der Beute, die Cäsar, seine Offiziere und Soldaten nach Rom brachten, den Goldpreis sinken ließ – ein deutliches Zeichen für das Ausmaß seines Reichtums. Ab 54 musste Cäsar nahezu ununterbrochen Krieg führen, um ganz Gallien zu unterwerfen, was ihm schließlich 51 gelang. Danach konnte er sich auf die Rückkehr nach Rom und eine neue Rolle im Dienst der Republik konzentrieren.

4.2 Cäsars Erfolge in Gallien und in Rom

Während seiner neun Jahre als Statthalter seiner drei Provinzen stand Cäsar vor drei gleichzeitigen Herausforderungen: die Eroberung Galliens, die Integration der neuen Gebiete und ihrer Bewohner in das Imperium sowie die Aufrechterhaltung seiner Stellung als einer der führenden Persönlichkeiten Roms während seiner Abwesenheit (Abb. 4.2).

4.2.1 Den Krieg gewinnen

Die Helvetier, ein keltischer Stamm, waren unter dem Druck anderer Völker über den Rhein ins heutige Schweizer Gebiet gezogen. Ihr Ziel war es,

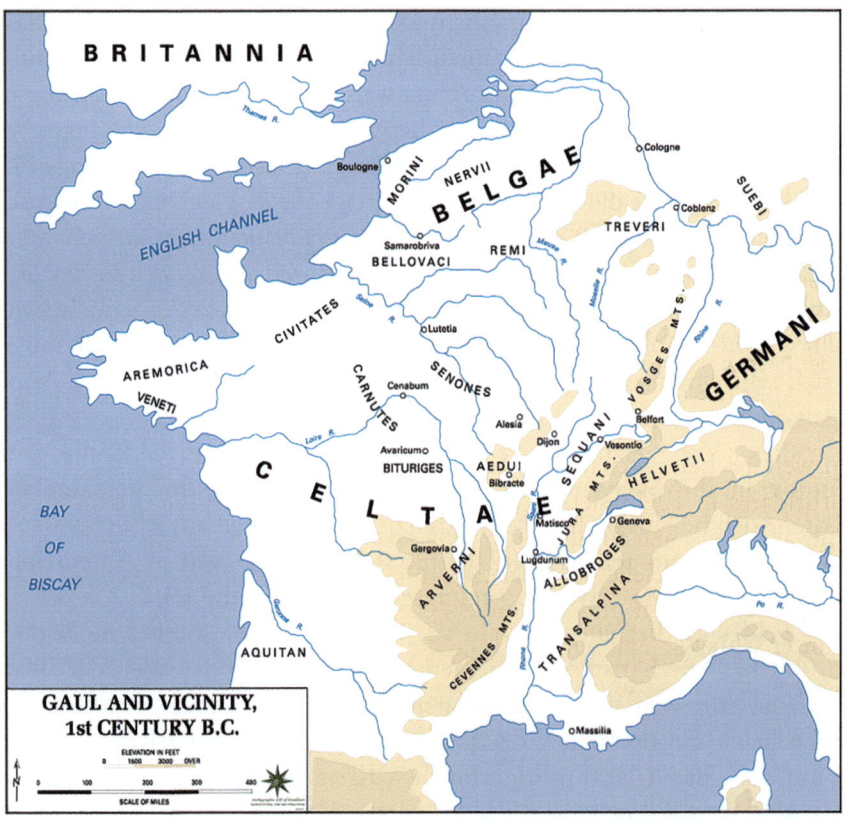

Abb. 4.2 Gallien im Jahr 58 v. Chr. Von The Department of History, United States Military Academy. Public Domain. https://commons.wikimedia.org/w/index.php?curid=621367

an die Atlantikküste zu migrieren, um sicherere Siedlungsgebiete zu finden. Sie baten Cäsar um die Erlaubnis, den kürzesten Weg durch die römische Provinz Gallia transalpina zu nehmen. Cäsar, der Statthalter der Provinz, verweigerte dies jedoch. Strategisch setzte er rasch eine Legion unter seinem Stellvertreter Titus Labienus von Italien über die Alpen nach Genf an den Nordrand der Provinz, um den Helvetiern den Durchzug zu versperren. Die Helvetier wichen daraufhin nach Norden aus, über das Juragebirge, durch das Gebiet nördlich der römischen Provinz Transalpina, das von den Aeduern, einem mit Rom verbündeten gallischen Stamm, bewohnt wurde. Der Senat hatte die Statthalter der Provinz Transalpina zuvor angewiesen, ihre Verbündeten zu schützen, solange es im Interesse der Republik war. Dementsprechend sah sich Cäsar berechtigt, auch außerhalb der Provinzgrenzen zu handeln. Schließlich hatte er drei Jahre zuvor in Spanien ebenso gehandelt und dafür einen Triumph erhalten. Cäsar führte daher rasch seine drei übrigen Legionen über die Alpen nach Gallien.

Da die Helvetier das Gebiet der Aeduer verwüsteten, baten letztere Cäsar um Hilfe. Um die Eindringlinge noch vor dem Betreten der römischen Provinz zu stoppen, überraschte Cäsar sie beim Überqueren der Saône. Nach dem Sieg über ihre Nachhut am linken Ufer verblüffte er sie erneut, indem er innerhalb eines Tages eine Brücke errichten und seine Armee über den Fluss führen ließ. Es folgten Verhandlungen. Die Helvetier boten an, sich friedlich dorthin zurückzuziehen, wohin Cäsar sie schicken würde, sofern sie in Gallien bleiben dürften. Cäsar lehnte ab. Der Stamm setzte seinen Marsch fort, verfolgt von den römischen Legionen. In der Nähe der Stadt Bibacte kam es zur Schlacht. Der römische Wurfspeer, das *pilum,* bewährte sich in diesem Gefecht: War er einmal im Schild steckengeblieben, ließ er sich nur schwer entfernen und zwang den Gegner, den Schild wegzuwerfen, da er unhandlich wurde. Nach heftigen Kämpfen flohen die Überreste der Helvetier nach Norden ins Gebiet der Lingonen. Cäsar schickte daraufhin Gesandte zu diesem gallischen Stamm mit der Anweisung, den Helvetiern weder Nahrung noch Zuflucht zu gewähren.

Die Helvetier, die viele Krieger verloren hatten und unter Versorgungsengpässen litten, ergaben sich schließlich. Nachdem Cäsar die Bedrohung erfolgreich beseitigt hatte, schickte er die Helvetier in ihre Heimat zurück und befahl den Allobrogen, deren Gebiet sie durchqueren mussten, die besiegten Helvetier mit Nahrung zu versorgen. Dies war ein bedeutender Sieg für Cäsar, sein bislang größter. Es war das erste Mal, dass er eine so große und entscheidende Schlacht geführt und gewonnen hatte. Noch nie zuvor hatte er ein so großes Heer befehligt. Zudem wurde die Art, wie er gegen die Helvetier vorging, zum Markenzeichen seiner gallischen Eroberungen: Nicht die Taktik auf dem Schlachtfeld, sondern die Kombination aus Schnelligkeit, Überraschung, Technik und logistischer Planung führte zum Erfolg. Cäsars Vorgehen war nicht ohne Vorbild. Kurz zuvor hatten andere germanische Stämme römische Gebiete bedroht und mehrere römische Armeen besiegt, bis Cäsars Onkel Marius schließlich die Oberhand gewann. Cäsar kannte diese jüngere Geschichte und wollte keinesfalls hinter seinem Onkel zurückstehen.

Getrieben von Dringlichkeit und Entschlossenheit wusste Cäsar daher, dass er sich einer weiteren Bedrohung von jenseits des Rheins stellen musste. Die Sueben, ein germanischer Stamm, waren kürzlich als Söldner in einem Konflikt zwischen gallischen Stämmen über den Rhein gekommen. Anstatt zurückzukehren, ließen sie sich in Gallien nieder. Rom hatte ihre Anwesenheit kürzlich anerkannt und freundschaftliche Beziehungen aufgenommen. Nun jedoch baten mehrere gallische Stämme, darunter die römischen Verbündeten Aeduer, Cäsar ausdrücklich um Schutz vor den Sueben, die ihr Land bedrängten und weitere Germanen über den Rhein holten. Cäsar sah darin eine strategische Gelegenheit, blieb dabei aber im Rahmen seiner Aufgaben als Statthalter. Gegen die Sueben ging Cäsar aus denselben Gründen vor wie gegen die Helvetier: aus Pflicht, einem Hilfegesuch eines Verbündeten zu entsprechen, und aus dem Willen, die römischen Provinzen mit allen Mitteln zu schützen. Cäsar marschierte daher mit seinem Heer gegen die Sueben.

Cäsar begann Verhandlungen. Er schlug dem suebischen König Ariovist vor, sich an einem Ort zu treffen, der auf halbem Weg zwischen den beiden Heeren lag. Der germanische Anführer zögerte, da er keinen Sinn in einem Treffen sah. Cäsar schickte daraufhin eine weitere Botschaft, in der er erklärte, dass Ariovist - um die friedlichen Beziehungen zu Rom zu wahren – keine weiteren germanischen Stämme mehr über den Rhein ziehen lassen und aufhören solle, den Druck auf die Aeduer, Roms Verbündete, auszuüben. König Ariovist antwortete stur, er behandle seine besiegten Feinde so, wie es die Römer mit den ihren täten. Kurz gesagt: Die Römer sollten sich um ihre eigenen Angelegenheiten kümmern. Zudem hatte der König einen weiteren Vorwurf: Seit die Römer eingetroffen seien, hätten die Aeduer aufgehört, den Sueben den geschuldeten Tribut zu zahlen. Er schien zu sagen, dass es keinen Konflikt gäbe, wenn alle ihre Abmachungen einhielten. Doch die Botschaft war klar: Wenn Cäsar kämpfen wolle, wisse er, wo er ihn finden könne.

4 Bewährungsprobe: Die Eroberung Galliens

Beide Armeen bewegten sich nun aufeinander zu, um sich auf die Schlacht vorzubereiten. Cäsar beeilte sich, als Erster Vesontio (heute Besançon) nördlich des Juragebirges zu besetzen. Diese Stadt war reich an Nahrungsmitteln und anderen Vorräten, die seine Armee benötigte. Bemerkenswert ist, dass Cäsar einige Herausforderungen überwinden musste, insbesondere die Ängste und die Demotivation seiner Soldaten (was später im Kapitel bei der Analyse von Cäsars Führungsstil noch näher erläutert wird). Er verließ Vesontio und befahl seiner Armee, zum Lager von Ariovist zu marschieren. Als dieser erfuhr, dass Cäsar in der Nähe war, schickte er Gesandte und bat um eine Unterredung. Cäsar stimmte Ariovists Forderung zu, dass jeder von zehn berittenen Männern begleitet werden sollte. Cäsars Reiterei bestand ausschließlich aus Galliern verbündeter Stämme. Da er ihnen nicht völlig traute, entschied er sich, berittene Soldaten aus seiner treuen zehnten Legion mitzunehmen. Cäsar stand kurz davor, einem Anführer zu begegnen, der ihm in vielerlei Hinsicht ebenbürtig war: ein ehrgeiziger und siegreicher Führer einer stolzen und erobernden Nation, der sich der Erwartungen seiner Gefolgsleute bewusst war: Kasten 4.1.

> **Kasten 4.1 Cäsar begegnet Ariovist**
>
> Stellen wir uns also das Treffen zwischen den beiden vor. Die Unterredung fand im heutigen Elsass, im Nordosten Frankreichs, statt. Die Befehlshaber stiegen von ihren Pferden ab und gingen, – da sie keine gemeinsame Sprache hatten nur von ihren Dolmetschern begleitet – auf einen Hügel inmitten einer weiten Ebene.. Vom Gipfel des Hügels aus konnten die beiden Männer die sanft gewellte Ebene überblicken. Im Westen erhoben sich in der Ferne die dunklen Mauern der Vogesen. Im Osten, jenseits der hügeligen Landschaft, lag der Rhein, der Gallien von Germanien trennte. Es war Sommer, die Gegend war ein Flickenteppich aus üppigen Wäldern und leuchtend grünen Wiesen. Von ihren Aussichtspunkten aus konnten beide die Truppen des jeweils anderen beobachten und einen möglichen Hinterhalt erkennen. Ihre Leibwächter warteten am Fuß des Hügels.
>
> Cäsar wollte Ariovist sicherlich beeindrucken in seiner Generalsuniform: ein Brustpanzer aus Metall, ein bronzener Helm, geschmückt mit Federn und Abbildungen, sowie ein dunkelroter Umhang. Auch Ariovist, der sich kämpferisch und königlich präsentieren wollte, trug bunte Wollhosen und eine Tunika; er hatte langes Haar und einen Bart. Er trug einen Brustpanzer aus Leder und einen gefiederten Helm. Beide Männer waren unbewaffnet. Nach dem Austausch von Höflichkeiten begannen sie mit den Verhandlungen.

Laut Cäsars eigenem Bericht in *De Bello Gallico* (*Der Gallische Krieg*) I-44-45 verlief ihr Dialog wie folgt (Übersetzung des Autors): Kasten 4.2.

Kasten 4.2 Das Gespräch zwischen Cäsar und Ariovist

Cäsar:
Rom hat dir die seltene Ehre erwiesen, dich als „Freund" zu bezeichnen. Wir haben dich als Anführer deines Stammes anerkannt. Gleichzeitig sind die Häduer Verbündete Roms und dürfen nicht geschädigt werden. Daher wiederhole ich unsere Forderungen: Beende die Belästigung der Häduer und ihrer Verbündeten und unterbinde jegliche Einwanderung von jenseits des Rheins.

Ariovist:
Wir sind auf Einladung der Gallier nach Gallien gekommen. Später griffen sie uns an. Wir haben sie besiegt, und das Kriegsrecht gibt uns das Recht, von unseren besiegten Feinden Abgaben zu verlangen. Die Freundschaft mit den Römern sollte auf Gegenseitigkeit beruhen. Wenn die Römer uns nun daran hindern, die uns zustehenden Abgaben zu erhalten, können wir auf diese Freundschaft verzichten. Wir haben uns ein Stück Gallien genommen, so wie die Römer für ihre Provinz. Außerdem waren wir zuerst hier. Also zieh bitte deine Armee zurück, und du wirst in mir einen großzügigen Freund und Verbündeten finden.

Cäsar:
Ich muss widersprechen. Wir Römer haben Gallien lange vor euch betreten. Und weder ich noch das römische Volk sind es gewohnt, unsere Verbündeten im Stich zu lassen.

In diesem Moment kam es zu einer Rangelei zwischen römischen und germanischen Reitern. Die beiden Anführer brachen daraufhin ihr Gespräch ab, stiegen den Hügel hinab und kehrten in ihre jeweiligen Lager zurück. Am nächsten Tag lud Ariovist Cäsar ein, die Gespräche fortzusetzen. Cäsar zog es vor, dies über Mittelsmänner zu tun. Er schickte Procillus, einen Gallier mit römischem Bürgerrecht, der für Cäsar als Dolmetscher arbeitete, und Mettius, der bereits Geschäfte mit den Sueben gemacht hatte. Aus Misstrauen ließ Ariovist beide wegen angeblicher Verletzung der Verhandlungsregeln gefangen nehmen.

Die Pattsituation eskalierte daraufhin zu einem offenen Konflikt, der mit einer Reihe von Reitergefechten begann. Ariovist versuchte, Cäsars Nachschubweg abzuschneiden, was dieser jedoch durch den Bau eines zusätzlichen befestigten Lagers vereitelte. Die beiden Armeen manövrierten, bis Cäsar seine Truppen in Richtung des feindlichen Lagers am Rhein führte. Ariovist entschied sich zur Schlacht. Die Sueben stellten ihre Wagen in einem Halbkreis um das Heer auf. Ihre Frauen standen auf den Wagen und feuerten die Männer zum Kampf an. Die römischen Soldaten kämpften im Nahkampf, sodass zwischen den Armeen kein Abstand entstand. Dadurch fiel es den Gegnern schwer, ihre langen Schwerter und Speere wirkungsvoll einzusetzen. Die Römer gewannen die Oberhand, und die Sueben flohen zum Fluss; viele schafften es nicht ans andere Ufer oder wurden von der römischen Reiterei getötet.

Nachdem Sueben und Helvetier besiegt waren, ließ Cäsar seine Legionen unter dem Kommando von Labienus in Gallien überwintern. Inzwischen überquerte Cäsar die Alpen, um als Statthalter in Norditalien Amtsgeschäfte zu erledigen und Besucher aus Rom zu empfangen. Im Jahr 57 erfuhr Cäsar, dass sich die belgischen Stämme durch die Anwesenheit römischer Legionen in Gallien bedroht fühlten. Als Reaktion darauf hatten sie ein Bündnis geschlossen und begannen einen Feldzug, um die Römer zu vertreiben. Cäsar kehrte nach Gallien zurück und marschierte mit seiner um zwei Legionen verstärkten Armee nach Norden. Die Nervier, die sich im Ardennerwald verborgen hielten, griffen die Legionen überraschend an. Die Römer gerieten in Bedrängnis, bis Cäsar selbst mit gezogenem Schwert eingriff und seine Offiziere und Soldaten zum Weiterkämpfen antrieb. Die Ankunft von zwei weiteren, zuvor verspäteten Legionen wendete schließlich das Blatt zugunsten der Römer. Anschließend wandte sich Cäsar gegen die befestigte Hauptstadt der Atuatuker. Mit Belagerungsmaschinen zwangen die Römer die Stadt zur Kapitulation, und es wurde ein Waffenstillstand vereinbart. In der Nacht nach dem Waffenstillstand griffen die Atuatuker jedoch die Römer an – vergeblich. Anders als die Nervier, die nach ihrer Niederlage milde behandelt wurden, traf die Atuatuker Cäsars Zorn für ihren Wortbruch. Cäsars Soldaten erhielten den Befehl, die Stadt zu plündern, und die Bevölkerung wurde an die dem Heer folgenden Sklavenhändler verkauft. Kurz darauf erhielt Cäsar die Nachricht, dass die Gallier an der Atlantikküste Rom die Treue geschworen hatten. Eher vorschnell, wie wir noch sehen werden, erklärte Cäsar, ganz Gallien sei nach zwei Jahren Krieg endlich befriedet.

Nach einer Winterpause von den Kämpfen wurde Cäsar darüber informiert, dass die Veneter, ein seefahrender Stamm an der Atlantikküste, den Römern die vereinbarte Getreidemenge verweigert und sogar die römischen Offiziere, die sie abholen wollten, als Geiseln genommen hatten. Weitere Stämme im Norden schlossen sich den Venetern an, und die Briten entsandten Truppen über den Kanal zur Unterstützung. Im Frühjahr 56 führte Cäsar sein Heer an die Küste und ließ am Mündungsgebiet der Loire Schiffe bauen. Beim Seeangriff auf die Veneter waren die römischen Schiffe im Nachteil. Flach gebaut und auf Ruderer angewiesen, mussten sie sich gegen die hohen, gallischen Segelschiffe behaupten. Doch wie schon zuvor verschaffte die römische Technik einen Vorteil. Die Römer hatten eine Methode entwickelt, die Taue der feindlichen Schiffe zu durchtrennen und deren Masten zu Fall zu bringen. Bewegungsunfähig und von mehreren römischen Schiffen umringt – wie Orcas um einen Wal – waren die Schiffe leichte Beute. Die Veneter kapitulierten. Gemäß seiner Politik „ein Verstoß wird mit Nachsicht, ein zweiter mit Zorn geahndet" wurden die Anführer der Veneter, die im Vorjahr ihren Treueeid gebrochen hatten, hingerichtet und der Rest in die Sklaverei verkauft. Cäsar ließ seine Armee nach Belieben plündern und massakrieren.

Im folgenden Jahr, 55, überschritten zwei germanische Stämme den Rhein. Aus Sorge um die Stabilität Galliens griff Cäsar sie an und besiegte sie. Unmittelbar danach sicherte Cäsar die Rhein-Grenze mit einer Strafexpedition jenseits des Flusses. Cäsars Armee errichtete in zehn Tagen eine Holzbrücke – eine wahre technische Meisterleistung. Die Germanen verbrannten rasch ihre Dörfer und flohen in die weiten Wälder. Achtzehn Tage später überqueren die Römer erneut den Rhein und zerstörten die Brücke hinter sich, um dem Feind die Nutzung zu verwehren. Cäsar beschloss, eine ähnliche Expedition nach Britannien zu unternehmen, um die Atlantikgrenze zu sichern. Doch als die Römer versuchten, ihre Schiffe anzulanden, leisteten die Briten an den Klippen und Stränden der Südküste erbitterten Widerstand. Zudem zerstörte ein Sturm einige Schiffe, nachdem Cäsars Armee endlich einen Brückenkopf errichtet hatte. Die Expedition endete unentschieden, und die Römer zogen sich auf das Festland zurück.

Da Cäsar das Werk noch nicht als vollendet ansah, unternahm er im Frühjahr 54 einen noch umfassenderen Feldzug nach Britannien. Wieder erwies sich das Unternehmen als äußerst schwierig. Die Römer konnten die Briten zwar über die Themse zurückdrängen, erzielten jedoch keinen vollständigen Sieg. Nach einem Sommer auf der Insel zog sich Cäsar für den Winter auf das Festland zurück. Aufgrund schlechter Ernten musste Cäsar seine Legionen in Winterquartiere über ganz Gallien verteilen, um genügend Nahrung zu finden. Gallische Stämme aus dem Norden sahen darin eine Gelegenheit und griffen die römischen Lager an. In der Nähe des heutigen Maastricht gerieten die Eburonen in einen Hinterhalt und vernichteten anderthalb Legionen – eine schwere Niederlage. Cäsar, der wie üblich noch nicht nach Italien abgereist war, übernahm das Kommando und entsetzte die belagerten Lager. 53 brachte er weitere Truppen aus Italien und griff die feindlichen Stämme nacheinander an. Diesmal zeigte er keine Gnade und hinterließ Verwüstung und Zerstörung. Da die Gallier Unterstützung von jenseits des Rheins erhielten, unternahm Cäsar einen zweiten Strafzug nach Germanien und errichtete erneut eine hölzerne Brücke nach dem Vorbild der ersten.

Dann kam das Jahr 52. Während Cäsar den Winter in Italien verbrachte, wurde er überrascht. Ein gallischer Stamm, der seine letzte Chance auf Unabhängigkeit sah, erhob sich gegen die Römer. Die Karnuten töteten alle römischen Bürger in ihrer Hauptstadt, darunter den Verwalter der Heeresversorgung. Angespornt vom Erfolg der Karnuten schlossen sich die Arverner, einer der bedeutendsten Stämme, an. Sie wählten einen 30-jährigen Adligen, Vercingetorix, zu ihrem Anführer; er war schon lange ein Gegner Roms und hatte die römische Kriegskunst eingehend studiert. Bald wurden viele weitere Stämme von diesem Aufstand gegen die römische Herrschaft erfasst. Wo zuvor nur wenige Stämme ihre Aktionen koordiniert hatten, waren nun alle unter Vercingetorix als Oberbefehlshaber vereint. Zudem hatten die Gallier diesmal eine Strategie: Anstatt der überlegenen römischen Armee auf offenem Feld zu begegnen, wollten sie die Römer an der Konzentration ihrer Kräfte hindern und deren Nachschubwege abschneiden.

Die erste Aktion der Gallier war der Angriff auf Narbonne, die Hauptstadt der römischen Provinz Gallia transalpina. Die Gallier brachen noch vor Winterende auf, in der Hoffnung, die Römer zu überraschen, während deren Legionen in Winterlagern über ganz Gallien verstreut waren. Sobald er die Nachricht erhielt, eilte Cäsar von Italien über die Alpen in die Provinz und warb unterwegs Truppen an. Im Eilmarsch führte er seine Soldaten durch die verschneiten Cevennen nördlich der Provinz und fiel in das Stammesgebiet der Arverner ein. Cäsar verwüstete das Land, sodass Vercingetorix gezwungen war umzudrehen, wenn er seinen Stamm retten wollte. Cäsar, stets einen Schritt voraus, zog sich über die Berge zurück. Nach mehreren Tagen und Nächten ununterbrochenen Marsches erreichte er eines der Winterlager und vereinigte sich mit den dort stationierten zwei Legionen.

Es folgte ein Bewegungskrieg, in dem die Gallier die Taktik der verbrannten Erde anwendeten, um die Römer von Nachschub abzuschneiden. Sie plünderten zudem zahlreiche römische Händler in ganz Gallien und nahmen sie gefangen. Cäsar verlegte seine Legionen an verschiedene Orte, um seine Armee zu konzentrieren. Mehrfach trafen die beiden Gegner in ernsthaften Belagerungen oder kleineren Gefechten aufeinander. Beide Seiten errangen Siege und erlitten Niederlagen. Schließlich gelang es Cäsar, seine Armee zu versammeln. Da ihm jedoch die Reiterei fehlte, rief er germanische Söldnerkontingente von jenseits des Rheins zu Hilfe. Nun konnte er Vercingetorix zurückdrängen. Die entscheidende Auseinandersetzung fand bei Alesia im Zentrum Galliens statt. Vercingetorix zog sich in die befestigte Stadt zurück, um auf ein Entsatzheer zu warten. In der Zwischenzeit umgab Cäsar die Stadt mit Befestigungen, die sowohl nach innen zur Stadt als auch nach außen gegen das erwartete gallische Heer gerichtet waren. Das Eintreffen des Entsatzheeres verzögerte sich, und in Alesia ging die Nahrung aus, sodass die Älteren, Frauen und Kinder aus der Stadt zu den Römern geschickt wurden. Als Cäsar ihnen den Durchgang verweigerte, kehrten sie um, doch Vercingetorix öffnete die Tore nicht. Die Flüchtlinge blieben im Niemandsland dem Tod überlassen.

Als das Entsatzheer schließlich eintraf, wurden mehrere Versuche unternommen, die römischen Befestigungen von beiden Seiten zu durchbrechen. Die Gallier standen kurz davor, durchzubrechen, und Cäsar begab sich selbst an kritische Stellen der Front, um seine Truppen zum Durchhalten zu ermutigen. Schließlich überraschte ein römischer Reiterangriff die Gallier von hinten und zwang sie, ihren letzten Angriff aufzugeben. Vercingetorix sah sich zur Kapitulation gezwungen. Viele Gefangene wurden in die Sklaverei verkauft, doch Cäsar ließ die Mitglieder der mächtigsten Stämme, der Aeduer – langjährige Verbündete Roms – und der Arverner, dem Stamm des Vercingetorix, als Zeichen der Versöhnung in ihre Heimat zurückkehren.

Obwohl die Hauptbedrohung beseitigt war, war Gallien noch nicht vollständig unterworfen. Cäsar, der sein bislang größtes militärisches Werk nicht aufs Spiel setzen wollte, verbrachte den Winter in Gallien, aus Furcht vor weiteren Aufständen. Im folgenden Jahr, 51, führte Cäsar mehrere Feldzüge gegen Stämme, die den Widerstand noch nicht aufgegeben hatten. Am Jahresende begab er sich in seine Provinz in Transalpin-Gallien, um die dortigen Angelegenheiten zu regeln, überschritt jedoch im Winter nicht die Grenze nach Italien.

4.2.2 Den Frieden sichern

Zwei Stämme über die Grenze zurückzudrängen war das eine; Gallien zu erobern, etwas ganz anderes. Cäsars offizieller Auftrag bestand nicht darin, neue Gebiete zu erobern, geschweige denn eine neue Provinz zu gründen. Seine Aufgabe war es vielmehr, die ihm unterstellten Provinzen zu schützen. Dabei ließ er sich auf eine Reihe von Konflikten mit gallischen Stämmen ein. Für Cäsar kam ein Rückzug nach dem Sieg über die Helvetier und die Sueben nicht in Frage; er war entschlossen, dafür zu sorgen, dass von Gallien nie wieder eine Bedrohung ausgehen würde und dass das neue Gebiet der Republik materiellen Nutzen bringen sollte. Dies sollte durch Tributzahlungen, Handel und militärische Unterstützung geschehen. Ähnlich war er bereits zehn Jahre zuvor, wenn auch in kleinerem Maßstab, in Spanien vorgegangen. Cäsar folgte somit der römischen Standardpraxis nach einer

Eroberung: Die lokale Infrastruktur und Führung sollte so weit wie möglich erhalten bleiben. Die Römer verfügten nicht über genügend Personal, um die bestehende Verwaltung durch ihre eigene zu ersetzen. Auch fehlte ihnen die Bevölkerung, um neue Gebiete zu kolonisieren. Von Anfang an ergriff Cäsar Maßnahmen, um Gallien stärker in das Imperium zu integrieren. Im Winter 57 entsandte er eine Legion und etwas Reiterei, um die Alpenpässe für Händler zu öffnen. Bis dahin mussten durchreisende Kaufleute hohe Zölle an die lokalen Stämme entrichten.

Cäsar pflegte gezielt persönliche Beziehungen zu den Stämmen und deren Anführern, eine Praxis, die sich bereits in der römischen Politik bewährt hatte. Er unterstützte pro-römische Führer in jedem Stamm. Ein- bis zweimal im Jahr organisierte er große Versammlungen, zu denen er die Anführer verschiedener Stämme einlud, um Fragen zu erörtern, ihre Loyalität zu gewinnen und zu vereinbaren, wie sie ihn mit Truppen und Nachschub unterstützen könnten. Dennoch gelang es Cäsar nicht, die Gallier kollektiv für die römische Herrschaft zu gewinnen. Er erkannte die politische und ideologische Bedeutung der Druiden in der gallischen Gesellschaft nicht in vollem Umfang, was die Lage zusätzlich erschwerte. Zwar waren die Gallier als oft miteinander verfeindete Stämme untereinander zerstritten, doch verband sie eine gemeinsame Religion, die von einer Priesterkaste geführt wurde. Diese Druiden hatten erheblichen Einfluss, schlichteten häufig Streitigkeiten und berieten die Anführer. Zudem verfügten sie über ein stämmeübergreifendes Netzwerk. Als Hüter der gallischen Kultur und Tradition sahen die Druiden durch die Römer ihre Existenz bedroht. Die römische Religion hingegen war weitgehend selbstorganisiert und kannte keine hauptberuflichen Priester. Aus diesem Grund unterschätzte Cäsar die Rolle und das Potenzial der Druiden. Es ist kaum ein Zufall, dass der Aufstand, dessen Anführer Vercingetorix wurde, vom Stamm der Karnuten ausging, in deren Gebiet die große jährliche druidische Versammlung stattfand. Dank der Druiden gelang es Vercingetorix, die zuvor zerstrittenen Stämme davon zu überzeugen, dass sie ein gemeinsames Ziel hatten: Cäsars Unterstützungsnetzwerk zu zerschlagen. Sogar die Aeduer, langjährige Verbündete Roms, die Cäsar einst vor den Helvetiern gerettet hatte, schlossen sich schließlich Vercingetorix an.

Der Aufstand unter Vercingetorix brachte Cäsars Macht fast ins Wanken. Cäsar erkannte, dass seine bisherige Politik nicht funktioniert hatte. Während er sonst mit abtrünnigen Verbündeten äußerst hart ins Gericht ging, machte er diesmal eine Ausnahme. Er beschloss, gegenüber den Aeduern Nachsicht zu zeigen, da er wusste, dass viele von ihnen gegen den Bruch des Bündnisses mit Rom gewesen waren. Diese strategische Entscheidung zeigte, dass Cäsar die politische Lage nun besser einschätzte. Auch gegenüber den Arvernern, dem Stamm des Vercingetorix und aufgrund ihrer Größe bedeutsam, zeigte er Milde, in der Hoffnung, sie künftig in Gallien zu integrieren.

Cäsar (Abb. 4.3) verstand es schließlich, die Gallier davon zu überzeugen, dass es zu ihrem Vorteil sei, sich Rom anzuschließen, statt dessen Herrschaft zu bekämpfen. Danach kam es in Gallien kaum noch zu Aufständen. Nach der Eroberung unterdrückten die Römer den Druidismus mit Nachdruck. Zwar kämpften Gallier im anschließenden Bürgerkrieg auf beiden Seiten, jedoch als Berufssoldaten und nicht mehr als Teil einer Unabhängigkeitsbewegung. So tobten etwa während des Bürgerkriegs, den Cäsar als Nächstes führen sollte, in fast allen Teilen des Reiches Kämpfe, an denen auch die lokale Bevölkerung beteiligt war – nur nicht in Gallien. Cäsar blieb keine Zeit, das neue Gebiet in eine Provinz umzuwandeln (das geschah erst unter Augustus). Doch nachdem die Kämpfe endgültig beendet waren, reiste er durch Gallien, um persönliche und positive Beziehungen aufzubauen und jeden Anlass für neue Aufstände zu vermeiden. Er ehrte die Stämme und belohnte ihre Anführer. Strafsteuern vermied er. So wandte er Methoden an,

Abb. 4.3 Büste von Julius Cäsar. Staatliche Museen zu Berlin, Antikensammlung/Johannes Laurentius, CC BY-SA 4.0, Inventarnummer: Sk 342. Nachdruck mit Genehmigung

die sich bereits in Spanien bewährt hatten, und handelte im Sinne seines eigenen Gesetzes für gute Provinzverwaltung.

4.2.3 Die Heimatfront sichern

Cäsar erkannte früh, dass es schwierig sein würde, aus der Ferne weiterhin Einfluss auf die Entscheidungen in Rom zu nehmen, sobald er im Ausland war. Er hatte beobachtet, wie Pompeius, der im Osten stationiert war, mehrere Anläufe unternehmen musste, um Land für seine Veteranen zu sichern und die Anerkennung seiner Neuordnung der östlichen Provinzen zu erlangen. Letztlich musste er sich auf Cäsars Unterstützung als Konsul verlassen, um all dies durchzusetzen. Formal gesehen berichtete Cäsar als Statthalter an den Senat und die Konsuln in Rom. Die zentrale Autorität entschied dann, über welche Ressourcen Cäsar verfügen konnte, einschließlich der Finanzierung der Legionen, der Anzahl der Offiziere und der Verlängerung seines Kommandos.

Nach dem Ende seines Konsulats verbrachte Cäsar die ersten Monate des Jahres 58 in Rom und bemühte sich mit großem Einsatz und Erfolg, seine Versprechen gegenüber dem Triumvirat einzuhalten, indem er Verstöße gegen die von ihm als Konsul erlassenen Gesetze verhinderte. Publius Clodius – derselbe, dem fünf Jahre zuvor eine Affäre mit Cäsars zweiter Ehefrau Pompeia nachgesagt worden war – wurde 58 ein einflussreicher Volkstribun. Eine seiner ersten Amtshandlungen war die Anklage gegen Cicero, weil dieser die catilinarischen Verschwörer – römische Bürger – ohne Gerichtsverfahren hinrichten ließ. Vor einer Volksversammlung fragte Clodius Cäsar nach seiner Meinung zu diesem Fall. Cäsar erinnerte daran, dass er sich damals gegen die Hinrichtung ausgesprochen hatte. Gleichzeitig erklärte er, dass er es vorzöge, die Vergangenheit ruhen zu lassen. Cicero verließ die Stadt in freiwilliges Exil, bevor eine Entscheidung getroffen wurde. Cäsar bot ihm einen Posten in seinem Stab in Gallien an, doch Cicero lehnte ab und schickte stattdessen seinen Bruder Quintus. Schließlich begannen zwei Prätoren zu untersuchen, ob Cäsars Gesetzgebung als Konsul ordnungsgemäß zustande gekommen war. Cäsar schlug vor, der Senat solle entscheiden, und beteiligte sich an den Diskussionen. Die Senatoren verstrickten sich in endlose Debatten. Nach drei Tagen hatte Cäsar genug und verließ die Stadt, um offiziell sein Amt als Statthalter anzutreten. Er brach nach Gallien auf, als er erfuhr, dass die Helvetier in Richtung römisches Gebiet zogen.

Von Gallien aus arbeitete Cäsar weiterhin mit Clodius zusammen, während seine Gegner erneut versuchten, Cäsars konsularische Gesetze aufzuheben. Sie klagten Vatinius an, einen von Cäsars mittleren Führungskräften, der im Vorjahr maßgeblich an der Durchsetzung der Gesetzgebung in der Volksversammlung beteiligt gewesen war. Vatinius wurde vorgeworfen, dies auf illegale Weise getan zu haben. Er war Cäsar als Offizier nach Gallien gefolgt und kehrte nun zurück, um sich den Vorwürfen zu stellen. Doch Clodius mobilisierte eine Gruppe, die den Prozess sabotierte, indem sie die Wahlurnen der Geschworenen zerstörte. Der Prozess wurde nie wieder aufgenommen und Vatinius kehrte unbehelligt nach Gallien zurück.

Zwischen 58 und 56 wurde Rom von Fraktionskämpfen innerhalb der Elite zerrissen. Dies zeigte sich sowohl in den Gerichten als auch in gewaltsamen Auseinandersetzungen auf den Straßen, bei denen die Anführer die Massen gegeneinander aufbrachten. Es ging nicht nur um Karrierekonkurrenz einzelner Persönlichkeiten, sondern auch um die Lösung drängender Probleme. Die konservative Mehrheit war weiterhin bestrebt, Teile von Cäsars Gesetzgebung rückgängig zu machen und ihn insbesondere seines Kommandos in Gallien zu entheben. Die Triumvirn bildeten nun eine klar abgehobene Klasse hinsichtlich Reichtum und Einfluss, vergleichbar mit heutigen Oligarchen. Cäsar wusste, dass sein Kommando vom Fortbestand dieser Koalition abhing, damit die beiden anderen, Pompeius und Crassus, seine Interessen in seiner Abwesenheit verteidigen konnten. Daher lud er sie zu einem Treffen in Luca ein, am Südrand seiner Provinz in Norditalien.

Die Koalition wurde nach demselben Prinzip erneuert: gegenseitige Unterstützung der Interessen. Pompeius und Crassus sollten – wie schon 70 – erneut Konsuln werden, um ihre Pläne umzusetzen. Um ihre Wahlchancen zu erhöhen, arbeiteten beide in Rom darauf hin, die Wahlen auf einen späteren Zeitpunkt im Jahr zu verschieben. So konnten Cäsars Offiziere und Soldaten, die in den Wintermonaten dienstfrei waren, nach Rom kommen, um abzustimmen. Vereinbart wurde, Cäsars Kommando um weitere fünf Jahre zu verlängern und staatliche Mittel für zusätzliche Legionen bereitzustellen. Crassus wiederum drängte auf einen „echten" Krieg. Zwar hatte er 71 das Sklavenheer des Spartacus besiegt, doch galt dieser Gegner als „unwürdig". Daher sollte er Syrien als Provinz erhalten, in Erwartung eines Krieges gegen die Parther; Pompeius sollte die beiden spanischen Provinzen bekommen und weiterhin als Krisenmanager die Getreideversorgung der Stadt überwachen. Das Triumvirat und seine Erneuerung waren Cäsars Idee und entsprachen seiner Organisationsphilosophie. Besonders die Erneuerung stärkte die Exekutivführung. Das erste Bündnis hatte Cäsar zunächst als Konsul, dann als Statthalter in eine exekutive Rolle gebracht. Die Erneuerung verschaffte allen drei Triumvirn exekutive Funktionen. Pompeius und Crassus setzten die Pläne während ihres gemeinsamen Konsulats 55 um, allerdings nicht ohne Schwierigkeiten. Cato der Jüngere führte erneut die Opposition an, doch trotz Reden, Verfahrensblockaden und Rangeleien in den Sitzungen setzten sich Pompeius und Crassus durch.

Wie bereits erwähnt, war das Jahr 54 für Cäsar schwierig. Neben schweren Rückschlägen in Gallien zerfiel sein Unterstützungsnetzwerk in Rom. Crassus verließ Rom und fiel 53 im Kampf gegen die Parther, womit das Triumvirat zum Duumvirat schrumpfte. Das Bündnis war durch gemeinsame Interessen und ein empfindliches Gleichgewicht der Kräfte zusammengehalten worden. Der innere Konkurrenzkampf dieser drei ehrgeizigen Männer wurde dadurch gebremst, dass keiner mächtiger werden konnte als die beiden anderen zusammen. Nach dem Verlust von Crassus und dem Tod Julias, die als Stabilitätsfaktor zwischen Cäsar und Pompeius gewirkt hatte, geriet das Gleichgewicht ins Wanken. Hinzu kam, dass Cäsar zuvor auf die Unterstützung seiner Mutter, seiner Frau und seiner Tochter im Hintergrund in Rom zählen konnte – nun war mit Calpurnia nur noch seine Ehefrau als letzte Vertreterin dieses einflussreichen Frauenteams übrig.

Ende der 50er Jahre wurde Rom erneut von inneren Unruhen erschüttert. Wahlkorruption, politischer Wettbewerb, Aufstände und Attentate lähmten den politischen Prozess. Dies bot Pompeius erneut die Gelegenheit, als Krisenmanager Roms aufzutreten. Diesmal jedoch mit Rückhalt der Senatsmehrheit, die ihm die Anerkennung verschaffte, nach der er als relativ neues Mitglied der Oberschicht immer gestrebt hatte. Cato der Jüngere und Bibulus, nun Catos Schwiegersohn, führten die konservative Fraktion an und schlossen ein Bündnis mit Pompeius. Sie verzichteten auf eine Diktatur und schlugen vor, dass Pompeius 52 ohne Kollegen Konsul werden sollte. Mit allen konsularischen Vollmachten in einer Hand hoffte man, Pompeius könne die Stadt befrieden. Es war ein doppelter Bruch mit den geltenden Regeln: Verfassungsrechtlich sollte ein Konsul immer einen Kollegen haben; zudem sollte zwischen zwei Konsulaten ein Abstand von zehn Jahren liegen, doch Pompeius war erst 55 Konsul gewesen, also nur drei Jahre zuvor. Pompeius setzte Soldaten ein, um die Ordnung in der Stadt wiederherzustellen, worauf eine Welle von Prozessen folgte. Diese Verfahren waren jedoch parteiisch und zielten auf die Verurteilung der Gegner von Catos konservativer Fraktion ab. Viele wurden verbannt und suchten Zuflucht bei Cäsar in Gallien.

Cäsar unterhielt eine Organisation von mittleren Führungskräften, die in seinem Auftrag als Magistrate und Senatoren Entscheidungen in Rom beeinflussten. Mitunter schickte er Offiziere zurück, damit sie in Rom

Magistratsämter übernahmen (z. B. Vatinius als Prätor 55 v. Chr.). In den Wintermonaten, wenn die Kämpfe ruhten, kehrte Cäsar in die römischen Provinzen unter seinem Kommando zurück, meist in den Süden der Alpen. Dort nahm er seine administrativen Aufgaben als Statthalter wahr. Das brachte ihn näher an Rom und ermöglichte ihm Gespräche mit Senatoren und Geschäftsleuten, die nach Norden reisten, um ihn zu treffen. Kandidaten für Ämter suchten bei Cäsar finanzielle Unterstützung für ihre Wahlkämpfe. Cäsar pflegte zudem einen direkten Draht zur Geschäftswelt, die als Banker, Heereslieferanten und Steuerpächter von seinen Eroberungen profitierte. War er weiter entfernt, nutzte Cäsar ein Kuriernetz, um seine umfangreiche Korrespondenz zwischen Gallien und Rom zu versenden. Mit zwei seiner wichtigsten Vertrauten, Oppius und Balbus, hatte er ein System zum Austausch verschlüsselter Nachrichten vereinbart. Briefe wurden oft von Geld- oder Wertgeschenken begleitet. All dies ermöglichte es Cäsar, weiterhin aktiv in der römischen Politik mitzuwirken. Gegen Ende seines Kommandos in Gallien, als seine Rückkehr bevorstand und das Triumvirat zerbrochen war, arbeitete Cäsar unermüdlich daran, seine Führungsorganisation in Rom zu stärken.

Für Cäsar, wie für jede moderne Führungskraft im Ausland, bestand die Herausforderung darin, sicherzustellen, dass seine Erfolge in der Heimat anerkannt wurden, dass er ausreichend Unterstützung hatte und dass er für seine künftigen Karriereschritte in Erinnerung blieb. Nachdem Cäsar Ende 57 verkündet hatte, ganz Gallien befriedet zu haben, beschloss der Senat zu seinen Ehren eine *supplicatio*, ein Fest zur Danksagung an die Götter für Cäsars Siege. Der Senat setzte eine beispiellose Dauer von fünfzehn Tagen für die Feierlichkeiten fest (der bisherige Rekord lag bei Pompeius im Jahr 63). Im Jahr 55 erhielt Cäsar eine weitere Danksagung, nachdem der Senat seinen Bericht über Gallien und die spektakulären Feldzüge nach Germanien und Britannien diskutiert hatte. Schließlich wurde ihm nach dem Sieg über Vercingetorix 52 eine dritte Danksagung zuteil.

Diese öffentlichen Ehrungen von Cäsars Erfolgen trugen zu seiner Sichtbarkeit bei den römischen Interessengruppen bei. Sie halfen Cäsar, den Senat davon zu überzeugen, zusätzliche Legionen für den Krieg in Gallien bereitzustellen. Um zudem eine dauerhafte Sichtbarkeit – auch im Wettbewerb mit anderen reichen Römern – zu gewährleisten und seine Großzügigkeit zu demonstrieren, begann Cäsar, einen Teil seiner Beute zu investieren. Er erwarb Land in Rom für künftige prestigeträchtige Immobilienprojekte, darunter ein neuer Wahlbereich aus Marmor auf dem Campus Martius für die Wahlversammlungen sowie ein eigenes Forum, das von einem Tempel für die Schutzgöttin seiner Familie, Venus, gekrönt wurde.

Cäsar berichtete ausführlich aus Gallien nach Rom – Berichte, die man noch heute in *De Bello Gallico* nachlesen kann, einer Sammlung seiner persönlichen Schilderungen des Gallischen Krieges. In diesen Bulletins ließ Cäsar bewusst offen, ob er einen Verteidigungskrieg zur Wahrung römischer Interessen oder einen Eroberungskrieg führte, zu dem er nicht autorisiert war. Im Vertrauen auf den Erfolg zog er es vor, im Nachhinein um Verzeihung zu bitten, statt im Voraus um Erlaubnis zu fragen. Sein Mandat als Statthalter im Allgemeinen und in den gallischen Provinzen im Besonderen war ohnehin nicht sehr präzise gefasst. Entschlossen und ehrgeizig, wie er war, nutzte er diese Grauzone, um die Grenzen seines Auftrags auszuweiten. Rom befand sich noch im Aufbau seines Imperiums. Die Vorstellung, dass Roms Zukunft von einer konsequenten und nachhaltigen Verwaltung des Reiches abhing – geschweige denn das Bewusstsein, dass es dafür eine Organisationsstruktur mit geeigneten Prozessen und Systemen brauchte –, begann erst bei einigen Mitgliedern der römischen Elite zu dämmern. Cäsar gehörte zu den wenigen, die dies erkannten, wie er bereits als Statthalter in Spanien mit seinem Gesetz zur Provinzverwaltung und seinem Umgang mit den Steuerpächtern gezeigt hatte.

4.3 Cäsars Führung während des Gallischen Krieges

Nach diesem historischen Überblick wollen wir nun Cäsars Führungsverhalten erneut aus moderner Perspektive analysieren. Zentrale Fragen an dieser Stelle sind: Über welche Kompetenzen verfügte Cäsar, um seine Herausforderungen zu meistern? Wie setzte er sie ein? Abb. 4.4 fasst die Bewertung von Cäsars Führungsverhalten in dieser Zeit zusammen.

4.3.1 Führung der eigenen Person

Im Laufe der Jahre in Gallien erwies sich Cäsar als vorbildlicher Anführer für seine Soldaten. Er teilte ihr einfaches Essen und ihre Zelte, selbst unter widrigsten Bedingungen. Die Armee war beeindruckt von Cäsars Ausdauer, da er sich weder von seinen Kopfschmerzen (vermutlich Migräne) noch von gelegentlichen epileptischen Anfällen beirren ließ. Cäsar reiste oft in einer Kutsche oder Sänfte, schlief unterwegs oder diktierte Briefe und Mitteilungen an einen ihn begleitenden Sklaven – manchmal sogar an zwei gleichzeitig, um

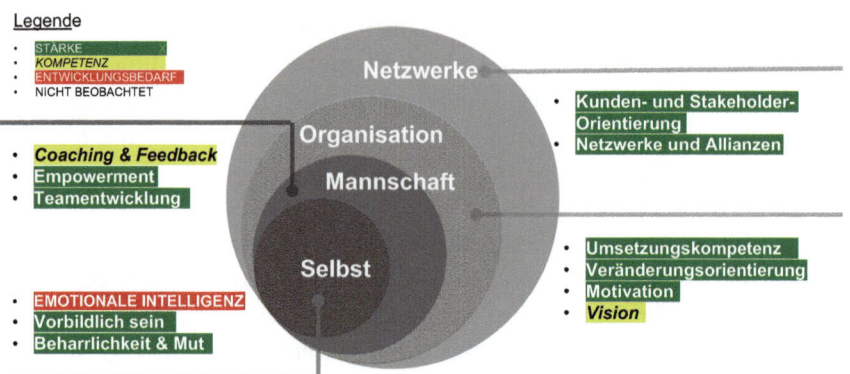

Abb. 4.4 Bewertung von Cäsars Führungsverhalten als Befehlshaber während des Gallischen Krieges. Anpassung des Autors: Basierend auf GELM von KDVI

mit seiner Diktiergeschwindigkeit Schritt zu halten. Der Mut, den er als junger Soldat gezeigt hatte, trat wieder in den Vordergrund. Mehrfach wendete er den Ausgang einer Schlacht, indem er sichtbar in den vordersten Reihen kämpfte. Die Legionäre hatten das Gefühl, dass er Reichtum anhäufte, um sich selbst zu bereichern, aber auch, um diejenigen großzügig zu belohnen, die sich besonders hervortaten.

Cäsar handelte weiterhin im Einklang mit seinem Wert der Milde. Er war zu großer Gewalt und Grausamkeit fähig, doch dies war nicht seine bevorzugte Handlungsweise. Er ließ Menschen hinrichten, beging aus heutiger Sicht einen Völkermord an den Eburonen, verkaufte ganze Stämme in die Sklaverei, plünderte Städte und ließ Menschen die Hände abschlagen. Dennoch gestattete er den Helvetiern, in Frieden in ihre Heimat zurückzukehren, und sorgte dafür, dass sie unterwegs ausreichend Nahrung hatten. Er begnadigte die Aeduer und die Arverner, obwohl diese sein Vertrauen missbraucht hatten. Wenn überhaupt, war Cäsar konsequent: Er war aufrichtig verzeihend und bestrebt, nach einem ersten Konflikt mit allen besiegten Gegnern friedliche Beziehungen zu etablieren. Nach einem zweiten Kampf jedoch zeigte er sich wenig nachsichtig.

Der Erfolg des Aufstands von Vercingetorix, sechs Jahre nach Cäsars Ankunft in Gallien, offenbarte eine strategische Fehleinschätzung Cäsars. Dies zeigte, dass es ihm noch nicht gelungen war, die Herzen und Köpfe der von ihm unterworfenen Bevölkerung zu gewinnen. Diese unerwartete Wendung, ein blinder Fleck in seiner Führung, deutet auf einen weiteren Entwicklungsbedarf seiner emotionalen Intelligenz hin – ein Phänomen, das bereits zuvor zu beobachten war. Cäsar war offensichtlich nicht entschlossen, den Helvetiern oder den Sueben einen Ausweg zu bieten, der ihre Interessen berücksichtigte. Er strebte nach Nullsummenlösungen und hatte dabei das Glück, als Sieger hervorzugehen. In Gallien gelang es ihm trotz seiner Bemühungen, Beziehungen zu einzelnen Stämmen und Anführern aufzubauen und Milde sowie Großzügigkeit zu zeigen, nicht, die Bereitschaft der Gallier als Ganzes zu erkennen, sich hinter einer gemeinsamen Sache zu vereinen. Die Überzeugungskraft der Druiden blieb ihm verborgen. Folglich war er nicht in der Lage, rechtzeitig eine überzeugende Botschaft zu formulieren, um die Gallier kollektiv davon zu überzeugen, ihre Unabhängigkeit aufzugeben und die römische Herrschaft zu akzeptieren.

Der Krieg in Gallien wird, nicht zuletzt aufgrund von Cäsars eigenen Schriften, oft als eine Zeit ununterbrochener Kämpfe und hochintensiver Aktionen dargestellt. Doch das ist nur ein Teil der Wahrheit. Die Feldzüge waren risikoreich, erschöpfend, stressig und mitunter lebensgefährlich. Die Gefechte wurden jedoch von Phasen des Reisens und der Vorbereitung unterbrochen. Besonders in den Wintermonaten, wenn die Kämpfe ruhten, konnte Cäsar in Italien neue Kraft schöpfen. Die Arbeit verlief langsamer und weniger intensiv. Er verbrachte Zeit mit Familie und Freunden, die ihn besuchten. Er hatte Gelegenheit zu lesen und zu schreiben, sich sportlich zu betätigen oder in römischen Bädern zu entspannen. Tatsächlich hielt dieser saisonale Rhythmus sein Energielevel hoch. Er machte ihn zudem widerstandsfähig. Cäsar verweilte nicht bei Niederlagen. Im Gegenteil: Angesichts seiner schnellen Reaktionen stärkten Rückschläge sogar sein Selbstvertrauen und veranlassten ihn zu sofortigem Handeln. Seine ausgeprägte Beharrlichkeit war das Ergebnis seines Wunsches, die Erinnerung an ein Scheitern durch anschließende Übererfüllung sofort zu tilgen. Seine extreme Reaktion gegenüber den Eburonen war durch seine Frustration über die schwere Niederlage motiviert, die sie seiner Armee zugefügt hatten.

4.3.2 Führung von Teams

In seiner Rolle als Feldherr bot sich Cäsar eine hervorragende Gelegenheit, seine Fähigkeiten als operativer Führer unter Beweis zu stellen und weiterzuentwickeln. Der Erfolg auf dem Schlachtfeld war auch dem Team aus Offizieren zu verdanken, das Cäsar um sich versammelt hatte. Viele von ihnen hatte Cäsar selbst ausgewählt – ein Prozess, der eine sorgfältige Prüfung ihrer Fähigkeiten, Loyalität und ihres Potenzials beinhaltete. Zudem griff er weiterhin auf Talente aus den unteren Gesellschaftsschichten zurück, wie etwa Vatinius, der ihm als Konsul bei der Durchsetzung von Gesetzen half und ihn später als Offizier nach Rom begleitete. Herausragend unter diesen Männern war Titus Labienus, der erste seiner Familie, der Senator wurde. Darüber hinaus kannten sich Cäsar und Labienus schon lange. Sie waren gleich alt und begegneten sich als junge Offiziere während eines Feldzugs gegen Piraten in den 70er Jahren v. Chr. In den 60er Jahren arbeiteten sie gemeinsam in der römischen Politik und unterstützten Pompeius.

Labienus folgte Cäsar nach Gallien. Nachdem Cäsar seine Arbeit kennengelernt hatte, ernannte er ihn zu seinem Stellvertreter – eine Position mit erheblichen Verantwortlichkeiten und Entscheidungsbefugnissen. Labienus werden mehrere Siege zugeschrieben, und er erlitt als Befehlshaber nie eine Niederlage. Er war zweifellos Cäsars bester Vertrauter. Während der Wintermonate, in denen Cäsar sich in Italien aufhielt, übertrug er Labienus die Verantwortung für die Angelegenheiten nördlich der Alpen. Labienus erhielt den Auftrag, die Helvetier daran zu hindern, die Rhonelücke bei Genf zu überschreiten, während Cäsar in Italien zusätzliche Legionen rekrutierte. Im Krieg gegen Vercingetorix war er unentbehrlich, um zu verhindern, dass die Gallier ihre Kräfte bündeln konnten. Trotz jahrhundertelanger Kriegserfahrung gelang es den Römern nie, eine Kavallerie als bedeutende strategische Waffe zu entwickeln – was sie beispielsweise im Kampf gegen Hannibal teuer zu stehen kam. Labienus war der erste, der es verstand, die berittenen Soldaten gallischer Verbündeter und germanischer Söldner wirksam in die römische Armee zu integrieren. Er war für Cäsar das, was Joachim Murat für Napoleon war.

Cäsar setzte Offiziere aus der Oberschicht auch als Gefälligkeit für Personen aus seinem Netzwerk oder auf deren Empfehlung ein. Publius Crassus, der Sohn des Crassus, war nach Labienus Cäsars bester Offizier. Crassus junior führte erfolgreich den Feldzug zur Eroberung sowohl des westlichen Galliens als auch der Atlantikküste. Anschließend verließ er Gallien und schloss sich dem unglücklichen Feldzug gegen die Parther an, bei dem er gemeinsam mit seinem Vater ums Leben kam. Ciceros jüngerer Bruder Quintus bewährte sich ebenfalls, insbesondere indem er seine Festung gegen den Ansturm der zahlenmäßig weit überlegenen Eburonen verteidigte. Danach verließ er Cäsar, um unter seinem älteren Bruder zu dienen, als Cicero Statthalter einer östlichen Provinz wurde. Später im Krieg stieß Marcus Antonius zu Cäsar. Auch wenn nicht alle Offiziere Cäsars von gleicher Qualität waren, so leisteten doch die meisten im Gallischen Krieg hervorragende Arbeit und bildeten enge Bindungen zu Cäsar und untereinander.

Neben der Übertragung von Verantwortung unterstützte und schützte Cäsar seine Mitarbeiter aktiv. Bereits zuvor lasen wir von seiner Unterstützung für Vatinius, als dieser 58 vor Gericht stand. Ebenso engagierten Cäsar und die anderen Triumvirn im Jahr 56, als sein Netzwerker und ehemaliger Chefingenieur Balbus wegen angeblich illegal erworbener römischer Bürgerrechte angeklagt wurde, den besten Anwalt Roms, Cicero, der Balbus erfolgreich verteidigte. Cäsar förderte zudem aktiv die Karrieren seiner Offiziere, indem er sie nach Rom zurückschickte, damit sie sich zur Wahl stellten und Regierungsämter übernahmen. Vatinius kehrte zurück und wurde Prätor; Marcus Antonius wurde Volkstribun. Labienus schließlich ernannte Cäsar im Jahr 50 zum Statthalter der Gallia transalpina, um ihm zusätzliche Verwaltungserfahrung zu verschaffen.

Cäsar stützte sich auf seine Kollegen im Triumvirat und auf den populären Anführer Clodius, um die Geschäfte in Rom erfolgreich zu überwachen. Darüber hinaus nutzte Cäsar informelle Mittelsmänner wie das Team aus Balbus und Oppius, die als Vermittler und Banker fungierten und auch seine Korrespondenz zwischen Gallien und Rom abwickelten. Diese Mittelsmänner spielten eine entscheidende Rolle bei der Aufrechterhaltung des Informations- und Ressourcenflusses, sodass Cäsar sich auf seine militärischen und politischen Strategien konzentrieren konnte.

Um die Größe und Komplexität der Verwaltung von drei Provinzen und die Führung eines Eroberungskrieges in Gallien zu bewältigen, umgab sich Cäsar mit hochprofessionellen Spezialisten – häufig Männer mit großem Potenzial, die Cäsar früh in ihrer Laufbahn rekrutierte: Ingenieure, Sekretäre für Korrespondenz und Berichterstattung, Einkaufs- und Versorgungsmanager, Dolmetscher und Finanzexperten. Einer von ihnen war Gaius Trebatius Testa. Auf Empfehlung Ciceros wurde er im Alter von 30 Jahren Cäsars wichtigster Rechtsberater. Er blieb während Cäsars gesamter Laufbahn in dessen Stab und leistete unschätzbare juristische Unterstützung. Unter Augustus wurde er einer der führenden Rechtsgelehrten Roms. Bemerkenswert ist, dass die Art und Weise, wie Cäsar sein Team zusammenstellte und strukturierte, keineswegs ungewöhnlich war. Der Staat stellte einem Feldherrn eine voll ausgerüstete Armee samt Offizierskorps zur Verfügung. Ein Statthalter erhielt hingegen nur ein Minimum an Personal für zivile Aufgaben. Es wurde jedoch erwartet, dass römische Amtsträger zusätzliches Personal auf eigene Kosten einstellten und bezahlten.

Ein Offizierskorps zu motivieren, eine Schlacht zu schlagen, ist selbst für einen talentierten Führer wie Cäsar keine leichte Aufgabe. Eine bemerkenswerte Begebenheit, die Cäsars Fähigkeiten im Bereich Coaching & Feedback eindrucksvoll belegt, ereignete sich während des Feldzugs gegen die Sueben im Jahr 58. Nachdem Ariovist zunächst ein Gespräch verweigert hatte, positionierte Cäsar seine Armee neu gegen die Sueben. Dabei stellte er fest, dass die Truppen nur zögerlich bereit waren, ihm zu folgen. Diese Unsicherheit ging vor allem von den Offizieren aus, insbesondere von jenen mit wenig Erfahrung, die sich Ruhm erhofft hatten. Sie hatten Geschichten von Händlern und Galliern gehört und waren daher von Angst vor dem germanischen Feind ergriffen. Zudem waren sie unsicher, ob der Krieg legitim war oder nur Cäsars Ambitionen diente. In dieser Situation war sogar von Desertion die Rede. Cäsar und der römische Historiker Cassius Dio schildern diese Episode ausführlich, einschließlich einer langen Rede Cäsars (Kasten 4.3). Diese Berichte geben uns einen seltenen Einblick, wie Cäsar seine Gefolgsleute motivierte und was ihn selbst antrieb.

Kasten 4.3 Cäsar motiviert eine zögernde Armee neu

In Sorge, den Gemütszustand der Soldaten nicht beeinflussen zu können, versammelte Cäsar nur seine Offiziere und Zenturionen, nicht aber die gesamte Armee. Das waren etwa sechzig Männer. Die Versammlung fand in der gallischen Stadt Vesontio (heute Besançon) statt, wo die Römer Halt machten, um sich zu versorgen. In dieser Stadt dürfte es einen ausreichend großen Saal gegeben haben, um die Offiziere und Unteroffiziere zu versammeln, sodass Cäsar sie unter vier Augen sprechen konnte. In seiner Rede ging er nacheinander auf die verschiedenen Gründe für die Zurückhaltung der Betroffenen ein und erläuterte, warum sie ihre Absicht, zu desertieren, überdenken sollten.

Zunächst erinnerte Cäsar daran, dass die Verhandlungen noch nicht abgeschlossen seien. Er argumentierte, Ariovist werde vermutlich zur Vernunft kommen und alles friedlich enden. Anstatt untätig öffentliche Gelder zu verschwenden, sollten sie als Offiziere diejenigen schützen, wie die Aeduer, mit denen Rom formell verbündet war, und zugleich das Imperium erweitern. Andernfalls hätten sie gar nicht erst nach Gallien kommen sollen. Er erinnerte sie auch daran, dass die meisten von ihnen sich freiwillig für diesen Feldzug gemeldet hatten. Der Beitrag zum Wohlstand der Republik komme allen zugute, fuhr er fort. Jenen, die behaupteten, der Feldzug gehe sie nichts an und bringe nur neue Probleme, entgegnete Cäsar, dass Rom nicht groß geworden sei, indem man jetzt aufgebe oder aus Angst weglaufe. Rom sei schließlich von einer kleinen Stadt zu einem Imperium geworden, indem es den Feind angriff, statt abzuwarten, bis der Feind zu ihnen komme. Roms Bestimmung und Glück, so beschwor er, bestehe darin, frei und wohlhabend zu sein, indem es andere beherrsche; alles andere bedeute Untergang und Verfall. Cäsar fügte hinzu, dass ein solches Ziel nur erreicht werden könne, wenn Rom stets bereit sei, einen dauerhaften Frieden zu sichern, tatsächlich zu kämpfen, um ständige Konflikte zu vermeiden, Bündnisse durch rasche Unterstützung der Verbündeten zu stärken und Unruhestifter nicht zu beschwichtigen, damit diese keinen Vorteil mehr darin sähen, die römische Herrschaft zu untergraben.

Cäsar wies das Argument zurück, dieser Krieg sei nicht ausdrücklich vom Senat oder vom Volk genehmigt worden, indem er darauf hinwies, dass die meisten Kriege ohnehin ungeplant seien. Außerdem, so argumentierte er, warum hätte das Volk dann einen außergewöhnlichen Fünfjahresbefehl statt

4 Bewährungsprobe: Die Eroberung Galliens

eines Zweijahreskommandos und vier Legionen bewilligt, wenn es keinen militärischen Konflikt erwartet hätte? Zudem sei es sinnvoll gewesen, dass das Kommando nicht genau festlegte, gegen wen gekämpft werden sollte, da dies aus der Ferne schwer zu beurteilen sei. Ariovist solle nach seinen Taten und Absichten beurteilt werden. Darüber hinaus sei Ariovists Weigerung, Cäsar zu treffen, keine persönliche Beleidigung, sondern ein Zeichen von Respektlosigkeit gegenüber dem Amt des Prokonsuls und der Autorität Roms.

Letztlich, so Cäsar, gebe es keinen Grund zur Furcht: Die Versorgung sei gesichert. Hatten sie nicht gerade erst die Helvetier mit relativer Leichtigkeit besiegt? Rom hatte auch andere germanische Heere geschlagen, etwa die Kimbern und Teutonen zu Zeiten des Marius, und jüngst das Sklavenheer des Spartacus. Dies könne wiederholt werden, ermutigte er. Das römische Heer sei besser ausgerüstet und verfüge über überlegene Taktik. Mit all dem gelang es Cäsar, die Stimmung der Armee wieder zu seinen Gunsten zu wenden. Während der Versammlung sicherten die Zenturionen und Unteroffiziere sofort ihre Unterstützung zu und gingen, um die ihnen unterstellten Soldaten zu überzeugen. Den Schwung nutzend, brach Cäsar am nächsten Tag das Lager ab und setzte den Marsch fort.

In seiner Rede nutzte Cäsar eine Mischung aus rationalen und emotionalen Argumenten: Er schilderte die Fakten der aktuellen Lage und des Zustands der Armee, appellierte an die Pflicht der römischen Bürger, erinnerte an frühere Erfolge in ähnlichen Situationen, um Ängste zu zerstreuen, und wies auf die Möglichkeit materieller Vorteile hin. Zudem argumentierte er, dass sein Handeln mit dem Auftrag und den ihm zur Verfügung gestellten Mitteln im Einklang stehe. Zweifellos setzte Cäsar bei dieser Rede seine ganze rhetorische Kunst ein. Dieselben Fähigkeiten hatte er bereits fünf Jahre zuvor genutzt, um den Senat in der Debatte über das Schicksal der Verschwörer auf seine Seite zu ziehen. Nun jedoch gab es keinen Cato, der ihm widersprach. Dies ist ein eindrucksvolles Beispiel dafür, wie Cäsar seine Truppen durch Befehle und Überzeugungskraft motivierte – selbst in einer militärischen Organisation mit streng hierarchischer Befehlskette. Er war großzügig mit Belohnungen und Anerkennung, sowohl materiell als auch symbolisch. Cäsars Augenmerk auf die Logistik, etwa die Sicherstellung ausreichender Nahrungs- und Versorgungsmittel, gab seinen Männern ein Gefühl von Sicherheit und spiegelte die Empathie ihres Anführers wider. Er sorgte für seine Leute, indem er ihnen nach der Schlacht Zeit zur Erholung und zum Vergnügen gab. Er hielt seine Versprechen, was das notwendige Vertrauen schuf, um seine Soldaten zum Kampf zu motivieren.

4.3.3 Führung der Organisation

Ein eindrucksvolles Beispiel (Kasten 4.4) verdeutlicht, wie Cäsar seine Armee nach einer Niederlage wieder motivierte. Im Jahr 52 belagerte Cäsar die befestigte Stadt Gergovia. Ein Teil der Armee stürmte aus eigenem Antrieb die Mauern, da sie eine Schwachstelle vermuteten. Ihre Offiziere konnten sie nicht zurückhalten. Die Gallier schlugen den Angriff zurück und fügten den Römern durch einen Ausfall aus der Stadt erhebliche Verluste zu. Infolgedessen musste Cäsar die Belagerung aufgeben.

> **Kasten 4.4 Ein Beispiel für Performance Management**
>
> Wie Cäsar mit der Situation umging, ist ein Musterbeispiel für Performance Management. Er versammelte die Armee und sprach zu ihr. Zunächst gab er ihnen sein Feedback: Die Niederlage sei darauf zurückzuführen, dass sie die Befehle ihrer Offiziere missachtet und sich unbesonnen verhalten hätten. Gleichzeitig lobte er ihren Mut. Anschließend formulierte er seine Erwartungen neu: Er erwartete von ihnen Bescheidenheit, Selbstbeherrschung und Tapferkeit sowie den Blick über das Offensichtliche hinaus. Um die Soldaten nicht mit einem negativen Gefühl zurückzulassen, schloss er mit einer Ermutigung, es beim nächsten Mal besser zu machen. Um sicherzustellen, dass sie ihr Selbstvertrauen zurückgewinnen würden, führte er die Armee mehrmals aus dem Lager und bereitete sie auf den Kampf vor. Im Einklang mit ihrer neuen Strategie, offene Feldschlachten mit den Römern zu vermeiden, verweigerten die Gallier die Konfrontation. Cäsar stellte dies gegenüber seinen Truppen als Zeichen der Überlegenheit dar. So konnte er seine Soldaten in positiver Stimmung abziehen lassen.

Es gibt keine Hinweise darauf, dass Cäsar für diesen Feldzug in unerobertes Gebiet eine eigene Vision entwickelte. Er glaubte an die Vision seines Auftraggebers, der Republik, nämlich dass Rom zur Eroberung bestimmt sei, wie er seinen Offizieren in Vesontio verdeutlicht hatte. Allerdings entwickelte er keine spezifische Strategie, um diese Vision zu verwirklichen. Fairerweise muss man sagen, dass Cäsar erst während seines Konsulats erfuhr, welche Provinzen ihm zugeteilt würden, sodass ihm wenig Zeit blieb, eine Strategie zu entwickeln. Zunächst war Gallien eine ähnliche, aber deutlich größere Aufgabe als Cäsars Statthalterschaft in Spanien. Sein Plan war es, vergleichbare Gelegenheiten für militärisches Handeln und materielle Belohnung jenseits der Grenzen seiner Provinzen zu finden. Doch im Verlauf der Ereignisse weitete sich der Feldzug erheblich aus. Cäsar nutzte die sich bietenden Chancen und dehnte die Grenzen seines ursprünglichen Plans aus. Er passte sich mit großer Agilität an die veränderten Umstände an und setzte eine Strategie um, die bis heute als Vorbild für Militärstrategen gilt.

Die Legitimität von Cäsars Handeln in Gallien wurde bereits von seinen Zeitgenossen und seither immer wieder diskutiert. Da ihm nur vage Ziele vorgegeben wurden, überschritt er im ersten Jahr keine Grenzen. Allerdings könnte er die Vorgaben zu seinen Gunsten ausgelegt haben. Die Bedrohung durch die Helvetier war real, und er musste tun, was notwendig war, um die römische Provinz zu schützen. Das Vorgehen gegen Ariovist war präventiv und erfolgte auf Bitten der gallischen Verbündeten Roms, der Aeduer. Tatsächlich ähnelte das Überschreiten des Rheins durch die Sueben stark dem Einfall der germanischen Stämme zur Zeit des Marius, ein Ereignis, das nicht nur die Provinzen, sondern auch Rom selbst bedroht hatte. Die Legionen nach der Beseitigung der germanischen Bedrohung über den Winter in Gallien zu belassen, anstatt sich ins römische Gebiet zurückzuziehen, bedeutete, Cäsars Ziele als Statthalter zu erweitern. Es ist nachvollziehbar, dass die Belger dies als Provokation empfanden. Zugegeben, das Vorgehen gegen die Belger im Jahr 57 war eher ein Bitten um Vergebung als um Erlaubnis. Doch Cäsar wusste, dass sowohl der Senat als auch das Volk von Rom gegenüber Feldherren, die zur Sicherung eines Sieges Grenzen überschritten hatten, recht nachsichtig waren. Schließlich war Roms Schicksal die Eroberung. Das ihm gewährte Dankfest bestätigte seine Sichtweise.

Cäsar entwickelte seine Strategie fortlaufend, von Feldzug zu Feldzug. Sein anfänglicher Ansatz war „Spanien 2.0": die Beseitigung von Bedrohungen für die römischen Provinzen und zugleich die Schaffung von Möglichkeiten für militärischen Ruhm. Nach zwei Jahren glaubte er, die Aufgabe sei erfüllt, und erklärte den Sieg. Im folgenden Jahr, 56, erkannte er, dass er sich geirrt hatte. In den Jahren 54–52 erlitt seine Armee mehrere Rückschläge und Niederlagen, da die gallischen Stämme begannen, sich anzupassen und zusammenzuarbeiten. Letztlich setzte er sich durch Schnelligkeit, Logistik und Technologie durch. Er sicherte die Grenzen der neu gewonnenen Gebiete, indem er die Helvetier nach Hause schickte und zweimal den Rhein und den Ärmelkanal überquerte, um künftige Angreifer abzuschrecken. In seinen letzten Jahren lernte er durch harte Erfahrungen, dass mehr als nur ein „Spanien 2.0" nötig war. Daher bot er den Galliern Anreize, um sie enger an das Römische Reich zu binden, und ebnete so seinem Nachfolger den Weg zur vollständigen Integration.

4.3.4 Führung von Stakeholdern und Netzwerken

In dieser Zeit musste Cäsar zwei Hauptgruppen von Stakeholdern beeinflussen: einerseits den Senat und das Volk von Rom, andererseits die Gallier. Neben seiner Koalition mit Crassus und Pompeius sowie der Organisation von Führungskräften der mittleren Ebene in Rom übte Cäsar Einfluss durch Briefe, finanzielle Unterstützung und Gesandte an Einzelpersonen in Rom aus. Im Winter reisten häufig Menschen aus Rom nach Norditalien, um ihn zu treffen. Sein Netzwerk in Rom blieb stark, und er gewann durch die Dankfeste und seine Bauvorhaben an Sichtbarkeit. Er setzte das ein, was er von seiner Mutter Aurelia über den Einsatz informeller Macht gelernt hatte.

Und dann waren da noch Cäsars *Commentarii de Bello Gallico*, kurz *De Bello Gallico*. Jedes Jahr während der Winterpause schrieb er die Ereignisse des vergangenen Jahres nieder. Viel später wurden diese zu einem Band zusammengefasst und veröffentlicht, um Cäsars Vermächtnis für die Nachwelt zu sichern. Während des Krieges kommunizierte er durch Depeschen, eine übliche Methode römischer Feldherren, dem Senat über die Ereignisse Bericht zu erstatten. Einige dieser Berichte, Kurzfassungen der späteren Commentarii, wurden möglicherweise informellen Bürgergruppen vorgelesen. Cäsars Berichte hatten einen anderen Stil. Er erweckt den Eindruck von Objektivität, indem er in der dritten Person von sich spricht. Sein Latein ist prägnant, grammatikalisch korrekt und unkompliziert. Diese Depeschen waren eindeutig für ein breiteres Publikum bestimmt. Cäsar kann aufgrund seines Stils und der Art der Verbreitung von Nachrichten als Erfinder des "Embedded Journalism" gelten. Dies entsprach seiner Politik der Transparenz, wie er sie bereits durch die Schaffung einer Rechenschaftskette für die Provinzverwaltung und die Einführung täglicher öffentlicher Berichte über Senatssitzungen und Volksversammlungen während seines Konsulats umgesetzt hatte. Er zeigte, dass Transparenz für ihn von zentraler Bedeutung war; zweifellos erwartete er, dass er durch Offenheit mehr zu gewinnen als zu verlieren hatte. Dies wirkte sich auch positiv auf Cäsars Ruf als Führungspersönlichkeit aus. Interessanterweise geschah dies trotz – oder vielleicht gerade wegen – der Tatsache, dass er nicht nur Siege rühmte, sondern auch Herausforderungen thematisierte und die Leistungen seiner Legionäre und Offiziere großzügig würdigte.

4.4 Cäsars Karriereentwicklung während des Gallischen Krieges

Das Amt des Prokonsuls über drei Provinzen gleichzeitig war Cäsars erste Position mit längerer Amtszeit. Tatsächlich war es mit anfangs fünf Jahren und einer anschließenden Verlängerung um weitere fünf Jahre die längste Position, die er in seiner gesamten Laufbahn innehatte. Frühere Ämter waren deutlich kürzer und dauerten kaum mehr als ein Jahr. Die Karriereentwicklung in dieser Phase von Cäsars Laufbahn bestand darin, sich nach den ersten fünf Jahren eine Verlängerung seines Auftrags zu sichern, sich gegen Ende seiner Amtszeit auf den nächsten Karriereschritt vorzubereiten und ein wohlwollendes Urteil derjenigen zu gewinnen, die über seine zukünftige Position entschieden. All dies musste aus der Ferne geschehen, da es ihm als militärischem Befehlshaber untersagt war, Rom zu betreten. Gleichzeitig wuchs der Umfang seiner Verantwortung mit der Hinzunahme weiterer Legionen und Territorien.

Warum wollte Cäsar sein Kommando von fünf auf zehn Jahre verlängern? Die meisten Historiker argumentieren, es sei der Wunsch nach Eroberung und materiellem Gewinn gewesen. Cäsar hoffte womöglich auf weitere derartige Gelegenheiten, obwohl die Verlängerung zu einem Zeitpunkt geplant wurde, als es so schien, als habe sich die Lage in Gallien beruhigt und er den Sieg für sich beanspruchen könne. Tatsächlich war er im Jahre 56 bis zu diesem Zeitpunkt auf dem Schlachtfeld erfolgreich gewesen, doch der eigentliche finanzielle Zugewinn stand noch aus. Manche behaupten, Cäsar habe seine Immunität bewahren und sich vor Strafverfolgung wegen Unregelmäßigkeiten während seines Konsulats schützen wollen. Zwar bestand dieses Risiko später, nachdem sein Netzwerk wichtiger Unterstützer ausgedünnt war, doch in den ersten fünf Jahren hatte er wenig zu befürchten. Er war äußerst populär, und die Triumvirn sowie Clodius schützten ihn effektiv vor politischen Gefahren.

Karriereentscheidungen werden oft aus sehr persönlichen Gründen getroffen. Schauen wir uns also die Alternative zum Verbleib im Amt an. Cäsar hätte mit Ruhm und Reichtum nach Hause zurückkehren können. Allerdings durfte er für eine Weile kein weiteres Amt übernehmen. Die Römer, stets besorgt um individuelle Macht, hatten ein verpflichtendes Zehnjahresintervall zwischen zwei Konsulaten festgelegt, außer in Krisenzeiten. Es blieb also nur der vorzeitige Rückzug ins Privatleben auf ein luxuriöses Landgut, wie es manche siegreiche Feldherren taten. Oder er hätte als angesehener

Senator mit großem Prestige wirken können. Ersteres wäre für einen Cäsar in den Vierzigern langweilig gewesen. Letzteres hätte bedeutet, sich wieder auf rhetorische Debatten mit Cato und dessen Anhängern einzulassen, wofür ihm Geduld und Überzeugung fehlten. Zudem glaubte Cäsar an den Vorrang der Exekutive gegenüber dem Senat. Cäsar genoss schlichtweg seine Zeit in Gallien in vollen Zügen. Das dürfte mehr als alles andere der entscheidende Antrieb für seinen Verbleib gewesen sein. Sicherlich bot Gallien ihm Wachstumschancen, um seinen Ehrgeiz zu nähren. Ebenso wichtig war jedoch, dass er greifbare Ergebnisse erzielen, schnelle Entscheidungen treffen, Risiken eingehen und die Wertschätzung seiner Gefolgsleute genießen konnte.

Um eine Verlängerung seines Kommandos zur Vollendung der Aufgabe in Gallien zu erreichen, griff Cäsar auf die gleiche Taktik zurück, die ihm bereits als Konsul gedient hatte: die Erneuerung der Koalition gegenseitiger Unterstützung und Vorteile unter den drei Triumvirn. Die regelmäßigen Berichte, die er während der neun Jahre seines Kommandos aus Gallien sandte, sowie die drei Dankfeste, die er erwirkte, vermittelten den Römern den Eindruck, er übertreffe alle Erwartungen. Er beeinflusste die Entscheidungsträger durch einen ständigen Strom von Korrespondenz, persönliche Treffen während der Wintermonate in Norditalien, großzügige Unterstützung Bedürftiger und eine informelle Organisation von Anhängern und Amtsträgern in der Stadt. So gelang es ihm, mehrere Versuche, ihn aus Gallien abzuberufen, zu vereiteln und Unterstützung für seine weitere Karriere zu gewinnen.

Was wäre für Cäsars Karriere nach Gallien sinnvoll gewesen? Er hatte bereits das höchste Amt, das des Konsuls, erreicht. Am Ende seiner Amtszeit wäre er 50 Jahre alt gewesen. An einen vorzeitigen Ruhestand dachte Cäsar ohnehin nicht. Beruflicher Aufstieg in Rom bedeutete mehr als nur das Vorrücken in der Ämterhierarchie. Es hieß auch, der Republik zu dienen, wenn man kein Amt innehatte: als Statthalter, als Senator oder als Redner vor Gericht und in den Volksversammlungen. Letztlich – und das war für Cäsar entscheidend – ging es darum, durch herausragende Leistungen für das Gemeinwohl, also die Republik, Ansehen (*dignitas*) zu gewinnen. Die Hierarchie zählte zwar und verlieh Prestige. Im Kern war die römische Republik jedoch eine Meritokratie; an die Spitze zu gelangen, bedeutete letztlich, sich durch Leistung auszuzeichnen. Hierarchisch betrachtet war das Amt des Statthalters der gallischen Provinzen nach dem Konsulat ein Abstieg. Wichtiger war für die Römer jedoch die Möglichkeit – und Pflicht –, einen Beitrag zu leisten. Und Cäsar leistete einen Beitrag. Bereits 59 hatte er das Gesetz zur strengeren Kontrolle der Provinzverwaltung erlassen, bevor er das große Los der drei

4 Bewährungsprobe: Die Eroberung Galliens

Provinzkommandos zog, das zur Eroberung Galliens führte. Damit schränkte er seine eigenen Möglichkeiten zur Bereicherung und Ausbeutung des Imperiums ein. Das ist ein bezeichnendes Beispiel dafür, das Richtige für die Republik und nicht für sich selbst zu tun. Betrachtet man es genauer, so hatte Cäsar zuvor dreimal in einer Provinzverwaltung gedient. Es gibt keinen Hinweis darauf, dass er sich je an der Ausbeutung einer Provinz beteiligt hätte. Cäsar plünderte und raubte, aber stets jenseits der Reichsgrenzen.

Cicero brachte in seiner Verteidigungsrede für Lucius Murena, einen zum Konsul gewählten Kandidaten, der 63 der Wahlfälschung beschuldigt wurde, die römische Sicht auf Karriereerfolg so zum Ausdruck (Übersetzung des Autors):

Das höchste Ansehen [*dignitas*] gebührt denen, die sich durch militärischen Ruhm auszeichnen.
Von ihnen wird erwartet, dass sie den Staat und das Imperium verteidigen und stärken.
Sie leisten auch den größten Beitrag, weil ihre Kompetenz und ihre Bereitschaft, sich in Gefahr zu begeben, es uns [*als Bürger*] ermöglichen, sowohl im öffentlichen als auch im privaten Bereich zu profitieren.Nur die Würdigsten, denen die Möglichkeit geboten wurde, der Republik zu dienen, wurden vom Volk ins Amt gewählt. Dass das tatsächliche Wahlergebnis zunehmend von politischen Machenschaften oder gar Korruption bestimmt wurde, ist eine andere Frage. Im römischen Glaubenssystem war die Republik eine Meritokratie. Der logische Schritt für Cäsar, der keine Pause einlegen und stets auf der Suche nach *dignitas* war, wäre also ein weiteres Amt gewesen – selbstverständlich keines unterhalb des Konsulats – oder vielleicht ein Sonderkommando nach pompejanischem Vorbild zur Lösung eines großen Problems.

Cäsar äußerte den Wunsch, ein zweites Mal für das Konsulat zu kandidieren. Mehrfach zum Konsul gewählt zu werden, war äußerst selten und mit großem Prestige verbunden; Crassus war zweimal, Pompeius dreimal Konsul gewesen. Cäsar wollte diese Zahl zweifellos erreichen. Er beantragte die Erlaubnis, in Abwesenheit zu kandidieren, wie er es bereits für sein erstes Konsulat 60 getan hatte. Damals wollte er Triumph und Wahl verbinden, was letztlich von Cato dem Jüngeren vereitelt wurde, wie im vorigen Kapitel geschildert. Diesmal sollte es Cäsar ermöglichen, sein Kommando zu beenden und Gallien sowie seine drei Provinzen in geordnetem Zustand zu hinterlassen. Durch den nahtlosen Wechsel vom Statthalter zum Konsul hätte Cäsar Immunität vor Strafverfolgung genossen. Politische Gegner, angeführt von Cato dem Jüngeren, arbeiteten daran, ihn in Gallien abzusetzen. Cäsar hatte Grenzen überschritten und möglicherweise tatsächlich übertreten; daher hätte man ihn anklagen können, auch wenn die Chancen dafür, wie Morstein-Marx in seiner Biografie erklärt, gering waren. Eine Verurteilung hätte Verbannung bedeutet und Cäsar von der nächsten Führungsposition ausgeschlossen. Der institutionelle und ideologische Konflikt darüber, ob der Senat oder die Exekutive die Hauptrolle in der Republik innehatte – ein Konflikt, den Cäsar bereits vor seinem Aufbruch nach Gallien geführt hatte -, war erneut entbrannt. Auch der Streit um die Ausnahme, in Abwesenheit kandidieren zu dürfen, war Teil dieses Machtkampfes. Diesmal jedoch gab es kein Triumvirat mehr. Crassus war tot, und Cato gelang es, Pompeius zunehmend auf die Seite der konservativen Senatsmehrheit zu ziehen, sodass Cäsar isoliert war. Zunächst wurde die Ausnahme gewährt, dann aber durch weitere Machenschaften wieder entzogen. Ein Bürgerkrieg sollte somit über Cäsars nächsten Karriereschritt entscheiden.

Cäsar blieb seiner Marke als großzügiger und verzeihender Führer treu. Das zeigte er seinen Soldaten, den Galliern, den Bürgern Roms und den Senatoren, die ihn in den Wintermonaten besuchten. Durch seine Triumphe auf dem Schlachtfeld und seine Führungsstärke erwarb sich Cäsar einen beeindruckenden Ruf, der wiederum seine Armee zu außergewöhnlichen Leistungen anspornte. Die drei Dankfeste sowie seine regelmäßigen Kriegsberichte stärkten seine Marke und Reputation in Rom. Entlassene Soldaten und Offiziere kehrten mit Geschichten über ihren Feldherrn zurück. Das Bild eines fähigen Anführers verschaffte Cäsar eine starke Position. Er konnte auf eine Armee zählen, die bereit war, ihrem siegreichen Feldherrn zu folgen. In Rom begrüßte das Volk seine Kandidatur für das Konsulat, und 52 gewährte man ihm die Ausnahme, ohne persönliche Anwesenheit zur Wahl antreten zu dürfen. Als 50 die Angst vor einem Bürgerkrieg wuchs, setzte sich die Geschäftswelt für eine friedliche Lösung ein, die Cäsar nicht ausschloss.

Wenden wir uns nun der *Leadership Pipeline* zu und betrachten diese Phase in Cäsars Karriere durch diese Linse (Abb. 4.5). Das Amt des Statthalters über drei Provinzen war Cäsars zweite Rolle als „Geschäftsführer". Eine ähnliche Aufgabe hatte er drei Jahre zuvor in Spanien übernommen, wenn auch in kleinerem Maßstab. Diese Rolle erforderte den Übergang zur Führung von Managern in Verwaltung und Armee. Es galt eine überschaubare Verwaltung zu leiten, dazu Stadträte und lokale Häuptlinge in jeder Provinz. Im Laufe der Zeit kam die Führung der Anführer unterworfener Stämme hinzu. Als Feldherr befehligte Cäsar zudem einen Offizierskorps, der mit seiner Armee wuchs. Für diesen Entwicklungsschritt muss ein Manager zum strategischen und vollzeitlichen Führer werden, mit nur noch begrenztem Raum für eigene Beiträge. Wieder einmal zeigte Cäsar seine Fähigkeit, solche Übergänge zu meistern. Als Feldherr führte er nicht nur Schlachten, sondern

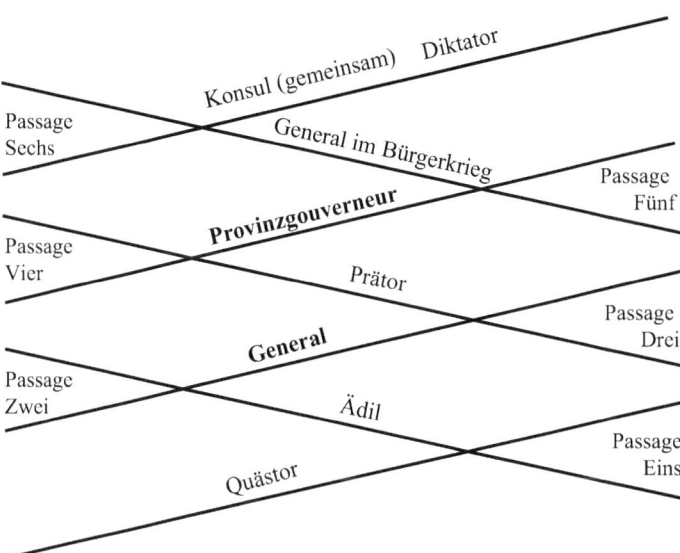

Abb. 4.5 Julius Cäsars Karrierepassagen im römischen Karrieresystem während seiner Entsendung in Gallien. Adaptation durch den Autor: basierend auf Charan et al. (2001)

entwickelte eine Strategie, die sich von der Verteidigung römischen Territoriums hin zur Eroberung neuer Gebiete wandelte, je nach Lage und Gelegenheit. Bei der Entwicklung und Umsetzung dieser Strategie stützte sich Cäsar auf seine talentiertesten Offiziere, Labienus und Publius Crassus. Allerdings gab es mehrere bedeutende Rückschläge auf dem Weg zum erfolgreichen Abschluss der Strategie. Gelegentlich musste Cäsar auf die operative Ebene hinabsteigen und selbst auf dem Schlachtfeld kämpfen. Dies waren keine Fälle von Mikromanagement, sondern notwendige Eingriffe, um kritische Situationen zu wenden.

Ein weiterer Entwicklungsschritt für einen neuen Geschäftsführer ist es, eine zukunfts- und ertragsorientierte Perspektive zu zeigen. Cäsar bewies dies mehrfach, etwa durch die Sicherung von Straßenverbindungen für Händler und die Abschreckung künftiger Invasionen aus Britannien und von jenseits des Rheins. Am Ende seines Auftrags führte er Maßnahmen ein, um die Eingliederung der neuen Gebiete ins Imperium durch Besteuerung und die Anbindung der lokalen Eliten zu erleichtern. Cäsar nutzte die mit seiner Position verbundene Autonomie effektiv. In Gallien befand sich Cäsar wieder in seinem bevorzugten Umfeld klarer Zuständigkeiten und direkter Autorität.

Ein wesentlicher Unterschied zu seiner vorherigen Position in Spanien bestand jedoch darin, dass Cäsar nun an der Spitze der römischen Republik stand. Um auf diesem Niveau zu bleiben, war eine ständige Einbindung in die Ereignisse in Rom erforderlich, obwohl er außerhalb seiner Provinzen keine formale Autorität besaß. Das Leadership-Pipeline-Konzept behandelt die indirekte Führung aus der Ferne auf höchster Ebene leider kaum. Um in dieser „virtuellen" indirekten Führung wirksam zu sein, sind Einflussfähigkeiten gefragt. In den ersten Jahren beherrschte er dies meisterhaft. Besonders die Zusammenarbeit im Triumvirat und mit Clodius schützte das Vermächtnis seiner Gesetze, verhinderte eine vorzeitige Abberufung und sicherte die Verlängerung seines Kommandos. Dann jedoch begann Cäsar, entscheidende Personen seines Unterstützernetzwerks in der Heimat zu verlieren.

Im Jahr 54 starb Julia, das Bindeglied zwischen ihm und Pompeius. Das Triumvirat zerbrach, als Crassus 53 fiel. 52 wurde Clodius, ein äußerst einflussreicher und unabhängiger Politiker, getötet. Dies waren erhebliche Rückschläge für Cäsars Unterstützernetzwerk und seinen Einfluss in Rom. Er versuchte, dies zu kompensieren, indem er seine direkten Beziehungen zu anderen und jüngeren Amtsträgern wie Curio und Marcus Antonius stärkte, damit sie in seinem Sinne handeln konnten. Ungünstig war, dass Cäsar in den letzten beiden Wintern (52–50) nicht nach Norditalien reiste. Er blieb nördlich der Alpen, um nach Beendigung der Kampfhandlungen den Frieden zu sichern. Dadurch konnte er, anders als in den meisten vorangegangenen Wintern, keine persönlichen Treffen mit Besuchern aus Rom abhalten. Die Sicherung seines nächsten Karriereschritts wurde zu einer Herausforderung, die sich als zu groß erwies, wie das nächste Kapitel zeigen wird.

4.5 Was Führungskräfte aus Cäsars Einsatz in Gallien lernen können

Bei der Betrachtung der Jahre 58–50 kann man sich Cäsars monumentalen Leistungen in Gallien kaum entziehen. Dennoch sollte man nicht vergessen, dass er zugleich die formale Verantwortung für die Verwaltung von drei benachbarten Provinzen trug und informell darauf bedacht war, Entscheidungen in Rom zu beeinflussen, um seine Führungsposition zu sichern. Vor diesem Hintergrund darf das Ausmaß von Cäsars Leistung nicht unterschätzt werden. Gallien stellt die bedeutendste territoriale Eroberung dar, die je einem römischen Feldherrn gelang, und trieb die griechisch-römische Zivilisation um etwa 1000 Kilometer nach Norden ins Herz Europas voran, wodurch der Verlauf der Weltgeschichte nachhaltig verändert wurde.

4 Bewährungsprobe: Die Eroberung Galliens

Die Lehren des Gallischen Krieges für moderne Führungskräfte liegen weniger in Cäsars militärischen Erfolgen an sich als vielmehr darin, wie er diese erreichte. Sein Erfolg beruhte nicht nur auf seinen individuellen Kompetenzen, sondern auch darauf, ein effektives Team aus Offizieren und Spezialisten aufzubauen. Er befähigte sie, zentrale Aufgaben zu übernehmen, und schätzte ihren Beitrag, wobei er sie häufig aufgrund ihres Talents und nicht ihrer Herkunft auswählte. Dadurch konnte er das gesamte Spektrum an Mobilität, Logistik, Technologie und Innovation erfolgreich ausschöpfen. Seine Soldaten und Offiziere folgten ihm mit Begeisterung, getragen von seiner Vision, Großes für Rom zu leisten. Er vermittelte ihnen Stolz und das Gefühl von Erfolg, während er zugleich sensibel auf ihre Anliegen, Bedürfnisse und Motivationen einging. Er gab bereitwillig sowohl konstruktives als auch kritisches Feedback, wo es angebracht und notwendig war. Cäsar blieb seinen Werten treu. Er hegte keinen Groll gegen besiegte Feinde und brachte seine Interessen in Einklang mit denen des römischen Volkes, was er auch seinen Anhängern vermittelte.

Cäsar traf Entscheidungen rasch und setzte sie mit atemberaubender Geschwindigkeit um. Ebenso schnell erklärte er Siege, ohne sich immer der unterschwelligen Entwicklungen bewusst zu sein. Ein zentraler Wert, der für seinen Erfolg bei der Schaffung einer Gefolgschaft entscheidend war, bestand darin, keine Ressentiments gegenüber besiegten Gegnern zu hegen. Sein blinder Fleck war, nicht zu erkennen, dass andere – insbesondere die Gallier – trotz einer formellen Beendigung des Konflikts weiterhin unerfüllte Wünsche haben könnten. Sein Bedürfnis nach klaren Grenzen ließ ihn glauben, der Übergang vom Konflikt zum Frieden sei ein harter Schnitt. Für andere jedoch war diese Grenze deutlich weicher, vor allem emotional betrachtet. Doch Cäsar passte sich schnell an. Nach Vercingetorix erkannte er, dass er seine Strategie verstärken musste, um die Herzen und Köpfe der Gallier zu gewinnen. Dabei griff er auf seine Erfahrungen aus zwei Amtszeiten in der Provinzverwaltung in Spanien und seine Beobachtungen in anderen Provinzen zurück.

In mancher Hinsicht war sein kollektiver Einfluss aus der Ferne in Rom sogar erfolgreicher. Zuvor hatten wir festgestellt, dass Einflussnahme eine Schwäche von ihm war. Als Konsul konnte Cäsar dies durch eine Organisation kompensieren, die darauf ausgerichtet war, Anhänger zu mobilisieren. Von Gallien aus blieb er dank unermüdlicher Kommunikation durch Berichterstattung, Korrespondenz und Gespräche mit Besuchern praktisch in Rom präsent. Er baute seine Führungsmarke auf und pflegte einen positiven Ruf. Es gelang ihm, auf höchster Ebene der Entscheidungsfindung in der Republik einflussreich zu bleiben. Dies war vor allem seiner Arbeit in Koalitionen und mit Vermittlern zu verdanken – eine Variante des Ansatzes, der sich bereits während seiner Konsulatszeit bewährt hatte. Julia, seine Tochter, sowie Netzwerker wie Balbus und Oppius agierten in seinem Namen. Ebenso führende Persönlichkeiten und Meinungsbildner wie die Triumvirn, Clodius und Cicero. Sie betrachteten sich als seine Ebenbürtigen und gaben ihm vermutlich Ratschläge für das weitere Vorgehen. Als diejenigen, die ihm Paroli bieten konnten, starben, blieb Cäsar allein zurück und musste mit weniger erfahrenen Personen zusammenarbeiten, die ihm möglicherweise nicht das notwendige Feedback gaben. Auch die fehlende Möglichkeit, in den letzten beiden Wintern Besucher aus Rom persönlich zu treffen, war nicht förderlich. Ähnliches könnte in Gallien geschehen sein, wo er in den Wintern vor dem letzten Aufstand stets abwesend war. Er war darauf angewiesen, dass andere ihn über die Entwicklungen informierten. Ohne diese Unterstützung blieb ihm vieles verborgen, was die Loyalität der Gefolgsleute und die Kooperationsbereitschaft der Stakeholder hätte beeinträchtigen können. Unzureichendes und ineffektives Feedback seiner Untergebenen könnte dazu geführt haben, dass ihn der große Aufstand unvorbereitet traf.

Cäsar zeigte, wie eine Mission mit persönlicher Energie wirkungsvoll umgesetzt werden kann. Der saisonale Rhythmus von Phasen höherer und niedrigerer Arbeitsintensität kam ihm sehr entgegen und trug zu seiner Widerstandsfähigkeit bei. Beruflich war dies der Höhepunkt von Cäsars Laufbahn. Er liebte, was er tat. Dennoch verlor er seine wichtigsten Verbündeten und musste den Tod von Familienmitgliedern verkraften, die ihm überaus nahe standen. Am Ende dieser Phase seiner Karriere dürfte Cäsar ein tiefes Gefühl der Einsamkeit verspürt haben – sowohl beruflich als auch privat. Er stand kurz davor, in die letzte und erneut ereignisreiche Lebensphase einzutreten.

Literatur

Griechische und römische Quellen

Appian, *Römische Geschichte. Die Bürgerkriege*, Buch I–II.
Cäsar, G. J., *Bericht zum gallischen Krieg*.
Cicero, M. T., *Briefe an Atticus; Briefe an Familienmiglieder und Freunde; Reden*.
Dio, L. C., *Römische Geschichte*. Buch 38–40.
Plutarch, *Biographien von Antonius, Cato dem Jüngeren, Cäsar, Crassus, Pompeius*.
Suetonius Tranquillus, G., *Biographie von Julius Cäsar*.

Moderne Werke

Badian, E. (1983). *Publicans and sinners: Private Enterprise in the Service of the Roman Republic.* Cornell University Press.
Charan, R., Drotter, S., & Noel, J. (2001). *The leadership pipeline. How to build the leadership powered company.* Jossey-Bass.
Connelly, B. S., & McAbee, S. T. (2024). Reputations at work: Origins and outcomes of shared person perceptions. *Annual Review of Organizational Psychology and Organizational Behavior, 11*(1), 251–278.
Crook, J. A., Lintott, A., & Rawson, E. (Hrsg.). (1994). *The Cambridge ancient history* (The last age of the Roman Republic, 146–43 B.C.) (Bd. IX, 2. Hrsg.). Cambridge University Press.
Gelzer, M. (2008). *Cäsar. Der Politiker und Staatsmann.* Franz Steiner Verlag.
Griffin, M. (Hrsg.). (2009). *A companion to Julius Caesar.* Wiley-Blackwell.
Gruen, E. S. (1995). *The last generation of the Roman Republic.* University of California Press.
KDVI. https://kdvi.com/tools/.
Meier, C. (1997). *Cäsar.* DTV.
Morstein-Marx, R. (2021). *Julius Caesar and the Roman people.* Cambridge University Press.
Strassler, R. B., & Raaflaub, K. A. (Hrsg.). (2018). *The landmark Julius Caesar, Webessays.* Pantheon Books. www.landmarkcaesar.com. Zugegriffen: 26. Jan. 2023.
Vanderbroeck, P. J. J. (1987). *Popular leadership and collective behavior ca. 80–50 BC.* J.C. Gieben.
Vanderbroeck, P. (2012). Crises: Ancient and modern. Understanding an ancient Roman crisis can help us move beyond our own. *Management & Organizational History, 7*(2), 113–131.

5

Kein Zurück mehr: Wie Gefolgsleute einen Anführer zum Überschreiten des Rubikon drängen können

… Auf den luxuriösen Laken dieses fremden Palastes zurückgelehnt, dachte er über die außergewöhnliche Begegnung nach, die er gerade erlebt hatte. Es erforderte Mut und List, sich bei Nacht durch Feindesland zu bewegen und seine Legionäre zu überlisten. Ihr Auftreten war ein Paradox aus königlicher Würde und Verletzlichkeit.

Unbestreitbar besaß die junge Frau Führungspotenzial und dazu noch einen großartigen Sinn für Humor. Ihre Intelligenz, ihr Ehrgeiz und ihr Machtbewusstsein erinnerten ihn an seine Mutter, der – als Frau – das offizielle Amt in Rom verwehrt war.

Hier jedoch waren die Dinge anders. ‚Morgen werde ich sie zur Königin machen', waren seine letzten Gedanken, bevor er einschlief …

(Dieses Zitat ist fiktiv und wurde von der Autorin/dem Autor zu Illustrationszwecken erstellt.)

In der letzten Phase seiner Laufbahn befand sich Cäsar in einer einzigartigen und komplexen Situation, da er zwei unterschiedliche Führungspositionen innehatte: einerseits als militärischer Befehlshaber im römischen Bürgerkrieg, andererseits als alleiniger Herrscher über Rom und sein Imperium. Diese Rollen, die sich stark voneinander unterschieden, bieten modernen Führungskräften jeweils eigene Lernmöglichkeiten. Um Cäsars Führungsverhalten in diesen beiden Funktionen besser zu verstehen, ist es sinnvoll, jedem Bereich ein eigenes Kapitel zu widmen. Das nächste Kapitel wird sich mit Cäsars nicht-militärischer Führung befassen, als er schließlich seine mächtigste und höchste Stellung erreichte. Das vorliegende Kapitel beleuchtet Cäsar als Feldherrn. Nach dem Überschreiten des Rubikon wandelte sich

Cäsars Rolle zu der eines militärischen Anführers in einem Bürgerkrieg. Innerhalb weniger Monate verband er diese Aufgabe nahtlos mit seinen Regierungsverantwortungen. Nachdem er 45 als Sieger aus dem Bürgerkrieg hervorgegangen war, führte er die Regierung bis zu seinem frühen Tod im Jahr 44 weiter.

Dieses Kapitel skizziert die wichtigsten Ereignisse und Cäsars Errungenschaften während des Bürgerkriegs (Abb. 5.1), um eine fundierte Analyse seines Führungsverhaltens zu ermöglichen und seinen Werdegang als militärischer Anführer detailliert darzustellen. Das Überschreiten des Rubikon war ein so entscheidender Wendepunkt in Cäsars Karriere, dass ihm besondere Aufmerksamkeit gebührt. Ausgehend von der Annahme, dass Cäsar dies lieber vermieden hätte, konzentriert sich die Darstellung darauf, was Cäsar unternahm, um es zu verhindern. Bei der Erläuterung der anderen Herausforderung – dem Sieg im Bürgerkrieg – werden militärische Details nur insoweit betrachtet, wie sie Cäsars Führungsstil verdeutlichen. Zu den Leitfragen dieses Kapitels gehören: Was waren die Schlüssel zu Cäsars Erfolg? Wie überwand er Rückschläge? Wie entwickelten sich sein Image und sein Ruf, nachdem seine Gegner nun römische Bürger waren – die unmittelbare Folge des Überschreitens des Rubikon?

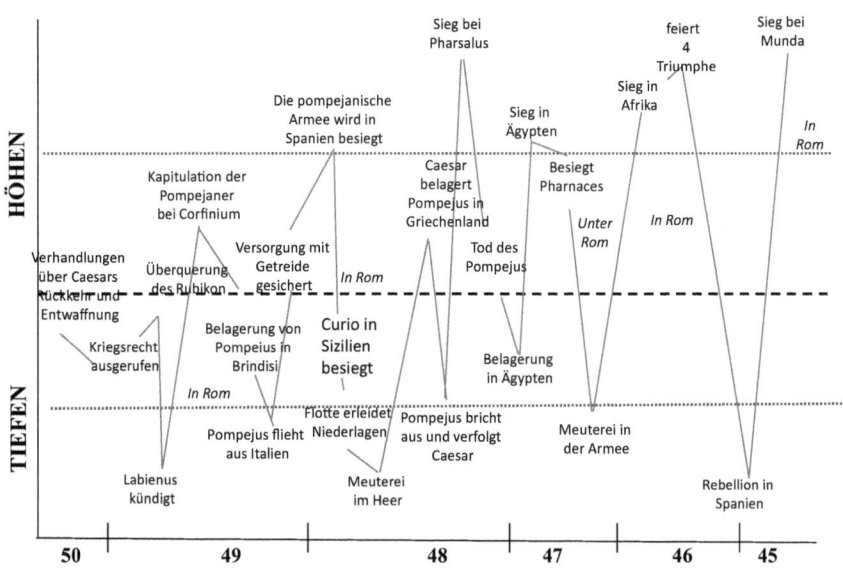

Abb. 5.1 Cäsars Führungslaufbahn: Höhe- und Tiefpunkte 50–45 v. Chr. Eigene Darstellung des Autors

5.1 Cäsars Herausforderungen und Erfolge im Bürgerkrieg

5.1.1 Verhinderung eines Bürgerkriegs

In den Jahren vor dem Bürgerkrieg, also in den späten 50er Jahren v. Chr., suchten die politischen Kreise Roms fieberhaft nach einer Lösung für die zunehmenden Spannungen, um deren Eskalation in einen gewaltsamen Konflikt zu verhindern. In den Jahren zuvor hatte das senatorische Establishment an Einfluss verloren, während die Triumvirn ihre Standesgenossen in Reichtum und Macht weit überragten und der Volksführer Clodius über das Volk herrschte. 54 starb Julia, 53 Crassus. Im darauffolgenden Jahr, Anfang 52, wurde Clodius ermordet; Cäsar war derweil mit dem Aufstand des Vercingetorix in Gallien beschäftigt. Cäsars Gegner witterten eine Chance, die Vormachtstellung des Senats wiederherzustellen. Unter der Führung von Cato dem Jüngeren – wer sonst? – entwickelten sie eine Doppelstrategie, um die beiden verbliebenen Machtträger gegeneinander auszuspielen.

Zunächst überzeugte die Fraktion der *Optimaten* Pompeius davon, sich von Cäsar zu distanzieren, im Gegenzug für die Anerkennung durch die Oberschicht, in die Pompeius noch nicht vollständig aufgenommen war. (Die Pompeier waren eine wohlhabende ländliche Familie, und Pompeius' Vater war der erste, der in den römischen Senat einzog.) Dies erreichten sie, indem sie Pompeius erneut die Möglichkeit gaben, sich als wichtigster Krisenmanager Roms zu profilieren – diesmal durch die Wiederherstellung der Ordnung in einer von politischer Gewalt und Kriminalität erschütterten Stadt. Gleichzeitig zielten sie darauf ab, Cäsar von der Macht zu verdrängen, indem sie ihm eine weitere Führungsposition verwehrten und ihn idealerweise ins Exil schickten. Obwohl die Erfolgsaussichten gering waren, hofften Cäsars Gegner, dies durch eine Anklage wegen angeblicher illegaler Handlungen während seines Konsulats und in Gallien zu erreichen.

Mit dem Ende seines Kommandos in Gallien sah Cäsar seine Karriere keineswegs als abgeschlossen an – immerhin war er erst Ende vierzig. Es gibt auch keinen Hinweis darauf, dass er eine absolute Machtposition anstrebte. Seine Sicht auf die Zukunft der römischen Republik unterschied sich im Grundsatz nicht, abgesehen von seinem Glauben an die Vorrangstellung der Exekutive gegenüber dem Senat. Allerdings war er überzeugt, dass seine Leistungen ihn zu einer herausragenden Position berechtigten, um weiterhin große Taten im Namen der Republik zu vollbringen. Er fühlte sich seiner

Familie verpflichtet, deren früheren Glanz wiederherzustellen. Zudem war ihm bewusst, dass sein Ansehen, sein Führungsimage, davon abhing, die Versprechen gegenüber seinen Anhängern, insbesondere Soldaten und Offizieren, einzulösen. Cäsar erinnerte sich gut daran, wie schwer es Pompeius und anderen Feldherren in den 60er Jahren gefallen war, die Landverteilung für ihre Veteranen durchzusetzen und wie sehr sie dabei auf andere Amtsträger angewiesen waren – ein weiterer Grund, selbst eine exekutive Position anzustreben.

Daher schlug Cäsar vor, für das Konsulat des Jahres 48 zu kandidieren und dies in Abwesenheit während der für den Sommer 49 geplanten Wahlen zu tun. So, argumentierte Cäsar, könne er die Befriedung Galliens ordnungsgemäß abschließen und gleichzeitig für das Konsulat kandidieren. Die Notwendigkeit, in Gallien zu bleiben, war keineswegs nur ein Vorwand. Die Volksversammlung hatte Cäsars Vorschlag schließlich akzeptiert, als er 52 mit der Niederschlagung des großen gallischen Aufstands beschäftigt war. Die Aufgabe in Gallien zu Ende zu bringen und sie richtig zu erledigen, war von strategischer Bedeutung. Es gab noch einen weiteren, weniger offensichtlichen Grund für die Kandidatur in Abwesenheit: Cäsar wusste, dass ihm in Rom eine Anklage drohen könnte. Die persönliche Teilnahme an den Wahlen hätte bedeutet, die Stadt zu betreten, das Statthalteramt und damit seine Immunität zu verlieren. Cäsar war sich durchaus bewusst, dass er rechtliche Grenzen überschritten hatte, indem er die Einwände seines Konsulskollegen Bibulus ignorierte und als Statthalter in Gallien seine formalen Befugnisse überschritt. Dennoch war er überzeugt, dass seine Verdienste dies aufwogen. Warum sonst hätte der Senat, dem auch seine politischen Gegner angehörten, ihm dreimal große Dankfeste gewährt? Auch wenn die Wahrscheinlichkeit einer Verurteilung gering war, wollte Cäsar kein Risiko eingehen oder hielt anderes für wichtiger. Eine weitere Überraschung wie Vercingetorix durfte er nicht zulassen. Schließlich rechnete Cäsar wohl auch mit einem Triumph für die Eroberung Galliens. Schon einmal hatte er sich zwischen Triumph und Kandidatur entscheiden müssen. Auch wenn er es nie ausdrücklich sagte, wollte er wohl nicht erneut in diese Lage geraten.

Bis 52 waren Cäsars Interessen weiterhin gewahrt, und die catonische Strategie hatte noch keinen Erfolg gezeigt. Die Gesetzgebung, die Cäsar die Kandidatur in Abwesenheit ermöglichte, wurde während Pompeius' Konsulat verabschiedet. Gleichzeitig sicherte sich Pompeius eine fünfjährige Verlängerung seines Statthalteramts in den beiden spanischen Provinzen. Damit wurde das Bündnis der Triumvirn, das auf der Konferenz von Luca 56 geschlossen worden war, erneuert. Im selben Jahr wurde Cäsar für seinen Sieg über Vercingetorix zum dritten Mal mit einem Dankfest geehrt. Catos Bewerbung um das Konsulat blieb erfolglos. Weder Cäsar noch Pompeius wollten dem anderen untergeordnet sein, doch ihre Zusammenarbeit funktionierte weiterhin. Beide erkannten, dass die Republik mit ihrem expandierenden Imperium groß genug für sie beide war.

Nachdem es nicht gelungen war, Cäsar die Kandidatur in Abwesenheit zu verwehren, entwickelten Cato und seine Verbündeten einen neuen Plan. Im folgenden Jahr, 51, begannen sie, auf eine vorzeitige Abberufung Cäsars aus Gallien hinzuarbeiten. Dies war ein strategischer Schachzug, um Cäsar nach Rom zurückzuholen und ihn dort anklagen zu können. Caeäsar wiederum, der seine Interessen nun zu sehr von Pompeius abhängig sah, bemühte sich, seine Unterstützerbasis in Rom zu verbreitern.

Nach Clodius' Tod im Jahr 52 schlossen sich mehrere Mitglieder seines Umfelds Cäsar an. Marcus Antonius ging nach Gallien, um in Cäsars Armee zu dienen. Gaius Scribonius Curio blieb in Rom, um seine politische Karriere voranzutreiben. Beide unterschieden sich deutlich von den vielen gesellschaftlichen Emporkömmlingen, die sich Cäsar anschlossen. Antonius und Curio waren junge, kluge, draufgängerische und laute Söhne der Elite mit rebellischer Haltung gegenüber dem Establishment und seinen Konventionen. Für Cäsar wirkten sie wie jüngere Ausgaben seiner selbst, weshalb er ihnen viel Aufmerksamkeit schenkte. Curio, wie Cäsar ein modischer Erscheinungstyp, hatte den Ehrgeiz, Clodius' Nachfolger zu werden und dessen Machtbasis in der städtischen Bevölkerung wiederaufzubauen. Er war auch ehrgeizig genug, neben Cäsar und Pompeius eine eigenständige Rolle zu spielen. Curio war durch die Spiele und Theateraufführungen, mit denen er seine politische Karriere unterstützt hatte, in Schulden geraten. Cäsar half ihm aus, so wie Crassus es zu Beginn von Cäsars eigener Laufbahn für ihn getan hatte.

Im Jahr 50 verstärkten die Catonier ihre Bemühungen, Cäsar abberufen zu lassen. Curio, als Volkstribun, konnte dies verhindern. Curio, der ein wenig als unberechenbar galt, suchte durch Reden und Interventionen Pompeius stärker zu provozieren, als Cäsar es lieb war. Während Curio versuchte, Cäsar auf seine Seite zu ziehen, bemühten sich die Catonier um Pompeius. Pompeius spürte, dass das Machtgleichgewicht zu seinen Ungunsten kippte. Seine Schwäche – Einfluss auf die Innenpolitik in Rom – trat zutage. Außerhalb Roms war er auf dem Schlachtfeld, zur See, in der Logistik und Staatsorganisation äußerst erfolgreich, doch es fehlte ihm an Cäsars Einfluss auf das Volk, eine Schwäche, die nun umso deutlicher wurde, da Cäsar Curios

Popularität für sich nutzen konnte. Pompeius baute nie eine so schlagkräftige Organisation wie Cäsar auf, um die Volksversammlung für sich zu mobilisieren. Besorgt begann er, die Ansicht zu vertreten, dass Cäsar zu viele Ausnahmen gewährt worden seien und er entweder sein Kommando beenden oder persönlich zur Wahl antreten müsse.

Ab Dezember eskalierte die Lage rasch. Am Ende seiner Amtszeit brachte Curio im Senat einen Antrag ein, dass sowohl Cäsar als auch Pompeius ihre Armeen entlassen sollten. Dieser Kompromiss, der die Spannungen abbauen sollte, wurde nahezu einstimmig angenommen und zeigte, dass eine schweigende Mehrheit alles andere als einen Bürgerkrieg wollte. Gleichzeitig setzte sich die Geschäftswelt für eine friedliche Lösung ein. Die anti-cäsarischen Konsuln übertrugen daraufhin Pompeius zwei Legionen zum Schutz der Stadt. Nach Ablauf seines Tribunats reiste Curio zu Cäsar und drängte ihn zum Krieg. Marcus Antonius, der aus Gallien zurückgeschickt wurde, um Curio abzulösen, wurde 49 Volkstribun und setzte sich für Cäsar und gegen Pompeius ein.

Cäsar schickte Curio mit einem Brief an den Senat zurück nach Rom. Darin erklärte er seine Bereitschaft, Curios Kompromissvorschlag zu akzeptieren. Sollte sein Angebot abgelehnt werden, würde Cäsar nicht kampflos aufgeben. Der von Marcus Antonius verlesene Brief veranlasste die Catonier, einen Antrag zu stellen: Cäsar solle sein Kommando niederlegen oder zum Staatsfeind erklärt werden. Marcus Antonius und sein Tribunenkollege Cassius Longinus legten dagegen ihr Veto ein. Der Senat ignorierte dies und stellte Cäsar stattdessen ein Ultimatum. Nach Ablauf des Ultimatums verhängte der Senat am 7. Januar 49 den Ausnahmezustand und ermächtigte alle Amtsträger, alle notwendigen Maßnahmen zur Wahrung der Staatssicherheit zu ergreifen. Pompeius wurde mit dem Aufbau einer Armee zur Durchsetzung des Beschlusses beauftragt. Marcus Antonius, Cassius Longinus und Curio flohen in der Nacht aus Rom. Als Sklaven verkleidet und mit einer Mietkutsche unterwegs, erreichten sie Cäsar in Ravenna. Cäsar blieb standhaft, wie schon etwa 25 Jahre zuvor, als er Sullas Ultimatum, seine Frau zu verstoßen, ignoriert hatte. Am 10. Januar überschritt er den Rubikon und sprach den berühmten Satz: „Der Würfel ist gefallen."

Die Literatur darüber, wer politisch und gesetzlich „im Recht" war, ist ebenso umfangreich wie jene über Cäsars Ermordung – eine eindeutige Antwort ist daher kaum zu finden. Oder, vielleicht präziser: Beide Seiten hatten sowohl Recht als auch Unrecht. Zum Beispiel: Das Überschreiten des Rubikon war rechtswidrig, da es Cäsar verboten war, mit einer Armee römisches Territorium zu betreten; zudem verstieß er damit gegen den Senatsbeschluss, sein Kommando niederzulegen. Doch auch dieser Beschluss war rechtswidrig, da er das Veto der Volkstribunen ignorierte. Die Gründe, warum die Situation letztlich im Krieg endete, sind daher anderswo zu suchen.

Ende der 50er Jahre gingen die Anhängerschaften von Pompeius und Cäsar deutlich auseinander. Pompeius hatte stets Mitglieder des elitären Establishments als Offiziere und politische Unterstützer rekrutiert, in der Hoffnung, in deren Reihen aufgenommen zu werden. Genau dieses Establishment nutzte diese Neigung, um Pompeius in eine Führungsrolle über jene Gesellschaftsschicht zu drängen, der er so eifrig beizutreten versuchte. Als ihm bewusst wurde, dass er gegen Cäsar ins Hintertreffen geriet, ließ er sich dazu drängen, sich der kompromisslosen Position von Cäsars Gegnern anzuschließen – ein Schritt, von dem es kein Zurück mehr gab. Cato und seine Anhänger waren der Vormachtstellung sowohl Cäsars als auch Pompeius' überdrüssig. Für einige, wie Cato, waren die Beweggründe ideologischer Natur. Cato strebte die Wiederherstellung der kollektiven Herrschaft des Senats an. Für andere, die sich aufgrund ihres Standes und ihrer Herkunft im Recht sahen, blockierten die Macht und der Einfluss der Magnaten den eigenen Karriereaufstieg und die Möglichkeit, das eigene Prestige zu steigern. Mehrfache Konsulate und Kommandos, die fünf oder zehn Jahre dauerten (statt der traditionellen ein oder zwei Jahre), hatten in den letzten zehn Jahren zu viel Macht und Chancen in den Händen weniger konzentriert. Crassus und Clodius waren bereits ausgeschaltet; nun musste Cäsar beseitigt werden, und Pompeius wäre als Nächster an der Reihe. Letzterer war auf die Unterstützung seiner Anhänger angewiesen, um seinen Führungsstatus zu wahren und die Anerkennung der Oberschicht zu gewinnen. Diese Unterstützung hing davon ab, ob er ihre Erwartungen hinsichtlich Karrierechancen und politischer Macht erfüllte. Ihre Wünsche konnte er nicht ignorieren. Schon bald sollten eben diese Anhänger Pompeius' Untergang herbeiführen, indem sie ihn in den Kampf gegen Cäsar drängten – und das zu ungünstigen Bedingungen.

Cäsars Anhängerschaft stützte sich auf soziale und politische Außenseiter. Die römische Elite, so meritokratisch sie auch gewesen sein mag, war alles andere als inklusiv. Für Außenseiter waren viel Talent und harte Arbeit erforderlich, um an die Spitze zu gelangen, geschweige denn als sozial Gleichgestellte akzeptiert zu werden. Persönlichkeiten wie Cicero und Pompeius belegen dies eindrucksvoll. Eine Karriere unter Cäsars Schutz war für sozial Aufstiegswillige vielversprechender. Hinzu kamen jene, die wie Cäsar und Clodius aus Ehrgeiz und politischer Überzeugung die Interessen des Volkes vertraten. Diese Anhänger, getrieben von ihrem Wunsch nach sozialem

Aufstieg und ihrem Glauben an Cäsars Sache, waren für seine Führungsrolle entscheidend. Cäsar benötigte ihre Unterstützung, um seine Führungsposition zu behaupten. Im Gegenzug hing diese Unterstützung davon ab, ob er die Erwartungen hinsichtlich Karrieremöglichkeiten für seine nachgeordneten Führungskräfte und Offiziere sowie Land für seine Veteranen erfüllte. Ihre Wünsche konnte er nicht ignorieren. Später in diesem Kapitel, wenn wir Cäsars Führungsverhalten gegenüber seinen Anhängern erörtern, werden wir einige zentrale individuelle Gefolgsleute vorstellen und aufzeigen, wie deren Motivation Cäsars Entscheidung zur Eskalation des Konflikts beeinflusste.

Dass weder Cäsars noch Pompeius' Anhänger von der jeweils anderen Seite etwas zu gewinnen hatten, befeuerte die Polarisierung. Ein Kompromiss würde nur dazu führen, dass beide Gruppen das verlieren, was sie gewinnen könnten, wenn sie nicht nachgaben. Die Situation spitzte sich außerdem zu, weil die beiden Anführer nur indirekt an Debatten und Verhandlungen beteiligt waren. Viele Gespräche fanden im Hintergrund statt; insbesondere Cicero sprach mit beiden Seiten. Trotz dieser Bemühungen war keine Partei zu Zugeständnissen bereit. Da sowohl Cäsar als auch Pompeius als Inhaber eines Provinzkommandos mit militärischer Autorität die Stadt nicht betreten durften, war Pompeius, obwohl er sich in der Nähe am Stadtrand aufhielt, von den entscheidenden Senatssitzungen und der Ansprache an das Volk ausgeschlossen. Unnachgiebige Hardliner beider Seiten agierten als Stellvertreter; sämtliche Informationen, die zu den Anführern gelangten, waren zweifellos gefärbt – ebenso wie das Feedback und die Ratschläge, die sie von ihren Anhängern erhielten.

Das Scheitern einer Annäherung lag nicht an mangelndem Kontakt zwischen Pompeius und Cäsar. Die Kommunikationskanäle rissen nie ab. Selbst nachdem Cäsar den Rubikon überschritten hatte, bestand ein fortlaufender Austausch zwischen beiden. Beide Führer unterbreiteten einander neue Konzepte, Kompromissvorschläge und Zugeständnisse, von denen viele das Potenzial hatten, die Pattsituation aufzulösen und den Konflikt zu entschärfen. Doch keine Seite glaubte an die Aufrichtigkeit dieser Vorschläge. Das fehlende Vertrauen verhinderte eine Einigung. Dass Cäsar und Pompeius sich in dieser Phase nie persönlich trafen, trug nicht zur Lösung bei. Beide waren daher auf den Rat und die Einschätzung ihrer Anhänger angewiesen. Die Tragik dieses historischen Wendepunkts bestand darin, dass nur wenige Anhänger glaubten, von der Gegenseite profitieren zu können – und so überzeugten sie ihre jeweiligen Anführer, dass dies auch für sie selbst gelte.

5.1.2 Den Bürgerkrieg gewinnen

Nachdem Cäsar für vogelfrei erklärt worden war, erließ der Senat in rascher Folge mehrere Dekrete. Cäsar wurde das Provinzkommando entzogen und das Privileg aberkannt, in Abwesenheit für das Konsulat zu kandidieren. Der Senat beauftragte Pompeius mit der Truppenwerbung und stellte dafür Mittel aus der Staatskasse bereit. Wenige Tage später erreichte die Nachricht die Stadt, dass Cäsar den Rubikon überschritten hatte. Der Senat beschloss, die Soldatenrekrutierung zu beschleunigen und eine Gesandtschaft zu Cäsar zu entsenden. Als am 17. Januar die Nachricht eintraf, dass Cäsar mehrere Städte eingenommen hatte, schlug Pompeius dem Senat vor, Rom zu evakuieren und die Staatskasse mitzunehmen. Da nicht genügend Truppen einsatzbereit waren, zog sich Pompeius – in der Hoffnung auf eine Tiefenverteidigung – an einen Ort zurück, an dem er Cäsars Streitkräften in der Schlacht ebenbürtig sein konnte. Möglicherweise folgte er dabei dem Rat von Labienus, der sehr genau wusste, wohin Cäsars Schnelligkeit führen konnte.

Tatsächlich war Cäsar, davon überzeugt, dass Schnelligkeit meistens den entscheidenden Unterschied macht, mit der einzigen ihm zur Verfügung stehenden Legion ins Herz Italiens vorgestoßen, anstatt auf Verstärkung aus dem Alpenraum zu warten. Anstatt auf Widerstand zu stoßen, wurde er mit offenen Toren empfangen, was ihm einen raschen Vormarsch entlang der Adriaküste ermöglichte. Pompeius wurde von selbstbewussten Adligen behindert, die von Anfang an auf eine Auseinandersetzung aus waren. Einer von ihnen war Domitius Ahenobarbus, ein Anhänger Catos. Er sammelte Truppen, um Cäsars Vormarsch bei Corfinium nördlich von Rom zu blockieren. Cäsar schloss die Stadt ein, und Domitius' Soldaten zwangen ihren General zur kampflosen Kapitulation. Cäsar gewährte allen, die gehen wollten, freien Abzug und erlaubte ihnen sogar, ihr persönliches Eigentum mitzunehmen. Domitius und seine Senatorenkollegen zogen mit Cäsars Erlaubnis und den öffentlichen Geldern zu Pompeius. Die meisten einfachen Soldaten schlossen sich Cäsars Armee an.

Dies war für Cäsar eine Gelegenheit, zu zeigen, dass er es mit Milde ernst meinte. In Corfinium, in Rom und in ganz Italien minimierte Cäsar Gewalt und Zerstörung und zeigte sich gegenüber Gegnern gnädig. Er wollte unmissverständlich klarstellen, dass er nicht Sulla war und von ihm keine derartige Gewalt zu erwarten sei. Das war für die Bewohner Italiens, Reiche wie Arme, eine große Erleichterung. Er ermutigte Mitglieder der römischen Oberschicht, sich aus dem Konflikt herauszuhalten. Rund 40 % der Senatoren blieben in Rom, um sich entweder Cäsars Sache anzuschließen oder eine neutrale Position einzunehmen.

Inzwischen gelang es Pompeius, sich zum Hafen von Brindisi zurückzuziehen. Cäsar holte ihn ein, konnte jedoch die Verteidigung nicht durchbrechen. Im März wurden Pompeius, seine Anhänger und die in Italien mobilisierten Soldaten unter dem Schutz seiner starken Flotte geordnet über die Adria (ins heutige Albanien) evakuiert. Die Flotte Pompeius' stand unter dem Kommando von Cäsars ewigem Widersacher Bibulus. Cäsar kehrte um und ging nach Rom, um die dortigen Angelegenheiten zu regeln. Außerdem entsandte er Truppen nach Sardinien und Sizilien, um die Getreideversorgung Roms zu sichern. Anschließend konzentrierte er sich auf Spanien, wo Pompeius eine starke Armee von sieben Legionen hatte, die von dort aus Cäsars Rückseite bedrohen konnte, sobald dieser gegen Pompeius' Streitkräfte im Osten vorging.

Im April brach Cäsar nach Spanien auf. Auf dem Weg durch Südfrankreich passierte er den unabhängigen griechischen Hafen Massilia (Marseille). Die gut befestigte Stadt mit starker Flotte hatte sich auf die Seite Pompeius' geschlagen. Domitius Ahenobarbus, den Cäsar wenige Monate zuvor in Corfinium freigelassen hatte, leitete die Verteidigung der Stadt. Cäsar beschloss, dieses Hindernis zunächst zu beseitigen, während er einen Teil seiner Armee nach Spanien entsandte. Nach zwei Monaten hielt die Stadt immer noch stand. In Spanien gerieten Cäsars Legaten nach dem Überqueren der Pyrenäen in Schwierigkeiten. Cäsar überließ die Belagerung Trebonius und Brutus und kümmerte sich selbst um die Lage in Spanien. Nach der Übernahme des Kommandos gelang es Cäsar, das Blatt zu wenden. Nach einer Reihe von Gefechten und Manövern schloss er seine Gegner ein und brachte sie in eine Lage, in der sie von Nahrung und Ressourcen abgeschnitten waren. Sie kapitulierten. Mit geringen Verlusten auf beiden Seiten hatte Cäsar Spanien zurückerobert. Die Anführer durften sich Pompeius in Griechenland anschließen. Die Legionäre konnten wählen, ob sie als entlassene Soldaten in Spanien bleiben oder sich Cäsars Armee anschließen wollten. Massilia war noch immer nicht gefallen. Auf dem Rückweg nach Italien übernahm Cäsar wieder das Kommando über die Belagerung und zwang die Stadt schließlich zur Kapitulation.

Während Cäsar in Spanien beschäftigt war, setzte Curio mit einigen Legionen von Sizilien nach Afrika über, geriet jedoch bald in eine prekäre Lage. Mehrere pompeianische Legaten sowie König Juba von Numidien, einem mit Rom verbündeten Nachbarreich, kontrollierten die Provinz. In einer dramatischen Wendung scheiterte Curios Expedition. Seine Armee wurde besiegt, und er fiel auf dem Schlachtfeld. Cäsar trauerte um seinen Tod.

Bis Dezember blieb Cäsar in Rom. Im Januar begab er sich an die Küste, um mit seiner Armee über die Adria Pompeius zu verfolgen. Es gelang

Cäsar, einen Teil der Armee nach Griechenland überzusetzen. Der Rest blieb wegen winterlichen Wetters und patrouillierender feindlicher Schiffe in Brindisi blockiert. Inzwischen hatte Pompeius Truppen rekrutiert und ausgebildet; zudem wartete er auf Scipio, der mit einer Armee aus Syrien zu ihm stoßen sollte. Cäsar holte Pompeius an der Küste bei Dyrrachium (dem heutigen Durrës in Albanien) ein. Obwohl er an Ressourcen und Truppen unterlegen war, belagerte Cäsar Pompeius' Armee, indem er Befestigungen errichtete und deren Zugang zum Land blockierte.

Nach einer zermürbenden Belagerung und Verhandlungen gelang es Pompeius' Truppen, einen Ausfall zu wagen und Cäsars Armee in die Flucht zu schlagen. Obwohl Cäsar persönlich in die Schlacht eingriff, konnte er nicht verhindern, dass seine Armee das Schlachtfeld verließ. Glücklicherweise verfolgten die Pompeianer die Cäsarianer nicht. Gleichzeitig schickte Cäsar einen Teil seiner Armee nach Osten, um zu verhindern, dass sich Scipio mit Pompeius vereinigte. Nachdem Scipio ein Friedensangebot Cäsars abgelehnt hatte, besiegte er die Cäsarianer, und die beiden pompeianischen Armeen vereinigten sich.

Cäsar musste sich rasch zurückziehen, um Vorräte und Material aufzufüllen und seinen Truppen Ruhe zu gönnen. Pompeius, zufrieden, Cäsar auf der Flucht zu sehen, wollte seine Strategie fortsetzen, Cäsar von Ressourcen abzuschneiden. Pompeius war jedoch von einer großen Gruppe adliger Herren mit ausgeprägtem Anspruchsdenken umgeben. Sie begleiteten das Heer mit all ihrem Prunk und Pomp; jeder hatte ein luxuriöses und komfortables Zelt sowie Sklaven zur Bedienung mitgebracht. Sie brannten darauf, nach Rom zurückzukehren, ihre Karrieren fortzusetzen und wieder das Ruder der Republik zu übernehmen. Anstatt sich auf die bevorstehende Schlacht zu konzentrieren, diskutierten sie bereits, wer in den nächsten Jahren kandidieren und wer die derzeit mit Cäsar verbundenen Magistrate ersetzen sollte. Viel zu lange hatten sie die Macht des Staates in die Hände eines Einzelnen gelegt. Es war höchste Zeit, zur kollektiven Führung durch den Senat zurückzukehren. Pompeius war ein notwendiges Übel, ihr Werkzeug, das unmittelbar nach Gebrauch entsorgt werden sollte. Daher drängten sie ihn, eine entscheidende Schlacht zu suchen – umso mehr, als seine Armee mehr als doppelt so groß war wie die Cäsars.

Im August 48 trafen die beiden Armeen auf den Feldern von Pharsalos in Nordgriechenland aufeinander. Obwohl zahlenmäßig zwei zu eins unterlegen, war Cäsars Armee erfahrener und an das gemeinsame Kämpfen gewöhnt. Pompeius' Heer hingegen bestand aus einer Ansammlung von Römern und Hilfstruppen aus verschiedenen Provinzen; sie hatten kaum gemeinsame Kampferfahrung. Dank dieses Vorteils gelang es Cäsar, Pompeius' größte Stärke – seine große Kavallerie unter Führung von Labienus – zu neutralisieren. Als diese angriff und die Linien der Cäsarianer erreichte, sprangen versteckte Legionäre zu Fuß überraschend hervor und richteten ihre Speere auf die ungeschützten Gesichter der Reiter. Obwohl zahlreich, bestand die Kavallerie überwiegend aus unerfahrenen jungen Männern aus Italien. Überrascht und verängstigt wandten sie sich zur Flucht, wodurch Pompeius' linke Flanke entblößt wurde. Nun konnten Cäsars erfahrene Kohorten die Pompeianer von der linken Seite aufrollen. Cäsar ließ daraufhin Herolde ausrufen, dass die römischen Soldaten nichts zu befürchten hätten, sollten sie den Kampf einstellen. Bald brachen die Pompeianer die Reihen auf, sodass die Cäsarianer passieren und die verbündeten Kontingente verfolgen konnten, die das Schlachtfeld verließen. Nach der Schlacht fand Cäsar in Pompeius' Zelt dessen Korrespondenz. Als Zeichen der Befriedung verbrannte er alle Briefe, ohne sie zu lesen. Diese hätten zahlreiche Informationen darüber enthalten, wer Pompeius bereits unterstützte oder dies in Erwägung zog.

Cäsar verfolgte Pompeius bis nach Ägypten, nur um festzustellen, dass dieser ermordet worden war. Ägypten befand sich in einem Bürgerkrieg zwischen Kleopatra und ihrem Bruder Ptolemaios XIII. Dessen Partei hatte Pompeius getötet, in der Hoffnung, sich damit Cäsars Gunst zu sichern. Dies schlug jedoch fehl: Cäsar war bestürzt und wütend. Er schätzte und respektierte Pompeius sehr. Ein solcher Tod war eines Feldherrn nicht würdig, und Cäsar hätte es vorgezogen, wenn Pompeius sich ihm ergeben hätte. Zudem musste Cäsar Ägypten sichern und die Lage stabilisieren, denn Ägypten war für Rom ein strategisch wichtiger Lieferant von Getreide und anderen Gütern. Cäsar entschied sich für Kleopatra und setzte sie wieder auf den Thron. Infolgedessen belagerte Ptolemaios' Armee Cäsar und seine kleine Streitmacht im Königspalast von Alexandria. Die Belagerung war verheerend; die große Bibliothek brannte nieder, und erst nach monatelangen Kämpfen traf Anfang 47 v. Chr. eine Entsatztruppe für Cäsar ein, die ihm die Oberhand verschaffte. Zu diesem Zeitpunkt, zweieinhalb Jahre nach dem Rubikon, hatte Cäsar den Bürgerkrieg strategisch gewonnen. Seine Armeen kontrollierten etwa drei Viertel des Reichsgebiets, darunter die wohlhabendste Hälfte. Neben dem politischen Zentrum Italiens verfügte er über den Großteil des Reichtums, der Arbeitskraft und der Nahrungsmittel. Daher wusste er, dass er sich eine Weile entspannen konnte. Cäsar blieb weitere sechs Monate in Ägypten, um Kleopatra beim Aufbau eines stabilen Regimes zu unterstützen und Zeit mit ihr zu verbringen.

Cäsars Aufenthalt in Ägypten wurde durch einen militärischen Vorstoß in Kleinasien unterbrochen, angeführt von Pharnakes, dem König der Krim, der die inneren Konflikte der Römer als Gelegenheit sah. Pharnakes besiegte die beiden Legionen unter Cäsars Offizier Calvinus, woraufhin Cäsar erneut selbst eingreifen musste. Dies führte zu Cäsars berühmtem schnellen Sieg bei Zela, den er mit der Mutter aller Siegesreden abschloss: *veni, vidi, vici* („Ich kam, sah und siegte").

Inzwischen sammelten sich die Reste von Pompeius' Armee in Afrika unter Scipio, Pompeius' Stellvertreter. Weitere Geflohene aus Pharsalos, darunter Labienus und Cato, schlossen sich ihm dort an. Nachdem Cäsar die Angelegenheiten in Rom geregelt hatte, wandte er sich Scipio zu, der als letzter Widerstandspunkt erschien. Doch zunächst musste er in Italien eine Meuterei einiger Legionen niederschlagen, die sich weigerten, nach Afrika überzusetzen.

Nachdem Cäsar mit einer relativ kleinen Streitmacht an der afrikanischen Küste gelandet war, griffen Labienus und seine Reiterei sofort an. Cäsars Armee entkam nur knapp in ihr befestigtes Lager. Dort wartete Cäsar auf Verstärkung aus Sizilien. Später stießen Scipio und sein Heer zu Labienus, um eine entscheidende Schlacht mit Cäsar zu suchen. Sie wurden von König Juba unterstützt und verfügten über 60 Kriegselefanten; diese Tiere hatten auf dem Schlachtfeld oft eine abschreckende Wirkung auf den Gegner. Cäsars Expeditionsarmee hatte nur geringe Vorräte, da der Feind die Provinz kontrollierte. Durch die Besetzung eines Hafens ließ Cäsar Nachschub aus Sizilien und Italien heranschaffen. Außerdem schickte er Gesandte in die umliegenden Städte, um sie Scipio abzuwerben. Da die Pompeianer der Provinz hohe Abgaben auferlegt hatten, waren einige Städte bereit, die Seiten zu wechseln und Cäsar mit Lebensmitteln und Truppen zu unterstützen. Offenbar machte ihn das von ihm während seines Konsulats im Jahr 59 erlassene Gesetz gegen die Ausbeutung der Provinzen bei den Bewohnern beliebt. So begann Scipios militärische Stärke durch Überläufer zu schwinden. Cäsar ließ einige Elefanten aus Italien heranschaffen, damit seine Soldaten den Umgang mit ihnen auf dem Schlachtfeld üben konnten. Schließlich trafen die beiden Armeen bei Thapsus im heutigen Tunesien aufeinander. Cäsars Soldaten griffen spontan und ohne Befehl ihres Generals an. Dennoch gelang es ihnen, die Elefanten zu vertreiben und den Feind in die Flucht zu schlagen.

Cäsars Armee zeigte Ermüdungserscheinungen. Die Disziplin aufrechtzuerhalten war für den Feldherrn eine Herausforderung; sie hatten Scipio ohne Befehl angegriffen. Nach der Schlacht gewährten seine erfahrenen Soldaten, frustriert und kriegsmüde, kein Pardon. Cäsar konnte seine Truppen nicht zurückhalten, und seine sonstige Milde gegenüber besiegten Gegnern versagte diesmal. Dies veranlasste Cäsar, einen Teil seiner erfahrenen Soldaten zu entlassen und in neuen Kolonien anzusiedeln, bevor er Afrika verließ. Er glaubte zudem, die letzten Schlachten des Bürgerkriegs geschlagen zu haben und daher nicht mehr so viele Soldaten zu benötigen. Auch diesmal verbrannte er die Briefe des pompeianischen Befehlshabers Scipio ungelesen. Inzwischen kam Scipio auf der Flucht ums Leben und Cato beging Selbstmord, bevor Cäsar ihn erreichen konnte. Nur Labienus entkam. Die lokale Unterstützung für die Pompeianer brach zusammen. Cäsar zeigte sich gegenüber den unterworfenen Römern vor Ort gnädig. Er organisierte die Provinz neu, und die Scipio treu gebliebenen Städte wurden stärker besteuert.

Im Juni 46 kehrte Cäsar nach Rom zurück, in der Hoffnung, endlich die Lage nach dem Bürgerkrieg ordnen zu können. Doch sein Aufenthalt war nur von kurzer Dauer. Die Nachricht, dass Pompeius' zwei Söhne zusammen mit Labienus in Spanien eine Armee aufgestellt hatten, überraschte Cäsar. Der von ihm eingesetzte Statthalter Cassius Longinus hatte ein Chaos angerichtet. Cassius war im Januar 49 Kollege von Marcus Antonius gewesen und mit ihm und Curio zu Cäsar geflohen. Dieser setzte Cassius als Statthalter von Hispania ulterior ein, da er dort zuvor Quästor gewesen war. Vielleicht war Cäsar nicht bekannt, dass Cassius sich schon damals als Erpresser einen schlechten Ruf erworben hatte. Cäsar hatte eine Fehlentscheidung getroffen. Cassius war so hoch verschuldet, dass er erneut zu Erpressungen griff, sodass die Einheimischen sogar versuchten, ihn zu ermorden. Zudem geriet er mit einigen seiner Legionen und deren Offizieren in Streit, was zu einer Meuterei und beinahe zu einem lokalen Bürgerkrieg führte. Cäsar schickte Lepidus, der ihm bei der Verwaltung Roms sehr geholfen hatte, nach Spanien, um die Lage zu bereinigen. Lepidus verhinderte einen inneren Konflikt innerhalb der dort stationierten römischen Armee, konnte aber die von Cassius angerichteten Schäden kaum beheben. Cäsar entsandte daraufhin Trebonius als Nachfolger von Cassius, doch es war zu spät.

Im November brach Cäsar nach Spanien auf. Der zweite Spanienfeldzug war nicht nur eine Überraschung, sondern erwies sich auch als größere Herausforderung als 49. Cäsar traf auf einen Gegner mit einer schlagkräftigen Armee, die aus spanischen Städten und dort stationierten römischen Truppen rekrutiert worden war. Nach mehreren Wochen von Gefechten und Belagerungen kam es im März 45 bei Munda zur Entscheidungsschlacht. Es sollte eine der blutigsten Schlachten Cäsars werden. Er musste mit relativ unerfahrenen und neu ausgehobenen Soldaten kämpfen, nachdem er mehrere Legionen demobilisiert hatte. Die pompeianischen Truppen in Spanien, die sich zu Beginn des Bürgerkriegs Cäsar ergeben hatten, wussten, dass sie nun nicht mehr auf seine Nachsicht hoffen konnten, da sie sich zum zweiten

Mal gegen ihn erhoben hatten. Cäsar musste sich erneut persönlich in die Schlacht begeben, um seine Truppen, die dem Feind wichen, zu motivieren. Er sprang sogar vom Pferd, um sich in den Nahkampf zu stürzen. Der Ausgang der Schlacht war lange ungewiss, bis die Cäsarianer schließlich die Oberhand gewannen. Labienus fiel auf dem Schlachtfeld und Pompeius' ältester Sohn kam bei der Flucht ums Leben. Nur Sextus, der jüngste Sohn des Pompeius, entkam, um an einem anderen Tag weiterzukämpfen.

Nach der Schlacht zeigte sich, dass die Pompeianer in Spanien beträchtliche Unterstützung mobilisiert hatten. Cäsar musste daher mehrere befestigte Städte erobern, die trotz des Todes oder der Flucht der pompeianischen Anführer Widerstand leisteten. Hispalis (das heutige Sevilla), die Hauptstadt von Hispania ulterior, war eine der aufständischen Städte. Cäsars *Berichte zum spanischen Krieg*, enden mit seiner Ansprache an die Einwohner von Hispalis. Aus Cäsars Schilderung und dem, was wir über die Stadt damals wissen, ergibt sich folgendes Bild: Kasten 5.1.

> **Kasten 5.1 Eine ganz andere Rede als *Veni, Vidi, Vici***
>
> Nachdem die Kämpfe beendet waren, reiste Cäsar in Begleitung einer Gefolgschaft aus Soldaten und Stab den Guadalquivir von Gades (dem heutigen Cádiz) hinauf nach Hispalis. Der Fluss verband die fruchtbaren Gebiete Südspaniens mit dem Atlantik nahe der Straße von Gibraltar und versprach künftigen Wohlstand im Römischen Reich. Doch nun war der Hafen von Hispalis, sonst geschäftig mit Verkehr und beladenen Kähnen, ungewöhnlich ruhig, während römische Soldaten Wache hielten. Auf dieser Reise dürfte Cäsar gemischte Gefühle gehabt haben. Er war vermutlich stolz, erneut einen Sieg errungen zu haben, und erleichtert, dem Tod wieder entkommen zu sein. Zugleich aber trauerte er um die Opfer und das vergossene Blut und war dankbar, dass er dem brudermörderischen Konflikt nun scheinbar endgültig, *ein endgültiges* Ende gesetzt hatte. Gleichzeitig war er zutiefst ratlos, wie ihm diese sich anbahnende Revolte hatte entgehen können. Mehr noch enttäuschte und schmerzte es ihn, dass gerade die Stadt, die ihm so am Herzen lag, in der er zweimal in der Provinzverwaltung tätig gewesen war und in die er so viel investiert hatte, den Aufständischen belgetreten war.
>
> Cäsar betrat die Stadt durch die neuen Mauern, deren Bau er selbst nach der ersten Vertreibung der Pompeianer vier Jahre zuvor angeordnet hatte. Dieselben Mauern hatten in den vergangenen Monaten Cäsars Truppen den Zutritt verwehrt. Bald bemerkte Cäsar einen Tempel, Statuen, lateinische Inschriften, Dekorationen und andere Zeichen der Romanisierung, die bereits Spuren in der Stadt hinterlassen hatten. Hoch zu Ross, in seinen leuchtend roten Feldherrnmantel gehüllt und mit glänzendem Helm und Brustpanzer, wurde er von der besiegten Bevölkerung, die um ihre Toten trauerte, schweigend empfangen. Es war nur ein kurzer Weg ins Zentrum dieser Stadt mit 10.000 bis 15.000 Einwohnern, einer Mischung aus Iberern, römischen Zuwanderern und Veteranen. Emotional aufgewühlt, brachte Cäsar seine Gefühle gegenüber den

> Einheimischen zum Ausdruck. Er ließ auf dem Marktplatz eine Tribüne errichten und rief die Bevölkerung zur Versammlung. Die Menschen kamen voller Angst und Sorge, umstellt von Cäsars Legionären, die das Forum säumten. Es war nicht nötig, das Ergebnis der Schlacht von Munda und die Unterwerfung der letzten Widerstandsnester zu verkünden. So kam Cäsar gleich zur Sache und sprach offen aus seinem Herzen.
>
> Cäsar äußerte sein Entsetzen über das Verhalten der Spanier, die sich gegen ihn erhoben hatten. Er erinnerte sie daran, dass er als Quästor und Prätor in der Provinzverwaltung und später als Konsul viel für die Interessen der Provinz getan hatte. Er habe die Steuern gesenkt und ihre Anliegen in Rom vertreten. Cäsar zeigte sich völlig überrascht, dass die Spanier all das Gute, das er ihnen getan hatte, scheinbar vergessen hätten. Er fragte, warum sie immer wieder untereinander stritten und stets Gründe für einen Aufstand fänden. Inzwischen seien sie mit dem römischen Recht gut vertraut. Dennoch hätten sie den Statthalter Cassius am helllichten Tag auf dem Forum ermorden wollen. Sie hätten den Söhnen des Pompeius Zuflucht gewährt und sich deren Aufstand angeschlossen. „Hat es sich gelohnt?", fügte Cäsar hinzu, „Ihr habt doch nie gewonnen, oder? Und wie konntet ihr überhaupt glauben, dass ihr gegen die Macht Roms siegen könntet, selbst wenn ich, Cäsar, gefallen wäre?"

Cäsar blieb in Spanien, um die Provinz neu zu organisieren und zwischen loyalen und aufständischen Städten zu unterscheiden. Durch die Gründung von Kolonien für Veteranen und Siedler aus Rom hoffte er, künftigen Aufständen ein Ende zu setzen. Der Bürgerkrieg war beendet (Abb. 5.2).

5.2 Cäsars Führung während des Bürgerkriegs

Nach diesem historischen Überblick wollen wir nun Cäsars Führungsverhalten erneut aus moderner Perspektive analysieren. Über welche Kompetenzen verfügte Cäsar, um seine Herausforderungen zu meistern? Wie setzte er diese ein? Abb. 5.3 fasst die Bewertung von Cäsars Führungsverhalten in dieser Zeit zusammen, insbesondere als militärischer Befehlshaber.

5.2.1 Führung der eigenen Person

Es ist sowohl interessant als auch aufschlussreich, dass Cäsar am Ende des Gallischen Krieges und am Ende des Bürgerkriegs, oder genauer gesagt, als Cäsar glaubte, der Krieg sei vorbei, jeweils das Gleiche widerfuhr. In beiden Fällen wurde Cäsar von einem großen Aufstand überrascht. Nachdem er die

Abb. 5.2 Rom und sein Reich im Jahr 40 v. Chr., nach dem Tod Gaius Julius Cäsars. Von Tataryn77 – Eigenes Werk, gemeinfrei. https://commons.wikimedia.org/w/index.php?curid=11154814

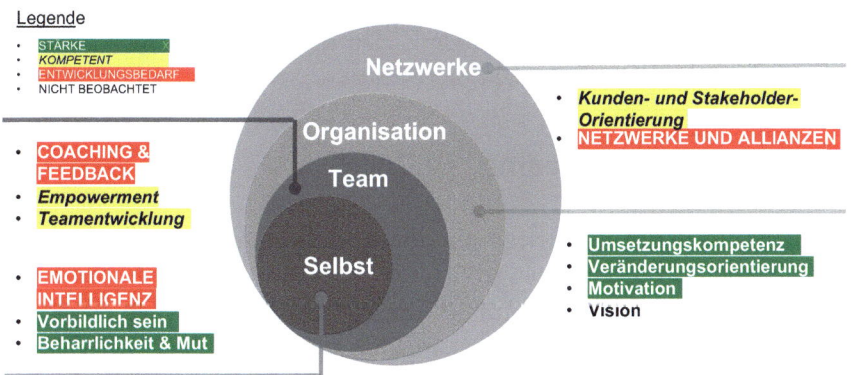

Abb. 5.3 Bewertung von Cäsars Führungsverhalten als Feldherr während des Bürgerkriegs nach dem GELM. Anpassung des Autors: Basierend auf dem GELM von KDVI

Pompeianer in Afrika besiegt hatte, wusste er zwar von einigen Widerstandsherden im Reich, doch nichts davon hätte ihn davon abhalten sollen, nach Hause zurückzukehren, um sich endlich den Staatsgeschäften zu widmen und die letzten Kämpfe seinen Untergebenen zu überlassen. Die Söhne des Pompeius konnten jedoch das hervorragende Ansehen und Netzwerk ihres Vaters nutzen; schließlich hatte Pompeius die beiden spanischen Provinzen fünf Jahre lang regiert, bevor Cäsar dessen Armee 49 in Spanien besiegte. Wie er durch die Neuordnung der Provinzen und neuen Gebiete im Osten bewiesen hatte, war Pompeius mindestens ebenso fähig in der Provinzverwaltung wie Cäsar. Der Kontext und die Gründe für die Aufstände in Gallien und Spanien unterschieden sich zwar, doch für Cäsars Führungsverhalten ist entscheidend, dass es ihm nicht gelang, die Unzufriedenheit, die sich im kollektiven Bewusstsein der Einheimischen anbahnte, rechtzeitig zu erkennen. In beiden Szenarien ging Cäsar zwar als Sieger hervor, jedoch nur mit enormen Schwierigkeiten. Emotionale Intelligenz blieb daher für Cäsar ein Entwicklungsfeld.

Cäsars Milde hob ihn als Führungspersönlichkeit hervor. Diese verzeihende und kompromissbereite Haltung war ein zentraler Wert, den Cäsar während seiner gesamten Laufbahn konsequent lebte. Während dieses Krieges hatte er zahlreiche Gelegenheiten, dies zu zeigen, und unterschied sich damit deutlich von den Anführern des vorherigen Bürgerkriegs und den Pompeianern. Seine Offiziere und Truppen verstanden dies nicht immer. In manchen Situationen, etwa nach Thapsus, konnte Cäsar den Zorn seiner Anhänger nicht zügeln. Dennoch werden, da sein Führungsverhalten im Allgemeinen mit seinen Werten übereinstimmte und er trotz Widerständen und Rückschlägen unbeirrt an seinen Zielen festhielt, Vorbildlich sein sowie Beharrlichkeit & Mut als Stärken bewertet.

5.2.2 Führung von Teams

Cäsar begann den Bürgerkrieg ohne die beiden wichtigsten Mitglieder seines Führungsteams, die maßgeblich zur Eroberung Galliens beigetragen hatten. Einer von ihnen, der junge Crassus, war bereits einige Jahre zuvor ausgeschieden. Der zweite, Labienus, schlug sich unmittelbar nach dem Rubikon auf die Seite von Cäsars Gegner. Obwohl Cäsar weiterhin über taktisch versierte Offiziere verfügte, die einen Sieg in einer Schlacht sichern konnten, fehlte ihnen die strategische Weitsicht, die für den Erfolg einer gesamten Kampagne notwendig war. Eine Kampagne erforderte sorgfältige Planung, geschicktes Manövrieren und die Fähigkeit, logistische Herausforderungen zu meistern – zusätzlich zu den eigentlichen Schlachten. Daher sah sich Cäsar mehrfach gezwungen, seine Pläne zu überarbeiten und seine

Untergebenen zu ersetzen: in Spanien, sowohl 49 als auch 45; bei der Belagerung von Massilia 49; in Kleinasien und Italien 47; in Afrika 46. Lediglich Vatinius war durchgehend erfolgreich. Vor dem Überschreiten des Rubikon war Cäsar zudem auf relativ junge Politiker wie Curio, Antonius und Cassius angewiesen, um seine Interessen im Senat und beim Volk zu vertreten. Rückblickend wird deutlich, dass es strategisch klüger gewesen wäre, erfahrenere und weniger konfrontative Vermittler einzuschalten.

Die existenzielle Bedrohungslage des Bürgerkriegs erforderte von Cäsar erhebliche Anstrengungen, um seine Teammitglieder und das Heer insgesamt zu motivieren. Ein wesentlicher Teil von Cäsars Gefolgsleuten schloss sich ihm aus Eigeninteresse an, nicht aus einem gemeinsamen Zweck heraus. Bereits erwähnt wurde, dass Cäsar im Vergleich zu Pompeius mehr Offiziere außerhalb der senatorischen Elite rekrutierte; er gewann Söhne von Familien aus ganz Italien, oft Männer, die erst nach dem Italischen Krieg eingebürgert worden waren, sowie Ausländer wie Balbus. Ihre Loyalität hing davon ab, dass ihre individuellen Interessen erfüllt wurden. Aus diesem Grund ließ sich Cäsar dazu bewegen, eine kompromisslose Haltung einzunehmen und letztlich den Rubikon zu überschreiten. Zwei Personen, die sich von Cäsar abwandten, als er ihre Ambitionen nicht erfüllte, sind hierfür exemplarisch. Labienus (Kasten 5.2) und Trebonius (Kasten 5.3) stehen für jene eigennützigen Individuen, die Cäsar durch den Schritt über den Rubikon an sich binden wollte.

> **Kasten 5.2 Wechselnde Loyalitäten: Labienus**
>
> Labienus hatte unter Cäsar eine erfolgreiche Karriere als Offizier gemacht und war sehr ehrgeizig. Cäsar erkannte, dass er Labienus' Karriere fördern musste. Daher ernannte er ihn im Jahr 50 zu seinem Nachfolger als Statthalter in einer seiner Provinzen. Labienus befürchtete jedoch, in Cäsars Lager nie über die Rolle des Zweiten hinauszukommen. In der Hoffnung, ein eigenes Heer zu erhalten, und im Glauben, dass der Wechsel zu Pompeius ihm Vorteile verschaffen würde, schloss sich Labienus dem gegnerischen Lager an. Das war ein Fehler. Unter Pompeius erhielt Labienus nie die Verantwortung, die er unter Cäsar gehabt hatte. Im Umfeld des Pompeius gab es zu viele, die ihn politisch und gesellschaftlich überragten. Labienus' Überlaufen war ein erheblicher Verlust für Cäsar, denn bis zum Ende des Bürgerkriegs war es Labienus, der den stärksten und effektivsten Widerstand gegen Cäsar leistete. Öffentlich zeigte Cäsar keine Verbitterung; er gestattete Labienus, all seine Besitztümer und eine Gruppe gallischer Reiter mitzunehmen. Nach Labienus' Tod auf dem Schlachtfeld von Munda gewährte Cäsar ihm zudem ein ehrenvolles Begräbnis.

> **Kasten 5.3 Wechselnde Loyalitäten: Trebonius**
>
> Die Karriere von Gaius Trebonius ähnelte der von Vatinius: Er war der erste seiner Familie, der Senator wurde; als Volkstribun setzte er Gesetze im Sinne der Triumvirn durch, worauf eine erfolgreiche Laufbahn als Offizier unter Cäsar und verschiedene Regierungsämter in Rom folgten. 49, als die Belagerung von Massilia länger dauerte als erwartet, überließ Cäsar Trebonius das Kommando, während er selbst nach Spanien musste. Trebonius konnte die Aufgabe nicht zu Ende bringen, sodass Cäsar auf dem Rückweg aus Spanien erneut eingreifen musste. 47 schickte Cäsar ihn nach Hispanien ulterior, um Cassius Longinus zu ersetzen, der seine Statthalterschaft ruiniert hatte. Falls Trebonius auf Ruhm in der Provinz gehofft hatte, wurde er bald enttäuscht. Die Unzufriedenheit der römischen Truppen unter Cassius wuchs zu einer Revolte und einem Bündnis mit den Pompeianern. Sie vertrieben Trebonius, und Cäsar musste erneut nach Spanien reisen, um selbst das Kommando zu übernehmen. Nachdem er zweimal entmachtet worden war, musste Trebonius das Gefühl haben, dass seine Karriere ins Stocken geraten war. Cäsar gestattete Trebonius, zusammen mit Fabius Maximus als Ersatzkonsul zu amtieren, während Trebonius sich ein volles Konsulat erhofft hatte. Zudem erhielt Fabius, der in Spanien erfolgreich mit Cäsar gekämpft hatte, einen Triumph, was Trebonius als Kränkung empfand. Schließlich bot Cäsar Trebonius eine weitere Statthalterschaft in Asien an; das war jedoch keine Beförderung. Enttäuscht über seine unerfüllten Ambitionen und mangelnde Wertschätzung schloss sich Trebonius der Verschwörung gegen Cäsar an.

Marcus Antonius und Curio, zwei Männer aus der Oberschicht wie Cäsar, gehören einer anderen Kategorie an. Neben ihren Karriereambitionen teilten sie Cäsars organisatorisches Konzept. In den Jahren 50 und 49 agierten sie als mittlere Führungskräfte im Auftrag Cäsars in Rom. Darüber hinaus identifizierte sich Cäsar mit Antonius und Curio als jüngere Versionen seiner selbst. Dies galt besonders für Curio, den Cäsar als Vertreter der nächsten Generation sah. Nach dem Überschreiten des Rubikon wollte Cäsar Curio ähnliche Möglichkeiten bieten, sich zu bewähren, wie er sie selbst zu Beginn seiner Laufbahn erhalten hatte. Daher übertrug er ihm ein militärisches Kommando. Doch Cäsar überschätzte Curio, denn dieser verfügte bei seinem ersten Kommando über weniger militärische Erfahrung als Cäsar damals.

Während Cäsar nach einer schnellen Analyse entschlossen handelte, war Curio impulsiv – und das kostete ihn in Afrika das Leben. Nach Curios Tod setzte Cäsar großes Vertrauen in Marcus Antonius, auch wenn dieser weder im Militär noch in der Verwaltung besonders erfolgreich war. Antonius war jedoch keineswegs untalentiert; er schaffte es später, einer von Cäsars Nachfolgern zu werden. Vor dem Überschreiten des Rubikon hatten Curio und Antonius, die ihre Karrieren unter dem kompromisslosen Clodius begonnen hatten, Cäsar ebenfalls dazu bewegt, einen Kompromiss abzulehnen.

Cäsar hatte viel erreicht, indem er die Erwartungen seiner Gefolgsleute erfüllte. Am Ufer des Rubikon 49 stand er nicht vor der Wahl zwischen Bürgerkrieg – mit der möglichen Folge einer Alleinherrschaft – und Frieden. Cäsar strebte keine absolute Macht an. Einerseits hätte er von seinen Ämtern zurücktreten und damit seine eigene (*dignitas*) und das Ansehen der Julier sowie die Möglichkeit, seine Unterstützer zu fördern, vollständig verlieren können. Oder er hätte andererseits einen Bürgerkrieg auslösen können. Cäsar muss erkannt haben, dass seine Gefolgsleute – die, die ihm in Gallien und Rom gedient hatten, sowie einige Unzufriedene und Opportunisten – weiterhin viel von ihm erwarteten. Seine Anhänger hätten ihn unter Druck gesetzt, nicht nachzugeben. Schließlich hätten sie von einer Einigung mit den *Optimaten* nichts zu erwarten gehabt.

Zusammenfassend lässt sich sagen: Am Ufer des Rubikon tat Cäsar sein Möglichstes, um aus den ihm zur Verfügung stehenden Offizieren ein Team zu formen. Er stärkte seine Untergebenen, indem er ihnen ermöglichte, auf unterschiedlichen Ebenen Erfolge zu erzielen, und zeigte sich tolerant gegenüber Fehlern und Misserfolgen. Dass nicht jede Delegation erfolgreich war, lag vor allem daran, dass Cäsar seine Leute nicht ausreichend förderte – was angesichts seiner häufigen Abwesenheit zweifellos eine große Herausforderung war. Möglicherweise tat Cäsar zu wenig, um ungesunden Wettbewerb unter seinen Untergebenen, die um Positionen und Aufmerksamkeit rivalisierten, einzudämmen. Zudem erschwerte es die Bindung von Talenten, dass er Einzelne nicht durch ihre Frustration begleitete.

5.2.3 Führung von Organisationen

Aus militärstrategischer Sicht war Cäsars Vorgehen im Bürgerkrieg erstklassig. Noch vor dem Überschreiten des Rubikon hatte Cäsar Zeit, verschiedene „Was-wäre-wenn"-Szenarien durchzuspielen. Er ließ bewusst seine Hauptarmee nördlich der Alpen zurück und entzog so seinen Gegnern das Argument, er suche den offenen Konflikt. Zudem ging er das Risiko ein, den Krieg aus einer Position der Schwäche zu beginnen. Dies verschaffte ihm jedoch den Überraschungseffekt, als er nach dem Scheitern eines Kompromisses rasch handelte. Wäre Pompeius nicht die Flucht nach Griechenland gelungen, hätte Cäsars Angriff auf Italien mit einer kleinen Streitmacht den Krieg dort beenden können. Da eine Verfolgung nicht möglich war, eliminierte Cäsar die Bedrohung in seinem Rücken, indem er Pompeius' Armee in Spanien ausschaltete. Nachdem er einige Schiffe zusammengezogen hatte, setzte er nach Griechenland über, um Pompeius direkt anzugreifen, während letzterer seine Truppenstärke ausbaute. Nach Pharsalos musste Cäsar systematisch die noch in Feindeshand befindlichen Provinzen erobern. Beeindruckend war Cäsars Fähigkeit, seine Strategie anzupassen, wenn sich die Lage änderte oder Ereignisse nicht wie geplant verliefen. In Afrika überraschte er Freund und Feind gleichermaßen, indem er nicht wie gewohnt auf Schnelligkeit und Überraschung setzte. Angesichts eines ungewöhnlichen Gegners, der über eine überlegene Kavallerie und Kriegselefanten verfügte, beschloss Cäsar, sich Zeit zu nehmen, Vorräte anzulegen und die Soldaten in neuen Taktiken auszubilden. Sein einziger Fehler war die Belagerung von Pompeius in Dyrrachium, als er zahlenmäßig unterlegen war. Hätte Pompeius nach dem Durchbruch der Belagerung die Verfolgung aufgenommen, wäre dieses Buch vielleicht Pompeius gewidmet.

Während des gesamten Bürgerkriegs musste Cäsar seine Armee mehrfach neu motivieren und anspornen. Häufig nutzte er dazu Ansprachen – erstmals, als er kurz davor stand, den Rubikon zu überschreiten. Als Anfang 49 der Senat das Kriegsrecht ausrief und Cäsar zum Staatsfeind erklärte, flohen die beiden Volkstribunen, Marcus Antonius und Cassius Longinus (die sich für Cäsar eingesetzt hatten), sowie Curio aus Rom, um einer Verhaftung zu entgehen. Sie legten ihre Togen ab, verkleideten sich als Sklaven und gelangten in einer gemieteten Kutsche sicher zu Cäsars Lager. Die Nachricht aus Rom, dass der Senat Cäsar zum Geächteten erklärt hatte, kam nicht überraschend.

Cäsar hatte für diesen Fall vorgesorgt, wie wir bei Appian und in Cäsars eigenem Bericht über den Bürgerkrieg nachlesen können. Cäsar ließ es sich nicht nehmen, seiner Armee die drei Männer in ihrem erbärmlichen Zustand zu zeigen. Er erklärte seinen Soldaten, dass auch sie nun trotz all ihrer Verdienste für Rom als Staatsfeinde gebrandmarkt seien. Zudem seien diese drei angesehenen Männer, die sich für sie eingesetzt hätten, unter unwürdigen Umständen aus Rom vertrieben worden. Er argumentierte, der Senat habe ein illegales Dekret erlassen, indem er das verfassungsmäßige Vetorecht der Volkstribunen missachtet habe. Außerdem sei das Kriegsrecht traditionell nur nach gewaltsamen oder gefährlichen Vorfällen in der Stadt verhängt worden. Im aktuellen Fall sei dies nicht gegeben; Cäsar befand sich noch in seiner Provinz, und es war keine Gewalt verübt worden. Anschließend erinnerte er an die großen Erfolge, die die Armee gemeinsam mit ihm errungen hatte. Er forderte seine Soldaten auf, seine Ehre und seinen Ruf zu verteidigen. Die Armee bekräftigte, dies tun zu wollen. Später erklärte Cäsar, er habe den Rubikon überschritten, um sich selbst zu schützen, die Rechte der Volkstribunen wiederherzustellen und das Volk von der Herrschaft einer kleinen Clique zu befreien. Der Anspruch, die Rechte der Volkstribunen zu schützen, die traditionell als Wahrer der Volksrechte im römischen System der „checks and balances" galten, entsprach Cäsars politischer Position als *popularis*, die er während seiner gesamten Laufbahn innehatte.

Insgesamt musste Cäsar nun größere Motivationsprobleme überwinden als in Gallien. Ende 49, auf dem Rückweg aus Spanien und Massilia, sah sich Cäsar in Norditalien, in Placentia, mit einer Meuterei seiner Truppen konfrontiert. Die Legionen waren seit Ausbruch des Bürgerkriegs nicht bezahlt worden und ärgerten sich über Cäsars Milde, die ihnen das Plündern untersagte. In seiner Ansprache bat Cäsar um Geduld und erinnerte daran, dass sie unter seinem Kommando in Gallien große Beute gemacht und den Eid geleistet hätten, ihm durch den gesamten Krieg zu folgen. Er forderte sie auf, das Werk zu vollenden. Die Stimmung der Soldaten änderte sich jedoch erst, als Cäsar ankündigte, sie sofort nach Hause zu schicken. Die Angst, mit leeren Händen heimzukehren, und gekränkter Stolz bewirkten einen Sinneswandel; die Soldaten blieben. Anschließend ordnete Cäsar Disziplinarmaßnahmen an und ließ 12 der 120 Rädelsführer der Meuterei hinrichten. Bemerkenswert ist, dass, als bekannt wurde, dass ein Soldat von seinem Vorgesetzten zu Unrecht der Teilnahme an der Meuterei beschuldigt worden war, Cäsar diesen freiließ und stattdessen den Offizier hinrichten ließ. Damit setzte Cäsar ein klares Zeichen, dass er keine willkürlichen Urteile fällte.

Im Jahr 48, nach Pompeius' erfolgreichem Ausbruch bei Dyrrachium, wandte sich Cäsar an seine Soldaten. Er übernahm die Verantwortung für das Geschehene und vergab ihnen, dass sie die Reihen gebrochen hatten. Er erinnerte sie an die Erfolge seit Beginn des Bürgerkriegs und daran, dass sie Rückschläge überwunden hätten. Dies, so Cäsar, solle ihnen Zuversicht für die nächste Schlacht geben. Die Soldaten waren durch Cäsars gemäßigtes Vorgehen erleichtert. Sie ergriffen daraufhin die Initiative und legten erneut den Eid ab, das Schlachtfeld nicht vor Ende der Kampfhandlungen zu verlassen. Kurz darauf, vor der Schlacht bei Pharsalos, hielt Cäsar eine Ansprache an seine Armee, erinnerte sie an ihren jüngsten Eid und daran, dass die gegnerischen Soldaten bereits zuvor besiegt worden seien und Cäsars Versuche, einen Waffenstillstand zu erreichen, abgelehnt worden waren. Er bat sie zudem, sich an ihn als fürsorglichen und großzügigen Anführer zu erinnern. Außerdem, so Cäsar, stünden sie überwiegend unerfahrenen römischen Truppen und verbündeten Einheiten anderer Völker gegenüber, die nicht über die Fähigkeiten von Cäsars hauptsächlich römischer Armee verfügten. Er forderte sie auf, die Italiener zu verschonen, die Verbündeten jedoch zu töten, um die alliierten Truppen zusätzlich einzuschüchtern.

Im Jahr 47, nach seiner Rückkehr aus Ägypten, wurde Cäsar in Italien erneut mit meuternden Truppen konfrontiert. Da seine Untergebenen damit nicht zurechtkamen, marschierte die Armee nach Rom, und Cäsar traf sie vor den Toren der Stadt. Er sprach sie als „Bürger" an, was signalisierte, dass sie für ihn keine Soldaten mehr waren. Die Aussicht, nach Hause geschickt zu werden und anderen den Ruhm der Siege und die Beute des bevorstehenden Afrikafeldzugs zu überlassen, hatte einen ähnlichen Effekt wie in Placentia; die Soldaten änderten ihre Meinung. Zudem legte Cäsar seine Pläne zur Landverteilung dar, die er – anders als Sulla – ohne Enteignungen durchführen wollte. Er verhängte nur wenige Disziplinarmaßnahmen, gab den Truppen aber, wie schon im ersten Jahr des Gallischen Krieges bei zögerlichen Gefolgsleuten, sofort neue Marschbefehle und schickte sie nach Afrika.

Im Jahr 46, als zwei Legionen, die kürzlich gemeutert hatten, in Afrika eintrafen, entschied sich Cäsar, ein Exempel zu statuieren. Er hatte sich genau gemerkt, wer die Rädelsführer waren. Einer hatte sogar ein Schiff gechartert, um seine Sklaven und sein Vieh statt Truppen für Cäsar von Sizilien zu transportieren. Diesmal gab es keine Hinrichtungen, aber fünf Rädelsführer und Offiziere wurden öffentlich unehrenhaft entlassen. Ihr Besitz wurde konfisziert, und sie wurden auf ein Schiff nach Italien gesetzt. Cäsar spürte, dass die jahrelangen Kämpfe und Märsche ihren Tribut forderten, was sich in der mangelnden Disziplin in der folgenden Schlacht von Thapsus bestätigte. Nach seinem Sieg entließ Cäsar diese Legionen und siedelte die Veteranen in Kolonien an.

Insgesamt zeigt sich, dass es Cäsar – abgesehen vom Beginn des Konflikts – nicht gelang, seine Armee in einer gemeinsamen Vision zu einen. Es gab keinen gemeinsamen Zweck, außer weiterhin an einem erfolgreichen Unternehmen teilzuhaben, das während des Gallischen Krieges allen genutzt hatte, sowie Ärger darüber, geächtet statt für ihre Leistungen geehrt zu werden. Zu diesem Zeitpunkt handelte es sich vielmehr um eine transaktionale Beziehung, die zwar zum Sieg führte, aber rasch zerbrechen konnte, wenn die Bedingungen des „Vertrags" nicht erfüllt wurden.

5.2.4 Führung von Stakeholdern und Netzwerken

Wie Cäsar während des Bürgerkriegs die Beziehungen zu Stakeholdern – der römischen Bürgerschaft, dem Senat, der Geschäftswelt und den Untertanen in den Provinzen – gestaltete, wird im nächsten Kapitel ausführlicher behandelt. Wichtig ist an dieser Stelle jedoch der Hinweis, dass es Cäsar nicht gelang, das Bündnis mit Pompeius, das ihm bis dahin so gute Dienste geleistet hatte, zu bewahren und wiederherzustellen.

5.3 Cäsars Karriereentwicklung während des Bürgerkriegs

Dieses Kapitel konzentriert sich auf die Position eines militärischen Führers und eine operative Führungsaufgabe, die derjenigen ähnelt, die Cäsar gerade in Gallien ausgeübt hatte. Dieses neue Unterfangen war jedoch von größerer Dimension und erstreckte sich über den gesamten Mittelmeerraum. Darüber hinaus musste er die Rolle des Generals im Bürgerkrieg mit der Regierungsführung auf einer deutlich höheren Komplexitätsebene verbinden als zuvor als Statthalter von drei Provinzen. Schließlich stand Cäsar einem Gegner gegenüber, der über größere Ressourcen und Fähigkeiten verfügte als die gallischen oder germanischen Stämme.

Als der Senat ihn zum Rücktritt aufforderte, stand Cäsars Karriere an einem Scheideweg, der eine klare Entscheidung erforderte: „Führen, folgen oder sich verabschieden". Für Cäsar bot „sich verabschieden" nur wenig attraktive Optionen. Es gab keine alternative Organisation, der er sich hätte anschließen können, und eine Karriere in der Wirtschaft entsprach nicht seinem Naturell. Freiwilliges Exil war seinem Stolz zuwider. Auch an einen vorzeitigen Ruhestand dachte er nicht. „Folgen" hätte bedeutet, zurückzutreten und sich möglicherweise einem Gerichtsverfahren auszusetzen, das seine Gegner und Konkurrenten bei seiner Rückkehr nach Rom sicher angestrengt hätten. Also entschied sich Cäsar für das „Führen", das heißt, die Initiative zu ergreifen und den Wandel zu seinem Vorteil zu nutzen.

In dieser Zeit festigte Cäsar sein Image als großzügiger Anführer gegenüber seinen Soldaten und als nachsichtiger Gegner gegenüber seinen Feinden. Sein Ruf als nahezu unbesiegbarer Feldherr wuchs im Verlauf seiner militärischen Laufbahn weiter, und er untermauerte seine Stellung geschickt durch die vier Triumphe, die er 46 und 45 feierte. In den Wochen vor seinem Tod begann er mit den Vorbereitungen, die größte römische Armee aller Zeiten gegen die Parther zu führen. Allgemein wurde erwartet, dass er mit ähnlichen Siegen zurückkehren würde.

Aus Sicht der *Leadership Pipeline* ähnelte Cäsars militärische Führung im Bürgerkrieg seiner Rolle in Gallien als „Geschäftsführer" (Abb. 5.4). Ebenso erfolgreich führte er einen Offizierskorps, entwickelte und implementierte Strategien und behielt eine zukunftsorientierte Perspektive. Da er niemandem Rechenschaft schuldig war, bewegte sich Cäsar in seinem bevorzugten Umfeld mit klaren Zuständigkeiten und direkter Autorität.

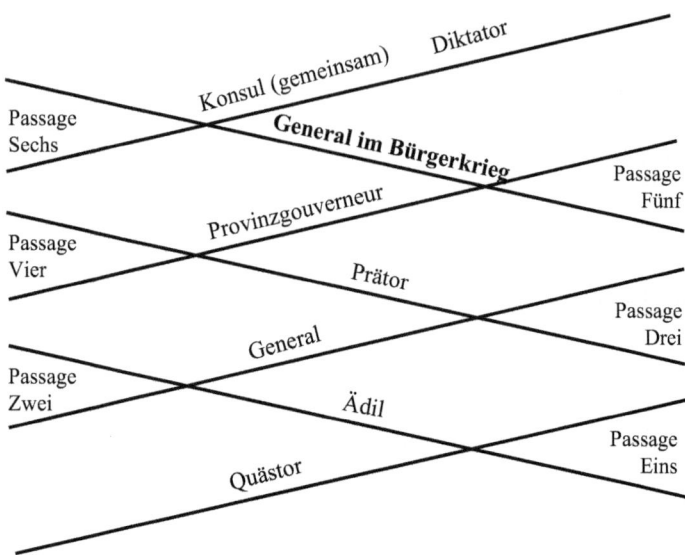

Abb. 5.4 Julius Cäsars Karriereweg im römischen Karrieresystem während des Bürgerkriegs. Adaption des Autors: Nach Charan et al. (2001)

5.4 Was Führungskräfte von Cäsar als militärischem Anführer im Bürgerkrieg lernen können

Cäsar war nicht der Erste, der den Rubikon im wörtlichen Sinne überschritt, und auch nicht der Einzige, der dies mit einer Armee tat. Doch er war der Erste, der diese Grenze sowohl im wörtlichen als auch im übertragenen Sinne überschritt. Genauer gesagt war Cäsar der Einzige, der aus der tatsächlichen Überschreitung eine Metapher machte. Dass dieses Ereignis eine metaphorische Dimension erhielt, spiegelt die weltgeschichtliche Bedeutung von Cäsars Entscheidung wider. Seit 49 v. Chr. gilt das Überschreiten des Rubikon als Inbegriff eines Punktes ohne Wiederkehr. Doch für jemanden wie Cäsar war das natürlich nicht genug. Er begleitete den berüchtigten Grenzübertritt zudem mit einer der ikonischsten Redewendungen, die zu seinem Vermächtnis wurden: „*Alea iacta est*", oder „Der Würfel ist gefallen". Dies zeugte von Cäsars ausgeprägtem Bewusstsein als risikofreudiger Entscheider.

Cäsar setzte als Feldherr die erfolgreichen Verhaltensweisen fort, die er bereits in Gallien angewandt hatte. Seine Militärstrategie verband Taktik auf dem Schlachtfeld, Manöver und Logistik. Seine charakteristische Schnelligkeit in Entscheidungsfindung und Bewegung nutzte er geschickt, als er vom

Rubikon nach Italien vordrang. In Dyrrachium jedoch lernte er, dass Übereilung nicht immer zu seinem Vorteil gereichte. In der Folge agierte er überlegter. Cäsar motivierte seine Truppen, indem er ihnen eine Perspektive auf Ruhm und militärischen Gewinn eröffnete. Wurde die Lage schwierig und die Motivation ließ nach, erinnerte er sie an vergangene Erfolge und daran, wie er als Anführer seine Zusagen stets eingehalten hatte. Anstatt die Schuld weiterzugeben, übernahm er Verantwortung für Misserfolge. Er bestrafte seine Männer für Disziplinlosigkeit, bewahrte dabei jedoch ein Gefühl für Fairness und Nachsicht. Gegenüber seinen Feinden handelte er weiterhin nach seinem zentralen Wert, der Milde. Sein Ruf als gerechter und großzügiger Anführer sowie sein Erfolg trugen zu einer starken Bindung an seine Gefolgsleute bei. Insgesamt erleichterten diese Eigenschaften es den besiegten Pompeianern, sich seiner Armee anzuschließen.

Darüber hinaus fühlte sich Cäsar an sein Versprechen gebunden, das Ansehen seiner Familie wiederherzustellen, doch im Jahr 49 war er damit noch nicht am Ziel. Zudem war er überzeugt, dass er – wie jedes Mitglied der römischen Elite – dazu berufen war, durch große Taten im Namen der Republik Ansehen zu gewinnen. Zu solchen Taten zählte auch der Schutz der Rechte des Volkes. Cäsar war der Ansicht, dass niemand besser geeignet sei, dies zu gewährleisten. Daher folgerte er, dass das Verbleiben in einer Führungsposition nach der erfolgreichen Eroberung Galliens ein Gewinn für die Republik sei. Interessanterweise wagte keiner seiner Anhänger – oder hatte ein Interesse daran –, darauf hinzuweisen, dass dies auch als Schritt in Richtung Alleinherrschaft verstanden werden konnte, wie es seine Gegner taten. Vielmehr verfolgte Cäsar ein weit größeres Ziel als bloß eine eigennützige Karriere. Dadurch übersah er, dass das Feedback und die Ratschläge seiner unmittelbaren Gefolgsleute von deren Eigeninteresse geprägt waren. Cäsars Umfeld befeuerte zweifellos seinen Stolz und seine Unwilligkeit, in der Situation das Gesicht zu verlieren. Sie wussten auch sehr genau, dass das Einhalten von Zusagen für ihren Anführer einen hohen persönlichen Wert darstellte. Um schädlichen Einfluss von Gefolgsleuten entgegenzuwirken, empfiehlt die Organisationspsychologin Lynn Offermann Führungskräften, Widerspruch zu fördern und eine Kultur der Wahrhaftigkeit zu etablieren. Die Boxen 5.4 und 5.5 beleuchten die Dynamik dieser entscheidenden Episode.

> **Box 5.4 Der wahre Grund, warum Cäsar den Rubikon überschritt**
>
> Betrachten wir noch einmal, was das Überschreiten des Rubikon auslöste. Die „gemischte" Verfassung der römischen Republik enthielt eingebaute Kontrollmechanismen. Dennoch fehlte der Republik als Staat ein Verfassungsgericht oder eine vergleichbare Institution (vorausgesetzt, sie wäre politisch neutral

gewesen), die in diesem angespannten, hochbrisanten Streit zwischen sehr mächtigen Männern hätte entscheiden können, wer das Recht auf seiner Seite hatte. Wäre die Republik ein Unternehmen gewesen, würden wir einen Konflikt zwischen gegensätzlichen Auffassungen innerhalb der Geschäftsleitung beobachten, eine Meinungsverschiedenheit, die normalerweise der Aufsichtsrat schlichten würde. In diesem Fall jedoch führte die personelle Überschneidung von Geschäftsleitung und Aufsichtsrat – Magistrate, die im Senat saßen – dazu, dass Letzterer befangen war. Alternativ hätte man die Aktionäre, also das Volk, um ihre Meinung bitten können, doch das war bereits geschehen. Sie hatten zuvor Cäsars Ausnahmegenehmigung in Abwesenheit zugestimmt. Die Angelegenheit erneut dem Volk vorzulegen, war jedoch ein Risiko, das Cäsars Gegner nicht eingehen wollten. Das Volk hätte sich mit Sicherheit demjenigen zugewandt, der Rom zuletzt so viel Ehre und Reichtum gebracht hatte. Ohne ein Konfliktlösungsinstrument blieb die Entscheidung somit den beteiligten Personen überlassen. Das war ein Unfall mit Ansage. Beide Seiten waren in politische Loyalitäten und Ideologien sowie in einen Machtwettstreit verstrickt. Sie interpretierten Ereignisse, Entscheidungen und Regeln zu ihren Gunsten und dehnten die Grenzen entsprechend aus.

Der entscheidende Faktor, der zum Bürgerkrieg in Rom führte und nicht zu einer friedlichen Lösung, war daher die Rolle der Gefolgsleute bei der Beeinflussung des Verhaltens ihrer Anführer. Unterschiedliche Gruppen sahen in der polarisierten Situation ihre vitalen Interessen bedroht: Karriere und Altersversorgung für Cäsars Offiziere und Soldaten, öffentliche Ordnung für die Bürger Roms, Stabilität der Handelswege und Eigentumsschutz für die Wirtschaft, sowie Macht und Einfluss für den Senat. In solchen Krisen üben Gefolgsleute oft Druck auf ihre Führungskräfte aus, rasch zu handeln, um ihre eigene Unsicherheit zu verringern. Das Überschreiten des Rubikon wurde so zu einem eindrücklichen Beispiel dafür, wie Gefolgsleute Führungskräfte zu Entscheidungen drängen oder verführen können, die diese eigentlich nicht wollen – mit dramatischen Folgen. Selbst an der Spitze einer Organisation kann der Handlungsspielraum einer Führungskraft eingeschränkt werden, wenn sie sich in den Fäden viel schwächerer Kräfte verstrickt – wie die Inselbewohner von Lilliput Jonathan Swifts Gulliver fesselten.

Box 5.5 Und was er hätte tun können, um dies zu verhindern

Es stellt sich daher die Frage, was Cäsar hätte tun können, um diese Eskalation in unumkehrbare Gewalt zu verhindern. Um dieser Frage nachzugehen, lohnt sich ein Blick auf das größere Bild. Das Triumvirat war stets eine Koalition auf Basis gegenseitiger Interessen, nicht eines gemeinsamen Ziels. Zweimal hatte Cäsar die Initiative ergriffen, um das Bündnis der drei mächtigen Männer zu schmieden und zu erneuern. Doch jedes Mal hätte er über die bloße Festigung durch gemeinsame Interessen hinausgehen und ein gemeinsames Ziel formulieren können. Nach dem Tod von Crassus verpasste Cäsar die Gelegenheit, Pompeius in eine solche gemeinsame Vision einzubinden, als sie ihre Zusammenarbeit als Duo erneuerten. So verfolgte Pompeius weiterhin sein persönliches Ziel,

> gesellschaftliche Anerkennung zu erlangen. Nachdem das Bündnis mit Cäsar seine Ziele erreicht hatte, war Pompeius bereit, das aus seiner Sicht bessere Angebot des Establishments anzunehmen.

Eine weitere Möglichkeit für Cäsar wäre gewesen, seine Abhängigkeit von Informationen und Ratschlägen seiner Gefolgsleute zu verringern. Zwar stand er über Korrespondenz mit Vermittlern wie Cicero in Kontakt, doch stützte er seine Entscheidungen auf indirekte Informationen und deren Interpretation durch sein Umfeld. Es war bedauerlich, dass er nie direkt mit Pompeius sprach. Abgesehen vom persönlichen Stolz hinderte sie nichts daran, sich – wie zuletzt 56 in Luca – erneut auf neutralem Boden zu treffen und auszutauschen.

Schließlich bietet das letzte Aufbäumen des Bürgerkriegs eine weitere Lehre. Cäsar hatte Schwierigkeiten, kollektive Stimmungen zu erfassen. Vor Ausbruch des Bürgerkriegs unterschätzte er, wie weit der Senat bereit war, denen zu folgen, die sich gegen ihn stellten. Ebenso entging ihm, dass sich die Lage in Spanien erneut verschlechterte, als er glaubte, der Krieg sei vorbei. Als ihn Nachrichten aus Spanien erreichten, übersah er offensichtliche Warnsignale völlig. (Offenbar geschah Ähnliches beim Aufbau der pompeianischen Streitkräfte in Afrika, während er mit Kleopatra in Ägypten war.) Es wäre für Cäsar hilfreich gewesen, wenn ihn Personen aus tieferen Ebenen der Organisation über Stimmungsumschwünge informiert hätten. Oder vielleicht taten sie es, und er ignorierte ihre Hinweise. Immerhin stammte Balbus, sein enger Vertrauter, aus Südspanien und hätte genau das tun können. Stattdessen versuchte Cäsar zu lange, die Situation über Lepidus und Trebonius zu steuern. Entscheidender aber war, dass dies für Cäsar ein blinder Fleck blieb, wie seine Rede in Hispalis zeigt, die zuvor besprochen wurde. Er war erstaunt, dass die Spanier glaubten, sie hätten eine realistische Chance gegen Rom. Rational betrachtet hatte Cäsar natürlich recht. Emotional jedoch war es anders: Offenbar war Cäsar nicht bereit oder nicht in der Lage, sich in ihre Lage zu versetzen und nach den eigentlichen Ursachen ihres Aufstands zu suchen.

Nachdem er den Krieg nach der letzten Schlacht in Spanien gewonnen hatte, konnte sich Cäsar nun ganz seiner zweiten Verantwortung widmen: der Führung Roms und seines Imperiums. Dies wird Thema des nächsten Kapitels sein.

Literatur

Griechische und römische Quellen

Appian, *Römische Geschichte. Die Bürgerkriege*, Buch I–II.
Cäsar, G. J., *Berichte zum Bürgerkrieg, zum alexandrinischen Krieg, zum afrikanischen Krieg und zum spanischen Krieg*.
Cicero, M. T., *Briefe an Atticus; Briefe an seine Freunde und Familienmitglieder; Reden*.
Dio, L. C., *Römische Geschichte*. Buch 41–45.
Plutarch, *Biographie von Antonius, Brutus, Cato dem Jüngeren, Cäsar, Pompeius*.
Suetonius Tranquillus, G., *Biographie von Julius Cäsar*.

Moderne Werke

Badian, E. (1983). *Publicans and Sinners: Private enterprise in the service of the roman republic*. Cornell University Press.
Benferhat, Y. (2017). Des hommes à tout faire dans l'entourage de César. *Dialogues d'histoire ancienne. Supplément*, 17, Conseillers et ambassadeurs dans l'Antiquité (pp. 373–385).
Broughton, T. R. S. (1952). *The magistrates of the Roman Republic* (Bd. II) (99 B.C.–31 B.C.). American Philological Association.
Charan, R., Drotter, S., & Noel, J. (2001). *The leadership pipeline. How to build the leadership powered company*. Jossey-Bass.
Connelly, B. S., & McAbee, S. T. (2024). Reputations at work: Origins and outcomes of shared person perceptions. *Annual Review of Organizational Psychology and Organizational Behavior, 11*(1), 251–278.
Crook, J. A., Lintott, A., & Rawson, E. (Hrsg.) (1994). *The Cambridge ancient history* (2. Aufl., Bd. IX). *The last age of the Roman Republic, 146–43 B.C.* Cambridge University Press.
Drogula, F. K. (2019). *Cato the Younger. Life and death at the end of the Roman Republic*. Oxford University Press.
Gelzer, M. (2008). *Cäsar. Der Politiker und Staatsmann*. Franz Steiner Verlag.
Griffin, M. (Hrsg.). (2009). *A companion to Julius Caesar*. Wiley-Blackwell.
Gruen, E. S. (1995). *The last generation of the Roman Republic*. University of California Press.
Hölkeskamp, K.-J. (Hrsg.). (2009). *Eine politische Kultur (in) der Krise? Die "letzte Generation" der römischen Republik*. De Gruyter.
Hölkeskamp, K.-J. (2010). *Reconstructing the Roman Republic: An ancient political culture and modern research*. Princeton University Press.
KDVI. https://kdvi.com/tools/.

Meier, C. (1997). *Cäsar*. DTV.
Morstein-Marx, R. (2021). *Julius Caesar and the Roman people*. Cambridge University Press.
Offermann, L. R. (2004). When followers become toxic. *Harvard Business Review,* January, 54–60.
Pauli, A. F. (1958). Letters of Caesar and Cicero to each other. *The Classical World, 51*(5 (Feb)), 128–132.
Richardson, J. S. (1996). *The Romans in Spain*. Blackwell.
Strassler, R. B., & Raaflaub, K. A. (Hrsg.) (2018). *The landmark Julius Caesar,* Webessays. Pantheon Books. www.landmarkcaesar.com. Zugegriffen: 26. Jan. 2023.
Syme, R. (1939). *The Roman revolution*. Oxford University Press.
Vanderbroeck, P. (2012). Crises: Ancient and modern. Understanding an ancient Roman crisis can help us move beyond our own. *Management and Organizational History, 7*(2), 113–131.
Vanderbroeck, P. (2014). *Leadership strategies for women: Lessons from four queens on leadership and career development*. Springer.
Yavetz, Z. (1983). *Julius Caesar and his public image*. Cornell University Press.

6

Allein an der Spitze: Aufsichtsrats- und Vorstandsvorsitzender

… Mit einem Lächeln im Gesicht, bereit, seine Senatskollegen zu begrüßen, betrat er den Tempel, in dem die Sitzung stattfinden sollte. Er wollte es schnell hinter sich bringen, um sich wieder auf die Vorbereitung seines nächsten Krieges konzentrieren zu können. Beim Austausch von Begrüßungen umringte ihn die Gruppe der Senatoren. Der erste Stich, den er spürte, war ein scharfer Schmerz im Rücken. Mehr überrascht als schockiert versuchte er, sich umzudrehen, als der nächste Stich ihn in die Seite traf, gefolgt von weiteren. Als er in die ernsten Gesichter um sich blickte, war er fassungslos. 'Warum um alles in der Welt …?' waren seine letzten Gedanken …

(Dieses Zitat ist fiktiv und wurde vom Autor zu Illustrationszwecken erstellt.)

Im letzten Kapitel von Cäsars Karriere werden wir untersuchen, wie er den Gipfel seiner Organisation erreichte, seine Macht behauptete und ausübte und schließlich ein plötzliches und gewaltsames Ende fand. Mit dem Betreten des südlichen Ufers des Rubikon hatte Cäsar nicht nur die Grenze zwischen Frieden und Krieg überschritten, sondern auch einen Karriereschritt vollzogen. Dies löste einen mehrjährigen „Showdown" aus, der – wenn die Geschichte eine Lehre bereithielt – in einer Alleinherrschaft enden würde, zumindest für eine gewisse Zeit. Bislang war das höchste Amt, das Cäsar im römischen Staat bekleidet hatte, das des Konsuls, das er sich mit Bibulus teilte. Alle Staatsgewalt in einer Hand zu halten, war für Cäsar neu. Zudem brachte ihn dies auf eine Komplexitätsebene, die er bis dahin noch nicht hatte bewältigen müssen. Während sein bisher größter Auftrag, das Kommando in Gallien, ein großes geografisches Gebiet umfasste, kontrollierte er nun das gesamte Mittelmeer. Zugegeben, das Kommando in Gallien ging über die Führung militärischer Operationen hinaus; es beinhaltete auch die Integration und Neuordnung eines neuen Territoriums sowie die Verwaltung von drei bestehenden Provinzen. Dennoch war die Übernahme der Alleinherrschaft über Rom und sein Imperium eine Verantwortung ganz anderer Größenordnung.

Vorwegnehmend sei gesagt, dass Cäsar darauf nicht vorbereitet war. Genauer gesagt: Trotz all seiner Talente und Kompetenzen hatte sich seine Führung nicht auf das für diese Rolle erforderliche Niveau entwickelt. Er konnte nur einen Teil seines Potenzials entfalten, während er die absolute Macht innehatte. Dennoch hinterließ er dank seiner Brillanz ein bis heute nachwirkendes Vermächtnis.

In der Betrachtung dieses letzten Karriereabschnitts beschreiben wir, wie Cäsar sich schlug, als er schließlich an der Spitze der Macht angekommen war. Das Kapitel beginnt im April 49 v. Chr., als Cäsar erstmals in Rom eintraf und begann, politische Macht auszuüben. Dies war drei Monate nach dem Überschreiten des Rubikon und dem Beginn der Feindseligkeiten im Bürgerkrieg. Die Analyse setzt sich dann einschliesslich der Zeit von der letzten Schlacht des Bürgerkriegs im Jahr 45 v. Chr. bis zu den Iden des März 44 v. Chr. fort. Das Kapitel behandelt somit Cäsars Verhalten als Führer der Römischen Republik, meist parallel zu seinem militärischen Oberbefehl (Abb. 6.1). In den Jahren zwischen 49 und 44 v. Chr. wuchs Cäsars geographische Macht mit jedem von seinen Gegnern verlorenen Territorium stetig an. Nach Kriegsende wurde Cäsar auf unbegrenzte Zeit zum Diktator ernannt. Dies formalisierte seine faktische Alleinherrschaft – gewissermaßen ein Novum für die Verfassung der Römischen Republik. Weder die Macht mit einem Kollegen teilen zu müssen noch dem Senat Rechenschaft abzulegen, entsprach in heutigen Begriffen der Position eines Aufsichtsrats- und Vorstandsvorsitzenden in Personalunion.

6.1 Der letzte Aufstieg an die Spitze

Bis einschließlich Cäsars Ermordung waren sowohl der Senat als auch die breite Öffentlichkeit tief gespalten, ob Cäsar zu Recht den Rubikon überschritten hatte. Bereits wenige Wochen nach der Überquerung verließen Cäsars Gegner, darunter die meisten Amtsträger und etwa die Hälfte des Senats, Rom und Italien, um eine Exilregierung zu bilden. Die Bürger, die das Recht hatten, Gesetze zu erlassen und Magistrate zu wählen, sowie einige Magistrate und ein Drittel des Senats blieben zurück. Somit war unklar, welche Seite tatsächlich die legitime Regierung darstellte; man konnte beide Positionen vertreten. Cäsar musste daher formale, legitime Autorität suchen,

6 Allein an der Spitze: Aufsichtsrats- und Vorstandsvorsitzender

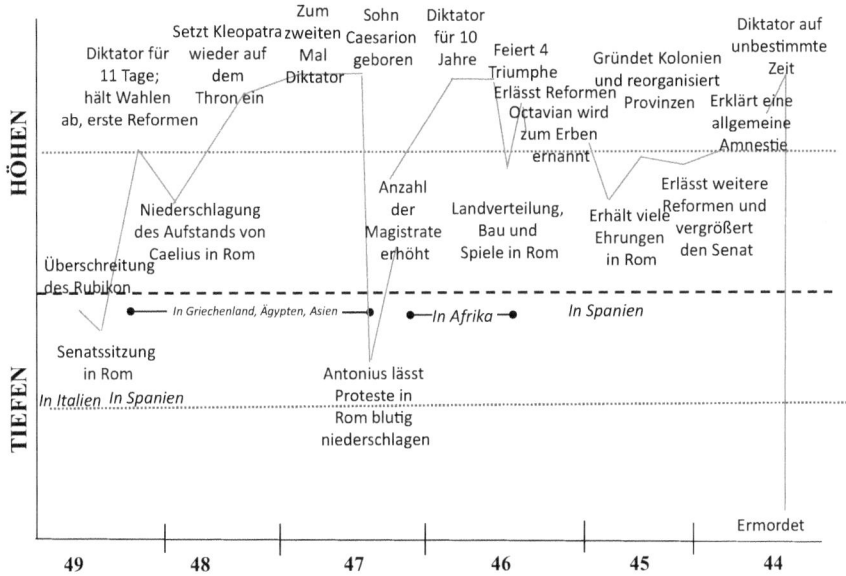

Abb. 6.1 Cäsars Führungslaufbahn: Höhe- und Tiefpunkte 49–44 v. Chr. Eigene Darstellung des Autors

um an der Macht zu bleiben und das Kräfteverhältnis zu seinen Gunsten zu verschieben. Er stand folglich vor der gewaltigen Aufgabe, einen umfassenden Krieg zu führen und gleichzeitig Rom und das Imperium zu regieren.

Während Cäsar zwischen Januar und April 49 Italien festigte, wurde er überall, wo er hinkam, wohlwollend empfangen. Seine Milde und Vergebung gegenüber pompeianischen Befehlshabern und Soldaten, verbunden mit seiner disziplinierten Haltung, Plünderungen und Beschlagnahmungen zu vermeiden, brachten rasch die öffentliche Meinung auf seine Seite. Wie Cicero am 1. März 49 an seinen Freund Atticus schrieb (Übersetzung der Loeb Classical Library): „Sic [die Menschen in Italien] fürchten den Mann [Pompeius], dem sie einst vertrauten, und lieben den Mann [Cäsar], den sie einst fürchteten."

Im April 49 stattete Cäsar Rom einen kurzen Besuch ab, seinen ersten von fünf während des Bürgerkriegs. Zu diesem Zeitpunkt beruhte Cäsars Macht auf seiner Armee und deren Loyalität. Seine formale Führungsautorität beschränkte sich auf die Provinzen jenseits des Rubikon. Zunächst versuchte er, seine Legitimität durch eine Regierungsführung über den Senat zu sichern, indem er eine Sitzung der in Rom verbliebenen Senatoren einberief. Um die verfassungsmäßigen Grenzen einzuhalten, fand das Treffen außerhalb der Stadtgrenzen statt; es war ihm nicht gestattet, bewaffnet Rom zu betreten. Der Senat stimmte der Zusammenkunft zu. Bei der Versammlung legte er seine Sichtweise dar und lud den Senat ein, gemeinsam mit ihm den Staat zu regieren. Der Senat beriet drei Tage lang und beschloss schließlich, Gesandte zu Pompeius zu schicken, um zu verhandeln. Allerdings meldete sich niemand freiwillig, da Pompeius verfügt hatte, dass jeder, der zurückgeblieben war, als vogelfrei galt. Cäsar musste daher andere Wege finden, um zu einer Einigung zu gelangen.

Cäsar äußerte dieselbe Botschaft in einer Rede an das Volk. In der Hoffnung, durch positive Taten Legitimität zu gewinnen, versprach er, die Getreideversorgung sicherzustellen, selbst wenn Pompeius Rom von Ägypten und Afrika – beides wichtige Getreideexporteure – abgeschnitten hätte. Die Reaktion des Volkes, das durch frühere, nicht eingehaltene Versprechen der Politiker misstrauisch war, blieb jedoch verhalten.

Dennoch benötigte Cäsar Geld, um seine Kriegsmaschinerie zu finanzieren. Daher entschied er sich, die Staatskasse zu leeren. Zuvor hatte der Senat Pompeius ermächtigt, alle öffentlichen und Tempelschätze zur Finanzierung des Krieges zu beschlagnahmen. Die meisten Mittel waren noch vorhanden, da die Pompeianer Rom in Hast und Panik verlassen hatten. Einer der in Rom verbliebenen Volkstribunen widersetzte sich jedoch Cäsar und versuchte, ihn an der Öffnung der Staatskasse zu hindern. Als dieser Tribun bedroht wurde, gab er nach. In diesem Fall setzte Cäsar wohl illegitim Gewalt ein. Er überschritt eine eindeutige Grenze, obwohl er zuvor versucht hatte, über formale Kanäle zu agieren. Stattdessen hätte er den verbliebenen Senat um Zustimmung bitten können. Doch bereits von der langsamen Entscheidungsfindung frustriert, siegte seine Ungeduld, was zu einer angespannten Atmosphäre führte. Enttäuscht, dass er mit dem Senat nicht weiterkam, und sich der Bedrohung im Rücken bewusst, verließ Cäsar Rom, um Spanien Pompeius zu entreißen, und überließ Marcus Antonius die Aufrechterhaltung der Ordnung in Italien.

Im Dezember 49 kehrte Cäsar siegreich aus Spanien zurück und stattete Rom einen zweiten Besuch ab. Diesmal änderte er seine Strategie. Zunächst sorgte er dafür, formale und uneingeschränkte Autorität zu erhalten. Der Prätor Aemilius Lepidus, der ranghöchste Magistrat in Rom (die beiden Konsuln waren bei Pompeius), ernannte Cäsar mit Zustimmung der Volksversammlung zum Diktator. Cäsar nutzte diese Notstandsvollmachten, um die jährlichen Wahlen für Magistrate und religiöse Ämter abzuhalten. Nach der Besetzung der offenen Stellen konnte die öffentliche Verwaltung wieder funktionieren. Cäsar kandidierte für das Konsulat und wurde gemeinsam mit P. Servilius Isauricus für das Jahr 48 gewählt. Für Cäsar bedeutete die Diktatur auch eine wirksame Ausnahme von der Regel, dass die Verbindung ziviler Autorität in Rom mit einem militärischen Kommando verfassungswidrig war, solange Rom sich nicht im Krieg mit einem äußeren Feind befand. Typischerweise legte Cäsar die Diktatur bereits nach elf Tagen nieder. Er zeigte, dass er in zivilen Angelegenheiten ebenso zügig handeln konnte wie in militärischen. Interessanterweise war er schnell, wenn er allein entscheiden konnte, nicht aber, wenn Zusammenarbeit erforderlich war. Im April war er mit der Überzeugung des Senats kaum vorangekommen. Vielleicht notierte sich Cäsar dies für die Zukunft. Weniger als elf Monate nach dem Überschreiten des Rubikon übernahm er offiziell die Regierung.

Das gesamte Jahr 48 verbrachte Cäsar außerhalb Roms, im Krieg in Griechenland und Ägypten. Nachdem er Pompeius tot und Ägypten im Bürgerkrieg vorfand, griff Cäsar als Konsul und offizieller Vertreter Roms in Ägypten ein, indem sich auf die Seite Kleopatras stellte und sie wieder auf den Thron brachte. Während seiner Abwesenheit fanden die jährlichen Wahlen statt – ein Zeichen politischer Stabilität in Rom. Cäsar wurde zum zweiten Mal und für das gesamte Jahr 47 zum Diktator ernannt. Er erhielt Marcus Antonius als Stellvertreter, der während Cäsars Abwesenheit die Angelegenheiten in Italien regeln sollte. Üblicherweise war eine Diktatur auf maximal sechs Monate begrenzt; die Cäsar gewährte einjährige Amtszeit war eine Ausnahme – aber nicht beispiellos, da Sulla das Amt zwei Jahre innegehabt hatte.

Im August kehrte Cäsar nach Rom zurück und machte deutlich, dass er das Vertrauen in Antonius verloren hatte, der es nicht geschafft hatte, die Ordnung ohne erhebliche Verluste an Menschenleben aufrechtzuerhalten. Cäsar organisierte daraufhin die Wahlen für das neue Jahr (46 v. Chr.) und sorgte dafür, dass die Ämter an seine Anhänger gingen. Er legte auch die Diktatur nieder, um zum dritten Mal zum Konsul gewählt zu werden, diesmal mit Aemilius Lepidus als Kollegen. Auch dies war eine Ausnahme vom Gesetz, das einen zehnjährigen Abstand zwischen den Konsulaten vorschrieb. Doch auch hier gab es eine Präzedenz, da Pompeius 52 dieselbe Ausnahme gewährt worden war. Im Dezember reiste Cäsar nach Afrika, um die dortigen pompeianischen Truppen zu besiegen, und kehrte Mitte 46 siegreich zurück, woraufhin er erneut die Diktatur erhielt, diesmal mit Aemilius Lepidus als Stellvertreter. Diese Ernennung galt für zehn Jahre, wiederum nicht präzedenzlos, da Sullas Diktatur formal unbegrenzt war. Cäsar nutzte seine Befugnisse, um Rom und das Imperium nach dem Bürgerkrieg zu stabilisieren und zu organisieren.

Kurz nach seiner Rückkehr aus Afrika feierte Cäsar vier Triumphe in Folge. Der erste, für den Gallischen Krieg, war 49 wegen des Bürgerkriegs verschoben worden (Kasten 6.1). Die folgenden drei betrafen jüngere Siege:

Ägypten (47), Kleinasien (47, der *Veni-vidi-vici*-Triumph) und Afrika (46). Obwohl Letzterer eine weitere römische Armee besiegte, handelte es sich um den Sieg über einen ausländischen König und war daher triumphwürdig.

> **Kasten 6.1 Endlich ein Triumph**
>
> Um sich vorzustellen, was dies bedeutete, hilft es, sich vor Augen zu führen, wie der erste Triumphzug für Gallien ablief. Die Teilnehmer der Prozession versammelten sich frühmorgens auf dem freien Platz des Campus Martius. Von dort zogen sie sehr langsam durch die von Menschenmengen gesäumten Straßen und an Zuschauern vorbei, die staunend und fasziniert aus den Fenstern der mehrstöckigen Mietshäuser blickten, zum Forum. Das visuelle Spektakel war überwältigend. Gefangene wurden in Ketten vorgeführt, allen voran Vercingetorix, den Cäsar eigens für diesen Anlass gefangen gehalten hatte. Der gallische Anführer Vercingetorix sollte zur Freude des römischen Volkes als ultimativer Beweis römischer Überlegenheit öffentlich erdrosselt werden. Kriegswagen, die einst den besiegten Briten gehörten, rumpelten durch die Straßen, ebenso wie Wagen voller Kriegsbeute: Waffen, Gegenstände aus Gold und Silber, Münzen, Statuen sowie kostbare Kuriositäten und Artefakte. Begleiter trugen Tafeln mit den Zahlen der eroberten Städte, getöteten Feinde und eingesammelten Schätze. Gemälde und Modelle veranschaulichten Roms militärische Stärke, indem sie die bedeutendsten Ereignisse des Krieges darstellten. Musiker spielten auf ihren Instrumenten. Blumen wurden auf dem Weg gestreut. Senatoren und Magistrate, die gesamte Elite Roms, schritten in ihren Amtstogen gut sichtbar mit.
>
> Dann war Cäsar an der Reihe: Er stand auf einem von vier Pferden gezogenen Wagen, begleitet von einem öffentlichen Sklaven. Er trug eine purpurne Toga als Zeichen des Sieges und göttlicher Gunst. Die Toga signalisierte zugleich, dass seine militärische Befehlsgewalt beendet war und er als Bürger nach Rom zurückkehrte. Ein Lorbeerkranz bedeckte sein Haupt, in den Händen hielt er einen Lorbeerzweig und ein Zepter. Vor ihm gingen die Liktoren, seine Ehrengarde, die diesmal mit Lorbeer geschmückte Rutenbündel trugen. Seine Offiziere und Soldaten, mit denen er die Strapazen des Feldzugs geteilt hatte, folgten ihm.
>
> Cäsar muss diesen Moment des öffentlichen Erfolgs genossen haben. Angetrieben vom Wunsch, den Ruhm seiner Familie wiederherzustellen, war das Spektakel um ihn herum der unwiderlegbare Beweis, dass er alles erreicht hatte, was er wollte: der Beste der Besten zu sein. Seinen ersten Triumph hatte ihm Catos Intrige nach seiner Rückkehr aus Spanien im Jahr 60 verwehrt, doch nun stand Cäsar am Beginn von vier Triumphzügen, die in den kommenden Wochen seine Siege ehren sollten. Damit übertraf er endlich Pompeius den Großen, stets sein Maßstab, der drei Triumphe gefeiert hatte. Als Cäsars Wagen sich in Bewegung setzte, sah er die Parade vor sich wie eine riesige Schlange in die Stadt gleiten. Er hörte die Musik und die Stadt, die durch den Jubel der Menge zum Leben erwachte. Hinter ihm sangen seine Soldaten Lieder und riefen Hurra. Die lange Prozession gipfelte in Cäsars Aufstieg zum Kapitol, um im Tempel des Jupiter ein Opfer darzubringen.

6 Allein an der Spitze: Aufsichtsrats- und Vorstandsvorsitzender

Zusätzlich zu den vier Triumphzügen organisierte Cäsar große Festlichkeiten in der Stadt und zahlte seinen Soldaten eine großzügige Prämie aus. Am Jahresende wurde er zum vierten Mal zum Konsul gewählt, während er weiterhin Diktator blieb. Im November 46 verließ Cäsar Rom und kehrte im Oktober 45 zu seinem fünften und letzten Besuch zurück.

Als sich sein Sieg abzeichnete, begannen der Senat und einige Amtsträger, Cäsar eine Ehrung nach der anderen zu verleihen. Der römische Historiker Cassius Dio fand es sogar zu ermüdend, sie alle aufzuzählen. Manche Ehrungen waren traditionell, andere beispiellos. Cäsar lehnte es ab, alle anzunehmen, da er befürchtete, manche ließen ihn zu sehr wie einen König erscheinen, was gegen die römische Verfassung verstieß. Unter Historikern, sowohl der Antike als auch der Gegenwart, wird viel darüber diskutiert, ob diese Ehrungen Cäsar ehren oder ihm königlichen Status verleihen sollten, oder ob sie ihn dazu verleiten sollten, sie anzunehmen, um so einen Vorwand für seine Beseitigung zu schaffen. Einige Historiker bezweifeln, ob Cäsar manche Ehrungen wirklich aus Bescheidenheit ablehnte oder ob es sich eher um eine falsche Bescheidenheit handelte. In jedem Fall sind die Beweggründe der vielen Akteure mangels verlässlicher Quellen heute unklar. Wahrscheinlich war dies auch für Cäsars Zeitgenossen undurchsichtig. Fest steht, dass diejenigen, die Cäsar vorwarfen, die absolute Macht an sich zu reißen, reichlich Belege fanden. Dasselbe galt für die jenigen, die Cäsar als außergewöhnliche Persönlichkeit sahen, die außergewöhnliche Ehrungen verdiente und dennoch der Verfassung treu blieb. Unbestritten ist, dass die Verleihung von Ehrungen aus dem Wettbewerb verschiedener Personen und Gruppen resultierte, die sich gegenseitig zu überbieten suchten, um sich bei der Macht anzubiedern. Schließlich mag der Senat manche Ehrungen beschlossen haben, um gegenüber einem übermächtigen Führer ein Bild von Beteiligung und Eigenständigkeit zu vermitteln. (Wahrscheinlich motiviert ein ähnliches Bedürfnis auch heute manche Aufsichtsräte, ihren Star-CEO mit überragenden Vergütungspaketen auszustatten.) So oder so stand Cäsar vor der Herausforderung, das richtige Maß zu finden, um nicht zu begierig zu erscheinen, die Ehrungen anzunehmen, aber auch nicht undankbar zu wirken, wenn er sie ablehnte.

Während er sich an der Spitze etablierte, erließ Cäsar zahlreiche Gesetze und Dekrete und überwachte die Wahl öffentlicher Amtsträger. Nach einer Anfangsphase, in der es ihm schwerfiel, die verfassungsmäßigen Grenzen einzuhalten, setzte er seine Entscheidungen zunehmend mit verfassungsmäßigen Mitteln um: Edikte, Senatsbeschlüsse und Gesetze, die von der Volksversammlung verabschiedet wurden. Cäsar machte zudem deutlich, dass ihm das Einhalten der Legalität wichtig war. Dennoch profitierte er von verfassungsrechtlichen Neuerungen und Ausnahmen, etwa Diktaturen, die länger als sechs Monate dauerten. Dass ihn manche daher als Autokraten wahrnahmen, ist nachvollziehbar. In den letzten Monaten, nach seinem endgültigen Sieg bei Munda, wuchs Cäsars Machtbasis rasant. Er plante sein nächstes Projekt, einen dreijährigen Feldzug zur Eindämmung der Parther, jenes Reichs im Nahen Osten, das Roms Grenzen bedrohte. Bemerkenswert ist, dass das Volk Cäsar mit der Führung dieses Feldzugs betraute. Gleichzeitig erhielt er das Recht, während der Dauer des Feldzugs alle Magistrate in Rom und den Provinzen zu ernennen. Wenige Monate vor seinem Tod nahm Cäsar zudem den Titel eines Diktators auf unbegrenzte Zeit an. Dieser Titel verlieh ihm absolute Macht, solange er es wünschte. Insgesamt strapazierte dies die Verfassung der Republik, die auf jährlichen Wahlen und Machtteilung beruhte, erheblich. Während der fünf Jahre des Bürgerkriegs näherte sich Cäsar immer mehr jenem Endpunkt, an dem er – in modernen Unternehmensbegriffen – sowohl der oberste operative Leiter als auch der Vorsitzende des Aufsichtsgremiums war, also des Senats, der eigentlich die Geschäftsleitung kontrollieren sollte.

Sechzig Senatoren verschworen sich gegen Cäsar und erstachen ihn an den Iden des März 44. Der offizielle Grund war, dass Cäsar auf dem Weg war, König zu werden, was in der Republik verfassungsrechtlich und traditionell verboten war. Für einige war dies die Hauptmotivation. Für andere Verschwörer verbargen sich dahinter persönlichere Gründe wie Groll, verletzter Stolz, Neid und enttäuschte Karriereambitionen. Dieses dramatische Ereignis wird später noch ausführlicher behandelt, da die Gründe dafür viel über Cäsars Führungsstil aussagen.

Was Cäsars Privatleben betrifft, berichtet Cassius Dio, dass Cäsar selbst in späteren Jahren sehr auf sein äußeres Erscheinungsbild achtete. Nach der Feier seiner vier Triumphe bedeckte er stets sein Haupt mit einem Lorbeerkranz. Er trug weiterhin seine locker sitzende Toga und begann, als modisches Statement hohe, rote Schuhe zu tragen. Als der Bürgerkrieg begann, war Cäsar nach dem Tod Julias erneut kinderlos. Obwohl er seit 59 mit Calpurnia verheiratet war, hatten sie keine gemeinsamen Kinder, und sie wurde 44 zu seiner Witwe. Ihre Ehe war eine arrangierte Verbindung, in der Calpurnia die Rolle der loyalen Ehefrau übernahm. Offenbar tolerierte sie Cäsars Untreue. Sie verbrachten ohnehin wenig Zeit miteinander. Kurz nach der Hochzeit reiste Cäsar nach Gallien ab. Abgesehen von gelegentlichen Besuchen Calpurnias in Norditalien hatten sie bis zu Cäsars Überschreiten des Rubikon neun Jahre später kaum Zeit miteinander verbracht. In den letzten fünf Jahren seines Lebens hielt sich Cäsar insgesamt nur etwa ein Jahr in Rom auf.

Parallel zu seiner Ehe mit Calpurnia setzte Cäsar seine Liebesbeziehung mit Servilia fort. Die Affäre war allgemein bekannt, schadete jedoch nicht seinem Ansehen oder seiner Reputation. Interessanterweise war Servilia die Mutter von Brutus, der sich zunächst Pompeius anschloss, dann von Cäsar begnadigt und mit einer Provinzverwaltung betraut wurde, um schließlich zum Anführer der Verschwörung gegen Cäsar zu werden. Servilia blieb Cäsar stets loyal und versuchte zugleich, ihren Sohn zu schützen. Nach Cäsars Ermordung engagierte sie sich noch stärker für den Schutz ihres Sohnes. Sie war auch in politische Treffen eingebunden und nutzte ihr Netzwerk, um in den Jahren nach Cäsars Tod Einfluss zu nehmen. Servilia war eine gut vernetzte, fähige Frau, die – ähnlich wie Cäsars Mutter Aurelia und seine Tochter Julia – trotz des Ausschlusses von Frauen aus öffentlichen Ämtern aktiv Politik gestaltete.

In den letzten vier Jahren seines Lebens hatte Cäsar eine Liebesbeziehung mit Kleopatra, nachdem aus ihrer Zusammenarbeit eine persönliche Beziehung geworden war. Sie verbrachten mehr als sechs Monate gemeinsam in Ägypten und unternahmen eine Nilkreuzfahrt. Obwohl Cäsar formal Kleopatras Vorgesetzter war, bildeten sie ein Doppelkarriere-Paar – für Römer undenkbar, außer im Geschäftsleben. Sie hatten gemeinsam einen Sohn, Cäsarion, geboren Mitte 47, Cäsars zweites Kind nach Julia. Kleopatra besuchte Rom zweimal mit ihrem Sohn, um mit Cäsar und der römischen Regierung Geschäfte zu machen. Cäsar war ein produktiver Briefeschreiber und pflegte vermutlich auf Reisen seine privaten Beziehungen durch Korrespondenz. Während dieser letzten fünf Jahre seines Lebens waren seine engsten Beziehungen die zu Servilia und Kleopatra, zwei fähigen, durchsetzungsstarken und einflussreichen Frauen.

Nach Cäsars Tod brachen eine Reihe von Bürgerkriegen aus, aus denen schließlich Octavian (später Augustus) im Jahr 31 v. Chr. als Sieger hervorging. Politisch bedeutete dies das Ende der römischen Republik und den Beginn der Monarchie und des römischen Kaiserreichs.

6.2 Cäsars Vision und Leistungen

Nach dem ersten unblutigen Aufeinandertreffen im März 49 bei Corfinium formulierte Cäsar seine Ziele zunächst vor seinen eigenen Soldaten und denen seiner Gegner, die sich gerade ergeben hatten. In seinen Memoiren über den Bürgerkrieg hielt Cäsar diese Ziele fest: (1) die Wiederherstellung seines persönlichen Ansehens, (2) die Rückgabe der Macht an das Volk (die Plebs) und (3) die Wiedererlangung seiner eigenen Unabhängigkeit und der des römischen Volkes, die eine kleine Clique, nämlich die Oligarchie, an sich gerissen hatte. Dies waren verfassungsmäßige, persönliche und im Grunde konservative Ziele. Im Laufe der Zeit wurde Cäsar jedoch klar, dass es in diesem Konflikt um mehr ging als um ihn selbst und die Wiederherstellung des Verlorenen. Etwa ein Jahr später, in Griechenland vor der entscheidenden Auseinandersetzung mit Pompeius, formulierte er daher seine Vision für die Zukunft, die er ebenfalls in denselben Memoiren, *Commentarii zum Bürgerkrieg*, niederschrieb. Nach Beendigung des Bürgerkriegs, so erklärte er, werde er *Ordnung in Italien, Frieden in den Provinzen und Wohlstand im Reich* herstellen (3.57. Übersetzung des Autors, Hervorhebung hinzugefügt). Im Folgenden wird untersucht, inwieweit Cäsar diese Vision in den letzten fünf Jahren seiner Laufbahn verwirklichte.

6.2.1 Ordnung in Italien schaffen: Den Frieden gewinnen

Obwohl Cäsar genau wusste, dass er mit dem Überschreiten des Rubikon einen Konflikt auslösen würde, versuchte er von Anfang an, die Gewalt zu minimieren. Ihm war bewusst, dass ein gewonnener Krieg wenig bedeutete, wenn daraus kein Frieden resultierte. Er hatte mehrere innere Konflikte miterlebt, von denen keiner einen dauerhaften Frieden gebracht hatte. Als Cäsar ein Jugendlicher war, übernahmen Cinna, Marius und Sulla nacheinander die Macht in Rom. Alle drei versuchten, den Frieden zu sichern, indem sie ihre Gegner vernichteten, deren Besitz konfiszierten und die Bürgerrechte ihrer Nachkommen und anderer einschränkten. Catilinas gescheiterter Umsturzversuch im Jahr 63 war von Blutvergießen begleitet, während viele Senatoren gegen den Einsatz solcher Gewalt zur Wiederherstellung der Ordnung waren. Bemerkenswert ist, dass Cäsar in diesen Konflikten stets eine versöhnliche Haltung einnahm. Der kurzlebige politische Frieden, den diese Repressionen brachten, gab Cäsar recht. In jedem Fall flammten gewaltsame politische Auseinandersetzungen rasch wieder auf, sobald Politiker Vergeltung suchten oder die entstandene Feindseligkeit für sich nutzten.

Cäsar blieb überzeugt, dass dauerhafter Frieden nur durch Vergebung und Versöhnung möglich war. Während Pompeius erklärte, jeder, der nicht für ihn sei, sei gegen ihn, vertrat Cäsar die Ansicht, dass jeder, der nicht gegen ihn sei, mit ihm oder zumindest neutral sei. Er setzte seine Amnestiepolitik gegenüber denjenigen fort, die im Bürgerkrieg auf der Gegenseite gekämpft hatten; sie gipfelte in einer Generalamnestie für politische Gegner und deren Familien sowie im Schutz ihres Eigentums. Darüber hinaus ergriff er Maßnahmen, um vergangenes Unrecht zu korrigieren: Er rief Exilierte zurück und stellte die politischen Rechte der Nachkommen der Opfer von Sullas Säuberungen wieder her. Heute wissen wir, dass nach einem internen Konflikt oder einer schmerzhaften Restrukturierung die Mitglieder derselben Organisation wieder ohne Groll zusammenarbeiten müssen. Andernfalls ist das Scheitern der Organisation vorprogrammiert. Schließlich verlieh Cäsar allen Einwohnern Italiens nördlich des Po die römischen Bürgerrechte. All dies stärkte zweifellos auch seine politische Basis.

Cäsar bot während des Bürgerkriegs weiterhin Verhandlungen mit Pompeius an. Er erklärte den Pompeianern seine Vision und lud sie ein, sich ihm anzuschließen, erhielt jedoch nie eine positive Antwort. Pompeius unterbreitete allerdings ebenfalls Angebote. Ob eine der Parteien tatsächlich Frieden anstrebte oder ob es sich lediglich um Propaganda oder um den Versuch handelte, Zwietracht im gegnerischen Lager zu säen, ist umstritten. In jedem Fall handelte Cäsar im Einklang mit seiner großzügigen Haltung gegenüber den besiegten Römern. Mindestens zeigt dies, dass er die Gewalt minimieren wollte, um nach dem Krieg einen dauerhaften Frieden zu sichern. Wie Robert Morstein-Marx in seiner Cäsar-Biografie darlegt, war der Verlust an Menschenleben unter der Elite und den Soldaten deutlich geringer als während der Bürgerkriege der 80er Jahre. Cäsar wollte durch seine Zurückhaltung tatsächlich einen Unterschied machen.

Soziale und politische Unruhen in der römischen Hauptstadt prägen die Jahre vor Cäsars Überschreiten des Rubikon. Die meisten Kreise der römischen Führungsschicht waren zu dem Schluss gekommen, dass Reformen notwendig seien, um dem römischen Staat eine stabile und nachhaltige Zukunft zu sichern. Hinsichtlich der Verbesserungsbedarfe in der Republik herrschte weitgehende Einigkeit. In zwei Reden, 52 (*Pro Milone*) und 46 (*Pro Marcello*), gab Cicero sowohl Pompeius als auch Cäsar ähnliche Ratschläge. Cicero schlug vor, dass jede Reform die Zuständigkeiten klären, das Kreditsystem stärken, das Bevölkerungswachstum sichern sowie die öffentliche und moralische Ordnung gewährleisten solle.

Cäsar erkannte, dass Frieden von den sozialen und wirtschaftlichen Verhältnissen abhing. Während seiner ersten und zweiten Aufenthalte in Rom, beide im Jahr 49, ergriff Cäsar sofortige Maßnahmen zur Stabilisierung der Lage. Er legte ein Verfahren fest, um sicherzustellen, dass das aufgrund der Bürgerkriegswirren gehortete Geld wieder in Umlauf kam: Begrenzung des Bargeldbestands pro Person und Schlichtung zwischen Schuldnern und Gläubigern. Grundstücke und Immobilien, deren Wert gesunken war, weil ihre Eigentümer im Krieg kämpften oder geflohen waren, wurden zur Rückzahlung von Schulden zum Vorkriegswert anerkannt. Ziel dieser Maßnahmen war es, die Kreditvergabe zu erhöhen, die Wirtschaft zu stärken und Spekulation sowie Deflation einzudämmen.

Während Cäsar 48 in Griechenland gegen Pompeius kämpfte, nutzte der Prätor Caelius Rufus die Gelegenheit, um sein politisches Ansehen zu steigern. Er war unzufrieden, dass Cäsar seinem Kollegen Trebonius prestigeträchtigere Aufgaben übertragen hatte, und versuchte daher, Trebonius nach Kräften zu sabotieren. Schließlich schlug Caelius Maßnahmen zur Schuldenerleichterung vor, die über Cäsars Vorschläge hinausgingen. Die Vorschläge von Caelius begünstigten Gläubiger und ärmere Mieter in den römischen Mietskasernen. Sie führten zu genau den Unruhen, die Cäsars Konsulskollege Servilius Isauricus – den Cäsar mit der Verwaltung der Stadt betraut hatte – nur schwer unter Kontrolle bringen konnte. Der Senat und andere Magistrate gingen gegen Caelius vor, der daraufhin die Stadt verließ, um einen bewaffneten Aufstand zu beginnen und Sklaven zu befreien. Cäsars in Italien stationierte Truppen schlugen den Aufstand nieder.

In der zweiten Hälfte des Bürgerkriegs, als Cäsar mehr Zeit in Rom verbringen konnte, entfaltete er eine rege Gesetzgebungstätigkeit und ergriff weitere Maßnahmen. Er verteilte Beute und Plünderungserträge aus seinen Siegen an Veteranen und die ärmsten Bürger. Er und der Staat investierten in Bauprojekte, Landverteilung und Kolonien, um ein Einkommen für entlassene Soldaten und ärmere Bürger zu sichern. Er ordnete eine Volkszählung an, durch die die Zahl der Empfänger von kostenlosem Getreide um 50 % reduziert wurde. Die Verringerung der Zahl der Getreideempfänger sollte diejenigen, die von der Liste gestrichen wurden, dazu bewegen, Land außerhalb der Stadt anzunehmen.

Zudem wurden Empfänger von kostenlosem Land, die in die Stadt zurückgekehrt waren, von künftigen Getreideverteilungen ausgeschlossen. Er gewährte Prämien für kinderreiche Familien, um den Verlust an Menschenleben auf dem Schlachtfeld auszugleichen. Auch die Mittelschicht wurde gestärkt; so erhielten beispielsweise ausländische Ärzte und Lehrer, die bereit waren, nach Rom zu ziehen, das Bürgerrecht. Darüber hinaus trat das Schuldenproblem immer wieder in den Vordergrund. Cäsar musste eingreifen, zwischen Schuldnern und Gläubigern vermitteln und den Kreditfluss wiederherstellen. Außerdem erließ Cäsar ein Gesetz gegen die Zurschaustellung privaten Reichtums, um soziale Spannungen zu verringern.

Im Hinblick auf die öffentliche Ordnung verpflichtete er große Gutsbesitzer in Italien, die Zahl ihrer Sklaven auf zwei Drittel ihres Personals zu begrenzen. Damit sollte verhindert werden, dass es zu künftigen Sklavenaufständen wie dem des Spartacus kam, den Cäsar selbst miterlebt hatte, oder dass Sklaven für politische Unruhen eingesetzt wurden, wie es Caelius 48 versucht hatte. Zudem verbot er Berufsvereinigungen (*collegia*), die häufig als Kernorganisationen von Massenbewegungen und Aufständen dienten.

Cäsar strukturierte die Republik ähnlich um wie zuvor Sulla, in der Hoffnung, deren Regierung zu verbessern und einen künftigen Bürgerkrieg zu verhindern. Während er sich in Bezug auf das von Sulla verursachte Blutvergießen deutlich von diesem distanzierte, lernte er politisch von dem früheren Diktator. Nach seinem Sieg im Bürgerkrieg reformierte Sulla das politische System der Republik, um die Ursachen politischer Spannungen und Konflikte zu beseitigen. Nach Sullas Auffassung hatten sich die von den Gründervätern geschaffenen Kontrollmechanismen zu einem System entwickelt, das politische Gegensätze nicht mehr auflösen konnte; zudem führten sie zu übermäßiger Konkurrenz um Ämter. Meinungsverschiedenheiten konnten nur noch durch gewaltsame Konflikte und Repression gelöst werden, was schließlich im Bürgerkrieg gipfelte, den er gerade geführt hatte.

Cäsar stimmte Sullas Analyse zu. Auch in Teilen seiner Lösung war er mit ihm einverstanden: Die Zahl der Magistrate und Senatoren sollte erhöht werden, um dem Wachstum der Stadt und des Reiches Rechnung zu tragen. Daher erhöhte er in seinen letzten Jahren die Zahl der Magistrate mehrfach, was dazu beitrug, den Konkurrenzdruck zu mindern und die Ambitionen seiner Anhänger zu befriedigen. Sein Nachfolger Augustus baute dies zu einem kaiserlichen Verwaltungsdienst aus. Sulla hatte den Senat von 300 auf 600 Mitglieder vergrößert; Cäsar erweiterte ihn auf 900 und ersetzte die im Krieg Gefallenen.

Cäsars Reformen, insbesondere seine Entscheidung, die Zusammensetzung des Senats durch die Aufnahme von Neulingen aus Italien und anderen Regionen zu verändern, hatten erhebliche Auswirkungen auf die traditionelle Oligarchie. Dieser Schritt, der seiner Überzeugung entsprach, dass die Republik ihre Elite aus einem breiteren geographischen Spektrum rekrutieren sollte, schwächte den politischen Einfluss der traditionellen Oligarchie. Politisch war dies sinnvoll, da die italienische Halbinsel erst kürzlich vollständig romanisiert worden war. Cäsar sorgte zudem dafür, dass die wachsende Zahl der Senatoren mit der erhöhten Zahl der Magistrate korrespondierte – ein Detail, das Sulla übersehen hatte und das zu mehr Konkurrenz und wahlbedingten Unruhen führte.

Allerdings war Cäsar mit Sulla hinsichtlich der Reform des institutionellen Gleichgewichts nicht einverstanden. Sulla verlagerte das Machtgleichgewicht zugunsten des Senats und entzog den Volkstribunen das Vetorecht. Cäsar erlebte, wie dieses Recht nach Sullas Tod rasch wiederhergestellt wurde und dass Sullas Reformen wenig zur Verringerung politischer Konflikte oder zur Schaffung eines effektiven Regierungssystems beitrugen.

Zudem hatten Cäsars eigene Erfahrungen mit dem Senat ihn im Laufe seiner Karriere immer wieder enttäuscht und frustriert. Daher war Cäsar überzeugt, dass das Machtgleichgewicht zugunsten der Exekutive verschoben werden müsse. Die wiederholte Zusammenarbeit mit Bibulus lehrte ihn, dass ein System mit mindestens zwei Amtsträgern in derselben Magistratur häufig zu kollegialen Streitigkeiten führte und eine effektive Regierungsführung behindern konnte. Geteilte Führung funktionierte nur dann gut, wenn die Magistrate nicht aus gegnerischen Lagern stammten und gut zusammenarbeiteten, wie Pompeius und Crassus es zweimal als Konsuln gezeigt hatten. Andernfalls funktionierte die Regierung besser unter einem einzelnen Führer. Als Beleg genügte ein Blick auf Pompeius' kurze, aber effektive Amtszeit als Konsul ohne Kollegen, seinen Sonderauftrag zur Sicherung der Getreideversorgung oder die Provinzkommandos von Cäsar und Pompeius. Nachdem sich bei Cäsar die Überzeugung von der Vorrangstellung der Exekutive gefestigt hatte (und er das System und nicht seine eigenen Defizite in Kooperation und Einflussnahme verantwortlich machte), begann er, eine Lösung in Betracht zu ziehen, die keine Autokratie, geschweige denn eine Monarchie sein sollte. Damit stellt sich die Frage, was *dictator perpetuum*, oft als Diktator „auf Lebenszeit" übersetzt, tatsächlich bedeutet. Cäsar nahm dieses Amt in den Wochen vor seinem Tod an – eine Entscheidung, die sowohl seine Mörder als auch viele Wissenschaftler damals wie heute als Beweis für seinen Wunsch, König zu werden, ansehen.

Ein jüngster archäologischer Fund in Privernum bei Rom wirft ein neues Licht auf diese Frage. Es handelt sich um eine Kopie der *fasti consulares*, einer öffentlich aufgehängten Tafel, auf der die Namen der Konsuln in chronologischer Reihenfolge verzeichnet waren. Die Liste sollte jährlich nach den Wahlen aktualisiert werden. In diesem Fall enthält sie auch Cäsars aufeinanderfolgende Diktaturen, seine Stellvertreter und deren Vertreter. Bemerkenswert ist, dass die Inschrift erwähnt, dass Cäsar Lepidus als seinen Stellvertreter (*magister equitum*) eingesetzt und für dessen Abwesenheit bei der Provinzverwaltung Ersatz vorgesehen hatte. Es heißt, Cäsar sei zum Diktator *in perpetuum* ernannt worden. Ich folge der Ansicht von Morstein-Marx, dass die Verwendung und Spezifizierung von *perpetuus* in diesen *fasti* nicht „auf Lebenszeit" bedeuten kann. Es verdient eine andere Übersetzung. Ich argumentiere vielmehr, dass die bessere Übersetzung eine Ernennung auf unbestimmte Zeit wäre, vergleichbar mit einem modernen unbefristeten Arbeitsvertrag. Im Gegensatz dazu waren alle anderen Magistraturen und Provinzverwaltungen befristet. Cäsars Diktatur war also nicht bis zu seinem Tod (wie bei einem Monarchen), sondern bis zu seinem Rücktritt oder bis zu seinem freiwilligen Ausscheiden (wie es Sulla übrigens getan hatte).

Dieses Konzept einer unbefristeten Diktatur stellte einen bedeutenden Bruch mit dem traditionellen römischen Regierungssystem dar und zeigt, dass Cäsar die Einführung einer zentralen und dauerhaften Führungsform in Gestalt einer zusätzlichen Magistratur, die hierarchisch über den Konsuln stand, erwog. Anstatt die Diktatur nur in Krisenzeiten sporadisch einzusetzen, schien Cäsar dieses Amt als festen Bestandteil des *cursus honorum* zu sehen. Dieses neue Amt sollte von einer Einzelperson mit uneingeschränkter Entscheidungsbefugnis und einem Stellvertreter, dem *magister equitum*, ausgeübt werden. Aus seinen eigenen Erfahrungen heraus war Cäsar überzeugt, dass das expandierende Reich mit all seiner Komplexität einen Regierungschef mit unbeschränkter Autorität erforderte, den ständige Abstimmungen mit Kollegen nicht an effizienter Regierungsführung hindern oder frustrieren würden.

Cäsars Überlegungen zur Diktatur als dauerhaftes Amt sind auch im Zusammenhang mit der veränderten Rolle der Konsuln zu sehen. Von Anfang an war der Oberbefehl über die Streitkräfte eine zentrale Aufgabe der Konsuln. Doch Rom war inzwischen so mächtig geworden, dass keine existenzielle Bedrohung durch eine ausländische Invasion mehr bestand. Im Jahr vor Cäsars Geburt hatte sein Onkel Marius als Konsul die letzte derartige Gefahr durch Kimbern und Teutonen in Norditalien abgewehrt. Von da an wurden Kriege regional geführt und von Provinzkommandanten geleitet. Zu Cäsars Zeit befassten sich die Konsuln hauptsächlich mit Angelegenheiten in Rom, ihre militärische Rolle trat in den Hintergrund. Francesco Pina Polo bezeichnet diese berufliche Differenzierung treffend als Wandel vom Konsul-General zum Konsul-Politiker. Mit dem Wegfall der militärischen Verantwortung hatten die Konsuln trotz der wachsenden Bedeutung des Reiches für die Republik weniger mit diesem zu tun. Sofern sie nicht auf die Unterstützung durch das Vermögen und die militärischen Ressourcen von Pompeius und Crassus zählen oder – wie Cäsar – das Volk fest hinter sich bringen konnten, wurden die Konsuln zunehmend vom Senat abhängig, was die Exekutive schwächte. Cäsar erkannte, dass dies nicht funktionierte. Es widersprach seiner Überzeugung vom Vorrang der Exekutive gegenüber der Legislative. Das war ein weiterer Grund, warum Cäsar – meiner Ansicht nach – eine Art Superkonsul einführen wollte, vergleichbar mit einem CEO in der Unternehmensführung oder einem Präsidialsystem in der Politik.

Cäsar entwickelte diese Idee in Eile, während er sich 44 auf den Partherfeldzug vorbereitete. Er hatte sie noch nicht vollständig durchdacht, geschweige denn die Zeit gefunden, sie seinen Anhängern zu erläutern. Es ist beispielsweise unklar, ob Cäsar die unbefristete Amtszeit nur für sich selbst vorsah, bis er seine Vision verwirklicht hatte, oder ob er glaubte, dass dieses

Amt grundsätzlich länger als die anderen jährlichen Magistraturen ausgeübt werden sollte.

Auch die Frage nach der Immunität des Diktators nach dem Ausscheiden aus dem Amt war noch nicht geklärt. Cäsar war bemerkenswerteweise nicht dagegen, sich für sein Handeln zu verantworten. Im Gegenteil, in seinen Reden vor Senat und Volk, wie von Dio Cassius überliefert, betonte er ausdrücklich, dass seine Rechenschaftspflicht ihn von den früheren Bürgerkriegsführern Sulla, Marius und Cinna unterscheide. Zudem behauptete er, seine Bilanz zeige, dass er kein Tyrann sein wolle. Cäsar geht noch weiter und sagt, dass er alles, was er für die Republik tue, als Konsul und Diktator tue. Wenn er aber jemandem Unrecht tue, dann als Privatmann – was impliziert, dass er nicht vor Strafverfolgung geschützt wäre. Der Verweis auf Sulla war gewagt: Nach seinem Rücktritt als Diktator hatte Sulla tatsächlich öffentlich erklärt, er sei nun als Privatmann bereit, sich zur Rechenschaft ziehen zu lassen. Allerdings wagte es niemand, aus Angst vor seinen Anhängern und Veteranen. Cäsar rechnete zweifellos mit einem ähnlichen Schutz. Dennoch berichtete Cäsar während seiner gesamten Karriere dem Senat und dem Volk durch Reden und Schriften. Er befürwortete Transparenz, wie die Einführung der Veröffentlichung der Senats- und Volksversammlungsprotokolle – seine erste Entscheidung als Konsul – belegt. So erklärte er beispielsweise, dass eine Steuererhöhung notwendig sei, um das Heer zufriedenzustellen. Natürlich stellte er seine Berichte in ein positives Licht – aber welcher Exekutivpolitiker tut das nicht?

Cäsar ließ zu viel Raum für Interpretationen und bot so seinen Attentätern, die sich als Tyrannenmörder ausgaben, die Möglichkeit, zu argumentieren, sein Ziel sei die Alleinherrschaft gewesen. Die institutionelle Neuerung, das Amt des Diktators zu einer dauerhaften Magistratur zu machen, vermischte sich mit Cäsars Maßnahmen zur Sicherung der Stabilität Roms während seiner Abwesenheit im Partherkrieg. Besorgt über die Unruhen, die durch Wahlen verursacht wurden, entschied er sich für eine weitere verfassungsrechtliche Innovation: Die öffentlichen Ämter, die üblicherweise jährlich gewählt wurden, sollten für drei Jahre im Voraus vergeben werden – ein Beispiel für *bricolage institutionnel*, also „dilettantische institutionelle Umstrukturierung", wie Jean-Louis Ferrary treffend formuliert. Octavian-Augustus nahm sich Cäsar zum Vorbild und errichtete nach einem weiteren Bürgerkrieg tatsächlich eine Autokratie, wobei er es geschickt vermied, den belasteten Begriff des Diktators zu verwenden.

Cäsar gelang es, sowohl in Rom als auch in ganz Italien Ordnung herzustellen, die jedoch durch seinen gewaltsamen Tod wieder zunichtegemacht wurde. Die Spannungen entluden sich, und es folgten Bürgerkriege.

Dennoch galten Cäsars Maßnahmen bei vielen als vernünftig. Es herrschte ein breiter Konsens unter allen Beteiligten, dass seine Entscheidungen und Reformen in Kraft bleiben und umgesetzt werden sollten. So knüpfte beispielsweise Octavian-Augustus an Cäsars Vorbild an, um die Macht zu behalten und die Ordnung zu sichern. Er regelte die senatorischen Karrieren und machte den Erfolg der Elite von deren Loyalität gegenüber dem Kaiser abhängig. Die Ambitionen der Senatoren wurden durch die weitere Erhöhung der Zahl der Magistrate ausreichend befriedigt. Gleichzeitig schuf er Aufstiegsmöglichkeiten für die unteren Gesellschaftsschichten. In Rom schaffte Augustus den Einfluss des Volkes faktisch ab. Zugleich kam er den Bedürfnissen der Plebs durch regelmäßige Versorgung mit Brot und Spielen entgegen. Auch hierbei orientierte er sich an Cäsars Strategie zur Gewinnung von Popularität. Was Augustus jedoch nicht übernahm, war Cäsars Prinzip der Nachsicht: Die von Augustus geführten Bürgerkriege waren von einer mörderischen Verfolgung seiner Gegner geprägt.

6.2.2 Friedenssicherung in den Provinzen: Gewährleistung von Sicherheit und Stabilität des Imperiums

Die Römer entwickelten die Praxis, die eroberten Gebiete ihres wachsenden Imperiums durch *provinciae* zu verwalten. Neben der Funktion als Steuer- und Ressourcenquelle trugen die Provinzen durch Handel zur römischen Wirtschaft bei. Cäsar hatte während seiner Laufbahn Provinzen in Gallien und Spanien verwaltet und bis zum Ende seiner Karriere die meisten Provinzen des Reiches besucht.

Cäsar setzte bedeutende Reformen in den Provinzen um, gestützt auf seine Erfahrungen in Spanien und Gallien. Sein Ziel war es, die Verwaltung zu verbessern, Korruption zu verringern und die wirtschaftliche Entwicklung zu fördern. Er reorganisierte das Steuersystem der Provinzen, machte es gerechter, weniger ausbeuterisch und damit nachhaltiger. So blieb Cäsar nach seinem Sieg bei Munda im Jahr 45 zwei Monate in Spanien, um die beiden iberischen Provinzen neu zu ordnen. Cäsar gründete Kolonien für Veteranen und Einwohner Roms (Abb. 6.2), die zugleich als militärische Stützpunkte dienten. Er führte neue Stadtverfassungen ein, die an die römische Verfassung angelehnt waren, mit einem lokalen Senat, Magistraten und einer kleinen Verwaltung. Zudem legte er fest, dass freigelassene Sklaven das Recht hatten, für den Stadtrat zu kandidieren. Solche Maßnahmen beschleunigten die Romanisierung der Iberischen Halbinsel. Sein geschätzter

Abb. 6.2 Gründungsurkunde einer von Cäsar in Spanien (Urso) gegründeten Kolonie. Inschrift auf Bronze, die die Verwaltung der Kolonie regelt. Museo Arqueológico Nacional, Madrid. Inv. 18.630; imagen 18.630-ID001. Foto: Raúl Fernández Ruiz. Nachdruck mit Genehmigung

Mitarbeiter Balbus, der aus Gades in Spanien stammte, dürfte Cäsar in diesen Fragen beraten haben.

Auf seiner Rückreise nach Rom traf Cäsar auch in Südfrankreich ähnliche Vorkehrungen, indem er beispielsweise wohlhabenden Einwohnern das Bürgerrecht verlieh. In anderen Provinzen wie Sizilien gewährte er das Latinische Recht, eine abgeschwächte Form des römischen Bürgerrechts und ein Zwischenschritt zur vollen Staatsbürgerschaft. Mit diesen Maßnahmen und der Gründung von Kolonien in mehreren Provinzen beschleunigte Cäsar die Romanisierung des Imperiums, ähnlich wie die Hellenisierung des Nahen Ostens nach Alexanders Eroberungen. Er nahm dies sehr ernst. Nachdem er erfahren hatte, dass einige seiner Mitarbeiter in Sizilien das römische Bürgerrecht verkauften, sorgte er für die Behebung dieses Missstandes und entzog den Käufern das Bürgerrecht wieder. Darüber hinaus beschränkte Cäsar, aufbauend auf dem von ihm während seines Konsulats erlassenen Gesetz zur Provinzverwaltung, die Amtszeit der römischen Statthalter auf ein oder zwei Jahre. Dadurch wurden Ausbeutungsmöglichkeiten eingeschränkt.

Schließlich sicherte er auch die Grenzen des Imperiums und schützte es vor Einfällen.

Octavian-Augustus folgte später Cäsars Beispiel bei der Reform der Provinzverwaltung. Er vergrößerte und professionalisierte die Verwaltung, gründete Kolonien für Veteranen und Bürger und förderte die kulturelle und wirtschaftliche Integration.

6.2.3 Wohlstand im Imperium schaffen: Eine nachhaltige Zukunft gestalten

Während seiner fünfjährigen Führung der Republik setzte Cäsar zahlreiche Maßnahmen zur Förderung des Wachstums und der Integration des Imperiums um. Diese Maßnahmen – wie die Verleihung des römischen Bürgerrechts an ausgewählte Bewohner der Städte des Reiches, die Gründung von Kolonien, die Landverteilung, Steuerreformen und die Verbesserung der Verwaltung – trugen alle zur wirtschaftlichen Integration und Belebung bei. Cäsars wirtschaftliche Eingriffe zur Bekämpfung der Deflation und zur Erleichterung des Kreditflusses beruhigten nicht nur Unruhen, sondern wirkten sich auch positiv auf die Wirtschaft aus und kamen Reichen wie Armen, Unternehmern wie Landwirten zugute. Veteranen erhielten Land zur Bewirtschaftung und die notwendigen Werkzeuge. Die Erhöhung der Zahl der Magistrate und Senatoren war eine sinnvolle Verbesserung der unterbesetzten Führungsebene des Imperiums.

Cäsar hatte große Pläne für das Imperium. In seinem letzten Lebensjahr plante er neben Bauprojekten in Rom auch Infrastrukturprojekte für Straßen, Kanäle, Häfen und die Urbarmachung von Land in Italien und darüber hinaus. Zudem beabsichtigte er, eine Nationalbibliothek zu gründen und das römische Recht zu kodifizieren. Er reformierte den Kalender, da der bisherige immer stärker mit Sonnenlauf und Jahreszeiten auseinanderlief.

Die Art und Weise, wie Cäsar mit Ägypten umging, trug maßgeblich zum Wohlstand des Imperiums bei. Ägypten war der letzte der Nachfolgestaaten Alexanders des Großen, den Rom noch nicht erobert hatte. Reich an Getreide, Schiffen und Arbeitskräften, war Ägypten eine entscheidende Versorgungsbasis für Rom. Alexandrien, die Hauptstadt mit ihrer berühmten Bibliothek, war für die Römer eine Quelle der Inspiration und des intellektuellen Potenzials. Viele Lehrer und andere hochqualifizierte Fachkräfte in Rom stammten aus Alexandrien. Solange diese Partnerschaft bestand, sah in Rom niemand die Notwendigkeit, Ägypten als Provinz zu integrieren. Als Cäsar in Ägypten eintraf, überstieg die Nachfrage nach Nahrungsmitteln in der pulsierenden Stadt Rom und im Machtzentrum bei weitem das Angebot aus Italien und den umliegenden Regionen. Die Sicherung und Stabilisierung Ägyptens war daher für Cäsar von strategischer Bedeutung, als er das Land 48 v. Chr. in einem Bürgerkrieg vorfand. Cäsar entschied sich, Cleopatras Angebot eines Bündnisses anzunehmen, anstatt Ägypten als weitere Provinz einzugliedern. Dadurch konnte Cäsar auf die Ressourcen Ägyptens zugreifen, ohne einem römischen Statthalter und potenziellen Rivalen eine mächtige Machtbasis zu überlassen.

Der Wert von Cäsars Entscheidungen zeigt sich erneut darin, wie Octavian-Augustus seinem Vorbild folgte. Neben den in den Provinzen umgesetzten Maßnahmen verzichtete Augustus ebenfalls darauf, Ägypten in eine Provinz umzuwandeln. Stattdessen integrierte er das Land als kaiserlichen Privatbesitz, der vollständig dem Kaiser unterstand. Er setzte einen professionellen Verwalter, den ägyptischen Präfekten, als Statthalter ein. So konnte Augustus fortan über die Reichtümer Ägyptens nach Belieben verfügen.

6.3 Cäsars Führungsverhalten an der Spitze

Erneut werden wir Cäsars Führungskompetenzen anhand seines Verhaltens mit dem Rahmenwerk des Global Executive Leadership Mirror (GELM®) analysieren. Die letzte Phase von Cäsars Karriere war von dramatischen Ereignissen geprägt und ist glücklicherweise reich an Quellen und Berichten. Dies ermöglicht eine umfassendere Analyse von Cäsars Führungsverhalten als in den vorangegangenen Kapiteln. Abb. 6.3 fasst die Bewertung von

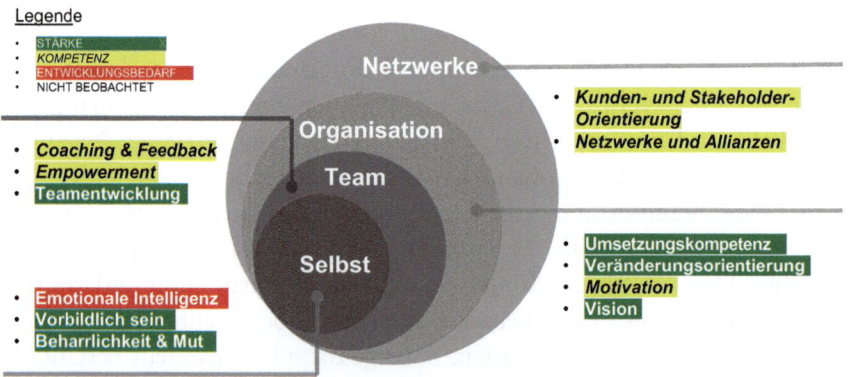

Abb. 6.3 Bewertung von Cäsars Führungsverhalten in der letzten Phase seiner Karriere. Anpassung des Autors: Basierend auf GELM von KDVI

6.3.1 Führung der eigenen Person

Emotionale Intelligenz blieb ein Entwicklungsbedarf. Cäsar forderte den Senat auf, Verantwortung für die Regierung zu übernehmen. Im November 49 verfügte Rom erneut über eine vollständig besetzte Regierung mit jährlich gewählten Magistraten. Doch Cäsar erkannte nicht die psychologischen Auswirkungen, die sein Verhalten und sein Status nach der Ernennung zum Diktator hatten. Viele aus Cäsars Generation hatten noch lebhafte Erinnerungen an die Schrecken, die aus der Verbindung von Heerführer und Diktatur im Bürgerkrieg entstanden waren. Eine derartige Machtkonzentration stand im Gegensatz zur Ideologie der Oligarchie, die durch den Sturz der Autokratie an die Macht gekommen war; sie glaubte seither an geteilte Führung. Darüber hinaus erwartete Cäsar – fälschlicherweise –, dass die Regierung in seiner Abwesenheit wie gewohnt funktioniere. Zu seinem Missfallen vermieden es Senat und Magistrate, Entscheidungen zu treffen oder Gesetzesvorlagen einzubringen, aus Sorge, den eigentlichen Machthaber zu verärgern.

Cäsars Verhältnis zur römischen Regierung entwickelte sich zu einem Teufelskreis zunehmender Entmachtung. Cäsar übertrug dem Senat und den Magistraten Macht, was zu einer ineffektiven Regierung führte. Daraufhin nahm ein ungeduldiger Cäsar die Macht wieder an sich. Dann versuchte er erneut, zu delegieren. Dieses Hin und Her setzte sich fort, bis Cäsar zum Diktator auf unbegrenzte Zeit ernannt wurde. Seine häufigen und langen Abwesenheiten aus Rom erschwerten es, klare Ziele und Erwartungen zu formulieren und Rückmeldungen zu geben. Die römische Elite fühlte sich in dieser Phase des Wandels und der schnellen Entscheidungsfindung durch Cäsar zunehmend an den Rand gedrängt; zudem herrschte Unsicherheit über ihre künftige Rolle in der Republik: Box 6.2.

> **Box 6.2 Fehlende emotionale Intelligenz**
>
> Ein Vorfall verdeutlicht, wie wenig Cäsar sich der Wirkung seines Verhaltens auf die Gefühle anderer bewusst war. Ende 45 konnte Cäsar endlich mit dem Bau seines eigenen Forums beginnen, für das er das Grundstück bereits Jahre zuvor erworben hatte. Während er mit Handwerkern und Bauunternehmern das Projekt besprach, hatte der Senat getagt und eine Reihe von Ehrungen für Cäsar beschlossen. Nach der Sitzung beschlossen die Senatoren, gemeinsam zu Cäsar

> zu gehen, um ihm die frohe Botschaft persönlich zu überbringen. So schildert Nicolaus von Damaskus das weitere Geschehen:
> (*Leben des Augustus* 22; Übers. C.M. Hall): „Inzwischen kam eine Prozession römischer Adliger heran, um die soeben einmütig beschlossenen Ehrungen zu überbringen. An der Spitze stand der Konsul (Cäsars damaliger Kollege), der das Dekret bei sich trug. Vor ihm gingen Liktoren, die die Menge auf beiden Seiten zurückhielten. Mit dem Konsul kamen die Prätoren, Tribunen, Quästoren und alle weiteren Amtsträger. Danach folgte der Senat in geordneter Formation und schließlich eine riesige Menschenmenge – nie war sie so groß gewesen. Die Würde der noblen Gesellschaft war beeindruckend – sie waren mit der Herrschaft über das gesamte Reich betraut und blickten doch bewundernd auf einen anderen, als sei dieser noch größer. Cäsar saß, während sie herantraten, und weil er mit Männern sprach, die seitlich standen, wandte er den Kopf nicht der nahenden Prozession zu und schenkte ihr keine Beachtung, sondern setzte seine Geschäfte fort, bis einer seiner Freunde in der Nähe sagte: ‚Sieh doch, wer da auf dich zukommt.' Da legte Cäsar seine Unterlagen beiseite [und blieb sitzen], drehte sich um und hörte an, was sie ihm zu sagen hatten." Cäsars Verhalten wurde als höchst respektlos empfunden und erzürnte die Senatoren. Der Vorfall brachte seine Freunde in Verlegenheit und bestätigte bei anderen das Bild Cäsars als künftigen Autokraten.

Ein weiteres Beispiel zeigt, dass Cäsars emotionale Intelligenz weiterhin unterentwickelt war. Als Reaktion auf mehrere Lobreden verfasste er eine kritische Nachbetrachtung zu Cato dem Jüngeren, seinem langjährigen Widersacher. Beim Schreiben dieser Anti-Cato-Schrift war ihm nicht bewusst, wie sehr ihn seine negativen Gefühle zu einer defensiven Reaktion veranlassten. Ebenso wenig erkannte er, welche Wirkung die Schrift auf die Leserschaft haben würde. Da er 45 als Diktator uneingeschränkte Macht innehatte, konnte sein Ausbruch als Desinteresse an anderen Meinungen oder gar als autokratisches Verhalten wahrgenommen werden. Zudem war ihm entweder nicht bewusst oder gleichgültig, dass eine (Spitzen-)Führungskraft ständig im Rampenlicht steht. Tatsächlich beobachten und interpretieren Gefolgsleute das Verhalten ihrer Führungskraft. Einige von Cäsars Handlungen (wie das Diktieren von Briefen während der Spiele für das Volk) wurden als arrogant empfunden.

Die Aufstände gegen Ende des Gallischen Krieges und am Ende des Bürgerkriegs in Spanien belegen, dass Cäsars mangelnde emotionale Intelligenz, insbesondere gegenüber Gruppen, seine Karriere gefährden konnte. Betrachtet man die Gründe für seine Ermordung, zeigt sich: Wer an der Spitze angekommen ist, für den kann fehlende emotionale Intelligenz zum echten Karrierekiller werden. Der gewaltsame und öffentliche Mord deutet auf ein breiteres Gefühl der Unzufriedenheit in der Organisation hin. Haben die Tyrannenmörder, wie sie sich selbst nannten, tatsächlich aus den offiziell genannten Gründen gehandelt, nämlich weil Cäsar die Republik in eine Monarchie zu verwandeln drohte? Oder war es schlicht ein Putsch ehrgeiziger Politiker? Auffällig ist, dass die Täter keinen Plan für die Zeit danach hatten, was gegen einen reinen Machtgriff spricht. Vielmehr schienen sie davon auszugehen, dass die Regierung im Wesentlichen wie bisher weiterlaufen würde – nur eben ohne Diktator. Oder sie glaubten an eine Rückkehr zum Status quo vor dem Bürgerkrieg. Interessant ist, dass die rund 60 Verschwörer eine gemischte Gruppe aus Cäsarianern und ehemaligen Pompeianern waren.

Nicolaus von Damaskus, ein griechischer Gelehrter der Zeit, schrieb dazu in seiner Augustus-Biografie (19. Übers. C.M. Hall): Box 6.3.

> **Box 6.3 Warum Cäsar laut Nicolaus von Damaskus ermordet wurde**
>
> „Es gab verschiedene Gründe, die jeden Einzelnen von ihnen [den Attentätern] bewegten und sie dazu trieben, gegen diesen Mann [Cäsar] die Hand zu erheben. Einige hofften, nach seiner Entmachtung selbst Führungspositionen zu übernehmen; andere waren über das, was ihnen im Krieg widerfahren war, erzürnt und verbittert über den Verlust von Angehörigen, Besitz oder Ämtern. Sie verbargen ihren Zorn und gaben vor, aus edleren Motiven zu handeln, indem sie sich über die Alleinherrschaft beklagten und für eine republikanische Regierungsform eintraten. Jeder hatte seine eigenen Gründe, doch alle vereinte ein beliebiger Vorwand."

David Epstein hat die zwanzig namentlich bekannten Verschwörer sorgfältig analysiert. Er fand heraus, dass einige tatsächlich persönliche Rechnungen mit Cäsar offen hatten, wie es auch Nicolaus von Damaskus schildert. Diese Personen verband das gemeinsame Gefühl, ungerecht behandelt, entmachtet oder ignoriert worden zu sein – starke negative Motivatoren. Die Einschätzung von Nicolaus entspricht auch meinen Erfahrungen als Executive Coach. Motivationen sind vielschichtig. Doch gerade bei weitreichenden Entscheidungen ist es oft der persönliche, individuelle und nicht selten egoistische Grund, der den Ausschlag gibt. Im Fall Roms wurde die Tötung des „Tyrannen" zum gemeinsamen Nenner, dem sich jeder anschließen konnte.

Nicolaus von Damaskus erweist sich erneut als feiner Analytiker von Gruppendynamiken. Das zeigt sich, wenn er das Gruppendenken und die gegenseitige Radikalisierung unter den Tyrannenmördern beschreibt (19. Übers. C.M. Hall):

Jeder von ihnen brachte seinen eigenen Vorwand für das Vorhaben vor, und aufgrund seiner persönlichen Beschwerden hörte jeder bereitwillig auf die Anklagen der anderen. Sie bestärkten sich gegenseitig in ihrer Verschwörung. Sie boten einander als Sicherheit die jeweils eigenen, privat gegen ihn gehegten Vorwürfe.

Auch wenn das hehre Ziel des „größeren Wohls" und der „Rettung der Republik" zweifellos vorhanden war, war es nicht die Hauptmotivation für das Geschehen an den Iden des März. Cäsars Sturz war kein Fall von „das Establishment schlägt zurück". Vielmehr war es die Summe persönlicher Kränkungen, enttäuschter Ambitionen und von Entmachtungserfahrungen eines radikalisierten Randes des Establishments. Cäsars Unvermögen, diese Gefühle bei seinen Anhängern zu erkennen, und seine Unkenntnis darüber, wie seine eigenen Emotionen und sein Verhalten auf andere wirkten, untergruben letztlich seine Karriere. Er glaubte fälschlicherweise, dass das Zeigen von Großmut gegenüber ehemaligen Gegnern und materielle Entschädigung ausreichen würden, um eine loyale Gefolgschaft zu sichern.

Zu Beginn des Bürgerkriegs schrieb Cäsar an Cicero und teilte ihm mit, dass er es akzeptiere, wenn Begnadigte erneut gegen ihn zu den Waffen griffen. Seine Vision entsprach seinen Werten, denn Cäsar wollte sich selbst treu bleiben. In den letzten fünf Jahren seiner Karriere war Cäsar auch darin vorbildlich, dass er tat, was er ankündigte. Dies betraf vor allem seine Nachsicht gegenüber Gegnern, die römische Bürger waren. Im Großen und Ganzen hielt er seine Zusagen ein, begrenzte den Verlust von Leben und Eigentum im Bürgerkrieg – selbst auf die Gefahr hin, treue Anhänger zu verärgern. Manche empfanden es als ungerecht, dass ehemalige Gegner ähnliche Ehrungen erhielten, und schlossen sich deshalb den Verschwörern an. Politische Rückschläge handhabte Cäsar zügig, etwa wenn Antonius den Frieden in Rom nicht aufrechterhalten konnte oder der Senat keine Entscheidungen traf. Sein Fokus lag stattdessen auf der konsequenten Verfolgung der drei Strategien seiner Vision.

6.3.2 Führung von Teams

All dies wirft wichtige Fragen auf. Zum Beispiel: Wie offen war Cäsar für Feedback, und forderte er es aktiv ein? Welches Feedback erhielt er, und wie interpretierte er es? Es ist bemerkenswert, dass Cäsar niemanden hatte – weder intern noch extern –, der ihn in seiner Entwicklung als Führungskraft unterstützte. Er profitierte nie von einem Vorgesetzten, der aktiv zur

Entwicklung dieser wichtigen Stärken und Kompetenzen beitrug. Auch hatte Cäsar keinen Aristoteles, der ihn wie Alexander den Großen coachte.

Cäsar war nicht verschlossen gegenüber Feedback. Mehrere Personen, insbesondere Intellektuelle wie Cicero und Sallust, gaben ihm in öffentlichen Reden, Memos und privaten Briefen Ratschläge. Cäsar hörte ihren Empfehlungen tatsächlich zu, vor allem weil seine Maßnahmen zur Sicherung einer nachhaltigen Zukunft für Rom und das Reich mit ihrem Feedback übereinstimmten. Was das aktive Einholen von Feedback betrifft, so sind zwei Briefe von Cäsar aus dem März 49 überliefert. In einem bedankt er sich bei seinen Assistenten Balbus und Oppius für deren positives Feedback zu seinen Plänen und fordert sie auf, ihm noch mehr Ratschläge zu geben. Im anderen ermutigt er Cicero, ihn zu beraten. Dennoch verpasste Cäsar auch wichtige Gelegenheiten, etwa im Dezember 45, als er an einem Abendessen bei Cicero teilnahm. Zu Ciceros Enttäuschung, der sich auf den Austausch gefreut hatte, wurden viele Themen besprochen – aber nicht Politik und aktuelle Angelegenheiten. Vielleicht wollte Cäsar an diesem Abend einfach nur eine angenehme Zeit verbringen. Cicero berichtet in mehreren Briefen an seinen Korrespondenten Atticus im Mai 45 von einem weiteren irritierenden Vorfall. Cicero hatte einen Brief mit politischen Ratschlägen entworfen. Balbus und Oppius, die Cäsars Korrespondenz betreuten, überarbeiteten und kommentierten Ciceros Schreiben und schlugen erhebliche Änderungen vor, damit das Dokument bei Cäsar Anklang finden würde. Das zeigt, dass die beiden Mitarbeiter tatsächlich zu „Pförtnern" geworden waren. Wir wissen nicht, welche Anweisungen sie von Cäsar erhielten – falls überhaupt – oder welchen Ermessensspielraum sie bei der Steuerung der Nachrichten an Cäsar nutzten. Sicher ist jedoch: Sie verhinderten ungefiltertes Feedback.

Wie stand es um spontanes Feedback? Die Wahrheit gegenüber Mächtigen auszusprechen, ist immer heikel. Viele werden sich zurückgehalten haben, wenn sie Cäsar ihre Meinung mitteilten. Zudem gehen Gefolgsleute oft davon aus, dass aufwärts gerichtetes Feedback nicht nötig ist, wie die Managementforscherin Kelly See und ihre Kollegen gezeigt haben. Wird jemand zur Führungskraft, neigen Untergebene zur Zurückhaltung: Sie nehmen an, dass diese Person aus gutem Grund in diese Position gelangt ist und daher weniger auf Feedback angewiesen ist. Je selbstbewusster die Führungskraft auftritt, desto geringer wird der Bedarf an Ratschlägen von unten wahrgenommen. So war es auch bei Cäsar. Aus dem Briefwechsel zwischen Atticus und Cicero im Mai 45 geht hervor, dass Balbus und Oppius nicht nur eine Überarbeitung anregten, sondern auch zu verstehen gaben, Cicero habe nichts gesagt, was Cäsar nicht ohnehin schon gewusst hätte.

Betrachten wir Cäsar in dieser letzten Phase seiner Karriere: Er war jemand, der durch anhaltenden Erfolg an die Spitze gelangt war. Zudem galt Cäsar als vom Glück begünstigt. In römischer Zeit glaubte man, die Götter stünden auf der Seite eines solchen Menschen. Warum also sollte jemand wie er Feedback benötigen? Hinzu kamen Cäsars ständige Signale von Selbstsicherheit. Zweifel zeigte er nie. All dies spricht dafür, dass Cäsar von seinen Untergebenen kaum spontanes Feedback erhielt. Mitunter ärgerte er sich sogar über bestimmte Kommentare (Box 6.4).

Kasten 6.4 Cäsar wird defensiv

Cäsar reagierte mitunter defensiv auf Rückmeldungen, etwa auf die von Cicero und anderen verfassten Lobrede auf den verstorbenen Cato, wie zuvor erwähnt. Cato hatte stets die moralische Überlegenheit für sich beansprucht und war ideologisch Cäsars entschiedenster Gegner. Zwischen beiden bestand zudem persönliche Feindschaft. Es dauerte ein Jahr, bis Cäsar seine Gegenschrift, die „Anti-Cato", verfasste. Vielleicht sah er zuvor keine Notwendigkeit dazu, oder es fehlte ihm schlicht an Zeit. In jedem Fall schrieb er sie offensichtlich aus Verärgerung – entgegen seiner sonstigen Politik, gegenüber Gegnern keine Groll zu zeigen. Cäsar hatte gesiegt, Cato war tot. Was also war der Sinn? Cäsar verfasste die Schrift nach der Schlacht von Munda. Psychologisch hatte der letzte Aufstand in Spanien ihn stark belastet. Er hatte ihn nicht kommen sehen und musste daher an sich selbst zweifeln – ein Umstand, der Führungskräfte oft defensiv werden lässt. Er hatte sich enorm angestrengt, nicht nur militärisch, sondern auch persönlich, um den Bürgerkrieg rasch zu beenden. Er hatte versucht, Gesellschaft und Politik durch Großzügigkeit und Nachsicht gegenüber allen Soldaten und Befehlshabern der Gegenseite zu befrieden. Im Glauben, der Bürgerkrieg sei vorbei, erhoben sich nun ausgerechnet jene, die er begnadigt hatte. Zudem war er nach der wohl verlustreichsten Schlacht des Bürgerkriegs nur knapp entkommen. Aus Zorn schlug er zurück. Die Autoren der Cato-Lobrede von 46, die ebenfalls glaubten, der Krieg sei beendet, sahen ihre Schriften als Beitrag zur Nachkriegsversöhnung – ähnlich wie Cäsar die ^Wiedererrichtung von Pompeius' Statuen erlaubte. Cäsars Defensivität war jedenfalls nicht dazu angetan, dem mächtigen Diktator Rückmeldungen zu ermöglichen.

Hat Cäsar die erhaltenen Rückmeldungen richtig interpretiert? Es gibt Hinweise, dass dies nicht der Fall war. Senat und Magistrate überhäuften Cäsar mit Ehrungen. Einige lehnte er als eine Art demonstrative Bescheidenheit ab, andere, weil sie ihm zu monarchisch erschienen. Der große Cicero lobte ihn in seinen Reden für seine Milde. Wie dem auch sei, wie Nicolaus von Damaskus schrieb, nahm Cäsar diese Rückmeldungen für bare Münze, das heißt, er interpretierte sie als aufrichtige und positive Bestätigung seines Handelns. (Nicolaus hielt Cäsar für zu naiv, da er zu lange im Ausland gewesen sei.) Wie bei der „Anti-Cato"-Schrift erkannte Cäsar nicht, dass Rückmeldungen auch wesentliche Informationen über den Feedbackgeber enthalten: In diesem Fall Ehrungen, um sich einzuschmeicheln, ein Überbieten um Cäsars Aufmerksamkeit und klägliche Versuche, Eigenständigkeit zu demonstrieren. Schließlich scheint das Feedback, das Cäsar erhielt und einholte, sich vor allem auf das „Was" zu beziehen, also auf seine Pläne und Entscheidungen. Es gibt keine Hinweise darauf, dass er auch Rückmeldungen zum „Wie" erhielt, also dazu, wie er seine Anhänger motivieren und Widerstände managen sollte. Gerade diese Art von Feedback fehlte ihm besonders. Es genügt festzustellen, dass Cäsar keine Warnsignale erkannte, die ihn davor hätten bewahren können, (im wahrsten Sinne des Wortes) in den Rücken gestochen zu werden.

Cäsar widmete dem Coaching und Feedback für andere wenig Zeit, was erklärt, warum seine Untergebenen im Bürgerkrieg weniger erfolgreich waren als in Gallien. Es gab jedoch zwei bemerkenswerte Ausnahmen (Kasten 6.5 und 6.6). Die erste war Kleopatra, die mit 18 Jahren den Thron bestieg.

> **Kasten 6.5 Talententwicklung: Kleopatra**
>
> Die leitenden Beamten der ägyptischen Verwaltung, die es ablehnten, einer Frau zu unterstehen, setzten Kleopatra kurz nach ihrer Thronbesteigung ab. Ihr Verhalten – sie kleidete und gab sich wie ein männlicher Pharao – verstärkte diese Voreingenommenheit noch. Nachdem Cäsar sie wieder auf den Thron gebracht hatte, führte Kleopatra ihr Land erfolgreich bis weit nach Cäsars Tod. Ihre Führung wurde nie wieder intern infrage gestellt. Ob sie Cäsars Rat suchte oder ob Cäsar sie coachte, lässt sich nicht mit Sicherheit sagen. Sicher ist jedoch, dass Kleopatra während ihrer zweiten Amtszeit als Herrscherin Ägyptens ihre Kommunikation grundlegend veränderte. Cäsar ebnete Kleopatra den Weg zum Erfolg, da er sehr wohl erkannte, dass ihre Andersartigkeit sie erneut einem misogynen Umsturz aussetzen konnte. Cäsar stärkte Kleopatras Machtbasis mit einigen Legionen und schlug ihr vor, ihren jüngeren Bruder zu heiraten. So entsprach sie zumindest nominell der Tradition, dass Frauen nicht eigenständig herrschen durften. Vor Cäsar hatte Kleopatras männliches Auftreten sie den Thron gekostet. Später gewann sie ihn zurück, indem sie ihre Andersartigkeit nutzte und mit List statt Gewalt ein Treffen mit Cäsar arrangierte. Nach der Zusammenarbeit mit ihm zeigen Münzen und Reliefs sie nicht mehr als männlichen Pharao, sondern in weiblicher Kleidung oder als Mutter – kurz: als authentische weibliche Führungspersönlichkeit.

Kleopatras bemerkenswerte Verbesserung in Kommunikation und Imagebildung könnte zum Teil auf Cäsars geschickte Anleitung zurückzuführen sein. Obwohl sie viel jünger war als Cäsar, könnte Kleopatra durchaus um seine Unterstützung gebeten haben, da sie sowohl die Intelligenz als auch die Eigeninitiative dazu besaß. Falls dies zutraf, muss Cäsar positiv auf ihre Bitte reagiert haben. Cäsars Wertschätzung von Talent zeigt sich auch in seiner geringen Meinung über Ptolemaios, Kleopatras jüngeren Bruder und Hauptkonkurrenten. Merkwürdigerweise half Cäsar ihr jedoch nicht dabei, ein effektives Netzwerk aufzubauen oder sich bei den Stakeholdern einen guten Ruf zu verschaffen. Sie besuchte Rom zweimal als neue strategische Partnerin Roms. Für die Senatoren war sie doppelt exotisch: eine weibliche Herrscherin und eine Ausländerin. Dass sie Cäsars Geliebte und Mutter seines Sohnes war, sorgte in den konservativen Salons Roms für Aufsehen. All dies nicht ahnend, beging sie mehrere Fauxpas und reiste mit beschädigtem Ruf ab. Zudem versäumte es Cäsar, dies zu verhindern, da er selbst blinde Flecken in seiner emotionalen Intelligenz bezüglich der kollektiven Denkweise der Elite hatte. Kleopatra (Abb. 6.4) wurde nach der Begegnung mit Cäsar eine äußerst erfolgreiche Herrscherin, doch letztlich holte sie ihr beschädigter Ruf ein. Am Ende nutzte Octavian-Augustus dies gnadenlos aus, um ihren Sturz herbeizuführen.

> **Kasten 6.6 Talententwicklung: Octavian**
>
> Der zweite Fall betrifft Octavian, Cäsars Adoptivsohn und Erben, der später als Kaiser Augustus bekannt wurde. Wie Kleopatra verbrachte Octavian viel Zeit in Cäsars Gesellschaft. Laut Nicolaus von Damaskus war er ein versierter Beeinflusser. Er setzte sich bei Cäsar für Personen aus seinem Netzwerk ein und fand das richtige Timing und den passenden Ton, um Cäsar zu überzeugen. Nicolaus berichtet, dass Cäsar wollte, dass Octavian Erfahrungen bei der Organisation von Theateraufführungen sammelt – eine klare Entwicklungsmaßnahme. Angesichts von Cäsars Erfolgen als populärer Führer hielt er dies für eine gute Führungsausbildung.
>
> Cäsar nahm Octavian auch auf seinen letzten Feldzug nach Spanien 46/45 mit, um ihm eine weitere Lernerfahrung zu ermöglichen. Octavian war 17 Jahre alt, was damals als erwachsen galt. Krankheitsbedingt verpasste er Cäsars Abreise, stieß aber später zu ihm. Mit einer kleinen Gruppe erlitt er in Spanien Schiffbruch und musste feindliches Gebiet durchqueren. Cäsar war beeindruckt. Nicolaus von Damaskus berichtet, was dann geschah: Cäsar gab Octavian positives Feedback für seinen Erfolg und dafür, als Erster aus Rom in Spanien angekommen zu sein. Anschließend debriefte Cäsar Octavian und war mit dessen Ausführungen zufrieden. Cäsar fand Octavian aufmerksam und intelligent. Zudem gefiel ihm, dass Octavian prägnant und pointiert war (und erkannte darin zweifellos sich selbst wieder). Auf der gemeinsamen Rückreise lobte Cäsar Octavian weiter dafür, dass er sich mit ehrgeizigen und fähigen Freunden umgab und an einem guten Ruf in der Heimat arbeitete. Interessanterweise teilte Cäsar Octavian bewusst nicht mit, dass er ihn zu seinem Erben machen würde. Für Cäsar war das Aufwachsen im Wohlstand nicht förderlich für die Entwicklung der richtigen Werte. Dieses Zurückhalten erinnert daran, dass auch Cäsar sich aus einfachen Verhältnissen hocharbeiten musste.

6 Allein an der Spitze: Aufsichtsrats- und Vorstandsvorsitzender

Abb. 6.4 Ägyptische Münze mit Königin Kleopatra, die das gemeinsame Kind mit Cäsar, Cäsarion, hält. © The Trustees of the British Museum. Nachdruck mit Genehmigung

Warum also war Cäsar so erfolgreich in der Entwicklung von Kleopatra und Octavian, verspürte aber bei anderen nicht das Bedürfnis dazu? Seine Laissez-faire-Haltung gegenüber der Entwicklung von Marcus Antonius und Curio, zwei weiteren von ihm identifizierten High Potentials, war ein Fehler gewesen. Als er später Kleopatra und Octavian begegnete, wusste er, dass er mit der Förderung von Nachwuchstalenten beginnen musste. Gleichzeitig wusste er, dass beide durchsetzungsstark waren und ihn proaktiv dazu bringen würden, sein Wissen zu teilen. Im Gegensatz dazu wirkten Antonius und Curio zu selbstsicher, um dies zu tun. Cäsar verließ sich auf den *cursus honorum*, Roms strukturiertes System von Beförderungen und Provinz- sowie Militärposten, das die Besten an die Spitze bringen sollte. Immerhin hatte es ihm selbst sowohl privat als auch beruflich gute Dienste geleistet. Aus demselben Grund sah Cäsar auch keine Notwendigkeit für eine Nachfolgeplanung; aus seiner Sicht würde das System dies regeln. Als Führungskraft war Cäsar ein passiver Entwickler und coachte nur diejenigen, die aktiv danach fragten. Das erklärt, warum Cäsars Empowerment nur teilweise erfolgreich war. Es verdeutlicht auch, warum mehrere seiner Attentäter mit ihrer Karriereentwicklung unzufrieden waren.

Im vorherigen Kapitel haben wir gesehen, dass Cäsar als Feldherr andere befähigte. Doch weil er seine Untergebenen nicht weiterentwickelte, musste er ihnen oft die Befugnisse wieder entziehen und selbst die Kontrolle übernehmen. In diesem Kapitel zeigt sich ein ähnliches Muster des Empowerments in Cäsars organisatorischer Führung. Werfen wir nun einen Blick auf einige seiner einflussreichsten direkten Untergebenen. Im Jahr 48 war Cäsar auf dem Schlachtfeld. Er hatte Rom seinem Konsulskollegen Servilius

Isauricus überlassen, einem Mann mit klassischer Karriere, der jedoch nicht als herausragende Führungskraft galt. Unter den damaligen Umständen war die Aufgabe zu groß für ihn, und er hatte Schwierigkeiten, in Rom für Ruhe zu sorgen. Später wurde Isauricus Statthalter der Provinz Asia, wo er erfolgreich war. Ende 48 wurde Cäsar zum Diktator ernannt, mit Marcus Antonius als seinem Stellvertreter. Das war eine erhebliche Beförderung, da er das Amt des Prätors noch nicht innegehabt hatte. Während Cäsars Abwesenheit im Osten überließ er Marcus Antonius die Geschäfte in Rom. Auch das erwies sich als unklug. Cäsar musste im August 47 persönlich nach Rom zurückkehren, um die Unruhen in Stadt und Armee zu bewältigen.

Nachdem Cäsar 49 Spanien erobert hatte, setzte er Quintus Cassius Longinus als Statthalter ein. Dieser hatte einige Jahre zuvor als Quästor in Spanien gedient, was vermutlich der Grund für Cäsars Wahl war, doch seine Amtsführung war eine Katastrophe. Er scheiterte derart, dass 46 die Söhne des Pompeius die Spanier zum Aufstand gegen Cäsar bewegen konnten. Es gab einige Ausnahmen von diesem Muster (Kasten 6.7). Eine davon war zweifellos Kleopatra, die nach ihrer Wiedereinsetzung durch Cäsar 18 Jahre lang erfolgreich über Ägypten herrschte.

> **Box 6.7 Empowerment: Lepidus**
>
> Ein weiterer war Marcus Aemilius Lepidus. Zehn Jahre jünger, stammte er wie Cäsar aus einer Adelsfamilie. Politisch stand seine Familie, ebenfalls wie Cäsar, gegen Sulla. Zudem unterstützte er Cäsar während seiner gesamten Laufbahn. Daher wollte Cäsar ihn auf seiner Seite wissen. Doch es gab noch mehr. Im Jahr 52 spielte er als Interrex eine entscheidende Rolle bei der Eindämmung politischer Unruhen in Rom. 49 war er Prätor und der ranghöchste Magistrat, der sich nicht Pompeius anschloss. Diese Position verschaffte ihm die Autorität, in Cäsars Abwesenheit die Geschäfte in Rom zu führen. Am Jahresende war er es, der offiziell vorschlug, Cäsar zum Diktator zu ernennen. Cäsar schickte ihn 48 und 47 als Statthalter in die Provinz Hispania citerior. Dort beeindruckte er Cäsar, indem er einen gewaltsamen Konflikt zwischen Cassius Longinus und dessen Heerführer in der Nachbarprovinz friedlich verhinderte. Nach seiner Rückkehr wurde Lepidus Cäsars Stellvertreter in Rom und löste Marcus Antonius ab. Er war die bessere Wahl für die Verwaltung der Stadt, solange Cäsar abwesend war. Lepidus war kein Militär, aber in Regierungsangelegenheiten weitaus gewandter. Im Hintergrund war er einflussreich beim Zustandekommen von Absprachen. Später wurde er der Juniorpartner im zweiten Triumvirat mit Antonius und Octavian, bis diese beiden schließlich aneinandergerieten. Da ihm militärische Fähigkeiten fehlten, konnte er im anschließenden Bürgerkrieg keine bedeutende Rolle mehr spielen und zog sich bald aus dem öffentlichen Leben zurück.

6 Allein an der Spitze: Aufsichtsrats- und Vorstandsvorsitzender

Box 6.8 Empowerment: Balbus

Während viele Menschen infolge der Eroberung durch die Römer Tod, Zerstörung, Versklavung, Plünderung und Besteuerung erlitten, gehörte Lucius Cornelius Balbus zu den Gewinnern. Er war ein Iberer von beträchtlichem Reichtum und Ansehen. Während des Feldzugs von Pompeius in Spanien im Jahr 72 unterstützte er diesen und wurde dafür mit dem römischen Bürgerrecht belohnt. Zehn Jahre später, 61, wiederum in Spanien, diente Balbus unter Cäsar als *praefectus fabrum*, also als Chefingenieur. In derselben Funktion setzte Cäsar ihn auch bei der Eroberung Galliens ein. Balbus, der sowohl mit Pompeius als auch mit Cäsar gut vernetzt war, spielte offenbar eine zentrale Rolle beim Aufbau der Triumviratskoalition zwischen seinen Gönnern und Crassus. Balbus war wohlhabend genug, um in Rom gesellschaftlich aufzusteigen und den Rang eines Ritters zu erreichen. Cäsar schickte ihn zurück nach Rom, um dort seine Interessen zu vertreten – eine Aufgabe, die er gemeinsam mit Oppius bis zu Cäsars Tod erfolgreich erfüllte. Von Cicero wissen wir, dass Balbus 46 in Rom Häuser baute, entweder als Investition oder im Rahmen von Cäsars wirtschaftlichem Anreizprogramm.

Cäsar setzte einige Personen wie Balbus (Box 6.8) und Oppius außerhalb des formalen römischen Verwaltungsapparats ein. Cäsar, Balbus und Oppius verband eine lange gemeinsame Geschichte, wie bereits in früheren Kapiteln erwähnt. Caius Oppius, ein Ritter und möglicherweise Banker, verwaltete ab 54 Cäsars Angelegenheiten in Rom, während Cäsar in Gallien war. Mit Ciceros Unterstützung erwarb er Land in Rom für das Forum Cäsars und vermittelte einen Kredit von Cäsar an Cicero.

Balbus und Oppius agierten als effiziente Vermittler, indem sie Cäsars private Korrespondenz abwickelten, seine öffentlichen Briefe verteilten und in Einzelgesprächen für Cäsars Interessen eintraten. So begannen die beiden unmittelbar nach Cäsars Überschreiten des Rubikon, mit Cicero und anderen zu korrespondieren, um sie für Cäsar zu gewinnen. Nach Cäsars Tod fanden sie nahtlos eine neue Anstellung bei dessen Nachfolger Octavian.

So fähig sie auch waren, stellt sich die Frage, ob diese beiden Außenseiter – der Chefingenieur von Cäsars Armee und Cäsars Privatbankier – tatsächlich kompetent genug waren, um sich zu Repräsentanten zu entwickeln, die konstruktiv zwischen dem obersten Führer und dem Rest der Organisation vermitteln konnten. Balbus war Cäsar viele Jahre lang treu ergeben, allerdings an der Seite von Cäsar, dem Feldherrn, nicht Cäsar, dem Politiker. Die beiden behaupteten, in regelmäßigem Kontakt mit Cäsar zu stehen. Doch es gibt keinen Hinweis darauf, dass ihr Vorgesetzter sie bei der Entwicklung der für ihre neuen Aufgaben erforderlichen Kompetenzen unterstützte. Vielmehr führte diese Dynamik dazu, dass Cäsar nur gefiltertes Feedback erhielt, was vermutlich dazu beitrug, dass ihm die unterschwellige Unzufriedenheit in der Organisation verborgen blieb. Dieses Beispiel zeigt, dass Cäsar – wie viele Führungskräfte – vertraute und geschätzte Weggefährten von einer Position zur nächsten mitnahm. Das kann gut funktionieren, vorausgesetzt, diese Personen entwickeln sich – mit Unterstützung ihres Chefs – parallel zum Führenden weiter. Andernfalls agieren sie weiterhin so, wie es im vorherigen Kontext angemessen war. Marshall Goldsmiths berühmte Worte „What got you here, won't get you there" gelten auch für Teammitglieder.

Cäsar verstand es, talentierte Persönlichkeiten für seine Teamentwicklung zu identifizieren und auszuwählen. Er war alles andere als snobistisch, was die Herkunft betraf. Um auf dem *cursus honorum* zu starten, brauchte man zwar einen gewissen sozialen Status und persönliches Vermögen. Doch Cäsar legte größeren Wert auf Leistung als Auswahlkriterium. Damit war er seiner Zeit in Bezug auf Diversität und Inklusion voraus. Balbus war dank seines Aufstiegs unter Cäsar der erste Nichtrömer und im Ausland Geborene der im Jahr 40 das Konsulat erreichte. Cäsar wies Kritik zurück, weil er weitere solcher „Barbaren" zu Senatoren gemacht hatte. Für ihn war dies eine Belohnung für treue Dienste und eine Anerkennung ihrer Qualitäten. Cleopatra wurde zur Königin gemacht, obwohl Cäsar in einer Gesellschaft aufgewachsen war, die Frauen von öffentlichen Ämtern ausschloss. Die öffentlichen Festspiele, die er den Einwohnern Roms zu Ehren seiner Siege bot, umfassten Theateraufführungen in jedem Stadtbezirk. Bemerkenswert ist, dass die Schauspieler diese Stücke, wie Sueton in seiner Cäsar-Biografie anmerkt, in mehreren Sprachen aufführten – ein Akt der Inklusion in dieser multikulturellen Metropole. Auf dem Schlachtfeld war das Talent bei Pompeius konzentriert, dessen Offiziere mehr Siege errangen als die von Cäsar. Ohne Cäsars persönliches Eingreifen auf dem Schlachtfeld hätten die Pompeianer den Krieg zweifellos gewonnen. Auch der Talentpool von Pompeius für Regierungsämter war mit erfahreneren (Ex-)Magistraten besetzt. Angesichts der ebenso enttäuschenden Leistungen einiger von Cäsars direkten Untergebenen in der Regierung scheint es, als habe Cäsar beim Kriegsausbruch das Nachsehen beim Talent gehabt. Nachdem er Schlüsselpersonen verloren hatte, dauerte es eine Weile, bis er gleichwertigen Ersatz wie Cleopatra und Octavian fand. Die Offenheit für vielfältige Talente verschaffte Cäsar einen Wettbewerbsvorteil gegenüber seinen Gegnern.

6.3.3 Führung der Organisation

Als Diktator verfügte Cäsar über die formale Autorität, Entscheidungsfindung und Umsetzung zu beschleunigen. Und genau das tat er. In seinen kurzen Aufenthalten in Rom erreichte er enorm viel. Seine Erfahrungen mit dem institutionellen Establishment, das durch den Senat repräsentiert wurde, waren bestenfalls durchwachsen. Der Senat war meist intern zerstritten, und seine Abläufe waren nicht darauf ausgelegt, rasch zu einer Einigung zu kommen. Effektiver war Cäsar bei der Durchsetzung seiner Ziele, wenn er mit der Volksversammlung und seinem Heer zusammenarbeitete. Zudem hatte Cäsar kaum je erlebt, dass schnelle Entscheidungsfindung und Umsetzung auch Nachteile haben könnten. Das bestärkte ihn nur in seinem Glauben an die Vorrangstellung der Exekutive gegenüber dem Senat. Gleichzeitig drängten Cäsars Anhänger ihn zu Entschlossenheit und Führungsstärke. Nachdem klar war, dass er als Sieger hervorgehen würde, wurden die Erwartungen, die Republik wieder funktionsfähig zu machen, offen geäußert. Intellektuelle wie Cicero und Sallust taten dies öffentlich in Reden sowie in Memos und Briefen an Cäsar.

Cäsars Vision war nicht nur bemerkenswert prägnant formuliert, sondern zeichnete sich auch dadurch aus, dass Rom, die Hauptstadt und das politische Machtzentrum, nicht erwähnt wurde. Da er die Hälfte seiner Karriere in den Provinzen verbracht hatte, erkannte Cäsar, dass ein neues Gleichgewicht zwischen Stadt und Reich notwendig war. Seine Strategie war von einem starken Kontinuitätswillen statt von Umbruch geprägt. Die Römer hatten im Laufe der Zeit einen pragmatischen und schrittweisen Ansatz zur Verwaltung ihres wachsenden Territoriums entwickelt. Alles, was Cäsar für Italien, die Provinzen und das Reich tat, war im Grunde nicht seine Erfindung, sondern hatte Vorläufer. Daher war sein Programm für die meisten nachvollziehbar. Nach seinem Tod wurden seine Maßnahmen nicht rückgängig gemacht, sondern ausgebaut und weiterentwickelt. Er legte beispielsweise das Fundament, auf dem Augustus das römische Kaiserreich errichten konnte. Allerdings waren das Ausmaß und die Geschwindigkeit, mit der er diese Veränderungen einführte, beispiellos. Noch nie zuvor hatte ein einzelner Führer so viele Maßnahmen in so unterschiedlichen Regierungsbereichen umgesetzt – ein Beleg für seine ausgeprägte Veränderungsorientierung.

Cäsars Art, seine Gefolgsleute zu motivieren, bestand darin, keinen Groll gegen Gegner zu hegen und individuelle Belohnungen in Form von Beförderungen und Ämtern zu vergeben. Bemerkenswert ist, dass er sich weniger darauf stützte, seine Vision von Stabilität, Frieden und Wohlstand aktiv als Inspirationsquelle zu nutzen. Kommunikation war ein entscheidender Erfolgsfaktor bei der Umsetzung von Veränderungen; er setzte seine Praxis des „eingebetteten Journalismus" fort, die ihm schon im Gallischen Krieg gute Dienste geleistet hatte. Auch während des Bürgerkriegs verfasste er ein ähnliches Journal, das sich an die Stakeholder in der Heimat richtete. Diesmal griff er jedoch auf Ghostwriter zurück. Das bot die Gelegenheit, seine Erfolge hervorzuheben und seine Entscheidungen und Motive zu erläutern. Im Übrigen musste er sich unterwegs auf Briefe und Mittelsmänner verlassen. Wie bei heutigen E-Mails war das eine Herausforderung. Selbst Cicero, der Cäsar gut kannte, wusste nicht, wie er Cäsars Nachrichten deuten sollte. Nach dem bereits erwähnten Brief, in dem Cäsar Cicero um Rat bat, fragte dieser mehrere Personen – Freunde und Cäsars Gesandte –, was das zu bedeuten habe. Schließlich schrieb er Cäsar direkt, um Klarheit zu erhalten, doch eine Antwort von Cäsar ist nicht überliefert.

Als Propagandist war Cäsar einzigartig. Seine Triumphe – Siegesparaden – waren prunkvoll und ein Tribut an seine Erfolge als Feldherr. Er schmückte Rom mit Statuen, Tempeln und öffentlichen Gebäuden. Auch eine Statue von Cleopatra ließ er errichten. In Ägypten unternahmen er und Cleopatra eine „Niltour", um Cleopatras neue Autorität öffentlich zu demonstrieren. Kurz vor seinem Tod, nachdem er zum Diktator auf unbegrenzte Zeit ernannt worden war, wurde er der erste lebende römische Magistrat, dessen Porträt auf einer Münze erschien.

6.3.4 Führung von Stakeholdern und Netzwerken

Die Herausforderung jeder Führungskraft auf höchster Ebene besteht darin, Stakeholder zu Anhängern zu machen. Cäsar gelang dies im Hinblick auf die Bürger Roms, indem er auf ihre Bedürfnisse einging. Gleiches gilt für die Wirtschaftselite, die im privaten Sektor als Händler, Bauunternehmer, Steuereintreiber und Lieferanten für den römischen Staat und das Militär tätig war. Cäsar investierte in Infrastruktur, sorgte für Stabilität in den Provinzen, unterhielt ein Heer, das versorgt werden musste, und reformierte Kreditwesen und Steuern. All dies bot zahlreiche Geschäftsmöglichkeiten.

Cäsars Beziehungen zu den an den Randgebieten des römischen Reiches gelegenen Staaten außerhalb Italiens gestalteten sich wie folgt: Von vier Königen – in Afrika (Bocchus), in der Nähe Asiens (Antipater und Mithridates) und in Ägypten (Cleopatra) – erhielt er während des Bürgerkriegs aktive militärische Unterstützung. Im Gegenzug wurden sie belohnt und setzten ihre Partnerschaft mit Rom fort. Drei andere Könige in denselben Regionen (Juba, Pharnakes und Ptolemaios) wandten sich gegen Cäsar und wurden besiegt. Kurz vor seinem Tod war Cäsar damit beschäftigt, Pläne für einen Krieg gegen die Parther im Nahen Osten zu schmieden. An den übrigen Grenzen des Reiches herrschte Stabilität.

6.4 Das Ende einer Karriere

In diesem Buch haben wir die verschiedenen Etappen von Cäsars Aufstieg zur Macht betrachtet. Nun werden wir untersuchen, wie er diese Macht wieder verlor. Um dabei konsistent zu bleiben, ist es angebracht, zunächst Cäsars Marke und Reputation zu analysieren und abschließend einen letzten Blick durch die Brille der Leadership Pipeline zu werfen.

Mit einer Armee in Rom einzumarschieren, um die Macht zu übernehmen und Diktator zu werden, drängt den Vergleich mit Sulla geradezu auf. Cäsar war sich dieser Parallele sehr bewusst und versuchte, sich davon abzugrenzen. Tatsächlich betonte er diesen Unterschied zu Sulla immer wieder gegenüber seinen Anhängern und Stakeholdern. Er arbeitete an seiner Leadership-Marke, indem er Nachsicht, Großzügigkeit und die Einhaltung von Versprechen als zentrale Merkmale hervorhob. Wann immer er in Rom war, hielt er Reden vor dem Senat und dem Volk. Während seiner Abwesenheit setzte er weiterhin auf das von ihm praktizierte „Embedded Journalism", das ihm bereits im Gallischen Krieg gute Dienste geleistet hatte. Im März 49 schrieb er einen Brief an seine engen Vertrauten Balbus und Oppius, die eine Kopie an Cicero weiterleiteten, damit der Brief unter den Pompeianern und den in Italien Zurückgebliebenen weite Verbreitung fand. Mit Bezug auf die kampflose Übernahme der pompeianischen Armee bei Corfinium schreibt Cäsar, dass er weiterhin mit Milde handeln und auf eine Versöhnung mit Pompeius hinarbeiten wolle. So hoffte er, das Wohlwollen aller zurückzugewinnen und einen dauerhaften Sieg zu erringen. Frühere römische Führer waren daran gescheitert, ihre Macht durch gewaltsame Unterdrückung von Widerstand zu sichern. Die Ausnahme war Sulla, von dem Cäsar ausdrücklich erklärte, dass er ihn nicht nachahmen wolle. Dann sagt Cäsar: „Lasst dies eine neue Art des Siegens sein, indem wir uns mit Barmherzigkeit und Großzügigkeit verteidigen" (Cic. *Att.* 9.7C, Übersetzung des Autors). Später teilte Cäsar den Römern mit, dass er die erbeutete Korrespondenz feindlicher Generäle vernichtet habe, ohne sie zu lesen. Schließlich ordnete er an, die Bilder und Statuen seiner Gegner (z. B. Pompeius) wieder an öffentlichen Plätzen aufzustellen.

Nach seiner Rückkehr aus Afrika im Jahr 46 und im Glauben, der Krieg sei beendet, meinte Cäsar, er könne sich nun ganz der Regierungsarbeit widmen. Daher entschied er, dass es an der Zeit sei, seine Motive und seine Vorstellungen von Führung zu erläutern. Zu diesem Zeitpunkt wandte sich Cäsar zunächst an den Senat und dann an das Volk (Dio Cassius berichtet von den Reden). Cäsar verkündete, dass er – im Gegensatz zu Cinna, Marius und Sulla – „nicht euer Despot, sondern euer Beschützer, nicht euer Tyrann, sondern euer Anführer" sein werde (43.17.2. Übersetzung Loeb). Sein konsequentes Verhalten der Vergebung und Milde gegenüber ehemaligen Feinden sollte dies belegen. Weiterhin erklärt er, dass mit großer Macht und großem Reichtum auch große Verantwortung einhergehe, nämlich dem Volk Wohltaten zu erweisen und die eigenen Gaben und Fähigkeiten klug und maßvoll einzusetzen. Nur so könne ein Regierungschef Vertrauen und Wohlwollen gewinnen. Er fordert dazu auf, die Vergangenheit ruhen zu lassen und einen Neuanfang zu wagen. Zudem beschreibt Cäsar – nie um eine Metapher verlegen – das ideale Verhältnis einer Führungskraft zu seinen Gefolgsleuten als das eines Vaters zu seinen Kindern. In diesem Fall waren die Senatoren und Bürger seine Kinder. Im Senat dürfte dies kaum auf Gegenliebe gestoßen sein. Die Senatoren konnten dies leicht als Entmachtung jener Institution deuten, die eigentlich als Aufsichtsrat fungieren sollte. Beim Volk hingegen gelang es Cäsar, eine starke Marke zu bewahren, die authentisch zu seiner Haltung als *popularis* passte.

Cäsar war sehr auf sein öffentliches Ansehen (*existimatio*) und seine Reputation (*dignitas*) bedacht – sowohl als Person als auch als Führungspersönlichkeit. Zu Beginn des Bürgerkriegs bat er seine Soldaten, beides zu schützen. In Rom schätzte man Cäsars Fähigkeit, Ergebnisse zu erzielen, sehr, wenngleich die Wahrnehmung seiner Kompetenz in der Personalentwicklung unter seinen direkten Gefolgsleuten gemischt war. Auch wenn Cäsar verzieh und ehemaligen Feinden Karrierechancen eröffnete, führte ein Gefühl der Entmachtung, des sozialen Abstiegs und der ungerechten Behandlung dazu, dass sich eine Gruppe zusammenschloss, um den Führer zu beseitigen. Für das römische Volk und die Geschäftswelt, ganz zu schweigen von Cäsars Veteranen und Soldaten, die vor allem auf Ergebnisse Wert legten, stellte sich die Lage anders dar. Aus ihrer Sicht hatte Cäsar geliefert: Er schuf Arbeitsplätze durch Bauprojekte, sicherte die Lebensmittelversorgung, organisierte Spiele und Feste, verteilte Land, bot Auswanderungswilligen Chancen in neuen Kolonien, stabilisierte die Wirtschaft und erweiterte das Imperium. Zunächst fassungslos über den heimtückischen Mord am Diktator, zeigten die Bürger bald ihre Ablehnung dieser Tat. Die folgenden Ereignisse machten deutlich, dass Cäsar beim einfachen Volk außerordentlich beliebt war. Das war der Hauptgrund, warum die Attentäter Rom verlassen mussten, um ihr Leben zu retten.

Wie meisterte Cäsar die sechste und letzte Leadership-Passage zum Unternehmensleiter (Abb. 6.5)? Aus Sicht der Leadership Pipeline erfüllte Cäsar vier der fünf Herausforderungen: (1) Er erzielte Ergebnisse, die Frieden sicherten und den Staat reformierten; (2) er entwickelte eine Vision und gab eine klare Richtung vor; (3) seine Umsetzung war schnell, effektiv und strategiekonform; und (4) er betrachtete das Imperium als eine Einheit. Die einzige Herausforderung, bei der er Unterstützung benötigte, war die menschliche Seite des Geschäfts, der Faktor Emotionale Intelligenz. Hierbei geht es darum, Mcht mit Bedacht einzusetzen. Obwohl die Machtposition auf dieser Ebene nahezu absolut ist, ist es entscheidend, Dinge durch Commitment und nicht bloß durch Gehorsam zu erreichen. Gerade für Cäsar war dies besonders relevant, da er als Diktator – um die Republik mit einem Unternehmen zu vergleichen – die Rollen von Aufsichtsratsvorsitzendem und CEO in Personalunion ausübte. Cäsar bemühte sich, die verschiedenen Gruppen und Stakeholder der Republik für seine Vision zu gewinnen. Gleichzeitig hängt Erfolg jedoch davon ab, kontinuierlich Feedback zu erhalten, um sich als Führungskraft weiterzuentwickeln und Widerstände zu überwinden. Als Diktator war Cäsar mehr als ein Unternehmensleiter, denn selbst der Senat

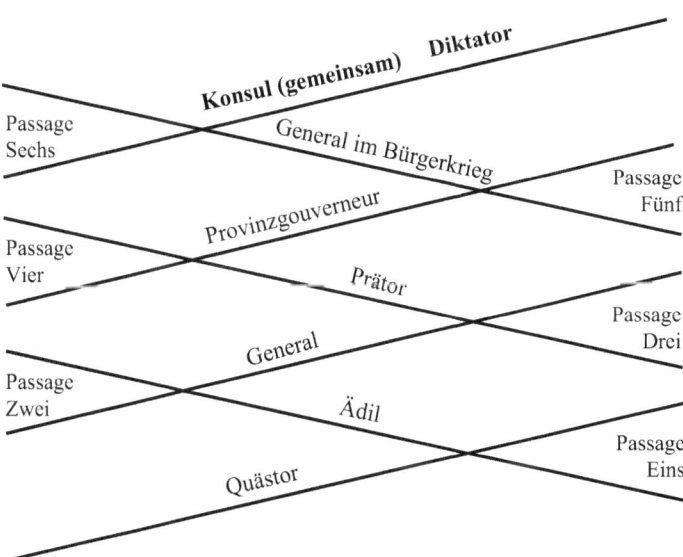

Abb. 6.5 Julius Cäsars letzte Karrierestufen im römischen Karrieresystem. Adaption des Autors. Nach Charan, Drotter, Noel 2001

– sein Aufsichtsrat, dessen Empfehlungen er angeblich schätzte – war ihm unterstellt. In diesem Kontext konnte er nur Feedback von unten erhalten. Keine andere Art von Feedback ist schwieriger zu bekommen.

Wie hätte Cäsar verhindern können, hinterrücks ermordet zu werden? Unzufriedenheit mit Cäsars Führung und Sorgen um die Zukunft waren in den oberen Kreisen der Republik weiter verbreitet als nur bei den eigentlichen Attentätern und deren persönlichen Motiven. Wie bereits gesehen, war Cäsars Fähigkeit, die Herzen und Köpfe der Gemeinschaft mit einer überzeugenden und inspirierenden Zukunftsvision zu gewinnen, ausbaufähig. Seine Kommunikation war darauf ausgerichtet, seine Erfolge aufzuzählen, statt ein positives Zukunftsbild zu zeichnen. Seine *Commentarii de Bello Civili* berichten vor allem von Ergebnissen, meist militärischen, nicht von Plänen oder Projekten. Auch in seinen Reden bezog er sich meist auf seine Resultate. Cäsar war der Ansicht, dass seine Leistungen und seine Entscheidungsfindung für sich sprechen und seine Vergangenheit die Zukunft vorhersagen würden. (Ganz unrecht hatte er nicht: Alle seine Entscheidungen blieben nach seiner Absetzung in Kraft, einige sogar jahrhundertelang.)

Cäsar überragte jeden anderen Angehörigen der Elite. Spätestens nach den vier aufeinanderfolgenden Triumphen war er berühmt; überall wurde er erkannt. Cäsar fühlte sich in dieser Situation wohl. Es war das, was er immer angestrebt hatte: sich durch seine Leistungen einen besonderen Status zu verdienen. Nicht als König, sondern als Erster unter Gleichen. Dennoch war ihm bewusst, welche Ängste seine Macht und sein Einfluss angesichts der jüngsten Beispiele von Machtmissbrauch hervorrufen konnten. Einmal lehnte er öffentlich eine Krone ab, die ihm Marcus Antonius aufsetzen wollte. Cäsar erklärte Senat und Volksversammlung, dass er keine Absicht habe, die Macht zu missbrauchen – mehr sagte er zu seinen Zukunftsplänen jedoch nicht. In der bereits erwähnten Rede vor dem Senat im Jahr 46 sagte er zwar ausdrücklich, er wolle weder Despot noch Tyrann sein. Es wäre jedoch hilfreich gewesen, dies öfter zu betonen. Ebenso hätte er andeuten sollen, wie lange er zu herrschen gedachte. Er forderte den Senat auf, einen Schlussstrich unter die Vergangenheit zu ziehen, neu anzufangen und gemeinsam zu arbeiten. Laut Dio gelang es Cäsar so, die Haltung der Senatoren von Besorgnis auf Abwarten umzustellen – aber nicht mehr.

Zur Freude vieler Lateinschüler war Cäsars Sprache klar und prägnant. Für Cäsar umfasste sein „Ordnung in Italien, Frieden in den Provinzen und Wohlstand für das Imperium" tatsächlich seine gesamte Vision. Für ihn war die Bedeutung offensichtlich. Für seine Anhänger und Gegner hingegen weniger. Er machte es ihnen schwer, zu erkennen, welchen Nutzen sie davon hätten. Es wäre hilfreich gewesen, wenn Cäsar erläutert hätte, was er damit meinte – insbesondere warum und welchen Vorteil diejenigen hätten, die seinem Plan folgten. Darüber hinaus hätte er sich vergewissern sollen, ob sein Publikum seine Botschaft so verstand, wie er es beabsichtigt hatte.

Von den zwanzig bekannten Attentätern (Abb. 6.6) hatten nur wenige Auslandserfahrung und konnten wie Cäsar erkennen, dass die Zukunft der Republik jenseits Roms lag. Einige hatten als Offiziere an Feldzügen im Ausland teilgenommen. Nur zwei, Brutus und Trebonius, verfügten über echte Regierungserfahrung in einer Provinz. Trebonius, wie wir gesehen haben, wurde von Cäsar aus dem Amt entfernt und machte es sich leicht, Cäsar statt der eigenen Inkompetenz die Schuld zu geben. Zudem versäumte es Cäsar, die Attentäter und andere unzufriedene oder besorgte Mitglieder der Elite in seine Vision vom Imperium einzubeziehen. Ohne eine überzeugende Botschaft von Cäsar, welche Chancen diese Vision bieten könnte, konnte ein entscheidender Teil der Elite nur erkennen, was er zu verlieren hatte.

Abb. 6.6 Die Ermordung Julius Cäsars an den Iden des März 44 v. Chr. Wandgemälde von William Holmes Sullivan (1836–1908), Royal Shakespeare Company Theatre, Stratford-upon-Avon. RSC Theatre Collection, Bildreferenz 11094. Nachdruck mit Genehmigung

6.5 Was Top-Führungskräfte aus dem letzten Kapitel von Cäsars Karriere lernen können

Es besteht kein Zweifel: Cäsars Leistungen als Führungspersönlichkeit sind überwältigend. Er entwickelte eine klare Vision und setzte sie in den fünf Jahren, in denen er die Römische Republik anführte, konsequent um. Zudem vereinte er dabei zwei gewaltige Aufgaben: Er kommandierte Armeen in einem Krieg, der das gesamte Imperium umfasste, und regierte einen Staat, der nach einem Bürgerkrieg neu aufgebaut werden musste. Cäsar war überall präsent und, was entscheidend ist, er war in beiden Rollen erfolgreich. Jede Person mit nur etwas weniger Energie und geringerer Qualität wäre tatsächlich gescheitert. Umso tragischer ist es, dass seine Karriere so abrupt endete – ein Umstand, der einige abschließende Überlegungen verdient.

Positiv ist hervorzuheben, dass Cäsar, wie es seine Position an der Spitze der Republik erforderte, bewies, dass er eine langfristige Vision entwickeln und umsetzen konnte. Darüber hinaus basierte seine Vision auf den Erfahrungen, die er im Laufe seiner Karriere gesammelt hatte, und profitierte vom Input seiner Gefolgsleute und Vordenker. Er legte das Fundament für seinen Nachfolger, der eine Organisation – das Römische Imperium – aufbauen konnte, die weitere 500 Jahre Bestand hatte und in Form von Byzanz sogar noch 1000 Jahre darüber hinaus. Das zeugt von der Solidität von Cäars Vision. Cäsar war ein werteorientierter Führer, was einen Grundpfeiler seiner starken Leadership-Marke bildete. Seine Offenheit für vielfältige Talente und sein Gespür für Potenzialträger stärkten die Führungskompetenz der Republik nachhaltig.

Cäsars durchwachsene Ergebnisse bei der Delegation und sein passiver Ansatz in der Führungskräfteentwicklung trugen zur wachsenden Unzufriedenheit bestimmter Mitglieder der Elite bei. Er vertraute zu sehr auf das System und glaubte, dass sein eigener Karriereweg – die Selbstentwicklung im Rahmen des *cursus honorum* – auch für andere talentierte Persönlichkeiten gleichermaßen funktionieren würde. Cäsar erhielt nur einen Teil des Feedbacks, das er dringend benötigt hätte, um seine Führung im Alltag zu verbessern und Anzeichen von Illoyalität zu erkennen. Die Überbeanspruchung seiner Stärken – schnelle Entscheidungsfindung, Umsetzungsdrang, Beharrlichkeit – führte dazu, dass er einen einflussreichen Teil seiner Stakeholder und Anhänger überrollte. Cäsar musste die Organisation, die zur Mobilisierung seiner Gefolgsleute diente und ihm als Konsul sowie in Gallien so gute Dienste geleistet hatte, neu aufbauen, und es dauerte eine Weile, bis sie wieder effektiv funktionierte. Die Situation verbesserte sich, insbesondere im Hinblick auf das Volk, als Lepidus in Rom die Verantwortung übernahm und Cäsar selbst mehr Zeit in der Stadt verbrachte. Cäsar unterschätzte jedoch die Bedeutung, diese Organisation auch auf den Senat auszuweiten, der nie wirklich zu seinen begeisterten Anhängern wurde. Tragischerweise blieb Cäsar das, was sich unter der Oberfläche abspielte, verborgen; er ging nicht auf Ängste, Widerstände und Unzufriedenheit ein.

Das Verhältnis zwischen Stärken und Entwicklungsbedarf verändert sich, sobald eine Führungskraft an der Spitze angekommen ist. Cäsar hatte tatsächlich den Gipfel erreicht; es gab wohl keine größere oder prestigeträchtigere Position im Mittelmeerraum seiner Zeit. Während Stärken den Motor für den Karriereaufstieg darstellen, kann eine Stärke an der Spitze – wie im Fall Cäsars – zum Nachteil werden. Auf der höchsten Ebene einer Organisation genügt es, Führungsverhalten auf einem „kompetenten Niveau" zu zeigen. Andernfalls droht eine Überbeanspruchung der eigenen Stärken. Cäsar nutzte seine Stärken so exzessiv, dass sein Entwicklungsbedarf im Bereich der emotionalen Intelligenz zu einer gravierenden Schwäche wurde. Geblendet vom eigenen Erfolg und blind für das Immaterielle, verharrte Cäsar in seinem Handlungsdrang und passte sich nicht rechtzeitig an.

Julius Cäsar hat nicht revolutioniert – zumindest nicht mit Absicht. Vielmehr beschleunigte er Prozesse, was letztlich zu einer Revolution führte. Er setzte Veränderungsprozesse in Gang, die nicht nur allumfassend, sondern auch von unglaublicher Geschwindigkeit waren. Noch bevor das Establishment begriff, was geschah, hatte sich ein von einer Oligarchie geführter Stadtstaat in einen von einem einzigen, allmächtigen Herrscher gelenkten Imperiums-Staat verwandelt, gestützt auf eine Berufsarmee und eine professionelle Verwaltung. Das war nicht Cäsars ursprüngliche Absicht, doch dafür wurde er in Erinnerung behalten. Alle seine Nachfolger – die römischen Kaiser – nannten sich „Cäsar". Letztlich wurde sein Name zum Synonym für die höchste Form der Monarchie in der deutschen (Kaiser) und russischen (Zar) Sprache.

Literatur

Griechische und römische Quellen

Appian, *Römische Geschichte. Die Bürgerkriege*, Buch I–II.
Cäsar, G.J., *Berichte zum Bürgerkrieg, zum alexandrinischen Krieg, zum afrikanischen Krieg und zum spanischen Krieg*.
Cicero, M. T., *Briefe an Atticus; Briefe an Familienmitglieder und Freunde, Reden*.

Dio, L. C., *Römische Geschichte*. Buch 41–45.
Nicolaus of Damascus, *Biographie von Augustus*.
Plutarch, *Biographie von Antonius, Cato dem Jüngeren, Cäsar, Pompeius*.
Sallust, *Briefe an Cäsar*.
Suetonius Tranquillus, G., *Biographie von Julius Cäsar, Biographie von Augustus*.

Moderne Werke

Badian, E. (1983). *Publicans and Sinners: Private enterprise in the service of the roman republic*. Cornell University Press.
Benferhat, Y. (2017). Des hommes à tout faire dans l'entourage de César. *Dialogues d'histoire ancienne. Supplément, 17, Conseillers et ambassadeurs dans l'Antiquité* (S. 373–385).
Charan, R., Drotter, S., & Noel, J. (2001). *The Leadership Pipeline. How to build the leadership powered company*. Jossey-Bass.
Connelly, B. S., & McAbee, S. T. (2024). Reputations at work: Origins and outcomes of shared person perceptions. *Annual Review of Organizational Psychology and Organizational Behavior, 11*(1), 251–278.
Crook, J. A., Lintott, A., & Rawson, E. (Hrsg.) (1994). *The Cambridge ancient history* (2. Aufl., Bd. IX). The last age of the Roman Republic, 146-43 B.C. Cambridge University Press.
Drogula, F. K. (2019). *Cato the younger. Life and death at the end of the Roman Republic*. Oxford University Press.
Epstein, D. F. (1987). Caesar's personal enemies on the ides of March. *Latomus, 46*(3), 566–570.
Ferrary, J.-L. (2017). *Le nouveau fragment des fastes de Privernum et le projet césarien d'organisation des pouvoirs en Occident à la veille de la guerre contre les Parthes, Comptes-rendus des séances de l année - Académie des inscriptions et belles-lettres*, 161e année, N. 4, 1561–1581.
Gelzer, M. (2008). *Cäsar. Der Politiker und Staatsmann*. Franz Steiner Verlag.
Goldsmith, M. (2013). *What got you here won't get you there. How successful people become even more successful*. Profile Books.
Griffin, M. (Hrsg.). (2009). *A companion to Julius Caesar*. Wiley-Blackwell.
Gruen, E. S. (1995). *The last generation of the Roman Republic*. University of California Press.
Hölkeskamp, K.-J. (Hrsg.). (2009). *Eine politische Kultur (in) der Krise? Die "letzte Generation" der römischen Republik*. De Gruyter.
Hölkeskamp, K.-J. (2010). *Reconstructing the Roman Republic: An ancient political culture and modern research*. Princeton University Press.
KDVI, https://kdvi.com/tools/.
Meier, C. (1997). *Cäsar*. DTV.

Morstein-Marx, R. (2021). *Julius Caesar and the Roman people*. Cambridge University Press.

Morstein-Marx, R. (Accepted/In press). Paper on the *Privernum fasti*. In: Matijevic, K., Raja, R., & Rupke, J. (Hrsg.), *Caesar's Visions and Impact on the Roman Empire: Revisiting the Archaeological and Historical Record for the 40s BC*. Turnhout: Brepols Publishers.

Pauli, A. F. (1958). Letters of Caesar and Cicero to each other. *The Classical World, 51*(5 (Feb)), 128–132.

Pina Polo, F. (2011). *The consul at Rome: The civil functions of the consuls in the Roman Republic*. Cambridge University Press.

Richardson, J. S. (1996). *The Romans in Spain*. Blackwell.

See, K. E., Morrison, E. W., Rothman, N. B., & Soll, J. B. (2011). The detrimental effects of power on confidence, advice taking, and accuracy. *Organizational Behavior and Human Decision Processes, 116*, 272–285.

Strassler, R. B., & Raaflaub, K. A. (Hrsg.) (2018). *The landmark Julius Caesar*. Webessays. www.landmarkcaesar.com. Pantheon Books. Zugegriffen: 26. Jan. 2023.

Syme, R. (1939). *The Roman revolution*. Oxford University Press.

Vanderbroeck, P. (2012). Crises: Ancient and modern. Understanding an ancient Roman crisis can help us move beyond our own. *Management and Organizational History, 7*(2), 113–131.

Vanderbroeck, P. (2014). *Leadership strategies for women: Lessons from four queens on leadership and career development*. Springer.

Yavetz, Z. (1983). *Julius Caesar and his public image*. Cornell University Press.

7

Zur Führungskraft werden: Cäsars Führungskräfteentwicklung

Cäsars Führungsstil entwickelte sich im Laufe seiner Karriere erheblich weiter und zeigt seinen Wandel von einem entschlossenen jungen Anführer zu einer komplexen Persönlichkeit an der Spitze der Macht. Dieses Kapitel untersucht, wie sich Cäsars Führung mithilfe des Global Executive Leadership Mirror (GELM®)-Modells im Zeitverlauf entwickelte. Abb. 7.1 und die nachfolgende Übersicht veranschaulichen, wie sich Cäsars Führungsverhalten im Verlauf seiner Laufbahn veränderte, und fassen die Bewertungen der vorangegangenen Kapitel zusammen. Das Kapitel schließt mit einer Reflexion darüber, was diese Entwicklung förderte beziehungsweise hemmte.

7.1 Führung der eigenen Person

7.1.1 Emotionale Intelligenz

Zu Beginn und in der Mitte seiner Karriere verfügte Cäsar über ausreichend emotionale Intelligenz, um nicht zurückgehalten zu werden. Er setzte sie teils wirkungsvoll ein, teils weniger. Cäsars typisches Muster, nämlich gegenüber Einzelpersonen eine ausgeprägte emotionale Intelligenz zu zeigen, gegenüber elitären Gruppen jedoch weniger, war bereits in der ersten Hälfte seiner Laufbahn erkennbar. Als Cäsar die Führungsebene der Republik, die Prätur, erreichte, erkannte er, dass er einen Weg finden musste, um die Mehrheit des Senats zu beeinflussen und beruflich voranzukommen. Als

GELM - Global Executive Leadership Mirror
Die 12 wichtigsten Führungsverhaltensweisen

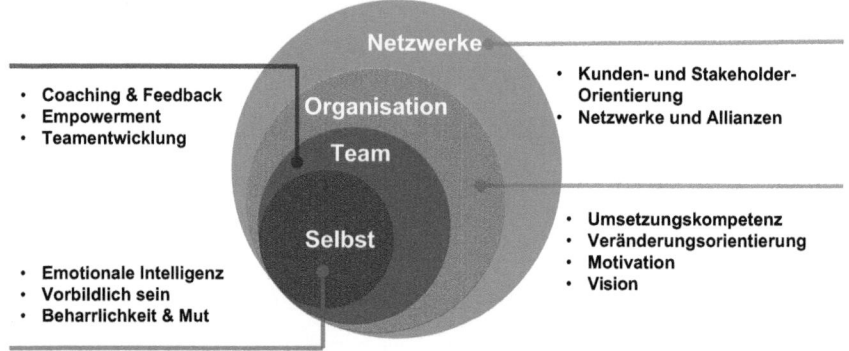

Abb. 7.1 Die zwölf zentralen Führungsverhaltensweisen. © KDVI. Nachdruck mit Genehmigung von KDVI

Prätor hatte er wenig Erfolg damit, die Gesetzesvorhaben seiner politischen Verbündeten durchzusetzen, und kurz zuvor war er in der Debatte um die Catilinarische Verschwörung gescheitert. Mit dem Konsulat wurde es für Cäsar entscheidend, den Senat als Ganzes für sich zu gewinnen. Daher entwickelte er eine Strategie, um seine Schwäche auszugleichen, indem er eine Organisation gründete, die Anhänger mobilisierte. Während seines Aufenthalts in Gallien setzte er diesen Ansatz im Hinblick auf die Politik in Rom mit Hilfe seiner Verbündeten – insbesondere Clodius, Crassus, Pompeius und Cicero – erfolgreich fort. Gegenüber den Stämmen und deren Anführern in Gallien verfolgte Cäsar jedoch keine vergleichbare Strategie. Er erkannte den großen Aufstand nicht rechtzeitig, den er nur mit äußerster Mühe niederschlagen konnte.

Nachdem er seine Einflussorganisation in Rom verloren hatte und seine emotionale Intelligenz nicht besonders ausgeprägt war, gelang es ihm nicht, die Stimmung sowohl unter seinen Anhängern als auch im Senat in Rom richtig einzuschätzen. Für Cäsar schien der Bürgerkrieg der einzige Ausweg, um die Differenzen mit der Senatsmehrheit zu lösen. Gegen Ende dieses Konflikts versäumte es Cäsar erneut, die psychologischen Strömungen in einer großen Gruppe – diesmal in Spanien – zu erfassen; dies war ein weiterer Rückschlag, der ihn beinahe den Sieg im gesamten Krieg gekostet hätte. Beim dritten Mal führte dies zu den Iden des März, weil es ihm nicht gelungen war, seine emotionale Intelligenz im Umgang mit elitären

Gruppen ausreichend zu entwickeln oder seine Einflussorganisation in Rom wiederaufzubauen. Ein Beispiel dafür ist die weiter oben beschrieben Situation, in der jemand Cäsar auf die Schulter tippen musste, damit er die große Prozession von Würdenträgern bemerkte, die zu seinen Ehren erschienen war. Emotionale Intelligenz war somit die Fähigkeit, die Cäsar am meisten fehlte. Auf dem Höhepunkt seiner Macht war sie zu einer entscheidenden Schwäche geworden.

7.1.2 Vorbildlich sein

Starke Werte, insbesondere Milde, prägten Cäsars frühe Laufbahn. Dieses Prinzip wandte er konsequent gegenüber seinen Gegnern während seines gesamten Berufslebens an, selbst angesichts politischer und operativer Herausforderungen. Er war seinen politischen und familiären Bindungen loyal. Er entwickelte eine politische Philosophie, nach der Exekutivführer im Dienst des Volkes stehen sollten. Er setzte viel Energie ein, um seine Versprechen einzulösen. Die Vorbildlichkeit war während Cäsars gesamter Karriere eine seiner Stärken. Er handelte im Einklang mit seinen Werten, selbst wenn dies für ihn oder seine Interessen negative Konsequenzen hatte. Diese Standhaftigkeit ließ Cäsar als authentischen Anführer hervorstechen und trug maßgeblich zu seiner Führungsmarke bei.

7.1.3 Beharrlichkeit und Mut

Von Anfang an zeigte Cäsar großen Mut auf dem Schlachtfeld und im Umgang mit mächtigen Persönlichkeiten. Seine Risikobereitschaft wurde zu einem Markenzeichen seines Führungsstils. Getrieben von unbeirrbarem Erfolgsstreben schloss sich an jedes Scheitern ein außergewöhnlicher Erfolg an. Seine Karriere endete, während er unbeirrt seine Nachkriegsvision für die Republik und das Imperium verfolgte. Cäsars Beharrlichkeit und seine Wertebindung waren so ausgeprägt, dass sie zu einer kompromisslosen Haltung führten. Etwas mehr Flexibilität hätte ihm in bestimmten, entscheidenden Situationen dabei geholfen, einen weniger riskanten Weg einzuschlagen. Zwei markante Beispiele sind sein Widerstand gegen Sulla als junger Mann und der Entschluss, als erfahrener Anführer den Rubikon zu überschreiten. Doch Risiko war für Cäsar nie ein Grund, von seinem Weg abzuweichen – im Gegenteil.

7.2 Führung von Teams

7.2.1 Coaching & Feedback

Coaching & Feedback waren nach der emotionalen Intelligenz Cäsars zweitgrößte Schwäche. Die Notwendigkeit, seine Mitarbeiter oft aus der Distanz zu führen, erschwerte es ihm, diese Fähigkeit auf dem erforderlichen Niveau zu zeigen – besonders als Feldherr im Bürgerkrieg. Dadurch erhielten einzelne Personen nicht die Unterstützung, die sie benötigten, um die ihnen übertragenen Aufgaben zu erfüllen. Ungeachtet dessen hätte Cäsar die Entwicklung seiner direkten Mitarbeiter aktiver fördern können, anstatt dies weitgehend dem Karrieresystem des *cursus honorum* zu überlassen. Am Ende seiner Laufbahn, als er die Möglichkeit hatte, persönlich mit seinen Mitarbeitern und Weggefährten zu arbeiten, förderte er das Potenzial sowohl von Kleopatra als auch von Octavian-Augustus erfolgreich.

Was seine eigene berufliche und persönliche Entwicklung betrifft, war Cäsar offen für Feedback von Kollegen und Untergebenen. Dieses erreichte ihn jedoch häufig gefiltert über sein Umfeld. Die Ratschläge, die er erhielt, bezogen sich meist auf seine Handlungen; so entging ihm Feedback zu seinem Verhalten. Mit wachsender Macht und Selbstvertrauen erhielt er immer weniger spontanes Feedback und schien sich nicht bewusst zu sein, dass er dieses aktiv einholen musste – insbesondere von weniger mächtigen Personen. Mitunter reagierte er auf Rückmeldungen defensiv, was zukünftiges Feedback nicht gerade förderte. Cäsar schien nicht zu erkennen, dass ein Anführer Ratschläge geschickt interpretieren und die Eigeninteressen des Feedbackgebers berücksichtigen muss.

7.2.2 Empowerment

Sobald Cäsar eine Position mit formaler Autorität innehatte, begann er sofort damit, andere zu befähigen. Dieser Ansatz trug maßgeblich zu seinem Erfolg bei – sowohl als Magistrat als auch als militärischer Führer in Gallien. Während seiner langen Abwesenheit arbeitete er mit Gleichrangigen und Mittelsmännern zusammen, um seine Interessen in Rom zu wahren. Er delegierte zudem Spezialaufgaben an Fachleute, was es ihm ermöglichte, die Komplexität seiner Aufgaben auf höchster Ebene zu bewältigen. Im Kampf griff er gelegentlich selbst zum Schwert, jedoch nicht, um zu mikromanagen, sondern um in kritischen Situationen durch seine Präsenz die Wende herbeizuführen. Während seine Empowermentstrategie im Bürgerkrieg weniger effektiv war, bleibt sie dennoch anerkennenswert. Cäsar zeigte sich im Allgemeinen tolerant gegenüber Fehlern und Misserfolgen, was seinem Team Sicherheit gab. Allerdings führte sein Hang zu schnellem Handeln mitunter zu Ungeduld gegenüber anderen. Diese Ungeduld, insbesondere als Diktator, als er Veränderungen möglichst rasch umsetzen wollte, führte zu einem Kreislauf von Empowerment und Entmachtung, der für alle Beteiligten frustrierend war.

7.2.3 Teamentwicklung

In der mittleren Phase seiner Karriere, als Cäsar den *cursus honorum* begann und abschloss, hatte er die Gelegenheit, seine Kompetenzen in der Teamführung unter Beweis zu stellen und diese Fähigkeiten weiterzuentwickeln. Als Konsul zeigte er sich darin besonders erfolgreich, die richtigen Personen mit den passenden Kompetenzen zusammenzubringen und sie zu befähigen, unterschiedliche Rollen in einer auf Mobilisierung ausgerichteten Organisation zu übernehmen. Darüber hinaus bewies Cäsar ein besonderes Gespür und Wertschätzung für Vielfalt. Talente aus Schichten knapp unterhalb der Elite und unter den neuen Bürgern zu gewinnen, wurde zu einem Markenzeichen seiner Führung. Die Offenheit für vielfältige Talente und Fähigkeiten verschaffte Cäsar im weiteren Verlauf seiner Karriere einen entscheidenden Vorteil gegenüber seinen Gegnern und Konkurrenten. So begann Cäsar seine Laufbahn nach Pompeius und auf der falschen Seite Sullas. Im Jahr 50, kurz vor der entscheidenden Auseinandersetzung, hatte er Pompeius' Leistungen eingeholt. Gleichzeitig betrachteten jene Gefolgsleute, die ihre Karrierechancen Cäsar verdankten, ihr eigenes Interesse als am besten gewahrt, wenn ihr Anführer an der Macht blieb; sie waren es, die Cäsar zu einer kompromisslosen Haltung und letztlich zum Überschreiten des Rubikon drängten. Zu Beginn des Bürgerkriegs fehlten Cäsar mehrere wichtige Unterstützer in Rom und Offiziere seiner Armee, die entweder kürzlich ausgeschieden oder verstorben waren. Er musste sie durch jüngere und weniger talentierte Personen ersetzen. In seinen letzten Jahren war er dabei, ein neues, leistungsstarkes Team aus talentierten Persönlichkeiten aufzubauen.

7.3 Führung der Organisation

7.3.1 Umsetzungskompetenz

Ergebnisorientierung und insbesondere die Geschwindigkeit der Umsetzung zählten während Cäsars gesamter Laufbahn zu seinen Stärken. Besonders viel erreichte er, wenn er über vollständige und eigenständige Autorität verfügte, etwa als Feldherr oder Diktator. Die geschickte Steuerung war für ihn schwieriger, wenn er mit oder über andere, wie den Senat, arbeiten musste. In der Volksversammlung war er erfolgreicher darin, Zustimmung zu gewinnen. Als Spitzenleister war Cäsar überzeugt, dass starke Exekutivführung am besten geeignet sei, nachhaltigen Fortschritt zu erzielen.

7.3.2 Veränderungsorientierung

Cäsar ließ sich bei der Umsetzung von Veränderungen nicht durch Grenzen aufhalten, sondern überschritt diese oft und stellte sie gelegentlich sogar infrage. Im Vertrauen auf seine starke Leistung und sein Glück bat er eher um Vergebung als um Erlaubnis bei seinen Vorgesetzten. Seine Risikobereitschaft – auch mit Blick auf das eigene Leben – brachte ihm Erfolge ein; er bewirkte Veränderungen durch seine Militärstrategie, Gesetzgebung und Staatsreformen; zudem war er besonders innovativ in seiner Kommunikation und Propaganda für seine Sache. Er nutzte Reden, Bilder, Bauwerke, öffentliche Spiele sowie seine Schriften und Korrespondenz mit großem Effekt. Was Transparenz in der Regierung betrifft, so war er ein großer Befürworter. Insgesamt war Veränderungsorientierung während seiner gesamten Karriere eine Stärke.

7.3.3 Motivation

Im Hinblick auf das Motivieren von Gefolgsleuten stieg Cäsar die öffentliche Karriereleiter hinauf, indem er die für seine Wahl notwendigen Wählergruppen für sich gewann. Er motivierte einflussreiche Persönlichkeiten, ihn finanziell zu unterstützen und zu befürworten. Cäsar schuf zudem erfolgreich eine Gefolgschaft, indem er greifbare Vorteile bot, die den konkreten Bedürfnissen und den üblichen Erwartungen an seine Stellung entsprachen. Als Feldherr im Krieg war die Motivation der Truppen entscheidend, insbesondere nach Rückschlägen oder bei demotivierten Soldaten. Darüber hinaus setzte Cäsar eine wirkungsvolle Mischung aus positiver und negativer Rückmeldung, Belohnung und Sanktion, rationalen Argumenten und emotionalen Appellen, klaren Erwartungen und Vertrauensbildung ein. Er zeigte Fürsorge, auch für die Karrieren seiner Mitarbeiter, und hielt seine Zusagen ein. Eine weitere Art, wie er sein Umfeld motivierte, war Empathie und die Bereitschaft, Menschen eine zweite Chance zu geben. Das Motivieren von Gefolgsleuten war während des Großteils von Cäsars Karriere eine seiner

Stärken. In seinen letzten Jahren als Diktator fiel es ihm jedoch schwer, im Senat die gleiche Begeisterung für seine Führung zu entfachen wie beim Volk. Aufgrund mangelnder emotionaler Intelligenz fand er keinen Weg, die Zustimmung des gesamten Senats zu gewinnen.

7.3.4 Vision

Cäsar zeigte als Senator und Magistrat in seinen Vorschlägen und Gesetzesinitiativen eine langfristige Perspektive. Nachhaltigkeit stand für ihn im Vordergrund, wenn er Veränderungen in Rom und im gesamten Imperium anstieß. Als Heeresführer entwickelte und implementierte er Strategien erfolgreich, indem er Chancen suchte, Grenzen überschritt und das Überraschungsmoment nutzte. Cäsars Vision für die Republik nach dem Bürgerkrieg war tatsächlich zukunftsorientiert. Sie berücksichtigte die jüngsten großen Trends und Entwicklungen sowohl in Rom als auch im Imperium. Seine Ideen umfassten politische Reformen, organisatorische Umstrukturierungen, wirtschaftliche Impulse, Infrastruktur, demografische Maßnahmen und Governance. Er verstand es, diese Vision in Strategien zu übersetzen, die einen nachhaltigen und positiven Einfluss auf den römischen Staat hatten. Besonders stark war Cäsars Fähigkeit zur Vision, wenn er als öffentlicher Magistrat, insbesondere als Konsul und Diktator, agierte.

7.4 Führen von Netzwerken

7.4.1 Kunden- und Stakeholderorientierung

Schon zu Beginn seiner Karriere entwickelte Cäsar eine positive Beziehung zu den Bürgern der unteren Schichten Roms. Diese Stakeholder bestimmten den Ausgang der Abstimmungen in der Volksversammlung über Gesetzesvorlagen sowie die Wahlen der niederen Magistrate. Politisch folgte Cäsar dem Weg der Familien seines Vaters und seiner Mutter, um die Interessen des Volkes zu vertreten. Zu dieser Bürgergruppe zählten die *Equites*, die gesellschaftlich unterhalb der Senatoren standen und häufig wohlhabende Geschäftsleute waren, deren Stimmen bei den Wahlen zu höheren Ämtern besonders ins Gewicht fielen. Jedes Mal, wenn Cäsar ein öffentliches Amt bekleidete, ergriff er entschlossene Maßnahmen oder setzte Gesetze durch, die seinen Stakeholdern zugutekamen. Darüber hinaus hielt er seine Versprechen konsequent ein. Sein Fokus auf Kommunikation über vielfältige

Kanäle (Schriften, Bilder, Bauwerke und sein eigenes Inszenesetzen) sowie seine innovativen Methoden halfen ihm, effektive Beziehungen aufzubauen. Je näher Cäsar dem Gipfel der Republik kam, desto wichtiger wurde der Senat als Stakeholder. Allerdings erwies es sich als schwierig, die führenden und einflussreichsten Mitglieder des Senats auf seine Seite zu ziehen.

7.4.2 Netzwerke und Allianzen

Cäsar war ein effektiver Netzwerker. Zunächst nutzte er seine familiären Kontakte, um sich vor Sullas Säuberungen zu schützen und wieder in das Establishment aufgenommen zu werden. Anschließend begann er, eigene Beziehungen zu wichtigen Persönlichkeiten aufzubauen, um seine politische Karriere zu fördern. Indem er sich als Führungspersönlichkeit präsentierte, verschaffte er sich die notwendige Sichtbarkeit und Bekanntheit für den Start seiner Laufbahn. Während seiner Zeit in Gallien pflegte er sein Netzwerk durch Korrespondenz, Geschenke und Einladungen an Besucher in sein Winterquartier in Norditalien. Zudem verhalf ihm das Bündnis mit Crassus und Pompeius dazu, an die Spitze zu gelangen und seine einflussreiche Position zu behaupten. Dieses Bündnis zerbrach jedoch nach dem Tod von Crassus und dem anschließenden Zerwürfnis mit Pompeius. Schließlich musste Cäsar den Bürgerkrieg mit nur wenigen Verbündeten aus der obersten Führungsschicht beginnen. Obwohl er in Rom an der Spitze allein stand, baute er dennoch positive Beziehungen zu einigen benachbarten Königreichen auf, sah sich aber gezwungen, gegen andere zu kämpfen.

7.5 Wie entwickelte sich Cäsars Führung im Laufe der Zeit?

Schon als junger Erwachsener zeigte Cäsar – nach den Worten des Führungsexperten Morgan McCall – sein „High Flyer"-Potenzial: sein angeborenes Rohtalent ließ sich durch gezielte Entwicklung zum „Right Stuff" formen, das eine erfolgreiche Führungspersönlichkeit ausmacht.

In seiner frühen Laufbahn und noch bevor er eine formale Führungsposition übernahm, nutzte Cäsar Gelegenheiten, um sich gezielt Erfahrungen zu verschaffen, die dieses Talent in Führungskompetenzen und -verhalten umwandelten. Diese Erfahrungen umfassten die Übernahme herausfordernder Aufgaben, das Überwinden von Schwierigkeiten und das Lernen von anderen. Das Lernen aus Erfahrung war für seine Führungskräfteentwicklung entscheidend. Mit seiner Mutter Aurelia als treibender Kraft bot ihm seine Familie ein Unterstützungsnetzwerk, das es ihm ermöglichte, Risiken einzugehen und Erfahrungen zu sammeln. So startete er den *Cursus honorum* mit einer Reihe von Stärken, die ihn ohne Verzögerung in seinen Dreißigern zum Konsulat führten. Anschließend nutzte er diese Erfahrungen, um seine Kompetenzen auf ein hohes Niveau zu entwickeln, sodass seine neun Jahre in Gallien von großem Erfolg geprägt waren. Die beiden Aufgaben, die er während des Bürgerkriegs gleichzeitig bewältigen musste, erwiesen sich jedoch als deutlich herausfordernder. Als militärischer Führer gelang es ihm nicht, drei wesentliche Verhaltensweisen (Emotionale Intelligenz, Coaching und Feedback, Netzwerke und Allianzen) auf das erforderliche Niveau zu entwickeln. Dennoch verfügte er über genügend Qualitäten, um letztlich zu siegen. In seiner Rolle als Diktator gelang es ihm erneut, alle Verhaltensweisen und Fähigkeiten bis auf eine mindestens auf das Niveau „kompetent" zu bringen, was – wie am Ende des vorherigen Kapitels erläutert – auf der höchsten Ebene völlig ausreichend ist.

Wie bereits erwähnt, kompensierte Cäsar seine Schwäche in emotionaler Intelligenz während seiner Zeit als Konsul, indem er eine Einflussorganisation aufbaute, anstatt das entsprechende Verhalten zu verbessern. Für uns ist es wichtig zu erkennen, wie es ihm gelang, dies durch das Ausspielen seiner Stärken – insbesondere Teamentwicklung, Empowerment und Veränderungsorientierung – zu erreichen. Als Cäsar seine wichtigsten Verbündeten verlor, die ihm geholfen hatten, diese Organisation während seiner Abwesenheit am Laufen zu halten, endete dieser Kompensationsansatz. Anstatt sein schwächeres Verhalten – in diesem Fall seine emotionale Intelligenz – zu entwickeln, setzte Cäsar erneut auf seine Stärken, um dies auszugleichen. Um den Bürgerkrieg zu gewinnen, setzte er insbesondere auf Beharrlichkeit und Mut, Umsetzungskompetenz, Veränderungsorientierung und Motivation.

Man könnte sagen, dass Cäsar neben dem Ausgleich von Schwächen durch Stärken in bestimmten Situationen manchmal – bewusst oder unbewusst – die Umstände so veränderte, dass er seine Stärken optimal einsetzen konnte. So strebte er beispielsweise bei den Verhandlungen mit Ariovist in Gallien ein Win-Lose-Ergebnis an. Für ein Win-Win wäre emotionale Intelligenz erforderlich gewesen. Ein Win-Lose hingegen führte zwangsläufig zum bewaffneten Konflikt, sofern Ariovist nicht nachgab. Da dieser jedoch nicht dazu bereit war, konnte Cäsar im anschließenden Kampf seine Stärken voll ausspielen. Ebenso spürte oder wusste Cäsar vielleicht, dass ihn die Wahl eines alternativen Vorgehens, wenn die Verhandlungen mit dem Senat nicht nach seinen Vorstellungen verliefen, in eine Position der Stärke bringen würde. Die Überlegung, dass ein Abbruch der Gespräche die Situation zu seinen Gunsten wenden könnte, verstärkte womöglich seine Ungeduld. Trotz des Risikos ging diese Strategie für Cäsar immer gut aus – bis zu jenem verhängnisvollen März 44, als er so sehr darauf brannte, seinen Krieg gegen die Parther zu beginnen, dass er bereit war, viele Dinge in Rom unvollendet zu lassen.

Das Empfangen und Interpretieren von Feedback waren die wichtigsten Faktoren, die Cäsars Führungskräfteentwicklung behinderten. Er war nicht immer proaktiv darin, Feedback einzuholen, und ihm war nicht bewusst, dass seine direkten Untergebenen und weniger mächtige Personen zögerten, ihm Ratschläge zu geben. Dies lag nicht nur an der Schwierigkeit, "der Macht die Wahrheit zu sagen", sondern auch daran, dass andere Cäsar als jemanden wahrnahmen, der kein Feedback benötigte. Cäsar war sich der Bedeutung, Feedback zu interpretieren und nicht wörtlich zu nehmen, nicht bewusst. Interessanterweise verstellte ihm sein Fokus auf die Einhaltung seiner Zusagen den Blick für das Eigeninteresse, das in den Ratschlägen seiner Gefolgsleute steckte.

Nachdem nun betrachtet wurde, was Cäsar tat und wie konstruktiv dies war – also sein Verhalten –, wird das abschließende Kapitel beleuchten, warum er so handelte – nämlich seine Persönlichkeit.

Literatur

Griechische und römische Quellen

Plutarch, *Biographie von Cäsar*.
Suetonius Tranquillus, G., *Biographie von Julius Cäsar*.

Moderne Werke

Guillén, L., & Florent-Treacy, E. (2011). Emotional intelligence and leadership effectiveness: The mediating influence of collaborative behaviors. *INSEAD Working Papers Collection, 23*, 1–28.
KDVI. https://kdvi.com/tools/.
Kets de Vries, M. F. R., Vrignaud, P., & Florent-Treacy, E. (2004). The Global Leadership Life Inventory: Development and psychometric properties of a 360-degree feedback instrument. *International Journal of Human Resource Management, 15*(3 May), 475–492.

McCall, M. W., Jr. (1998). *High flyers. Developing the next generation of leaders.* Harvard University Press.

Morstein-Marx, R. (2021). *Julius Caesar and the Roman people.* Cambridge University Press.

See, K. E., Morrison, E. W., Rothman, N. B., & Soll, J. B. (2011). The detrimental effects of power on confidence, advice taking, and accuracy. *Organizational Behavior and Human Decision Processes, 116*, 272–285.

Vanderbroeck, P. (2012). Crises: Ancient and modern. Understanding an ancient Roman crisis can help us move beyond our own. *Management and Organizational History, 7*(2), 113–131.

8

Führungskraft sein: Cäsars Führungspersönlichkeit

Um zu verstehen, was Cäsar als Führungspersönlichkeit zu seinen Handlungen motivierte, untersucht dieses Kapitel seine Motivationspräferenzen. Zu diesem Zweck wird das Individual Directions Inventory™ (IDI™) herangezogen, das von der Management Research Group® (MRG®), einem US-amerikanischen Anbieter psychometrischer Assessments, entwickelt wurde. Als Executive Coach setze ich das IDI™ häufig ein. Es ist ein wirkungsvolles Instrument, um zu verstehen, was eine Führungskraft dazu bewegt, bestimmte Verhaltensweisen zu zeigen und bestimmte Entscheidungen zu treffen. Zunächst jedoch ein wichtiger Vorbehalt: Was in diesem Kapitel geschieht, ist eine Art Rückentwicklung. Das dürfte bei Fachleuten für Führungskräfteentwicklung Stirnrunzeln hervorrufen. Als Autor dieses Buches und selbst Führungsexperte entschuldige ich mich daher im Voraus bei meinen geschätzten Kolleginnen und Kollegen. Der angemessene Weg, mit inneren Präferenzen in der Führungskräfteentwicklung zu arbeiten, besteht darin, die Motivation einer Person direkt bei ihr selbst zu erheben, etwa durch einen Fragebogen wie das IDI™. Ein Experte für Führungskräfteentwicklung vergleicht dann die Ergebnisse mit dem tatsächlichen Verhalten der Person, um festzustellen, inwieweit Handlungen und Präferenzen übereinstimmen. Diese Erkenntnisse können anschließend zu Entwicklungszielen führen, die der Person helfen, ihr Verhalten dort anzupassen, wo es notwendig ist, um als Führungskraft die gewünschten Ergebnisse zu erzielen.

Da wir Cäsar nicht mehr befragen können, kehren wir das Verfahren hier experimentell um und leiten aus seinem Verhalten Rückschlüsse auf seine

Motivation als Führungspersönlichkeit ab. Je ausgeprägter die Präferenzen sind und je weniger sich eine Führungskraft ihrer selbst bewusst ist, desto stärker wird ihr Verhalten von diesen zugrundeliegenden Motivationspräferenzen beeinflusst. Der Versuch, Einblick in Cäsars innere Beweggründe zu gewinnen, basiert daher auf der Annahme, dass sein typischstes und konstantestes Verhalten am ehesten seine inneren Motive offenbart. Persönlichkeit – insbesondere Präferenzen und Motivationen – kann über Erfolg oder Misserfolg einer Führungskraft entscheiden. Das Bewusstsein für die eigene Persönlichkeit und den Einfluss der Motivationspräferenzen auf das eigene Verhalten ist für die Entwicklung von Führungskompetenz ebenso entscheidend wie die Kompetenzen selbst. Ein Buch, das Führungskräften ermöglicht, von Julius Cäsar als Fallbeispiel zu lernen, muss daher auch eine Analyse der tieferliegenden Motive hinter dem Verhalten umfassen.

Das IDI™ unterscheidet 17 Directions, die in fünf Cluster gegliedert sind. Die Directions zeigen auf, zu welchen Handlungen eine Person hingezogen wird, weil sie ihr emotionale Befriedigung verschaffen. Gleichzeitig machen sie deutlich, was eine Person meidet, weil es emotionale Unzufriedenheit auslöst. Da Menschen dazu neigen, das zu verfolgen, was ihnen Energie gibt, und das zu vermeiden, was sie nicht mögen, können diese Directions das individuelle Verhalten beeinflussen. In solchen Fällen verhält sich eine Person mehr oder weniger im Einklang mit den Directions – abhängig von der jeweiligen Situation. Besonders ausgeprägte, oder wenn man so will, extreme Directions sind besonders interessant, da sie das Verhalten am stärksten prägen. Weniger ausgeprägte Werte deuten darauf hin, dass das Verhalten sowohl von der Direction als auch vom Kontext beeinflusst wird. In solchen Fällen kann die Person je nach Situation mehr oder weniger im Sinne der Direction handeln. Starke Ausprägungen können dazu führen, dass Führungskräfte bestimmte Verhaltensweisen übertreiben und dadurch an Wirksamkeit verlieren. Zudem kann es dazu führen, dass emotional wenig lohnende, aber hilfreiche oder strategisch sinnvolle Verhaltensweisen zu sehr vermieden werden. All dies ist auf die menschliche Tendenz zurückzuführen, emotionale Hochs zu maximieren und emotionale Tiefs zu minimieren. Selbstbeobachtung und Feedback können Führungskräften helfen, sich dieser Muster bewusst zu werden und zu verhindern, dass sie bestimmte Verhaltensweisen über- oder untersteuern. So entwickeln Führungskräfte ein wirksameres Verhalten.

Das IDI™ liefert präzise Werte von 5 % bis 99 %, verteilt auf eine fünfstufige Skala von Niedrig bis Hoch. Da eine solche Präzision bei Julius Cäsar – aus naheliegenden Gründen – nicht möglich ist, wird das folgende Persönlichkeitsprofil auf einer dreistufigen Skala dargestellt: Niedrig, Mittel und

Hoch. Die anschließende Analyse konzentriert sich auf die niedrigen und hohen Ausprägungen, da diese das Verhalten am ehesten erklären. Die Definitionen der einzelnen Directions sowie eine Erläuterung von Cäsars Ausprägungen folgen in Tab. 8.1. Im Anschluss wird die Analyse durch die Bewertung vertieft, wie das Zusammenspiel extremer Ausprägungen sein Verhalten zusätzlich beeinflusst haben könnte.

8.1 Kontakt

Das erste Cluster, Kontakt, umfasst vier Directions, die anzeigen, ob und wie eine Person durch den Aufbau und die Pflege enger Beziehungen zu anderen Zufriedenheit erlangt.

8.1.1 Geben

Geben beschreibt die Befriedigung, die daraus entsteht, anderen Unterstützung, Zuneigung und Empathie zu geben. Auch wenn Cäsars Großzügigkeit stets ein Element von „Wie du mir, so ich dir" enthielt, war er im Vergleich zu seinen Zeitgenossen großzügig gegenüber seinen Anhängern, insbesondere seinem Heer und der Plebs in Rom. Einzelpersonen konnten zudem auf seine finanzielle und sonstige Unterstützung zählen. Während des Gallischen Krieges ließ er fähige Offiziere bereitwillig nach Rom zurückkehren, damit sie Karrieremöglichkeiten im *cursus honorum* nutzen konnten. Seine Milde gegenüber Gegnern und Feinden war nicht nur eine Frage der Werte, sondern verschaffte ihm vermutlich auch eine emotionale Belohnung im Sinne von Geben. Aufgrund dieses Verhaltens ist davon auszugehen, dass Geben bei Cäsar hoch ausgeprägt war, das heißt, er empfand Freude daran, andere zu unterstützen, sich um sie zu kümmern und großzügig mit Zeit, Energie und anderen Ressourcen umzugehen.

8.1.2 Nehmen

Nehmen ist das Gegenstück zu Geben. Es beschreibt die Befriedigung, die daraus entsteht, Unterstützung, Fürsorge und Empathie von anderen zu erhalten. In Cäsars Profil wird Nehmen niedrig bewertet, was darauf hindeutet, dass er es bevorzugte, sich um sich selbst zu kümmern und es vermied, sich anderen gegenüber verpflichtet zu fühlen. Dafür gibt es zwei Hauptgründe: Zum einen fühlte er sich offenbar am wohlsten, wenn er

Tab. 8.1 Julius Caesars Motivationsprofil. Adaptiert durch den Autor: Basierend auf dem IDI™ von MRG®

Das Motivationsprofil von Julius Cäsar

Kontakt

	NIEDRIG	MITTELBEREICH	HOCH
Geben			●
Nehmen	●		
Zugehörigkeit		●	
Ausdruckskraft	●		

Anziehungskraft

	NIEDRIG	MITTELBEREICH	HOCH
Anerkennung			●
Unterhaltung		●	

Wahrnehmung

	NIEDRIG	MITTELBEREICH	HOCH
Kreativität			●
Analyse		●	

Qualitätsanspruch

	NIEDRIG	MITTELBEREICH	HOCH
Anspruch			●
Ausdauer			●
Struktur		●	

Herausforderung

	NIEDRIG	MITTELBEREICH	HOCH
Taktik			●
Gewinnen			●
Kontrolle			●

Kontinuität

	NIEDRIG	MITTELBEREICH	HOCH
Stabilität		●	
Unabhängigkeit			●
Mustergültigkeit			●

unabhängig agieren konnte und nicht auf die Zusammenarbeit mit Kollegen angewiesen war. Zum anderen war der Umgang mit Feedback eine seiner größten Entwicklungsherausforderungen, wie im vorigen Kapitel erläutert wurde.

8.1.3 Zugehörigkeit

Zugehörigkeit beschreibt die Befriedigung, die aus der Zugehörigkeit zu einer Gruppe und dem Aufbau von Beziehungen durch Loyalität, Kooperation und Freundschaft entsteht. Cäsar scheint hier im mittleren Bereich gelegen zu haben. Einerseits war er seiner Familie und seinen Freunden gegenüber loyal und genoss die Kameradschaft im Heer. Andererseits drängte er das Triumvirat nie dazu, sich zu einem echten Team zu entwickeln. Auch die Zusammenarbeit mit dem Senat war für ihn meist eine Quelle der Frustration. Die Mitgliedschaft im Senat war für ihn vermutlich eher Mittel zum Zweck als ein Ziel, zu diesem erlesenen Kreis zu gehören.

8.1.4 Ausdruckskraft

Ausdruckskraft beschreibt die Befriedigung, die daraus entsteht, sich durch direkte und spontane Kommunikation mit anderen zu verbinden und Gefühle sowie Bedürfnisse offen auszudrücken. Cäsar hatte keine Schwierigkeiten, auf unterschiedliche Weise zu kommunizieren, war jedoch zurückhaltend im Ausdruck persönlicher Gefühle. Er war bedacht und wählte genau, wem, wann und warum er seine Emotionen zeigte, etwa in Reden vor dem Heer, dem Senat oder der Volksversammlung. Auch in seinen Schriften, seien es Kriegsberichte oder Briefe, finden sich kaum persönliche Emotionen. Um den Kontakt mit anderen zu vermeiden, begann Cäsar, mit Menschen in der Stadt zu korrespondieren, anstatt sie persönlich zu treffen. Auch die Entscheidung, ein persönliches Treffen mit Pompeius zu vermeiden, um einen Bürgerkrieg abzuwenden, passt in dieses Muster. Öffentliche Trauerbekundungen bei persönlichen Verlusten inszenierte Cäsar zwar, sie waren jedoch selten spontan. Er behielt sein Innenleben meist für sich; das Ausdrücken von Gefühlen kostete ihn vermutlich Energie. Insgesamt erhält Cäsar für Ausdruckskraft eine niedrige Bewertung.

8.2 Anziehungskraft

Die Directions im Cluster Anziehungskraft zeigen an, ob eine Person emotionale Befriedigung daraus zieht, die Aufmerksamkeit anderer auf sich zu lenken.

8.2.1 Anerkennung

Menschen mit hoher Ausprägung in dieser Direction empfinden Befriedigung, wenn sie für ihre Kompetenzen und Leistungen von anderen anerkannt werden und dadurch Ansehen, Status und Respekt gewinnen. Cäsar hätte hier mit Sicherheit einen hohen Wert erzielt. Er genoss die – im wahrsten Sinne des Wortes – Lorbeeren, die ihm verliehen wurden, und die Prominenz und den Ruf, die er sich in der römischen Gesellschaft erarbeitete. Die Triumphe, die er feiern konnte, bereiteten ihm große Freude. Lediglich auf seinen ersten Triumph verzichtete er, um seine Kandidatur für das Konsulat zu sichern. Die Gründe für den Gang über den Rubikon waren vielfältig, doch der Schutz seiner Ehre, seiner *dignitas*, gehörte zu den wichtigsten. Anerkennung war für Cäsar so erfüllend, dass er die versteckten Absichten anderer hinter den vielen Ehrungen, die ihm als Diktator zuteilwurden, nicht erkannte.

8.2.2 Unterhaltung

Wer in dieser Direction hoch ausgeprägt ist, zieht Befriedigung daraus, Bewunderung zu erlangen und an Sichtbarkeit zu gewinnen. Solche Menschen genießen es, im Mittelpunkt zu stehen und andere zu unterhalten. Cäsar hatte zwar in jungen Jahren Freude daran, Feste zu geben – und lebte dabei über seine Verhältnisse –, doch diente dies dem Aufbau eines Netzwerks. Er war auch nicht dafür bekannt, bei solchen Anlässen alle Aufmerksamkeit auf sich zu ziehen. Zwar sorgte er bei der Organisation von Spielen und Banketten für die Stadtbevölkerung Roms dafür, dass er politisches Kapital daraus schlug, doch war er nicht immer persönlich anwesend, um etwa Applaus zu ernten. Auch später, als er Spiele leitete, wurde ihm vorgeworfen, sich lieber mit seiner Korrespondenz zu beschäftigen, als sich am Beifall des Publikums zu erfreuen. Daher erhält Cäsar hier eine mittlere Ausprägung.

8.3 Wahrnehmung

Die beiden Directions in diesem Cluster messen das Bedürfnis, durch kreativen und/oder rationalen Einsatz des Intellekts Erfüllung zu finden.

8.3.1 Kreativität

Eine starke Ausprägung bei Kreativität bedeutet, dass eine Person emotionale Befriedigung daraus zieht, an innovativen oder unkonventionellen

Vorhaben mitzuwirken und originelle, kreative Ideen zu entwickeln. So dürfte Cäsars Geist funktioniert haben. Besonders in seinen militärischen Strategien war er innovativ und unkonventionell, indem er häufig Neues und Unerwartetes tat. Auch der Einsatz von Technik, Logistik und Manövern in seinen Feldzügen war oft neuartig. Zwar stammten die Entwürfe und Erfindungen häufig von anderen, doch Cäsar schätzte und förderte diese Ansätze und ermöglichte es seinen Untergebenen, Ideen zu entwickeln. Er brachte Innovationen durch seine Gesetzgebung, seine Staatsreformen und seine Kommunikation ein. Auch die Nutzung von Vielfalt im Talentmanagement war beispiellos.

8.3.2 Analyse

Eine starke Ausprägung bei Analyse bedeutet, dass eine Person emotionale Befriedigung daraus zieht, rational, logisch und analytisch zu denken. Cäsar war ein schneller Denker, der Daten und Logik nutzte, um rasch Entscheidungen zu treffen. Gleichzeitig ließ er sich aber auch von seiner Intuition leiten, und die Risiken, die er einging, waren nicht immer kalkuliert. Daher lag sein Wert bei Analyse weder im hohen noch im niedrigen Bereich.

8.4 Qualitätsanspruch

Qualitätsanspruch beschreibt, wie Individuen bevorzugt mit ihrer Umwelt interagieren und Ergebnisse erzielen.

8.4.1 Anspruch

Ein hoher Wert bei Anspruch unterstreicht die Präferenz, sowohl qualitativ als auch quantitativ nach höchster Leistung zu streben. Solche Personen genießen es, sich ständig selbst herauszufordern und ehrgeizige Ziele zu verfolgen. Sie setzen hohe Maßstäbe für die eigene Leistung und die anderer. Cäsar strebte danach, unter seinen Gleichgestellten als der Beste zu gelten. Er schätzte zudem die meritokratischen Werte der römischen Elite. Die Wahrung und Steigerung seiner *dignitas* – Ehre, die auf Leistung basiert – waren daher zentrale Antriebskräfte für seine Entscheidungen, insbesondere die riskanten. Cäsar verabscheute es, unter seinen Möglichkeiten zu bleiben, was auf eine starke Ausrichtung auf Anspruch hinweist. Nach einem Rückschlag oder wenn er nicht auf höchstem Niveau agiert hatte, setzte er große Energie ein, um die Erinnerung an diese unglückliche Erfahrung rasch durch nachfolgende Spitzenleistungen zu tilgen. Darüber hinaus ermöglichte ihm dies, erneut die Anerkennung zu erlangen, nach der er ebenso strebte.

8.4.2 Ausdauer

Ein hoher Wert bei Ausdauer steht für die Befriedigung, Ziele durch Beharrlichkeit, Durchhaltevermögen und Standhaftigkeit zu erreichen. Solche Personen legen Wert darauf, Willenskraft zu demonstrieren. In dieser Directionerkennen wir Cäsar leicht wieder, der tatsächlich niemals aufgab. Während seiner Märsche mit dem Heer war er bereit, Entbehrungen auf sich zu nehmen, selbst wenn seine Gesundheit darunter litt. Rasten und das Ausruhen auf Erfolgen waren ihm fremd. Obwohl er ungeduldig war, behielt er dennoch eine langfristige Perspektive und verfügte über die Ausdauer, unbeirrt weiterzumachen. Die Entscheidung für eine Diktatur auf unbestimmte Zeit statt mit festem Mandat ist ein Beispiel dafür.

8.4.3 Struktur

Menschen, die Organisation, Effizienz und Detailgenauigkeit schätzen, um Kontrolle über ihre Umwelt zu gewinnen, erzielen hohe Werte bei Struktur. Einerseits waren die von Cäsar erlassenen Gesetze gut durchdacht, deckten zahlreiche Aspekte ab und berücksichtigten viele Eventualitäten. Deshalb blieben viele dieser Gesetze auch lange nach seiner Ermordung in Kraft. Zudem war sein methodisches Vorgehen in der Militärtaktik entscheidend für seinen Erfolg als Feldherr. Andererseits war Cäsar flexibel; er ließ sich nicht entmutigen oder aufhalten, wenn Dinge nicht wie geplant verliefen. Somit bewegte sich Cäsar zwischen einem hohen und einem niedrigen Wert bei Struktur.

8.5 Herausforderung

Das Ziel der Herausforderung besteht darin, eine emotionale Belohnung daraus zu ziehen, Hindernisse zu überwinden, indem man Chancen schafft, sich im Wettbewerb misst und/oder Kontrolle gewinnt.

8.5.1 Taktik

Eine starke Ausrichtung auf Taktik bedeutet, Befriedigung daraus zu ziehen, Chancen zu nutzen. Dazu gehört, Optionen zu schaffen und sich mit Risiko und Veränderung wohlzufühlen. Diese Direction passt eindeutig zu Cäsars Persönlichkeit. Schon früh als risikofreudig bekannt, überschritt er häufig Grenzen. Stand er beispielsweise vor der Wahl, für ein Amt zu kandidieren oder einen Triumph zu feiern, entschied er sich für den Weg, der am wenigsten sicher war, ihm aber die meisten Möglichkeiten eröffnete.

8.5.2 Gewinnen

Wer eine ausgeprägte Ausrichtung auf das Gewinnen hat, zeigt einen starken Wettbewerbsdrang. Menschen mit hohen Werten im Gewinnen machen aus jeder Interaktion einen Wettbewerb und – noch wichtiger – sie wollen siegen. Auch in dieser Direction erzielte Cäsar einen weiteren hohen Wert. Es dürfte sogar die Eigenschaft sein, für die er zu seiner Zeit am bekanntesten war und es bis heute geblieben ist. Seine politische Laufbahn war eine Abfolge von Kämpfen, die er unbedingt gewinnen musste. Obwohl er im Bürgerkrieg bereit war, einen Friedensschluss zu verhandeln, kämpfte er gegen ausländische Feinde so lange, bis er siegte. Für Menschen, für die Gewinnen weniger wichtig war, konnte Cäsar im Umgang als konfrontativ und streitlustig erscheinen. Seine Ausrichtung auf das Gewinnen war so ausgeprägt, dass er sogar nach Catos Tod weiterhin mit ihm konkurrierte.

8.5.3 Kontrolle

Eine ausgeprägte Ausrichtung auf Kontrolle kennzeichnet Menschen, die es genießen, Verantwortung zu übernehmen und eine Führungsposition einzunehmen. Sie fühlen sich wohl damit, Macht und Autorität über andere auszuüben. Cäsar fühlte sich am wenigsten wohl, wenn er nicht in einer Position der Kontrolle war. Es fiel ihm schwer, Macht zu teilen – ein weiteres Merkmal dieser Direction. Diese Persönlichkeitseigenschaft trieb ihn dazu, eine Führungslaufbahn mit immer mehr Verantwortung anzustreben. Zwar delegierte Cäsar Aufgaben, doch wenn ein Untergebener die Erwartungen nicht erfüllte, war seine erste Reaktion, selbst einzugreifen, anstatt die Person weiterzuentwickeln oder jemand anderen mit der Aufgabe zu betrauen.

8.6 Kontinuität

Die Direction auf Kontinuität betrifft, wie Menschen bestimmte Aspekte ihres Lebens erhalten möchten.

8.6.1 Stabilität

Wer es genießt, seine Umgebung sicher und vorhersehbar zu halten, erzielt einen hohen Wert in dieser Direction. Solche Personen schätzen Zuverlässigkeit und Beständigkeit. Bei Cäsar jedoch könnte man sagen, dass er mit Veränderungen durchaus vertraut war. Er versuchte sicherlich nicht, alles beim Alten zu belassen. Dennoch gibt es hier eine gewisse Nuance. Viele der von Cäsar eingeführten Veränderungen, wie etwa die Erhöhung der Zahl der Senatoren und Magistrate, zielten darauf ab, den Staat und die Gesellschaft, die er liebte und in der er aufgewachsen war, zu stärken und zu bewahren. Insgesamt ist davon auszugehen, dass Cäsar einen mittleren Wert bei der Stabilität hatte.

8.6.2 Unabhängigkeit

Wer Autonomie, Eigenständigkeit und Entscheidungsfreiheit schätzt, erzielt einen hohen Wert in dieser Direction – und das passt sehr gut zu Cäsar. Zusammenarbeit fiel ihm schwer, und er wurde schnell ungeduldig, wenn die Dinge nicht nach seinem Willen liefen. Am glücklichsten war er, wenn er im Ausland seine Provinzen verwaltete und sein Heer mit wenig Einmischung von außen führte. Kurz vor seiner Ermordung drängte es ihn, Rom zu verlassen und in seine Komfortzone zurückzukehren, nämlich das Kommando über ein Heer. Zweifellos trug Cäsars Vorliebe für Unabhängigkeit dazu bei, dass seine Anhänger den Eindruck hatten, er benötige wenig Rückmeldung.

8.6.3 Mustergültigkeit

Der Wunsch, nach einem persönlichen Verhaltenskodex zu leben und daraus große Befriedigung zu ziehen, führt zu einem hohen Wert in dieser Direction. Solche Personen tun sich schwer, bei ihren Prinzipien Kompromisse einzugehen, und halten daran fest – selbst wenn sie dadurch ihre ursprünglichen Ziele nicht erreichen. Mehrere Beispiele deuten darauf hin, dass Cäsar in dieser Directionhohe Werte erzielte: sich Sulla zu widersetzen, indem er sich weigerte, Cornelia zu verstoßen, seine konsequente Milde gegenüber Feinden und Gegnern, sein ständiges Streben nach einer politischen Philosophie im Dienst des Volkes sowie die Bedeutung, die er der Einhaltung seiner Verpflichtungen beimaß.

8.7 Cäsars Motivationsmuster

Wenn dieses rückblickend konstruierte Persönlichkeitsprofil Julius Cäsars innerer Welt nahekäme, würde es in etwa so aussehen: In Cäsar finden wir eine prinzipientreue Führungspersönlichkeit, die es genoss, großzügig zu sein, dabei jedoch auf sich selbst vertraute und wenig Unterstützung von anderen suchte. Er zog es vor, seine Gefühle für sich zu behalten. Zudem war ihm Anerkennung und Bewunderung wichtig – ein innovativer Anführer, der danach strebte, der Beste zu sein, und bereit war, hart dafür zu arbeiten. Cäsar war äußerst wettbewerbsorientiert und nutzte Chancen konsequent. Schließlich bevorzugte er es, die Kontrolle zu behalten.

Um Cäsar noch besser zu verstehen, ist es hilfreich zu analysieren, wie einige der stark und schwach ausgeprägten Ausrichtungen miteinander interagierten. Cäsars Bereitschaft zu geben und zu vergeben führte zu einer loyalen Gefolgschaft und einer starken Führungsmarke. Sein Drang, Grenzen zu verschieben und zu überschreiten, gepaart mit seiner Innovationsfreude, machte ihn zu einem der bedeutendsten Veränderungstreiber der Geschichte. Cäsars Erfolge waren das Ergebnis seines unermüdlichen Ehrgeizes, zu erreichen, zu siegen und alles Nötige zu tun. Insgesamt unterstützten seine Persönlichkeitsmerkmale eine Karriere, die ihn an die Spitze der Organisation führte, der er sein Leben lang diente – der Römischen Republik.

Cäsars Innovationsfreude und seine Neigung, Chancen zu suchen, motivierten ihn, Vielfalt im Talentmanagement zu nutzen. Doch es gibt noch mehr: Cäsar erlebte selbst, wie es ist, der „Außenseiter" zu sein, was ihn zu einem „einsamen Anführer" ohne Vorbilder machte. Für seine Standesgenossen in der römischen Elite war Cäsar anders: Er war ein Aristokrat, dessen Familie nicht die Mittel hatte, in einer wohlhabenden Gegend Roms zu leben. Auch die Kinder, mit denen er in diesem armen Viertel aufwuchs, dürften den jungen Julius als anders wahrgenommen haben: Er war das einzige Kind aus der Oberschicht, das sie kannten. Deshalb war für Cäsar die soziale Herkunft bei der Auswahl von Talenten kein Hindernis. Später wurde Cäsar häufig wegen einer angeblichen gleichgeschlechtlichen Beziehung verspottet, die in der römischen Gesellschaft als „unmännlich" galt. In seiner *Biographie von Cäsar* (22) berichtet Sueton von einer besonders bemerkenswerten Anekdote. Als Konsul erhielt Cäsar von einigen Senatoren eine spöttische Bemerkung über diese Beziehung, sie behaupteten, er gleiche einer weiblichen Herrscherin. Caesar entgegnete: „Na und? Königin Semiramis herrschte schließlich in Syrien, und die Amazonen regierten einst über einen großen Teil Asiens." Zwölf Jahre später, bei erster Gelegenheit, wählte Cäsar eine Frau – Kleopatra – anstelle ihres Bruders zur Herrscherin Ägyptens (*bevor* sie sich verliebten, wohlgemerkt; Abb. 8.1).

Cäsar hielt wenig von Grenzen, es sei denn, sie verletzten seine ihm sehr wichtigen Werte. Er reagierte meist heftig, wenn Menschen seine Nachsicht verrieten. Die Zusammenarbeit der Triumvirn beschränkte sich darauf, einander beim Erreichen individueller Ziele zu unterstützen. Warum diese Gruppe nie zu einem echten Team mit gemeinsamer Zielsetzung wurde, lässt sich ebenfalls durch Cäsars Persönlichkeit erklären. Obwohl er diese Koalition

Fig. 8.1 Büsten von Cäsar und Kleopatra (© Staatliche Museen zu Berlin, Antikensammlung/Johannes Laurentius; CC BY-SA 4.0, Inventarnummer: 1976.10. Nachdruck mit Genehmigung)

initiierte, bevorzugte Cäsar Selbstständigkeit und wollte keine Unterstützung von anderen erhalten. Zudem fiel es ihm schwer, Verantwortung zu teilen, und er zog es vor, selbst die Führung zu übernehmen. Schließlich führte seine Wettbewerbsorientierung dazu, dass er sich ständig mit Crassus und Pompeius verglich und zögerte, die Machtbasis seiner Kollegen zu stärken.

Wo brachte Cäsars Persönlichkeit ihn also wirklich in Schwierigkeiten? Sein prinzipientreues Verhalten ließ ihn Sullas Befehl zur Scheidung ablehnen, und seine emotionale Zurückhaltung hinderte ihn daran, zu erklären, warum er dies tat. Stattdessen ging Cäsar einfach weg und zog so Sullas Zorn auf sich. Selbstständig, risikofreudig und bereit, Entbehrungen zu ertragen, überlebte er. Doch verdankte er sein Überleben auch dem Schutz, den er von seiner Mutter und deren Familie erhielt – eine Unterstützung, die er wohl nur widerwillig annahm.

Die Motivationspräferenzen von hohem Gewinn- und Anspruchsstreben machten Caesar weniger kompromissbereit, was als Nachgeben oder als Akzeptieren eines weniger optimalen Ergebnisses gesehen werden kann. Diese Eigenschaften wurden vermutlich durch Caesars Wunsch nach Selbstständigkeit und Autonomie noch verstärkt. Die Kombination dieser Directions erklärt Cäsars Schwierigkeiten in der Zusammenarbeit mit anderen im Senat.

Zufriedenheit aus Geben zu ziehen und in Bezug auf die Einhaltung von Versprechen mustergültig zu sein – gepaart mit seinem Streben nach Anspruch – könnte erklären, warum es ihm so wichtig war, seine Zusagen gegenüber seinen Anhängern einzuhalten. Diese Mischung dürfte auch seine Entscheidung, den Rubikon zu überschreiten, maßgeblich beeinflusst haben. Darüber hinaus spürten seine Mitarbeiter dies möglicherweise und sagten Cäsar das, was er hören musste, um sich mit dieser folgenschweren Entscheidung wohlzufühlen. Führungsentscheidungen sind selten zu 100 % rational oder bewusst.

Ein weiteres Beispiel dafür, wie seine Persönlichkeit zu Schwierigkeiten führte, war sein Top-down-Ansatz als Diktator, der viele Senatoren entmachtete. Im Irrglauben, seine Großzügigkeit, die so gut zu seinem Wert der Nachsicht passte, reiche aus, um diese Senatoren zufriedenzustellen, übersah er Anzeichen von Unzufriedenheit. Zudem machte ihn die offensichtliche Freude, die er an öffentlicher Anerkennung und Bewunderung hatte, blind dafür, dass andere dieses Verhalten missverstehen und als Beleg dafür deuten könnten, dass Caesar König werden wolle. Es fiel ihm schwer, für die zahlreichen von ihm eingeführten Veränderungen die Zustimmung konservativerer Anhänger zu gewinnen, die sich weniger von Innovation und Chancen leiten ließen.

Schließlich bedeutet die Kombination aus hohem Anspruch und hohem Bedürfnis nach Anerkennung, dass eine Führungskraft Energie daraus zieht, auf höchstem Niveau zu leisten, während sie gleichzeitig auf andere blickt, um zu bestimmen, was als hohe Leistung gilt. So hofft die Führungskraft unbewusst, mit einer Leistung doppelte emotionale Befriedigung zu erreichen: exzellente Ergebnisse und Anerkennung. Dieses Muster erklärt Cäsars Überraschung, wenn seine Leistungen nicht so gewürdigt wurden, wie er es erwartet hatte – wie seine Rede an die Bürger von Hispalis nach deren Aufstand belegt. Zweitens war *dignitas* für Cäsar von größter Bedeutung, und deren Schutz war ein wesentlicher Beweggrund für das Überschreiten des Rubikon. Doch als Träger von *dignitas* anerkannt zu werden, bedeutet, das zu tun, was andere – die Republik – von einem erwarten, insbesondere herausragende militärische Leistungen zu erbringen. Drittens war es Cäsar ebenso wichtig, den Juliern zu altem Glanz zu verhelfen – eine Erwartung, die vor allem seine Mutter hegte. Folglich war Cäsar sich womöglich weniger bewusst, was er eigentlich für sich selbst erreichen wollte. Das ständige Streben, die Erwartungen anderer zu erfüllen, kann mental erschöpfend sein und es erschweren, echte Zufriedenheit bei der Arbeit zu empfinden.

Bemerkenswert ist, dass wir dieses Fehlen von Freude im Jahr 45 v. Chr. erahnen können, dem Jahr vor Cäsars gewaltsamem Tod. Werfen wir noch einmal einen Blick auf Cäsars emotionale Rede, die er in Hispalis hielt, nachdem er die Schlacht von Munda nur knapp überlebt hatte, und die auf den letzten Seiten seiner *Berichte zum spanischen Krieg* festgehalten ist. Erinnern wir uns: Cäsar äußerte Überraschung, Enttäuschung und Frustration, aber keinen Zorn über den Aufstand der Einheimischen gegen ihn. In seinen Augen hatte er so viel für sie und die Provinz getan. Und tatsächlich hatte Cäsar Recht, denn seine Gesetze und die Organisation der Provinzen sollten zu einem der Grundpfeiler des Römischen Reiches werden. Doch der Aufstand widersprach Cäsars Erwartung, für seine herausragenden Leistungen Bewunderung zu erhalten.

Nach diesem Ereignis kehrte Cäsar nicht wie sonst so schnell wie möglich nach Rom zurück, obwohl er die Stadt zuvor mitten in seinen Gesetzgebungsaktivitäten verlassen hatte, um nach Spanien zu eilen. Untätig blieb er jedoch nicht; auf dem Weg nach Rom perfektionierte er die Organisation der Provinzen in Spanien und Gallien. Vielleicht ließen ihn die großen Aufstände in Spanien und sieben Jahre zuvor in Gallien daran zweifeln, ob er im Provinzmanagement bereits das von ihm erwartete Exzellenzniveau erreicht hatte. Vielleicht war er nach all seinen Anstrengungen auch einfach erschöpft und brauchte Zeit, um alles zu überdenken. Hatte sich das alles gelohnt? Dennoch, im Anschluss an den Sommer zurück in Rom, war er wieder ganz der Alte. Er brachte ein Gesetz und eine Reform nach der anderen auf den Weg, während er sich auf seinen nächsten Feldzug vorbereitete. Ein Sieg über die Parther hätte die *dignitas*, nach der er unaufhörlich strebte, vergrößert und ihn über Alexander den Großen, den Cäsar als Maßstab betrachtete, hinausgehoben..

Literatur

Griechische und römische Quellen

Cäsar, G. J., *Berichte zum spanischen Krieg*.
Plutarch. *Biographie von Cäsar*.
Suetonius Tranquillus, G., *Biographie von Julius Cäsar*.

Moderne Werke

Kets de Vries, M. F. R. (1994). The leadership mystique. *Academy of Management Perspectives, 8*, 73–89.
Management Research Group. (n. d.). https://www.mrg.com/assessments/motivation/.
Urnova, A. (2014). *Childhood story as a key to individual patterns of team behavior* [EMCCC thesis, INSEAD].
Vanderbroeck, P. (2010). Lonely leaders: And how organizations can help them. *The International Journal of Mentoring and Coaching, VIII*(1), 83–90.
Vanderbroeck, P. (2012). Crises: Ancient and modern. Understanding an ancient Roman crisis can help us move beyond our own. *Management & Organizational History, 7*(2), 113–131.
Vanderbroeck, P. (2014). *Leadership strategies for women: Lessons from four queens on leadership and career development*. Springer.

9

Fazit

Wie lässt sich dieser einflussreichste aller Leader bewerten? Betrachtet man Julius Cäsar ausschließlich aus der Perspektive des Executive Coachings, ergibt sich folgendes Bild: Cäsars Erfolg als Führungspersönlichkeit beruhte darauf, dass er seine Talente in wirksame Führungsverhaltensweisen umwandelte. Wo er weniger effektiv war, gelang es ihm, dies durch die gezielte Nutzung seiner Stärken auszugleichen – auch wenn ihm diese Strategie letztlich zum Verhängnis wurde. Denn ungeachtet seiner Errungenschaften und seines Vermächtnisses nahm Cäsars Karriere kein gutes Ende. Der Grund dafür war, dass er jenes eine Verhalten (emotionale Intelligenz), das auf der höchsten Führungsebene entscheidend gewesen wäre, nicht entwickelte. Stattdessen setzte er weiterhin auf die Strategie, die ihm bislang gute Dienste geleistet hatte: Schwächen durch Stärken zu kompensieren oder das Umfeld so zu gestalten, dass es seinen Stärken entgegenkam. Gerade dieser Erfolg führte jedoch möglicherweise zu Überheblichkeit und einer geringeren Bereitschaft, Feedback anzunehmen. In Verbindung mit seiner Ungeduld hinsichtlich Ergebnissen führte dies dazu, dass Cäsar bestimmte Stärken überstrapazierte – zu seinem eigenen Nachteil. Ein effektiverer Umgang mit Feedback hätte ihn vor dieser Gefahr warnen und verhindern können, dass er am Ende sprichwörtlich in den Rücken gestochen werden würde.

Angeborene Eigenschaften sowie prägende Erfahrungen und Einflüsse in Kindheit und Jugend bestimmen die Persönlichkeit eines Menschen. Ein Blick auf Cäsars frühe Lebensjahre hilft, die grundlegenden Dimensionen zu verstehen, die sein Verhalten beeinflussten. So wurde Julius Cäsar in eine Familie hineingeboren, die einer Mission folgte. Mit der Heirat von

Gaius Sr. schloss sich Aurelia dieser Mission an. Gemeinsam verfolgte dieses Machtpaar das Familienprojekt, die Julier wieder zu ihrer angestammten gesellschaftlichen Stellung zu führen. Ihre Erziehung und ihr Vorbild vermittelten den Kindern denselben Ehrgeiz. Nach dem Tod von Gaius Sr. führte Aurelia die Familie auf diesem Weg weiter, bis der einzige Sohn die Führung übernehmen konnte. Durch ihre Ehen trugen Cäsars ältere Schwestern im Rahmen der Möglichkeiten und Beschränkungen der patriarchalischen römischen Gesellschaft das Ihre dazu bei, diese Bestrebungen zu unterstützen.

Der junge Julius erlebte Bürgerkriege, in denen Nachbarn, Freunde und Familienmitglieder gegeneinander standen. Die Anführer beider Seiten dieses Konflikts ordneten die Gewalt und Grausamkeiten an, deren Zeuge Cäsar wurde. Schon früh entdeckte und entwickelte er seine Risikobereitschaft und andere Motive, die ihn zu einer wahrhaft einzigartigen Persönlichkeit machten. Im Fall Cäsars verschmolzen die Erwartungen seines „Arbeitgebers", der Republik, seiner „Aktionäre", des Volkes, und die Erwartungen seiner Familie zu einem Ziel: *Dignitas* zu erlangen – durch Leistungen, die sowohl den Staat als auch das Imperium stärkten und zugleich die Julier an die Spitze der römischen Gesellschaft zurückführten. Diese gebündelten Erwartungen wurden besonders greifbar im Jahr 63 v. Chr., als Cäsar seiner weinenden und besorgten Mutter an der Haustür versprach, entweder als gewählter Pontifex Maximus zurückzukehren oder überhaupt nicht. Für Cäsar war also klar, was die Republik, das Volk und seine Familie von ihm erwarteten. Er identifizierte sich mit diesen Erwartungen und machte sie sich zu eigen. Dennoch bleibt die Frage, ob er je über eigene, persönliche Erwartungen nachgedacht hat.

Cäsars Motivationsmuster trieb ihn zu einem Leben unermüdlicher Aktivität, das kaum Raum für Selbstreflexion ließ. Hätte Cäsar in seinen Dreißigern, Vierzigern oder gar Fünfzigern die Gelegenheit gehabt, seine Lebensgeschichte zu reflektieren und zu erkennen, wie und warum er zu dem Anführer geworden war, der er war, hätte er vielleicht ein oder zwei persönliche Ziele entdeckt. Wäre dies der Fall gewesen, hätte ihn dies womöglich mit demselben Antrieb erfüllt, ein Ziel zu verfolgen, das nicht von anderen vorgegeben war. Wer weiß, vielleicht hätte ihm das eine glücklichere und weniger kräftezehrende letzte Karrierephase beschert.

Da er sich wenig offen für Feedback zeigte und signalisierte, dass er selbstgenügsam sei und keinen Rat benötige, fiel es Cäsar schwer, vollständige Selbstwahrnehmung zu entwickeln – was für den Erfolg einer Führungskraft jedoch entscheidend ist. Sie ermöglicht es einer Führungspersönlichkeit, bewusst zu entscheiden, in bestimmten Situationen Verhaltensweisen anzunehmen, die den eigenen Präferenzen widersprechen oder emotional unbefriedigend sind, aber effektiver für das Erreichen eines bestimmten Ziels. Ein wenig mehr Selbstwahrnehmung hätte Cäsar helfen können, die Agenden anderer besser zu erkennen und zu verstehen, dass sein Verhalten von wichtigen Gefolgsleuten missverstanden werden und diese enttäuschen könnte. Letztlich hätte Selbstwahrnehmung vielleicht das abrupte und gewaltsame Ende von Cäsars beeindruckender und einzigartiger Karriere verhindern können.

GPSR Compliance

The European Union's (EU) General Product Safety Regulation (GPSR) is a set of rules that requires consumer products to be safe and our obligations to ensure this.

If you have any concerns about our products, you can contact us on ProductSafety@springernature.com

In case Publisher is established outside the EU, the EU authorized representative is:

Springer Nature Customer Service Center GmbH
Europaplatz 3
69115 Heidelberg, Germany

Batch number: 09458182

Printed by Printforce, the Netherlands